मानविकी पारिभाषिक कोश
ENCYCLOPAEDIA OF HUMNITIES

दर्शन खंड : Philosophy

मानविकी पारिभाषिक कोश

ENCYCLOPAEDIA OF HUMNITIES

दर्शन खंड
PHILOSOPHY

कोश के सम्पादक
डॉ. नगेन्द्र

इस खंड के सम्पादक
डॉ. वी.एस. नरवणे

लेखक-मंडल
प्रकाशनारायण जौहरी
शिवानन्द शर्मा
राजेन्द्रस्वरूप भटनागर
सुरेशचन्द्र शर्मा

राजकमल प्रकाशन

ISBN : 978-81-267-0233-6

मूल्य : ₹ 595

पहला संस्करण : 1968
संस्करण : 2022

प्रकाशक : राजकमल प्रकाशन प्रा.लि.
1-बी, नेताजी सुभाष मार्ग, दरियागंज
नई दिल्ली-110 002

शाखाएँ : अशोक राजपथ, साइंस कॉलेज के सामने, पटना-800 006
पहली मंजिल, दरबारी बिल्डिंग, महात्मा गांधी मार्ग, प्रयागराज-211 001
36 ए, शेक्सपियर सरणी, कोलकाता-700 017

वेबसाइट : www.rajkamalprakashan.com
ई-मेल : info@rajkamalprakashan.com

मुद्रक : बी.के. ऑफसेट
नवीन शाहदरा, दिल्ली-110 032

MANVICKY PARIBHASHIK KOSH
by Dr. Nagendra

मानविकी पारिभाषिक कोश

वक्तव्य

भारतीय भाषाओं में सामान्यतः, और हिन्दी में विशेषतः, स्वातन्त्र्योत्तर युग बड़े द्रुत और गतिशील निर्माण एवं विकास का युग रहा है। वास्तव में, स्वतन्त्रता-संघर्ष का युग हमारे यहाँ बौद्धिक पुनर्जागरण का भी युग रहा है। इसी बौद्धिक उन्मेष की परिणति वाङ्मय के सर्वांगीण विकास में हुई और हो रही है। हमारी भाषाओं में ज्ञानात्मक साहित्य का जैसा विकास विगत १७ वर्षों में हुआ है, वैसा शताब्दियों में भी नहीं हुआ था। निरसन्देह इससे भाषा की प्राणवत्ता, उसकी अभिव्यक्ति-क्षमता और जीवन के विविध क्षेत्रों में उसके प्रयोग का विकास-विस्तार हो रहा है।

शास्त्रीय वाङ्मय के सामान्य अभाव के अनुरूप ही हमारे यहाँ कोश-कला भी अत्यन्त अविकसित अवस्था में रही है। अनेक ऐतिहासिक-मनोवैज्ञानिक कारणों के फलस्वरूप हमारी भाषाएँ एक विषम चक्र में फँसी रही हैं—पारिभाषिक शब्दावली का अभाव रहा, इसलिए शास्त्रीय साहित्य का निर्माण नहीं हुआ; इसलिए पारिभाषिक शब्दावली का विकास नहीं हो सका; शास्त्रीय साहित्य नहीं, इसलिए हमारी भाषाएँ शिक्षा का माध्यम नहीं बन सकतीं; अपनी भाषाएँ शिक्षा का माध्यम नहीं, इसलिए हमारे यहाँ शास्त्रीय साहित्य का लेखन नहीं हो रहा...आदि। बौद्धिक जीवन के प्रत्येक क्षेत्र में यही स्थिति रही है—और दुर्भाग्यवश राजनीति के प्रताप से आज भी यह निष्फल तार्किक मीमांसा यथावत् होती चली जा रही है कि वृक्ष का उद्भव पहले हुआ अथवा बीज का।

मैं समझता हूँ आज की स्थिति में सबसे बड़ी आवश्यकता है शास्त्रीय साहित्य के सर्वांगीण विकास की। यह क्षेत्र ऐसा है जिसमें सहकारिता के आधार पर अनेकविध अभावों की पूर्ति के प्रयत्न किए जा सकते हैं और किए जाने चाहिए। 'मानविकी पारिभाषिक कोश' इसी प्रकार के प्रयत्न का फल है। 'मानविकी' शब्द का प्रयोग हमने 'ह्यूमैनिटीज़' के पर्याय के रूप में किया है। 'ह्यूमैनिटीज़' बड़ा सुनम्य शब्द है, जिसकी परिभाषा एवं अर्थ-विस्तार की रेखाएँ उतनी सुनिश्चित, सुनिर्धारित नहीं हैं, न जिसके क्षेत्र की व्यापकता के विषय में सर्वत्र एकमति है। एक सामान्य और प्रचलित परिभाषा के अनुसार 'मानविकी' के अन्तर्गत वे विधाएँ आती हैं जो 'मानव के मानवीकरण' में सहयोग दें, अर्थात् जो उसके व्यक्तित्व का संस्कार-परिष्कार करें।

प्रस्तुत योजना की पूर्ति पाँच खण्डों में होगी—ये पाँच खण्ड साहित्य, दर्शन, मनोविज्ञान, समाजशास्त्र एवं ललित-कलाओं के खण्ड हैं। सम्पादन का भार क्रमशः मुझे, डॉ० वी० एस० नरवणे, डॉ० (कुमारी) पद्मा अग्रवाल, डॉ० श्यामाचरण दुबे और डॉ० सुरेश अवस्थी को सौंपा गया है। सामान्यतः पाँचों खण्डों में एक आधारभूत एकता बनाये रखने का प्रयत्न किया गया है, फिर भी प्रत्येक में विषयानुरूप वैविध्य होना भी अनिवार्य है। किसी भी योजना के विविध

अंगों को कठोर शिकंजे में जकड़ देने से उसमें एक निर्जीवता आ जाने का भय रहता है, इसीलिए हमने एक वृहत्तर वृत्त के भीतर रहते हुए प्रत्येक सम्पादक को अपने विषयानुकूल लघुतर वृत्त में यथोचित गतिमत्ता की छूट दी है। मैं समझता हूँ इससे जड़ एकरूपता की भले ही कुछ हानि हुई हो; पर अपने विषय एवं विषयगत संकल्पनाओं के प्रति सम्पादक अधिक ईमानदार रह सकेंगे।

'मानविकी पारिभाषिक कोश' स्वभावतः परिभाषात्मक कोश है, जिसमें विविध क्षेत्रों की मूलवर्ती पाश्चात्य संकल्पनाओं के ऐतिहासिक विवेचन एवं स्वरूप-निर्देशन के साथ-साथ, यथावश्यक समानान्तर भारतीय संकल्पनाओं के सन्दर्भ में, तुलनात्मक अध्ययन भी प्रस्तुत किया गया है।

प्रस्तुत कोश हिन्दी में अपनी तरह का प्रथम प्रयास है और कहने की आवश्यकता नहीं कि प्रथम प्रयास की दुर्बलताएँ-अक्षमताएँ इसमें होंगी ही। इस प्रकार के बौद्धिक प्रयत्नों में परिष्कार एवं पूर्णता तो क्रमशः ही आती है। अतः विद्वानों से मेरा निवेदन है कि वे इसे वाङ्मय की एक दिशा-विशेष में अभाव-पूर्ति के प्रथम प्रयत्न के रूप में ही देखें।

—नगेन्द्र

१-१-६५

प्रधान सम्पादक

दर्शन खण्ड

PHILOSOPHY

दर्शन-खण्ड

: :

मानविकी पारिभाषिक कोश

Absolute (The) [ऐब्सोल्यूट] : निरपेक्ष, परमतत्त्व ।

वह सत्ता जो सर्वोपरि, सम्पूर्ण और स्वतन्त्र हो । प्लेटो का 'शुभ प्रत्यय', अद्वैत वेदान्त का 'ब्रह्मन्', प्लॉटिनस का 'एक', नागार्जुन का 'शून्य', स्पिनोज़ा का 'परम पदार्थ', हेगेल का 'तार्किक पूर्ण'—ये सभी धारणाएँ अलग-अलग दिशाओं से 'ऐब्सोल्यूट' का अर्थ व्यक्त करती हैं ।

देखिये—Absolutism, Absolute Idealism.

Absolute Ego [ऐब्सोल्यूट इगो] : निरपेक्ष अहम्, केवलात्मा, परमाहम् ।

फ़िख्टे के दर्शन में, 'अहम्' का वह रूप जिसमें व्यक्ति का उद्भव न हुआ हो । फ़िख्टे 'परम अहम्' को व्यक्तिगत अहम् का आधार मानता है । इस सत्ता पर वह सार्वभौमत्व, स्वचैतन्य और स्वातन्त्र्य आरोपित करता है । 'परम अहम्' सर्वव्यापी, क्रियाशील बुद्धि है जो देश-काल की सीमाओं से परे है ।

Absolute Idea [ऐब्सोल्यूट आइडिया] : निरपेक्ष प्रत्यय, परम प्रत्यय ।

वह प्रत्यय, जिसका सत्य किसी अन्य प्रत्यय के सत्य पर निर्भर न हो और जो ज्ञान का अन्तिम लक्ष्य भी हो और मूलगत आधार भी । अधिकतर प्रत्ययवादी दार्शनिक मानते हैं कि 'परम सत्ता' ही एकमात्र 'निरपेक्ष' प्रत्यय' हो सकता है ।

देखिये—Absolute Idealism.

Absolute Idealism [ऐब्सोल्यूट आइडियलिज़्म] : निरपेक्ष प्रत्ययवाद ।

वह दार्शनिक सिद्धान्त, जिसके अनुसार निरपेक्ष प्रत्यय ही एकमेव तत्त्व है और सम्पूर्ण विश्व इसी तत्त्व का परिणाम है । इस सिद्धान्त का विशुद्ध रूप हेगेल के दर्शन में मिलता है ।

हेगेल के अनुसार निरपेक्ष प्रत्यय सबसे पहले अमूर्त सामान्य के रूप में व्यक्त होता है, फिर बाह्य प्रकृति और अन्त में मूर्त सामान्य या आत्मतत्त्व के रूप में । पहले रूप का अध्ययन तर्कशास्त्र में होता है, दूसरे का प्रकृति-दर्शन में, और तीसरे का आत्म-दर्शन में ।

Absolute Term [ऐब्सोल्यूट टर्म] : निरपेक्ष पद ।

वह तार्किक पद, जो किसी अन्य पद का आश्रय लिये बिना एक निश्चित अर्थ रखता है, जैसे 'लोहा', 'चन्द्रमा' इत्यादि ।

देखिये—Relative Term.

Absolutistic Personalism [ऐब्सोल्यूटिस्टिक पर्सनलिज़्म] : व्यक्तिवादी

निरपेक्षवाद, ब्रह्मपरक व्यक्तिवाद।

निरपेक्षवाद का वह रूप जिसमें परम सत्ता को निरपेक्ष मानते हुए भी उस पर व्यक्तित्व आरोपित किया जाए।

देखिए—Personalism.

Absolutism [ऐब्सोल्यूटिज्म] : निरपेक्षवाद, ब्रह्मवाद।

तत्त्व-मीमांसा में, वह सिद्धान्त जो निरपेक्ष सत्ता को अस्तित्व का एकमेव रूप और विचार का अन्तिम विषय माने।

ज्ञान मीमांसा में, वह सिद्धान्त जिसके अनुसार सत्य मानव-सापेक्ष नहीं है।

मूल्य-मीमांसा में, वह वैचारिक प्रवृत्ति जो मूल्यों के मानदण्डों को अक्षय और स्वतन्त्र मानती है।

राजनीति-दर्शन में, वह सिद्धान्त जिसके अनुसार सामाजिक जीवन के सभी अधिकार एक निरंकुश शासक में केन्द्रित होने चाहिएँ।

नीतिशास्त्र में, यह विश्वास कि नैतिक आदेश सर्वव्यापी हैं और विशिष्ट परिस्थितियों पर निर्भर नहीं हैं।

देखिये—Absolute, Absolute Idealism.

Abstract Idea [ऐब्स्ट्रैक्ट आइडिया] : अमूर्त प्रत्यय, सामान्य प्रत्यय।

लॉक के दर्शन में यह स्वीकार किया गया है कि एक सामान्य प्रत्यय अनेक विशेष प्रत्ययों का बोध करा सकता है। ऐसे सामान्य प्रत्ययों की कल्पना को बर्कले ने अस्वीकार किया। उसने कहा कि प्रत्येक प्रत्यय एक विशिष्ट प्रतिमा के रूप में ही व्यक्त हो सकता है।

Abstraction [ऐब्स्ट्रैक्शन] : अमूर्तीकरण (verb), अमूर्त (noun)।

वह वैचारिक प्रक्रिया जिसके द्वारा किसी सत्ता के किसी गुण या पक्ष को पृथक् किया जाता है।

ऐसी प्रक्रिया का परिणाम।

अरस्तू और सन्त टॉमस एक्वाइनस ने बुद्धि के एक विशेष रूप को स्वीकार किया है, जिसे वे क्रियाशील बुद्धि कहते हैं, और जो अमूर्तीकरण में प्रयुक्त होती है।

देखिए—Abstractum, Abstracta.

Abstractionism [ऐब्स्ट्रैक्शनिज़्म] : अमूर्तीकरण दोष, अपकर्षण दोष।

अमूर्तीकरण की प्रकिया का अनुचित प्रयोग, या अमूर्तों को मूर्त सत्ताएँ समझने की भूल। इसे ह्वाइटहेड ने 'Fallacy of misplaced concreteness' भी कहा है।

Abstract Term [ऐब्स्ट्रैक्ट टर्म] : गुण-पद, अमूर्त पद, भाववाचक पद।

वह तार्किक पद जिससे किसी भाव या गुण का बोध हो, जैसे 'सुन्दरता', 'नीलापन,' इत्यादि।

Acategorematic Word [एकैटेगॉमेंटिक वर्ड] : पदायोग्य शब्द।

ऐसा शब्द जो तार्किक पद के रूप में प्रयुक्त नहीं हो सकता और न किसी अन्य शब्द को पदयोग्य बनने में सहायता दे सकता है। इस वर्ग में प्रश्नसूचक, सम्बोधनसूचक और संवेगबोधक शब्द आते हैं, जैसे 'क्यों ?', 'कब ?', 'अरे', 'उफ़ !', इत्यादि।

देखिये—Categorematic Word, Syncategorematic Word.

Accident [ऐक्सिडेंट] : आकस्मिक गुण, आकस्मिक सत्ता, आकस्मिक घटना।

वह गुण या सत्ता, जिसका स्वतन्त्र अस्तित्व न हो और जो किसी अन्य सत्ता या गुण पर अवलम्बित हो। द्रव्य या पदार्थ की तुलना में आकस्मिक गुण परिवर्तनशील होता है। गुणों में भी 'आकस्मिक' और 'स्थायी' का भेद किया गया है। जॉन लॉक के दर्शन में 'प्राथमिक' और 'द्वितीयक' गुणों का अन्तर मुख्य और आकस्मिक गुणों के अन्तर के ही अनुरूप है।

देखिये—Secondary Quality.

Accidens [ऐक्सिडेंस] : आकस्मिक गुण, अतात्त्विक गुण।

वह गुण, जो किसी पद के गुणार्थ का न तो अंश हो, न उससे फलित हो।

आकस्मिक गुणों को अलग करने से किसी वर्ग या वस्तु में मूलगत परिवर्तन नहीं आता। जब ऐसा गुण किसी वर्ग के प्रत्येक सदस्य में विद्यमान हो तो उसे 'अवियोज्य आकस्मिक गुण' कहते हैं; जब वह किसी वर्ग के कुछ ही सदस्यों में होता है तो उसे 'वियोज्य आकस्मिक गुण' कहते हैं। तर्कशास्त्र में, कभी-कभी 'accidens' के स्थान पर 'accident' शब्द का भी प्रयोग किया जाता है।

देखिये—Inseparable accidens, Separable accidens.

Accidentalism [ऐक्सिडेंटलिज़्म] : आकस्मिकवाद।

वह सिद्धान्त, जो घटनाओं को निश्चित नियमों में आबद्ध नहीं मानता। इस सिद्धान्त का उत्कट रूप नियम की धारणा को ही अस्वीकार करता है, लेकिन इसका एक सौम्य रूप भी है जिसके अनुसार कुछ घटनाएँ नियमबद्ध होती हैं, अन्य नियमातीत। एपिक्यूरस ने आकस्मिकवाद को मानवीय व्यवहार पर लागू कराते हुए संकल्प की अनिश्चयात्मकता पर बल दिया। उसने कहा कि मनुष्य की बहुत-सी क्रियाएँ अहैतुक होती हैं, इसलिए व्यवहार के सम्बन्ध में कोई निश्चित निर्णय नहीं दिये जा सकते।

देखिये—Indeterminism.

Achilles Argument [ऐ'किलीज़ आर्ग्युमेण्ट] : ऐ'किलीज़-तर्क, ऐ'किलीज़-युक्ति।

ज़ीनो द्वारा प्रस्तुत वह तर्क जिसमें 'गति' को एक स्वगतविरोधी प्रत्यय सिद्ध किया गया है। तर्क इस प्रकार है—

मान लीजिए, एक कछुआ ऐ'किलीज़ से कुछ दूर है और ऐ'किलीज़ उसे पकड़ना चाहता है। यह फ़ासला तय करने के लिए ऐ'किलीज़ को एक विशिष्ट क्षण से दूसरे विशिष्ट क्षण तक का समय लगेगा। इस अवधि में कछुआ—चाहे उसकी चाल कितनी ही धीमी क्यों न हो—फिर कुछ दूर आगे निकल जाएगा। तार्किक दृष्टि से यह परिस्थिति बराबर बनी रहेगी, अर्थात् ऐ'किलीज़ को फ़ासला तय करने में कुछ-न-कुछ समय लगेगा और उतने समय में कछुआ आगे बढ़ेगा। इसलिए यह कहना तर्कसंगत है कि ऐ'किलीज़ (यूनान का सबसे तेज़ दौड़नेवाला व्यक्ति होते हुए भी) एक कछुए को (जो कि सबसे धीमी चाल का जानवर है) नहीं पकड़ सकता।

ज़ीनो का यह तर्क उस दार्शनिक प्रवृत्ति का चरम रूप है जिसमें नित्यता को सत्ता का मूलगत गुण माना गया और परिवर्तन को अयथार्थ बताया गया। इस प्रवृत्ति का सबसे महत्त्वपूर्ण प्रतिनिधि पार्मिनाइडीज़ था।

देखिए—Change.

Acosmism [एकॉस्मिज़्म] : अविश्ववाद, अप्रपञ्चवाद।

वह सिद्धान्त, जिसमें बाह्य भौतिक जगत् के अस्तित्व को अस्वीकार किया गया हो। इस मतवाद का उत्कट रूप 'व्यक्तिवादी प्रत्ययवाद' में मिलता है।

देखिये—Subjective Idealism.

Act [ऐक्ट] : कृति।

स्कॉलैस्टिक दर्शन में ऐक्ट का अर्थ है, "वह जो किसी वस्तु को पूर्णता प्रदान करे," जैसे 'विवेकशीलता' 'प्राणित्व' को पूर्णता प्रदान करती है। स्पष्ट है कि यह प्रयोग 'ऐक्ट' शब्द के सामान्य अर्थ (क्रिया) से बिलकुल ही भिन्न है।

Action [ऐक्शन] : कर्म।

नीतिशास्त्र में कर्म वह है, जो एक ओर तो प्रयोजन या उद्देश्य से सम्बन्धित होता है, और दूसरी ओर परिणाम से। नैतिक निर्णय उसी कर्म के विषय में दिया जा सकता है जो इस तरह सम्बन्धित हो। कर्म शब्द का यह अर्थ उसके सामान्य अर्थ से अधिक व्यापक है, क्योंकि सामान्यतः जब हम कर्म शब्द का प्रयोग करते हैं तो उद्देश्य या परिणाम की बात नहीं सोचते।

लेकिन एक तरह से नीतिशास्त्र में प्रयुक्त

कर्म शब्द सामान्य प्रयोग की अपेक्षा संकीर्ण है। नैतिक निर्णय प्रत्येक कर्म के विषय में नहीं दिया जा सकता; बल्कि उसी कर्म के विषय में दिया जा सकता है, जो स्वतन्त्र संकल्प पर आधारित हो, अर्थात् ऐच्छिक हो। सामान्यत: कर्म शब्द ऐच्छिक और अनैच्छिक दोनों प्रकार के कर्मों की ओर संकेत कर सकता है।

देखिये—Voluntary action.

Activism [ऐक्टिविज़्म] : क्रियावाद।

इस विचार-प्रवृत्ति के दो पक्ष हैं; एक का संकेत सृष्टि या अस्तित्व की ओर है, दूसरे का उस दृष्टिकोण की ओर जिसके द्वारा सृष्टि के मूल तत्त्व को जानने का प्रयत्न किया जाता है।

पहले सन्दर्भ में क्रियावाद वह दार्शनिक प्रवृत्ति है जिसके अनुसार गत्यात्मकता तथा क्रियाशीलता विश्व का एक प्रमुख गुण है। अरस्तू, फ़िख्ते, क्रोचे और जेन्टाइल इस क्रियाशीलता को आध्यात्मिक मानते हैं। लेकिन भौतिकवाद भी क्रियावादी हो सकता है। कार्ल मार्क्स का भौतिकवाद यान्त्रिकता के विरुद्ध क्रियाशीलता को विश्वसत्ता का आधारतत्त्व मानता है।

दूसरे सन्दर्भ में क्रियावाद बुद्धिवाद के विरुद्ध एक प्रतिक्रिया है। विलियम जेम्स और शिलर कर्म को सत् की उपलब्धि का अनिवार्य साधन मानते हैं। उनके अनुसार ज्ञान-प्राप्ति केवल बौद्धिक छानबीन से सम्भव नहीं; इसके लिए प्रत्यक्ष जीवन के विविध क्रियाशील प्रयास भी आवश्यक हैं।

नीतिशास्त्र में क्रियावाद संन्यासवाद का विरोधी है। जीवन की प्रत्यक्ष समस्याओं को गौण समझकर विशुद्ध मननशीलता से कल्याण-प्राप्ति का प्रयास उसकी दृष्टि में वृथा ही नहीं, नैतिकता-विरोधी भी है। गीता के 'कर्मयोग' की तरह पाश्चात्य नीतिशास्त्र में भी प्राचीन काल से अब तक क्रियावाद और संन्यासवाद का पारस्परिक विरोध चला आया है। आधुनिक क्रियावादी विचारकों में रूडोल्फ यूकेन तथा अल्बर्ट स्वीट्ज़र के नाम विशेष रूप से उल्लेखनीय हैं।

Actual [ऐक्चुअल] : वास्तविक, यथार्थ।

वह सत्ता जिसकी निहित सम्भावनाएँ प्रत्यक्ष रूप प्राप्त कर चुकी हों।

देखिये—Actuality.

Actuality [ऐक्चुऐलिटी] : वास्तविकता, यथार्थता।

अरस्तू के दर्शन में प्रत्येक वस्तु को दो तत्त्वों की समष्टि माना गया है—रूप या आकार, और पदार्थ। वस्तु की यथार्थता उसके रूप पर निर्भर है। रूप जितना अधिक स्पष्ट और व्यक्त होगा, वस्तु में उतनी ही अधिक यथार्थता होगी। इसके विपरीत, वस्तु का पदार्थ-पक्ष उसकी सुप्त शक्ति तथा सुप्त सत्ता का परिचायक है। पदार्थ-स्थिति को 'अव्यक्त रूप की स्थिति' कहा जा सकता है।

आगे चलकर हेगेल ने भी यथार्थता की व्याख्या कुछ इसी तरह से की। लेकिन रूप या आकार के बदले हेगेलीय दर्शन में 'धारणा' का स्थान अधिक महत्त्वपूर्ण है। हेगेल का कहना है कि जहाँ किसी सत्ता का अपनी धारणा से तादात्म्य हो, वहाँ यथार्थता है। दूसरे शब्दों में, यथार्थता 'धारणा' और 'सत्ता' की सुसंगति का ही नाम है।

हुसर्ल के दर्शन में यथार्थता के दो अर्थ हैं : (१) देश तथा काल में व्यक्ति का क्रियाशील अस्तित्व और (२) विषय-ज्ञान के अवसर पर अहम् का चेतन प्रक्रिया में तल्लीन होना।

देखिये—Potentiality.

Adeism [एडीइज़्म] : अदेववाद, देवता-निषेध।

विशिष्ट देवताओं के अस्तित्व की अस्वीकृति। निरीश्वरवाद और देवता-निषेध को पृथक् करने के लिए मैक्समूलर ने 'एडीइज़्म' शब्द का प्रयोग किया।

Ad hoc [ऐ'ड हॉक] : संदिग्ध, अस्थायी, तदर्थ।

ऐसी कल्पना या तर्क जो अनिश्चित या अस्थायी हो और जिसे किसी अन्य तथ्य के आधार पर व्याख्या के लिए उपस्थित किया गया हो।

Adjustment [ऐड्जस्टमेण्ट] : समंजन, समायोजन।

विकासवादी सिद्धान्त के अनुसार उत्तरोत्तर अधिक समायोजन ही विकास का उद्देश्य है। व्यक्ति और वातावरण में, आन्तरिक और बाह्य सम्बन्धों में, यथा-सम्भव पूर्ण समायोजन हो, यही विकास का लक्ष्य है।

दर्शन में इस विचार का ऐतिहासिक महत्त्व बहुत बड़ा है। आधुनिक काल में हेगेल तथा हर्बर्ट स्पेन्सर की विचारधारा में समायोजन के सिद्धान्त का परिपक्व रूप देखा जा सकता है। हर्बर्ट स्पेन्सर ने इस विचार को नीतिशास्त्र में भी प्रयुक्त किया। उसका मत है कि समाज में विकास होते-होते एक ऐसी स्थिति का निर्माण होगा जब प्राकृतिक तथा सामाजिक प्रवृत्तियों में पूर्ण समायोजन स्थापित होगा। यह समायोजन केवल सामाजिक ही नहीं बल्कि जैव भी होगा। इस अवस्था में व्यक्ति दीर्घजीवी होगा और उसकी प्रवृत्तियों और क्षमताओं की परिपूर्णता सम्भव होगी।

देखिये—Evolution.

Adiaphora [एडियाफ़ोरा] : निर्नैतिक तथ्य, तटस्थ वस्तुएँ।

स्टोइक दर्शन में, वे तथ्य जिन्हें न शुभ कहा जा सकता है, न अशुभ; और जिनके व्यवहार से सम्बन्धित कर्मों के बारे में नैतिक निर्णय नहीं दिया जा सकता।

Adventitious Ideas [ऐडवेंटिशस आइडियाज़] : असहजात प्रत्यय, अजन्म-जात प्रत्यय।

देकार्त ने तीन प्रकार के प्रत्ययों को स्वीकार किया है—सहजात, कल्पनाजन्य और असहजात। इनमें से तृतीय वर्ग के प्रत्यय वे हैं जो वस्तुओं के संवेदन द्वारा मन में प्रविष्ट होते हैं। असहजात प्रत्ययों के आधार पर देकार्त ने ईश्वर के अस्तित्व का प्रत्ययाश्रित प्रमाण (Ontological Argument) प्रस्तुत किया।

देखिये—Ontological Argument.

Aesthetics [ईस्थेटिक्स] सौन्दर्यशास्त्र, कला-दर्शन।

दर्शन का वह पक्ष जिसमें सौन्दर्य के स्वरूप का, सौन्दर्यबोध और रसबोध का, तथा कलात्मक अनुभूति का, विवेचन किया जाता है। ईस्थेटिक्स का क्षेत्र स्पष्ट रूप से निर्धारित करना असम्भव है और युग-युग में इस विषय के विभिन्न पहलुओं पर ज़ोर दिया गया है। कुछ विचारकों के अनुसार सौन्दर्यानुभूति कलात्मक अनु-भूति से इतनी अधिक व्यापक है कि ईस्थेटिक्स के केवल एक विभाग से ही कला का सम्बन्ध हो सकता है। लेकिन अधिकतर दार्शनिकों ने यह स्वीकार किया है कि, यद्यपि प्राकृतिक सौन्दर्य के अवलोकन से भी रसबोध प्राप्त हो सकता है, ईस्थेटिक्स का मुख्य क्षेत्र वह अनुभव है जिसमें मानवीय व्यक्तित्व की सृजनशीलता और आध्यात्मिकता कला के माध्यम से उभरती है।

तत्त्वमीमांसा और सौन्दर्यशास्त्र के पारस्परिक सम्बन्ध के विषय में भी तीव्र मतभेद देखने में आते हैं। एक दृष्टिकोण यह है कि तत्त्वमीमांसा केवल उसी सत्ता या उसी अनुभव तक पहुँच सकती है जिसका विवेचन बुद्धि या विवेक द्वारा सम्भव है। विवेकातीत अनुभव का ज्ञान या तो ब्रह्मास्वादन से सम्भव है या रसा-स्वादन से; इसलिए सौन्दर्यशास्त्र उन गहराइयों और ऊँचाइयों तक पहुँचता है जो तत्त्वमीमांसा के दायरे से बाहर हैं। इसके विपरीत हेगेल और कुछ अन्य बुद्धि-वादियों का कहना है कि सौन्दर्यशास्त्र का अतिक्रमण करके तत्त्वमीमांसा विशुद्ध अस्तित्व के ज्ञान की ओर बढ़ती है। हेगेल ने तो यहाँ तक कहा कि "कला की आत्म-हत्या दर्शन के लिए अनिवार्य है।"

Aesthetics शब्द का प्रयोग सर्वप्रथम

अठारहवीं शताब्दी में जर्मन दार्शनिक बॉमगार्टन ने किया।

Aeviternity [ईविर्टनिटी] : आनन्त्य।

नित्यता का विशुद्ध रूप, जिससे काल की कल्पना का कोई सम्बन्ध न हो। Eternity शब्द काल की अनन्तता या असीमता का द्योतक है, लेकिन Aeviternity का अर्थ है आनन्त्य का पूर्णतया निरपेक्ष भाव।

देखिये —Eternity.

Affect [एफ़ेक्ट] : आन्तरिक कार्य-प्रेरणा, अनुभाव।

यह शब्द स्पिनोज़ा के 'नीतिशास्त्र' में प्रयुक्त हुआ है। कर्म के पीछे जो आन्तरिक प्रेरणा होती है उसे कर्म के लक्ष्य से पृथक् करने के लिए स्पिनोज़ा ने इस शब्द को पारिभाषिक अर्थ में अपनाया है।

Affective Value [एफ़ेक्टिव वैल्यू] : भावात्मक मूल्य।

रसशास्त्र में, किसी भी कलाकृति या प्राकृतिक वस्तु (या परिस्थिति) की वह क्षमता जिससे अनुभव का संवेगात्मक पक्ष जाग्रत हो, न कि विचारात्मक या संकल्पात्मक पक्ष।

Affinity [ऐ'फ़िनिटी] : बन्धुता, साम्य।

दो तथ्यों या सत्ताओं में ऐसे गुणों का निवास, जिनसे वे अन्य सत्ताओं की तुलना में एक-दूसरे के समान प्रतीत हों। 'ऐ'फ़िनिटी' और 'सिमिलैरिटी' में कभी-कभी यह अन्तर बताया जाता है कि 'ऐ'फ़िनिटी' का संकेत सत्ताओं के रचनात्मक पक्ष की ओर है, 'सिमिलैरिटी' का उनके व्यापारात्मक पक्ष की ओर। लेकिन साधारणतः दोनों शब्दों का एक ही जैसे अर्थ में प्रयोग किया जाता है।

Affirmative Proposition [एफ़र्मेटिव प्रॉपोज़िशन] : विधायक तर्कवाक्य, सकारात्मक तर्कवाक्य।

वह तर्कवाक्य, जिसमें विधेय उद्देश्य को स्वीकार करता है, जैसे 'आम एक स्वादु फल है'।

A fortiori [ए फॉर्टिओरी] : स्पष्टतर, अतितरांभावी।

शाब्दिक अर्थ : 'और भी अधिक'। यदि किसी तथ्य या निष्कर्ष को, जो पहले ही से स्वीकरणीय है, किसी अन्य तथ्य से पुष्टि मिलती है तो ऐसी अवस्था को व्यक्त करने के लिए इस पद का प्रयोग किया जाता है।

Agent [एजेण्ट] : कर्ता।

वह व्यक्ति जिसने कोई ऐसा कार्य किया हो, जिसका नैतिक मूल्यांकन सम्भव हो, या जो भविष्य में ऐसे किसी कार्य के करने का संकल्प रखता हो। नैतिक निर्णय के दृष्टिकोण से किसी स्वतन्त्र तथा विवेकशील व्यक्ति को ही 'कर्ता' कहा जा सकता है।

Aggregate [ऐ'ग्रिगेट] : समूह, संचय, संग्रह।

वस्तुओं, शब्दों या व्यक्तियों का ऐसा समूह जिसमें कोई मूलगत एकता न हो, बल्कि केवल बाह्य सान्निध्य हो।

Agnoiology [ऐ'ग्नॉइओलोजी] : अज्ञात-समीक्षा।

फेरियर ने यह प्रश्न उठाया कि जिस वस्तु का हमें ज्ञान नहीं है उसका क्या हमें अज्ञान भी हो सकता है? इसका नकारात्मक उत्तर देते हुए फेरियर ने कहा कि जिस तरह ज्ञान का विषय 'ज्ञेय वस्तु' है, उसी तरह अज्ञान का विषय 'अज्ञेय वस्तु' है, और उसकी भी समीक्षा की जानी चाहिए। ऐसी समीक्षा को उसने 'ऐ'ग्नॉइओलोजी' का नाम दिया।

Agnosticism [ऐ'ग्नॉस्टिसिज़्म] : अज्ञेयवाद।

धर्म-दर्शन में, यह मत कि मानवीय मन के लिए ईश्वर का ज्ञान प्राप्त करना असम्भव है।

ज्ञान-मीमांसा में, यह मत कि ज्ञान-प्रक्रियाएँ वस्तु के निजी स्वरूप तक नहीं पहुँचतीं, बल्कि उसके ऐसे रूप तक ही पहुँचती हैं जो हमारी मानसिक विशेषताओं के कारण उस वस्तु पर आरोपित किया जाता है। आधुनिक दर्शन में काण्ट तथा

स्पेन्सर अज्ञेयवाद के मुख्य प्रतिनिधि हैं।

इस प्रवृत्ति में सन्देहवाद का पुट अवश्य है, लेकिन अज्ञेयवाद सत्ता के अस्तित्व को अस्वीकार नहीं करता। वह तो केवल इस बात पर सन्देह व्यक्त करता है कि सत्ता 'अपने आप में' जानी जा सकती है।

Agnosy [ऐ'ग्नॉसी] : अज्ञान, अविद्या।

अज्ञान, एक विश्वव्यापी शक्ति या सत्ता के रूप में। कुछ प्राचीन विचारकों का विश्वास था कि ज्ञान की तरह अज्ञान का भी एक मूल तत्त्व है जो विश्वव्यापी है और जिससे विशेष अवस्थाओं में विशेष प्रकार का अज्ञान सम्भव होता है।

Ahriman [अहरिमन] : अशुभ शक्ति।

ज़ोरोस्तर ने विश्व को शुभ शक्ति (ओरमुज़्द) और अशुभ शक्ति (अहरिमन) के संघर्ष का क्षेत्र बताया। उसके अनुसार इस संघर्ष में अन्तिम विजय अहुर मज़दाह, अर्थात् परमेश्वर की होती है, जो शुभ शक्ति की सहायता करता है।

देखिये—Ahura Mazdah, Ormuzd.

Ahura Mazdah [अहुर मज़दाह] : शुभ शक्ति।

पारसी धर्म में अहरिमन के विपरीत शक्ति, जो शुभ, अनादि और अजेय है। इस शक्ति का अशुभ शक्ति के विरुद्ध युग-युग से संघर्ष चलता आया है, लेकिन अन्त में इसकी विजय होगी और वर्तमान विश्व का विलयन होगा।

कुछ विद्वानों के अनुसार अहुर मज़दाह परम सत्ता या परमेश्वर का ही नाम है, और अहरिमन के विपरीत जिस शुभ शक्ति की कल्पना की गई है उसका नाम ओरमुज़्द है। अहरिमन और ओरमुज़्द दोनों शक्तियों में एक-सा सामर्थ्य है, और इसलिए अहुर मज़दाह को अन्त में हस्तक्षेप करके ओरमुज़्द को विजय दिलानी पड़ती है।

अन्य विद्वानों के अनुसार ओरमुज़्द और अहुर मज़दाह में कोई अन्तर नहीं है।

देखिये—Ormuzd, Ahriman.

Alexandrian School [अले'क्ज़ैंड्रिअन स्कूल] : अले'क्ज़ैंड्रिया सम्प्रदाय।

पहली शताब्दी से चौथी शताब्दी तक अले'क्ज़ैंड्रिया नगर में कुछ दार्शनिक प्रवृत्तियों का उत्कर्ष हुआ, जिनके प्रतिनिधियों को व्यापक रूप में 'अले'क्ज़ैंड्रिया सम्प्रदाय' कहा जाता है। इस सम्प्रदाय का कोई निश्चित दार्शनिक सिद्धान्त नहीं था। इसमें विभिन्न पंथों के लोग थे, जैसे नव्य पाइथागोरसवादी, ईसाई प्लेटोवादी और नव्य प्लेटोवादी। लेकिन इन सबका मुख्य उद्देश्य एक ही था—पौर्वात्य धार्मिक विश्वासों को यूनानी दर्शन के माध्यम से व्यक्त करना।

देखिये—Neo-Pythagoreanism.

Alexandrists [अले'क्ज़ैंड्रिस्ट्स] : अले'क्ज़ैंडरवादी।

पन्द्रहवीं और सोलहवीं शताब्दियों में इटली के कुछ दार्शनिकों ने अरस्तू के दर्शन की एक नई व्याख्या प्रस्तुत की। प्रचलित व्याख्या के अनुसार, बुद्धि के एक क्रियाशील अंश को 'अमर' माना गया था। इसका विरोध करते हुए इन दार्शनिकों ने कहा कि अरस्तू के दर्शन में व्यक्तिगत आत्मा तभी तक 'जीवित' है जब तक वह 'विश्वव्यापी अध्यात्म' से संलग्न है। व्यक्ति के अमरत्व को अरस्तू ने स्वीकार नहीं किया।

ये दार्शनिक प्राचीन भाष्यकार 'अफ्रोडिसियस के अले'क्ज़ैंडर' से प्रभावित थे, इसलिए इनके सम्प्रदाय को अले'क्ज़ैंड्रिस्ट्स कहा गया। इस सम्प्रदाय का सबसे महत्त्वपूर्ण प्रतिनिधि पॉम्पोनात्ज़ी था।

All (The) [द ऑल] : सर्व।

परम सत्ता के असीमत्व को संख्यात्मक पक्ष से व्यक्त करने के लिए इस पद का प्रयोग कुछ दार्शनिकों ने किया है।

Als Ob [आल्स ऑब] : व्यवहार्य कल्पना।

'आल्स ऑब' का शाब्दिक अर्थ है 'as if' या 'मान लीजिए कि'। हान्स फाइहिन्गर ने इस पद का प्रयोग करते हुए यह सिद्धान्त प्रस्तुत किया है कि समस्त

मानवीय ज्ञान बहुत-सी व्यवहार्य कल्पनाओं का उलझा हुआ जाल है। इन कल्पनाओं को सिद्ध या प्रमाणित नहीं किया जा सकता, लेकिन वे व्यावहारिक दृष्टि से उपयुक्त हैं। हम उनका प्रयोग करते हैं 'मानो कि' वे सत्य ही हों।

Alteration [ऑल्टरेशन] : गुण-परिवर्तन, गुणान्तरण।

कभी-कभी, विशेषत: अरस्तू के दर्शन के विवेचन में, 'ऑल्टरेशन' शब्द का प्रयोग ऐसे परिवर्तन के अर्थ में किया जाता है जिसमें केवल गुणभेद उत्पन्न हो, न कि देशगत या परिमाणगत भेद।

Altruism [ऑल्ट्र ुइज़्म] : परार्थवाद, परहितवाद।

सामान्य अर्थ में, 'परोपकारिता' जिसमें उदारता, दया, सहानुभूति की भावनाएँ प्रतिबिम्बित हैं। नीतिशास्त्र में, वह सिद्धान्त या आदर्श जिसके अनुसार कर्मों के नैतिक मूल्यांकन का मानदण्ड परहित है। आधुनिक युग में मिल, बेन्थम, कांत और स्पेन्सर ने परार्थवाद की व्याख्या सामाजिक विकास के वैज्ञानिक अध्ययनों के सन्दर्भ में की। कुछ मनोवैज्ञानिकों की धारणा है कि परार्थ की इच्छा मानव की नैसर्गिक प्रवृत्तियों में से एक है। इस प्रवृत्ति का स्वार्थपरता की प्रवृत्ति से विरोध है। सभ्यता और संस्कृति का आधार यह है कि इस विरोध में मनुष्य किसी सीमा तक परार्थ-प्रवृत्ति को श्रेयस्कर समझ सकता है और स्वार्थ-प्रवृत्ति का दमन कर सकता है।

परार्थवाद और सुखवाद में कोई अनिवार्य विरोध नहीं है। इस बात की ओर परसुखवादियों ने विशेष रूप से ध्यान दिलाया। उन्होंने दिखाया कि 'सुख' की व्यापक और सन्तोषप्रद व्याख्या में परसुख की इच्छा का भी समावेश करना पड़ता है।

देखिये—Altruistic Hedonism.

Altruistic Hedonism [ऑल्ट्र ुइस्टिक हे'डॉनिज़्म] : परसुखवाद।

सुखवाद का वह रूप जिसमें सुखेच्छा और सामाजिक प्रवृत्ति के समन्वय को नैतिक कर्मों का मानक समझा जाता है। जॉन स्टुअर्ट मिल ने सुखों के गुणात्मक पक्ष की ओर ध्यान दिलाकर पर-सुखवाद के विकास में एक महत्त्वपूर्ण क़दम उठाया। जिस तरह भोजन करने से प्राप्त सुख की तुलना में काव्य-रसानुभूति का सुख उच्चतर है, उसी तरह व्यक्तिगत इच्छापूर्ति से जो सुख प्राप्त होता है उसकी तुलना में परकल्याण से प्राप्त सन्तोष कहीं महत्तर है।

हर्बर्ट स्पेन्सर का विकासवादी सुखवाद और बेन्थम का उपयोगितावाद भी पर-सुखवाद के ही विभिन्न पक्षों पर आधारित हैं।

देखिये—Hedonism, Utilitarianism, Evolutionary Hedonism

Amoral [एमॉरल] : निर्नैतिक, नीतिशून्य।

यह विशेषण उन क्रियाओं या परिस्थितियों के प्रति प्रयुक्त किया जाता है जिन्हें न नैतिक कहा जा सकता है, न अनैतिक, और जो शुभाशुभ की दृष्टि से तटस्थ होती हैं।

Amphiboly [ऐम्फ़िबोली] : वाक्यछल-दोष।

वह अर्द्धतार्किक दोष, जो वाक्यरचना की संदिग्धता से उत्पन्न होता है, जैसे : 'देखो मत आने दो'। इस वाक्य को दो तरह से समझा जा सकता है—'देखो, मत आने दो' और 'देखो मत, आने दो'।

Ampliative Judgment [ऐम्प्लिएटिव जजमेण्ट] : विस्तारसूचक निर्णय।

वह निर्णय जिसमें विषय का विस्तार विधेय के द्वारा एक नवीन तथ्य को उपस्थित करने से होता है। ऐसे निर्णय को 'संश्लेषणात्मक निर्णय' भी कहा जा सकता है। 'कागज़ पीला है'—इस निर्णय में पीलापन विधेय द्वारा एक नये तथ्य के रूप में व्यक्त हुआ है। 'पीलापन' कागज़ का आवश्यक या तात्त्विक गुण नहीं है।

उसका बोध केवल 'कागज़' कहने से बिलकुल नहीं हो सकता।

देखिये—Synthetic Judgment, Analytic Judgment, Explicative Judgment.

Analogy [ऐ'नॉलो'जी] : सादृश्यानुमान, साम्यानुमान।

अनुमान का एक रूप, जिसमें यह माना जाता है कि यदि दो वस्तुओं में कुछ बातों में समानता हो तो जो वक्तव्य उनमें से एक के विषय में सत्य है, वह दूसरी के विषय में भी सत्य हो सकता है। इसमें एक प्रकार की आंशिक समानता के आधार पर किसी दूसरे प्रकार की आंशिक समानता स्वीकार की जाती है; इसलिए सादृश्यानुमान का निष्कर्ष सम्भाव्य ही हो सकता है, निश्चित नहीं हो सकता।

सादृश्य की सम्भाव्यता इस पर निर्भर होती है कि समान बातें कितनी अधिक हैं और कितनी महत्त्वपूर्ण हैं। समानता की बातों की संख्या से ही सादृश्य ज़ोरदार नहीं हो सकता। उदाहरणार्थ, जब मंगल और पृथ्वी की तुलना की जाती है तो बहुत-सी समानताएँ सामने आती हैं, जैसे समुद्रों और पर्वतों का अस्तित्व, सूर्य की परिक्रमा, तापमान, कुछ गैसों और तरल पदार्थों का अस्तित्व, इत्यादि। इनके आधार पर यह कहा जाता है कि पृथ्वी की तरह मंगल पर भी जीवित प्राणी हैं। यहाँ सादृश्य का बल इसमें है कि कुछ समानताएँ 'जीवन' के लिए महत्त्वपूर्ण हैं। यदि ऐसा न होता तो अन्य समानताओं की संख्या कितनी ही बड़ी क्यों न होती, सादृश्यानुमान कमज़ोर पड़ जाता।

Analogies of Experience [ऐ'नॉलो'जीज़ ऑफ़ एक्स्पीरिअन्स] : अनुभव के एकरूपात्मक सम्बन्ध, अनुभव समीकारक।

काण्ट के दर्शन में तीन ऐसे सम्बन्धों को स्वीकार किया गया है जिनके द्वारा संवेदन-प्रदत्तों को अनुभव के दायरे में एकता प्राप्त होती है। ये सम्बन्ध हैं : (१) द्रव्यत्व, (२) पारस्परिकता, (३) कारणता। इन्हें पारिभाषिक अर्थ में Analogies of Experience कहा गया है।

Analysis [ऐ'नॉलिसिस] : विश्लेषण।

सामान्यतः वह प्रक्रिया जिसके द्वारा किसी मिश्र या सावयव पदार्थ, समस्या या स्थिति को विभिन्न सरल अंगों या तथ्यों में विभाजित किया जाए।

दर्शन में 'विश्लेषण' शब्द का संकेत एक वैचारिक पद्धति और एक विशेष दृष्टिकोण की ओर है। विश्लेषणात्मक पद्धति के द्वारा सृष्टि तथा उसके ज्ञान को विभिन्न तात्त्विक अंगों के रूप में समझने का प्रयास किया जाता है। वैज्ञानिक दृष्टि से यह पद्धति उपयोगी ही नहीं, किसी सीमा तक अनिवार्य भी है। लेकिन इस पद्धति को एकांगी बनाने से, और उसे आत्यन्तिक महत्त्व प्रदान करने से, कुछ अन्य समस्याएँ उत्पन्न हो जाती हैं। उदाहरणार्थ, किसी वस्तु को अनेक खण्डों या अंगों में विभक्त करके देखने पर यह प्रश्न उठता है कि इनके द्वारा वह वस्तु उत्पन्न ही कैसे हुई? क्या वह इनका योग मात्र है, अथवा इन सबके अतिरिक्त कुछ और भी है? इसी 'कुछ और' के अन्वेषण में विश्लेषणात्मक पद्धति आगे चलकर बाधा डालती है। लेकिन यह स्वीकार करना होगा कि जब जॉन लॉक और अन्य दार्शनिकों ने विश्लेषण पर ज़ोर दिया, उस समय समस्याओं के स्पष्टीकरण के लिए इस दृष्टिकोण तथा विचार-पद्धति की 'ऐतिहासिक आवश्यकता' थी।

आधुनिक काल में क्रोचे, मेक्डूगल तथा जेस्टाल्ट मतवाद को माननेवाले विचारकों ने विश्लेषणात्मक पद्धति का विरोध किया है।

Analytic Judgment [ऐ'नॉलिटिक जजमेण्ट] : विश्लेषणात्मक निर्णय।

जिस निर्णय में विधेय के द्वारा विषय के सम्बन्ध में किसी नवीन तथ्य का

परिचय नहीं मिलता उसे काण्ट 'विश्लेषणात्मक निर्णय' कहता है। ऐसे निर्णय की सत्यता का एकमेव प्रतिमान विरोधाभास का नियम है।

इस निर्णय को 'एक्सप्लीकेटिव जजमेण्ट' भी कहा गया है।

देखिए—Synthetic Judgment, Ampliative Judgment.

Anamnesis [अनॅम्नेसिस]: अनुचिन्तन, अनुस्मरण।

प्लेटो के अनुसार 'ज्ञान' उस क्रिया पर आधारित है जिसके द्वारा मन आदि-प्रत्ययों के अनुभवों को स्मरण करता है। इस क्रिया को अनॅम्नेसिस कहते हैं।

Anarchism [ऐ'नॉकिज़्म]: अराजकतावाद।

इस मत के अनुसार समाज में राज्य की कोई आवश्यकता नहीं है। वास्तव में राज्य समाज का शत्रु है तथा उसके विलोप द्वारा ही समाज की समस्याओं को हल किया जा सकता है।

अराजकतावाद का एक भावात्मक पक्ष भी है, जिसमें जीवन की सरलता और व्यवहार की अकृत्रिमता को गौरव दिया जाता है। समाज-दर्शन और राजनीति-दर्शन में अराजकतावाद आत्यन्तिक संगठन, यांत्रिकता तथा नियमबद्धता के प्रति विरोध व्यक्त करता है। यह विचारधारा तब एकांगी बन जाती है जब इसके प्रवर्तक स्वाधीनता को निरी व्यवस्थाहीनता के अर्थ में लेते हैं। ऐतिहासिक दृष्टि से इस मतवाद का जो कुछ भी मूल्य है, वह निषेधात्मक है।

Angst [आंग्स्ट] : त्रास, संताप।

अस्तित्ववादी दार्शनिक हाइडेगर ने इस शब्द का प्रयोग एक विशेष अर्थ में किया है। उसके अनुसार 'आंग्स्ट' वह त्रास है जिसमें विश्वव्यापी 'भीति' का सार निहित है।

देखिये—Dread.

Anima Mundi [ऐ'निमा मन्डी] : विश्वात्मा।

प्राचीन दर्शन में विश्व को एक वृहत् प्राणी या अंगी के रूप में देखने की प्रवृत्ति थी। इस कल्पना के पीछे शरीर तथा बुद्धि के पारस्परिक सम्बन्ध को विश्व पर आरोपित करने की इच्छा है। जिस तरह शरीर का संचालन प्राण या बुद्धि से होता है, उसी तरह समस्त विश्व की गति को समझने के लिए उसे सप्राण तथा संबुद्ध माना गया। प्लेटो, स्टोइकपंथी और मध्ययुग में ब्रूनो के दर्शन में इस कल्पना को विभिन्न रूपों में स्वीकार किया गया है।

देखिए—World Soul.

Animatism [ऐ'निमटिज़्म] : सर्वव्यक्तिवाद।

इस शब्द का प्रयोग मैरेट ने किया। मैरेट के अनुसार, आदिम मानव की प्रत्येक प्राकृतिक वस्तु पर व्यक्तित्व आरोपित करने की प्रवृत्ति उस प्रवृत्ति से भिन्न है जिसे ऐ'निमिज़्म (जीववाद) कहा जाता है। ऐ'निमिज़्म का अर्थ है वस्तुओं को जीवित आत्मा से संचालित मानना; ऐ'निमटिज़्म का अर्थ है प्रत्येक वस्तु के पीछे एक व्यक्तित्व के अस्तित्व की कल्पना करना।

देखिये—Animism.

Animism [ऐ'निमिज़्म] : सर्वात्मवाद, जीववाद।

समाज-दर्शन में, 'सर्वात्मवाद' आदिम मानव की उस प्रवृत्ति को कहते हैं जिसके प्रभाव से प्रत्येक प्राकृतिक वस्तु के पीछे 'जीवात्मा' के अस्तित्व की कल्पना की गई। टाइलर और कुछ अन्य विद्वानों के अनुसार आदिम मानवीय जीवन का वैचारिक पक्ष पूर्णतया इस मनोवृत्ति से निर्देशित था।

अधिक व्यापक अर्थ में, सर्वात्मवाद उन सभी विश्वासों को कहते हैं, जिनके अनुसार शारीरिक या भौतिक क्रियाएँ 'आत्मिक' शक्तियों से संचालित होती हैं। पृथ्वी और अन्य ग्रहों तथा नक्षत्रों को जीवित और 'आत्मायुक्त' मानना भी

ऐ'निमिज़्म का एक रूप है।

Annihilationism [ऐ'निहिलेशनिज़्म]: विनाशवाद, उच्छेदवाद।

इंग्लैंड के एक विचारक एडवर्ड ह्वाइट ने इस सिद्धान्त का प्रतिपादन किया कि कुटिल और पापी लोगों का मृत्यु के साथ सम्पूर्ण विनाश हो जाता है, लेकिन सदाचारी व्यक्तियों का नहीं होता।

धर्मशास्त्र और नीतिशास्त्र के साथ-साथ दर्शन की भी झलक इस सिद्धान्त में है, क्योंकि एडवर्ड ह्वाइट ने कुछ दार्शनिक प्रश्नों को भी उठाया है। लेकिन दर्शन के इतिहास में इस सिद्धान्त का कोई महत्त्व नहीं है।

Anoetic States [ऐ'नोइटिक स्टेट्स] : बोधहीन स्थितियाँ।

मन की वे दशाएँ और स्थितियाँ, जो बोध के पूर्व घटती हैं। नितान्त अर्थहीन संवेदनाएँ इसी श्रेणी में आती हैं।

Anschauung [आन्शाउन्ग]: अपरोक्षानुभूति।

काण्ट की ज्ञान-मीमांसा में, 'आन्शाउन्ग' उन प्रत्यक्षों को कहते हैं जो बुद्धि को, देश-काल के माध्यम से, अपनी सामग्री प्रदान करते हैं। ये प्रत्यक्ष, अपरोक्ष और तात्कालिक होते हैं। 'क्रिटिक ऑफ़ प्योर रीज़न' के प्रथम खण्ड में काण्ट ने अपरोक्षानुभूतियों का विश्लेषण किया है।

इस जर्मन शब्द का अंग्रेज़ी प्रतिरूप 'इन्ट्यूशन' है। केअर्ड के अनुसार 'आन्शाउन्ग' और 'इन्ट्यूशन' में सूक्ष्म अन्तर है, लेकिन किसी दूसरे उपयुक्त शब्द के अभाव से इन्ट्यूशन शब्द को ही काम में लाना पड़ता है।

Anselmian Argument [ऐन्सेलमिअन आर्ग्युमेण्ट] : ऐन्सेलमीय युक्ति, ऐन्सेलम का तर्क।

सन्त ऐन्सेलम द्वारा ईश्वर के अस्तित्व को प्रमाणित करने के लिए प्रस्तुत किया गया तर्क। यह तर्क इस प्रकार है : मेरे मन में एक ऐसी सत्ता का विचार है जिससे अधिक पूर्ण और उत्तम सत्ता की कल्पना नहीं की जा सकती। जो विचार केवल मन में है, उसकी अपेक्षा वह विचार अधिक महान् है जिसके अनुरूप वास्तविक अस्तित्व हो; इसलिए मेरी महानतम धारणा के अनुरूप एक महानतम सत्ता अवश्य है।

दूसरे शब्दों में, 'ईश्वर' का प्रत्यय एक पूर्ण और असीम सत्ता का है, और वह यथार्थ है।

An Sich [आन सिख़] : स्वलक्षण।

इस जर्मन पद का शब्दिक अर्थ है, 'अपने आपमें' या 'अपने ही द्वारा'। काण्ट के दर्शन में, 'आन सिख़' का संकेत ऐसी सत्ता की ओर है, जो चेतना से स्वतन्त्र हो और किसी प्रकार के 'सम्बन्ध' से सीमित न हुई हो। हेगेल के दर्शन में, 'आन सिख़' का अर्थ है : 'सत्ता की ऐसी अवस्था जब वह अव्यक्त और अविकसित हो।'

Antecedent [ऐंटिसीडेंट] : पूर्वांग।

सोपाधिक तर्कवाक्य का वह भाग जिसमें ऐसी शर्त का उल्लेख होता है जिसके पूरे होने पर उत्तरांग निर्भर करता है। उदाहरणार्थ : "यदि पानी बरसा, तो फ़सल अच्छी होगी"—यहाँ 'यदि पानी बरसा' पूर्वांग है।

देखिये—Consequent.

Anthropocentrtic [ऐन्थ्रॉपोसेन्ट्रिक] : मानव-केन्द्रित।

यदि किसी तथ्य या घटना की व्याख्या मनुष्य के गुणों या उसके अनुभव के माध्यम से की जाए तो ऐसी व्याख्या मानव-केन्द्रित कहलाएगी। उदाहरणार्थ, यदि किसी प्राकृतिक सत्ता को 'बुद्धि' या 'प्रेम' का परिणाम बताया जाए तो यह व्याख्या मानव-केन्द्रित होगी।

Anthropolatry [ऐन्थ्रॉपोलेट्री] : मानव-पूजा, मानवाराधना।

मनुष्य को देवता मानकर, या देवता को मनुष्य के रूप में पूजना या उसकी आराधना करना। प्राचीन सभ्यताओं में विशिष्ट मनुष्यों पर दैवी स्वरूप आरोपित करने की प्रथा बार-बार प्रचलित हुई। राजा के 'दैवी अधिकार' का सिद्धान्त इसी प्रवृत्ति

का एक व्यावहारिक परिणाम है ।

Anthropomorphism [ऐन्थ्रॉपो-मॉर्फ़िज़्म] : मानवतारोपण ।

ईश्वर की मानवीय स्वरूप में कल्पना करना । इस प्रवृत्ति की ओर सबसे पहले ज़ेनोफ़ेनीज़ ने ध्यान दिलाया । उसने कहा कि यदि शेरों के हाथ होते और वे चित्र बना सकते तो ईश्वर की आकृति शेर-जैसी बनाते । इसीलिए ईथिओपिया के लोग ईश्वर को काले वर्ण का मानते हैं ।

विचार की प्रारम्भिक अवस्था में मानवता आरोपित करने की प्रवृत्ति स्वाभाविक होती है, क्योंकि अनुभव का विस्तार सीमित होने से मनुष्य किसी सत्ता को समझने के लिए अपने गुणों का सहारा लेता है । लेकिन आगे चलकर यह प्रवृत्ति विचार के विकास में बाधा डालती है । विचारक आत्मगत स्थिति से विषयगत स्थिति की ओर अग्रसर होने का प्रयत्न करता है ।

विज्ञान और दर्शन की उन्नति के बावजूद मानवतारोपण की प्रवृत्ति का मन से बिलकुल ही उन्मूलन करना असम्भव है । यह प्रवृत्ति अचेतन मन में बराबर काम करती है और कभी-कभी हमारे भाषा-प्रयोग में अचानक इसका आभास मिल जाता है ।

Anticipation [ऐंटिसिपेशन] : प्राग्ज्ञान, पूर्वाभास, उदीक्षण ।

भविष्य में होनेवाली घटनाओं और अनुभूतियों का पूर्वज्ञान । ऐंटिसिपेशन और एक्स्पेक्टेशन (अपेक्षा) में अन्तर यह है कि अपेक्षा किसी हद तक अनुमान पर आधारित होती है, लेकिन उदीक्षण तात्कालिक होता है ।

देखिये —Expectation.

Anticipation of Experience [ऐंटिसिपेशन ऑफ़ एक्स्पीरिअन्स] : अनुभव का उदीक्षण, अनुभव का पूर्वाभास ।

काण्ट ने अपने ग्रन्थ 'क्रिटिक ऑफ़ प्योर रीज़न' में बुद्धि के दो संश्लेषणात्मक सिद्धान्तों को स्वीकार किया है । इनमें से एक सिद्धान्त यह है कि मन बाद में आने वाले अनुभवों का, पूर्वानुभूतियों के योग के आधार पर अन्दाज़ा लगा सकता है । अनुभव के विशिष्ट गुणों की कल्पना तो मन नहीं कर सकता, लेकिन इतना अवश्य जान लेता है कि "प्रत्येक संवेद्य-वस्तु गहन परिमाण रखती है ।"

इस पूर्वज्ञान को काण्ट ने 'अनुभव का पूर्वाभास' कहा है ।

Anti-intellectualism [ऐण्टी-इन्टलेक्चुअलिज़्म] : प्रति-बुद्धिवाद, बुद्धि-विरोधवाद, बुद्धिवाद-प्रतिषेध ।

सामान्यतः वे सभी प्रवृत्तियाँ, जो बुद्धि की क्षमता में सन्देह जगाती हैं, बुद्धि-विरोधी कही जा सकती हैं । इस दृष्टि से बुद्धिवाद के विकास के साथ-ही-साथ बुद्धि-विरोधवादी प्रवृत्तियाँ भी सर्वदा काम करती रही हैं, क्योंकि मानवीय बुद्धि की सफलताओं और सम्भावनाओं के साथ-साथ उनकी त्रुटियों और असफलताओं की ओर भी विचारकों का ध्यान खिंचा है ।

लेकिन एक दार्शनिक मतवाद की हैसियत से आधुनिक युग में बुद्धि-विरोधवाद का प्रारम्भ डविड ह्यूम से होता है । ह्यूम ने गहन विश्लेषण से यह प्रदर्शित किया कि बुद्धि के द्वारा ईश्वर, आत्मा, या कार्य-कारण सम्बन्ध के अस्तित्व को सिद्ध नहीं किया जा सकता । इनमें हमारा विश्वास संवेगात्मक होता है । उसका आधार मनोवैज्ञानिक होता है, दार्शनिक नहीं ।

नव्य-काण्टवाद से प्रभावित होकर कुछ आधुनिक दार्शनिकों ने बुद्धि-विरोधवाद को एक व्यवस्थित विचार-प्रणाली का रूप देना चाहा । इन दार्शनिकों को व्यापक रूप से 'मूल्यवादी' कहा जा सकता है । इनके अनुसार 'यथार्थ' वास्तव में हमारी उन गहनतम अनुभूतियों के अनुरूप है जिनका सम्बन्ध सामंजस्य, पूर्णता और सौन्दर्य से है । इस प्रवृत्ति के प्रमुख प्रतिनिधि विंडेलबैंड, रिकर्ट और मुंस्टरबर्ग हैं ।

बुद्धि-विरोधवाद का उग्र रूप बर्गसां

के दर्शन में मिलता है। बर्गसां के अनुसार 'यथार्थ' गतिशील और जीवनमय है, उसे बुद्धि द्वारा ग्रहण नहीं किया जा सकता, बुद्धि की पहुँच केवल यांत्रिक नियमों तक है। सहज प्रज्ञा द्वारा ही यथार्थ का ज्ञान सम्भव है।

Antilogism [ऐण्टीलॉजिज़्म] : प्रतिषेध, वितर्क।

ऐसे तीन तर्कवाक्यों का समूह, जिनमें से कोई दो सत्य हों तो तीसरा अनिवार्यत: असत्य होगा।

Antinomy [ऐण्टीनॉमी] : विप्रतिषेध।

काण्ट ने विवेकात्मक सृष्टिशास्त्र, विवेकात्मक मनोविज्ञान तथा विवेकात्मक धर्मशास्त्र इन तीनों अध्ययनों के मूल तत्त्वों को विशुद्ध विवेक की पहुँच से बाहर माना है। विश्व, आत्मा और ईश्वर—इन तीनों की सत्ता हम स्वीकार कर सकते हैं, परन्तु पूर्णतया सिद्ध नहीं कर सकते। उपर्युक्त तीनों विज्ञान आन्तरिक विरोधों में जकड़े हुए हैं। इनमें से पहले, अर्थात् सृष्टिशास्त्र के, आन्तरिक विरोधों को काण्ट 'ऐण्टीनॉमीज़' कहता है।

सृष्टिशास्त्र के चार विरोधों का काण्ट ने उल्लेख किया है। प्रत्येक विरोध का सम्बन्ध दो विपरीत कल्पनाओं से है, जिनमें से एक 'स्थापना' और दूसरी 'प्रतिस्थापना' के रूप में सामने आती है। ये विरोध इस प्रकार से व्यक्त किये जा सकते हैं :

(१) पहला विरोध : स्थापना : सृष्टि का आरम्भ काल में हुआ है, और उसका देशात्मक परिवेश है, अर्थात् सृष्टि देश-काल से सीमित है। प्रतिस्थापना : सृष्टि अनादि और अनन्त, अर्थात् देश-काल से स्वतन्त्र है।

(२) दूसरा विरोध : स्थापना : सृष्टि के सूक्ष्म तत्त्व परमाणु हैं, जो अविभाज्य हैं। प्रतिस्थापना : सृष्टि परमाणुओं का संघात नहीं है।

(३) तीसरा विरोध : स्थापना : सृष्टि का विकास किसी प्रयोजन से होता है, और यह प्रयोजन जीवों के स्वतन्त्र संकल्प से सम्बन्धित है। प्रतिस्थापना : सृष्टि यान्त्रिक कारणता से संचालित है।

(४) चौथा विरोध : स्थापना : कोई चरम निरपेक्ष तत्त्व सृष्टि का कारण है। प्रतिस्थापना : सृष्टि का कोई कारण नहीं है।

Anti-Scholasticism [ऐण्टी-स्कॉलैस्टिसिज़्म] : स्कॉलैस्टिक-विरोधी दर्शन।

मध्ययुग में स्कॉलैस्टिक विचार-प्रणाली का पाश्चात्य सभ्यता पर व्यापक प्रभाव था। फिर भी यह धारणा ग़लत है कि विरोधी विचारधाराएँ मध्ययुग में बिलकुल ही नहीं थीं। बौद्धिक दमन के बावजूद कुछ ऐसी प्रवृत्तियाँ उस समय भी विद्यमान थीं जिनमें आधुनिक दृष्टिकोण के बीज निहित थे।

स्कॉलैस्टिक दर्शन का विरोध दो विपरीत दिशाओं से किया गया। एक विरोधी प्रवृत्ति रहस्यवादी थी, जिसका प्रमुख प्रतिनिधि सन्त बोनावेन्तुरा था, जिसने मनन को ईश्वर-ज्ञान का साधन बताया और ईसाई दार्शनिकों के शुष्क शास्त्रार्थ का विरोध किया। दूसरा दृष्टिकोण वैज्ञानिक था। इसका प्रमुख प्रतिनिधि रॉजर बेकन था। बेकन ने गणित को आधारभूत विज्ञान के रूप में स्वीकार किया। अनुभववाद का आभास भी बेकन के विचारों में मिलता है।

इस वैज्ञानिक प्रवृत्ति से प्रेरित होकर तेरहवीं शताब्दी में पृथ्वी के आकार के विषय में धर्म-परम्परागत विचारों को अस्वीकार करने का साहस भी अनेक दार्शनिकों ने दिखाया। जीव-विज्ञान और रसायनशास्त्र में भी कई पुराने विश्वासों के प्रति सन्देह व्यक्त किया गया।

वैज्ञानिक और रहस्यवादी प्रवृत्तियों के अतिरिक्त एक और भी विचारधारा ऐसी थी जिसे स्कॉलैस्टिक-विरोधी कहा जा सकता है। यह थी इस्लामी दर्शन की

धारा । इस सम्बन्ध में इब्न रुश्द का नाम सबसे अधिक महत्त्वपूर्ण है । इब्न रुश्द से प्रभावित होकर बहुत-से विचारकों ने इस बात पर बल दिया कि धार्मिक सत्य को दार्शनिक सत्य से पृथक् रखना चाहिए, और दोनों को अपने-अपने क्षेत्र में महत्त्वपूर्ण समझना चाहिए । इस प्रवृत्ति का यह अनिवार्य परिणाम था कि दार्शनिक चिन्तन धार्मिक संस्थाओं और रूढ़ियों के शासन से किसी हद तक मुक्ति प्राप्त कर सका ।

Antithesis [ऐण्टीथीसिस] : प्रतिपक्ष, प्रतिसंवाद, प्रतिस्थापना ।

जर्मनी की प्रत्ययवादी दार्शनिक परम्परा में 'प्रतिस्थापना' की कल्पना महत्त्वपूर्ण है ।

काण्ट के दर्शन में, इस पद का प्रयोग विवेक के तर्क-प्रतितर्क के निषेधात्मक अंग की ओर ध्यान दिलाता है। उदाहरणार्थ, यदि स्थापना यह है कि 'जगत् देश-काल में सीमित है' तो प्रतिस्थापना यह होगी कि 'जगत् असीम है।'

फ़िख्टे के दर्शन का प्रथम सिद्धान्त है : 'अहम् अपनी स्थापना करता है' और दूसरा 'अहम् अपने ही विरुद्ध अनहम् की प्रतिस्थापना करता है' । यहाँ प्रतिस्थापना को यथार्थ के आत्म-विकास का एक आवश्यक चरण माना गया है ।

हेगेल की द्वन्द्वात्मक पद्धति में प्रतिस्थापना एक अनिवार्य कड़ी है। प्रतिस्थापना स्थापना के सत्य का विरोध करते हुए समन्वय की उत्पत्ति में योग देती है। समन्वय में स्थापना तथा प्रतिस्थापना दोनों के आंशिक सत्य की रक्षा होती है और यथार्थ का रूप निखर आता है ।

मार्क्स के द्वन्द्वात्मक भौतिकवाद में प्रतिस्थापना की व्याख्या समाज में विरोधी वर्ग के विकास के सन्दर्भ में की गई है।

देखिये—Thesis, Dialectics.

Apagoge [ऐ'पॅगोजी] : अपगमन, अशक्य साधन ।

अरस्तू के तर्कशास्त्र में यह पद दो अर्थों में प्रयुक्त हुआ है : (१) वह हेत्वनुमान जिसका आधार-वाक्य निश्चित और पक्षवाक्य सम्भाव्य होता है; (२) सत्य-प्रदर्शन की वह विधि जिसमें प्रमेय के विपरीत तथ्य को असत्य या असम्भाव्य सिद्ध किया जाता है ।

Apathia [ए'पैथिया] : आन्तरिक सन्तुलन ।

स्टोइक दर्शन में, नैतिक जीवन के लिए आन्तरिक स्थितप्रज्ञता और मानसिक शान्ति की आवश्यकता पर बल दिया गया है । इस सन्तुलन-स्थिति से व्यक्ति संवेगों से विचलित नहीं होता । यह स्थिति तभी सम्भव है जब मनुष्य जीवन के महत्तम उद्देश्यों का मनन करे । इस आन्तरिक अवस्था को स्टोइक दार्शनिकों ने 'ए'पैथिया' का नाम दिया ।

Apeiron [एपाइरन] : अपरिमित ।

यूनानी दार्शनिक अनैक्ज़िमेंडर ने सृष्टि के मूल तत्त्व को 'अपरिमित' की संज्ञा दी है। समस्त जगत् का अभ्युदय इसी अपरिमित द्रव्य से होता है और इसी में उसका लय भी होता है ।

थेलस के 'जल' की तुलना में अपरिमित की कल्पना अधिक सूक्ष्म है। फिर भी इसका अर्थ प्रत्ययवादी दृष्टि से लगाना उचित नहीं होगा। 'अपरिमित' को अनैक्ज़िमेंडर ने एक वस्तु या द्रव्य माना। अमूर्त सत्ता की कल्पना इसमें नहीं है। फिर भी 'अपरिमित' इन्द्रिय-प्रत्यक्ष के साधारण विषयों से भिन्न है, और इसलिए इसकी कल्पना किसी हद तक यूनानी दर्शन में वैचारिक प्रगति की परिचायक है ।

देखिये—Boundless.

Apercu [एपेर्स्यू] : अन्तरानुभूति, सद्यः पश्यना ।

ऐसा आन्तरिक अनुभव जिसका विश्लेषण सम्भव न हो और जिससे परिज्ञान प्राप्त हो सके। फ्रेंच लेखकों ने इस शब्द का प्रयोग दर्शन के अलावा सौन्दर्यशास्त्र की समस्याओं के विवेचन में भी किया है ।

Apodictic Knowledge[ऐ'पोडिक्टिक नॉलेज] : निश्चित ज्ञान ।

किसी विषय के सम्बन्ध में निश्चित, स्पष्ट तथा निर्विरोध ज्ञान। ऐसा ज्ञान अनिवार्य होता है और उसे 'सत्य' कहा जा सकता है।

Apollonain Art [अपोलोनिअन आर्ट]: अपोलोनिअन कला।

नीत्शे ने उस कलात्मक प्रयास को 'अपोलोनिअन' कहा है जो सामंजस्य, सन्तुलन और सुव्यवस्था के आदर्शों से प्रेरित होती है। यूनानी पौराणिक परम्परा में अपोलो वह देवता है जो एक ओर तो स्वप्निल आदर्श जगत् की 'अध्यक्षता' करता है और दूसरी ओर सामंजस्य, शान्ति और प्रसाद की रक्षा करता है। नीत्शे के अनुसार, शिल्पकला, चित्रकला और महाकाव्य 'अपोलोनिअन' कलाएँ हैं। इनके विपरीत संगीत, नृत्य और शोकान्तिक नाट्य को नीत्शे डायोनिजिअन कहता है।

देखिये—Dionysian Art.

Apologetics [ऐ'पॉलोजेटिक्स] : पक्ष-मण्डनविद्या, धर्मपोषणवाद।

प्राचीन ईसाई विचारकों के एक सम्प्रदाय का दर्शन, जिनका उद्देश्य धार्मिक सिद्धान्तों को युक्तियुक्त सिद्ध करना था। क्लीमेंट तथा ऑरिजेन इस सम्प्रदाय के मुख्य प्रतिनिधि थे। इन्होंने ईसाई धार्मिक विश्वासों का यूनानी दार्शनिक तत्त्वों से सामंजस्य दिखाने का प्रयत्न किया और उद्घाटित सत्य के साथ-साथ दार्शनिक सत्य को भी स्वीकार किया। आगे चलकर सन्त टॉमस एक्वाइनस ने इस विचार को व्यवस्थित रूप दिया।

Apophansis [ऐ'पॉफेन्सिस]: तर्कवाक्य, विधेययुक्त वाक्य।

वह वाक्य जो विधेय पद के द्वारा विषय के सार-तत्त्व को व्यक्त करे। अरस्तू के तर्कशास्त्र में इस वाक्य को एक आधार-भूत वाक्य माना गया है।

Aporetics [ऐ'पोरेटिक्स] : संशयालु, सन्देहवादी।

ऐसे विचारक, जिनकी प्रवृत्ति सत्ता को संशय की भावना से देखने की ओर हो, या जो महत्त्वपूर्ण प्रश्नों के विषय में असमंजस में हों।

यह शब्द अब प्रचलित नहीं है।

देखिये—Sceptics, Scepticism.

A posteriori [ए पोस्टीरिओरी] : अनुभवोत्तर, अनुभवाश्रित।

मनोविज्ञान तथा ज्ञान-मीमांसा में, उन तथ्यों को 'ए पोस्टीरिओरी' कहा जाता है जिनका स्रोत व्यक्ति के आन्तरिक अनुभव से बाहर हो, और जो मन की सहजात ज्ञान-प्रणाली में समाविष्ट न हों।

तर्कशास्त्र में, 'अनुभवोत्तर अनुमान' का वही अर्थ है जो 'आगमनात्मक अनुमान' का—अर्थात् ऐसा अनुमान जिसमें निरीक्षित तथ्यों के आधार पर सामान्य निष्कर्षों की ओर अग्रसर हुआ जाता है।

देखिये—A priori, Inductive Reasoning.

Apotheosis [एपोथिऑसिस] : दैवीकरण।

प्राचीन सभ्यताओं में राजा या वीर पुरुष को देवतुल्य मानने की प्रवृत्ति थी। रोमन सभ्यता के युग में यह प्रवृत्ति अत्यन्त तीव्र हो गई। रोमन सम्राटों की प्रतिमाएँ बनाकर उनकी आराधना तक की गई।

इस प्रथा का मानवीय चिन्तन के इतिहास में केवल यही महत्त्व है कि उससे अन्धविश्वास और अविवेक पर आधारित धारणाओं को बल मिला। विशेष रूप से राजनीति-दर्शन में 'नरेश के दैवी अधिकार' का सिद्धान्त माननेवालों को इस प्राचीन प्रवृत्ति से प्रोत्साहन मिला।

Appearance [ऐ'पियरेन्स] : प्रतीति, आभास, विवर्त, दृश्य।

वह तथ्य या स्थिति जिसका संवेदन के माध्यम से निरीक्षण किया जा सके। 'वह वास्तविक या सम्भाव्य पदार्थ जो देश-काल के अधीन हो' (काण्ट)। वह सत्ता जिसकी वास्तविकता या यथार्थता आंशिक हो, न कि पूर्ण। सत्य का वह पक्ष जिसमें

स्वगत-विरोध हो।

इन सब अर्थों के अतिरिक्त कभी-कभी 'ऐ'पियरेन्स' शब्द का प्रयोग 'इल्यूज़न' या अध्यास के अर्थ में भी किया जाता है।

Apperception [ऐ'पर्सेप्शन]: संप्रत्यक्ष।

लाइबनित्स ने सबसे पहले इस शब्द का पारिभाषिक प्रयोग किया। उसके अनुसार प्रत्यक्ष मन की वह स्थिति है जो बाह्य वस्तुओं को प्रतिबिम्बित करती है, लेकिन ऐ'पर्सेप्शन मन की वह स्थिति है जिसमें मन को स्वयं अपनी अवस्थाओं का बोध होता है। इस आन्तरिक बोध से साधारण प्रत्यक्षों का समन्वय सम्भव होता है और उनमें व्यवस्था निर्माण की जा सकती है।

काण्ट के दर्शन में, 'ऐ'पर्सेप्शन' का संकेत स्वचैतन्य की एकता की ओर है।

Appetite [ऐ'पिटाइट] : प्रवृत्ति, प्रचेष्टा।

स्कॉलैस्टिक दर्शन में, प्रयासात्मक प्रवृत्तियों को व्यापक अर्थ में 'ऐ'पिटाइट' कहा गया है। संवेदन-केन्द्रित प्रचेष्टाएँ व्यक्तिगत कल्याण की ओर निर्देशित होती हैं। बौद्धिक या विवेकात्मक प्रचेष्टाएँ श्रेयस्कर हैं, क्योंकि उनका लक्ष्य सर्वव्यापी कल्याण होता है और वे मनुष्य को ईश्वर या सर्वोच्च शुभ की ओर उन्मुख करती हैं।

Appetition [ऐ'पिटीशन्] : प्रवर्तन।

स्पिनोज़ा के अनुसार, चेतन इच्छा। लाइबनित्स के मनोविज्ञान में, वह आन्तरिक शक्ति जो चेतना को एक प्रत्यक्ष से दूसरे प्रत्यक्ष की ओर ले जाती है।

Apprehension [ऐप्रिहेन्शन] : अवभान, अस्तित्व-बोध।

वह मानसिक स्थिति, जिसमें किसी तथ्य के 'होने' भर का बोध हो, लेकिन उसके स्वभाव के विषय में कोई निर्णय या विश्वास उत्पन्न न हो; ज्ञान का सबसे प्रारम्भिक रूप।

A priori [ए प्रायोरी] : अनुभवपूर्व, प्रागनुभव।

वे निर्णय या सिद्धान्त जिनकी प्रामाणिकता संवेदन-प्रत्यक्ष से बिलकुल स्वतन्त्र हो। काण्ट ने अनुभव के अनिवार्य रूपों और विकल्पों को 'ए प्रायोरी' कहा है।

A proposition [ए प्रॉपोज़िशन] : आ-तर्कवाक्य।

पूर्णव्यापी विधायक तर्कवाक्य का प्रतीकात्मक रूप। इसको इस तरह व्यक्त किया जाता है : "सब 'उद्देश्य' 'विधेय' हैं।" प्रत्यक्ष उदाहरण : "सब मनुष्य मर्त्य हैं।"

देखिये—Universal Affirmative Proposition.

Arche [आर्की] : आद्यतत्त्व, आदि कारण।

किसी शृंखला की प्रथम कड़ी (वैचारिक अर्थ में)। सत्ता का स्रोत, मूल आधार या प्रथम कारण। यूनानी दर्शन में अरस्तू के पहले इस शब्द का प्रयोग उपर्युक्त सभी अर्थों में किया गया। अरस्तू के दर्शन में, 'आर्की' निश्चित रूप से 'आदि कारण' बन गया।

Archelogy [आर्किलॉजी] : आद्यविद्या, प्राथमिक सिद्धान्त विज्ञान।

विशिष्ट विज्ञानों का आधार जिन सिद्धान्तों पर प्रस्थापित किया गया है उनके पीछे कुछ आदि सिद्धान्तों का अस्तित्व अनेक विचारकों ने स्वीकार किया है। इन मूलगत सिद्धान्तों के अध्ययन को प्राचीन दार्शनिकों ने 'आर्किलॉजी' का नाम दिया है। यह शब्द अब प्रचलित नहीं है।

Architectonic [आर्किटेक्टॉनिक] : आयोजना, विचार-रचना।

काण्ट के दर्शन में, किसी तन्त्र का रूपात्मक ढाँचा, आयोजना। काण्ट के दर्शन की आयोजना पूरी तरह से पारम्परिक तर्कशास्त्र पर आधारित है।

Argument in a Circle [आर्ग्युमेण्ट इन ए सर्कल] : चक्रक तर्कदोष।

वह तर्कदोष, जो दो वक्तव्यों को एक-दूसरे की सहायता से सिद्ध करने पर उत्पन्न होता है। उदाहरणार्थ, यदि कुछ आर्थिक

सिद्धान्तों के आधार पर किसी राजनीतिक सुधार का समर्थन किया जाए, और इन आर्थिक तथ्यों को स्थापित करने के लिए उन्हीं राजनीतिक तथ्यों का आधार लिया जाए जिनका समर्थन पहले किया जा चुका है, तो यह चक्रक तर्कदोष का उदाहरण होगा। यह दोष 'आत्माश्रय' दोष का ही एक जटिल रूप है।

देखिये—Petitio Principii.

Argumentum ad Baculum [आर्ग्युमेण्टम ऐ'ड बेक्युलम] : दंड-तर्क।

किसी विवाद में युक्तिपूर्ण तर्क से काम लेने के बदले प्रतिवादी को डराना-धमकाना या बलपूर्वक उसे अपनी बात मानने पर बाध्य करना।

Argumentum ad Hominem [आर्ग्युमेण्टम ऐ'ड होमिनम] : लांछन-तर्क।

किसी विशिष्ट परिस्थिति में विवाद करते समय प्रतिवादी के व्यवहार का उसके व्यक्तित्व की त्रुटियों का, या उसके चरित्र-दोष का उल्लेख करना। उदाहरणार्थ, किसी व्यक्ति को दोषी सिद्ध करने के लिए यह कहना कि अमुक मौक़े पर उसने अमुक ग़लती की थी, या यह कि आम तौर से वह ऐसी ग़लतियों के लिए बदनाम है।

Argumentum ad Ignoratiam [आर्ग्युमेण्टम ऐ'ड इग्नोरेशियम] : पराज्ञान-तर्क।

दूसरों के अज्ञान से लाभ उठाने वाला तर्क। जब अपना वक्तव्य सिद्ध करने के बदले प्रतिवादी को यह आह्वान दिया जाता है कि वह उस वक्तव्य को असिद्ध करे, तो यह तर्कदोष उत्पन्न होता है।

Argumentum ad Populum [आर्ग्युमेण्टम ऐ'ड पॉप्युलम] : लोकोत्तेजक तर्क।

तर्क में जनसाधारण के विश्वासों, संवेगों या पूर्वाग्रहों का सहारा लेना। उदाहरणार्थ, किसी सामाजिक सुधार का विरोध करते हुए धार्मिक या नैतिक पतन का भय उपस्थित करना, या यह कहना कि अमुक प्रस्ताव "पूर्वजों के प्रति अश्रद्धा व्यक्त करता है।"

Argumentum ad Verecundiam [आर्ग्युमेण्टम ऐ'ड वेरिकन्डिअम] : आप्त तर्क, श्रद्धामूलक तर्क।

किसी विवाद में युक्तिपूर्ण तर्क से काम लेने के बदले किसी ऐसे व्यक्ति या ग्रन्थ की शरण लेना जिसके प्रति सबका आदर-भाव हो।

Argument from Design [आर्ग्युमेण्ट फ्रॉम डिज़ाइन] : व्यवस्थामूलक युक्ति, आयोजनमूलक युक्ति।

वह युक्ति जिसमें ईश्वर का अस्तित्व सिद्ध करने के लिए विश्व के व्यवस्थित और आयोजित रूप पर ध्यान दिलाया जाता है। प्रयोजनमूलक युक्ति (Teleological Argument) का एक पक्ष व्यवस्थामूलक युक्ति में विशेष महत्त्व प्राप्त करता है।

देखिये—Teleological Argument.

Aristotelian Sorites [ऐ'रिस्टॉटेलिअन सोराइटीज़] : अरस्तू का संक्षिप्त मालानुमान, अरस्तू की संक्षिप्त प्रगामी युक्तिमाला।

वह संक्षिप्त प्रगामी युक्तिमाला जिसमें पूर्व-न्याय युक्ति का निष्कर्ष उत्तर-न्याय युक्ति का पक्षवाक्य बनता है। जैसे—

'हीरामणि' तोता है;
प्रत्येक तोता पक्षी है;
प्रत्येक पक्षी प्राणी है;
प्रत्येक प्राणी पदार्थ है;
इसलिए 'हीरामणि' पदार्थ है;

इस युक्तिमाला का पूर्ण व्यक्तीकरण इस तरह होगा—

(१) प्रत्येक तोता पक्षी है;
हीरामणि तोता है;
इसलिए हीरामणि पक्षी है।

(२) प्रत्येक पक्षी प्राणी है;
हीरामणि पक्षी है;
इसलिए 'हीरामणि' प्राणी है।

(३) प्रत्येक प्राणी पदार्थ है;
'हीरामणि' प्राणी है ।
इसलिए 'हीरामणि' पदार्थ है ।

इस उदाहरण में रेखांकित वाक्यों से स्पष्ट हो जाता है कि 'ऐ'रिस्टॉटेलिअन सोराइटीज़' में पहले आनेवाली न्याययुक्ति का निष्कर्ष बाद में आनेवाली न्याययुक्ति का पक्षवाक्य बनता है ।

Aristotle's Dictum [ऐ'रिस्टॉटल्स डिक्टम] : अरस्तू की अभ्युक्ति ।

अरस्तू द्वारा प्रतिपादित यह तार्किक नियम कि निर्देश में ग्रहण किये गए किसी पूरे वर्ग पर जो बात लागू होती है वह उस वर्ग के प्रत्येक सदस्य पर लागू होती है ।

Ars Artium [आर्स आर्शिअम] : कलाओं की कला ।

तर्कशास्त्र को मध्ययुग में दिये गए अनेक गौरवपर नामों में एक । प्रत्येक कला में प्रत्यक्ष या अप्रत्यक्ष रूप से विचारों की सुसंगति आवश्यक होती है । इसलिए तर्कशास्त्र, जो विशुद्ध विचार की कला है, किसी सीमा तक सभी कलाओं का आधार है ।

Ars Combinatoria [आर्स कॉम्बिनेटोरिया] : संयोजन कला ।

लाइबनित्स ने एक ऐसी तकनीक का सुझाव दिया, जिसकी सहायता से कुछ सरल प्रत्ययों और धारणाओं के संयुक्तीकरण द्वारा जटिल और उन्नत धारणाओं को प्राप्त किया जा सके । इस तकनीक में दो सार्वभौम साधनों की कल्पना की गई है—सार्वभौम भाषा और सार्वभौम गणित ।

देखिये—Characteristica Universalis, Mathesis Universalis.

Artificial Classification [आर्टिफ़ीशिअल क्लासिफ़िकेशन] : कृत्रिम वर्गीकरण ।

तथ्यों का ऐसा वर्गीकरण जो किसी विशेष उद्देश्य की पूर्ति के लिए किया जाए, न कि उन तथ्यों के विषय में व्यवस्थित ज्ञान-प्राप्ति के लिए । उदाहरणार्थ, जब शब्दकोश में शब्दों का वर्णानुक्रमिक वर्गीकरण किया जाता है तो एक विशेष उद्देश्य सामने होता है—ज़्यादा-से-ज़्यादा आसानी के साथ प्रत्येक शब्द को ढूंढ सकना ।

इस तरह के वर्गीकरण को विशिष्ट वर्गीकरण भी कहते हैं ।

देखिये—Classification.

Asceticism [ऐ'से'टिसिज़्म] : वैराग्यवाद, यतित्ववाद ।

व्यापक अर्थ में, वह नैतिक दृष्टिकोण जिसमें सुखवाद का निषेध किया जाता है, कर्तव्यपरायणता को उच्चतम शुभ माना जाता है, और स्वाभाविक इच्छाओं का दमन करना सदाचार के लिए आवश्यक माना जाता है । संकीर्ण अर्थ में, वह नैतिक प्रवृत्ति जो शारीरिक सुख को निकृष्ट ही नहीं वरन् शुभ जीवन के रास्ते का सबसे बड़ा रोड़ा मानती है । अपने उत्कट रूप में वैराग्यवाद मानवीय व्यक्तित्व का एकांगी मूल्यांकन करता है और उसके जैव पक्ष की उपेक्षा करता है ।

Asomatic Condition [ऐ'सोमेटिक कन्डिशन] : विदेहावस्था, शरीर-विच्छेदावस्था ।

शरीर से विच्छिन्न हो जाने के बाद मन की अवस्था । रहस्यवादी लेखकों ने, और कुछ आधुनिक मनोवैज्ञानिकों ने, ऐसी अवस्था का विवेचन किया है ।

Assent [ऐ'से'न्ट] : सम्मति, अनुमति ।

किसी प्रमाण के आधार पर किसी वक्तव्य के विषय में बुद्धि का सकारात्मक निर्णय ।

स्टोइक दर्शन में संकल्प की अनुज्ञा को भी सम्मति कहा गया है ।

Assertoric Knowledge [ऐ'सर्टॉरिक् नॉलेज] : प्रकृत ज्ञान ।

वह ज्ञान जिसका विषय ऐसे तथ्य या घटनाएं हों जो विद्यमान हैं या घट रही हैं, न कि ऐसे तथ्य या घटनाएँ जिनके विद्यमान होने या घटने की सम्भाव्यता मात्र है या जो अवश्यम्भावी हैं ।

देखिये—Problematic Knowledge.

Assertory Proposition [ऐ'सर्टरी प्रॉपो'ज़िशन] : प्रकृत तर्कवाक्य, प्रतिज्ञात तर्कवाक्य, कथनात्मक तर्कवाक्य ।

वह तर्कवाक्य जिसके उद्देश्य और विधेय में अनिवार्यता का सम्बन्ध न होते हुए भी अनुभवजन्य निश्चितता का सम्बन्ध होता है, जैसे : 'सब कौए काले हैं' । यहाँ 'कौए' के स्वभाव से कालापन अनिवार्य रूप से स्थापित नहीं होता, लेकिन अनुभव के आधार पर हम कह सकते हैं कि 'कौए' और 'कालापन' में सम्बन्ध है । इस तरह प्रकृत तर्कवाक्य न पूर्णतया निश्चित होता है, न बिलकुल ही संदिग्ध ।

देखिये—Necessary Proposition, Problematic Proposition.

Association [ऐ'सोसिएशन] : साहचर्य ।

चेतना के विभिन्न अंशों में पारस्परिक सम्बन्ध । ये सम्बन्ध कभी आकस्मिक होते हैं और कभी ऐच्छिक । इन सम्बन्धों की उत्पत्ति विशिष्ट नियमों के अनुसार होती है, जिन्हें साहचर्य-नियम कहते हैं । बर्कले, ह्यूम तथा हार्टले ने समस्त मानसिक व्यवहार की व्याख्या साहचर्य के आधार पर की है । उनका—और विशेषतः हार्टले का—सिद्धान्त 'साहचर्यवाद' के नाम से विख्यात है ।

Associationism [ऐ'सोसिएशनिज़्म] : साहचर्यवाद, साहचर्य-सिद्धान्त ।

वह मनोवैज्ञानिक सिद्धान्त जिसके अनुसार प्रत्येक मानसिक स्थिति को स्पष्ट, सरल अवयवों में विश्लेषित किया जा सकता है, और सम्पूर्ण मानसिक जीवन को विचारों के साहचर्य के सन्दर्भ में समझा जा सकता है । इस सिद्धान्त के समर्थक कुछ विशेष नियमों को स्वीकार करते हैं जिन पर प्रत्ययों के पारस्परिक सम्बन्ध निर्भर होते हैं । उनका विश्वास है कि सरल स्थितियों के संयोग और पुनर्संयोग से ही समस्त मानसिक व्यवहार निर्धारित होता है ।

इस सिद्धान्त के बीज अरस्तू के दर्शन में हैं । आधुनिक युग में हॉब्ज़ ने साहचर्य-नियमों की सहायता से मानवीय जीवन की व्याख्या करते हुए एक नए भौतिकवादी दर्शन का निर्माण किया । ह्यूम ने 'मन' के अस्तित्व को अस्वीकार करते हुए तथाकथित मानसिक जीवन को 'चेतना-प्रवाह' के रूप में देखा, और इस प्रवाह की गतिविधि को साहचर्य-सम्बन्धों के माध्यम से समझने का यत्न किया । हार्टले ने साहचर्य-नियमों को व्यवस्थित रूप में रखा और साहचर्य-सिद्धान्त के आधार पर एक मौलिक विचार-सम्प्रदाय का नेतृत्व किया । हर्बर्ट स्पेन्सर ने साहचर्य-सिद्धान्त को अपने व्यापक विकासवादी दर्शन में समाविष्ट किया ।

दार्शनिक दृष्टि से साहचर्य-सिद्धान्त अनुभववाद पर आधारित है । आधुनिक दर्शन में इस सिद्धान्त के विरुद्ध प्रतिक्रिया हुई है और अपने उत्कट रूप में यह सिद्धान्त आजकल विशुद्ध अनुभववादी विचारकों को भी स्वीकार्य नहीं है ।

Associationist Psychology [ऐ'सोसिएशनिस्ट साइकॉलोजी] : साहचर्यवादी मनोविज्ञान ।

वह मनोवैज्ञानिक सम्प्रदाय जिसके अनुयायी साहचर्य-सिद्धान्त को मानसिक जीवन का मूल आधार मानते हैं और यह समझते हैं कि सभी मनोवैज्ञानिक प्रश्नों का साहचर्य-नियमों की सहायता से अध्ययन किया जा सकता है ।

Assumption [ऐ'सम्प्शन] : अभ्युपगम, पूर्वमान्यता ।

कोई ऐसा वाक्य जो अनुमान-प्रक्रिया को संभाव्य बनाने के लिए, और किसी निष्कर्ष को निकालने के लिए स्वीकार कर लिया जाता है । ऐसे वाक्य की सत्यता के बारे में विचारक के मन में विश्वास न हो तो भी तर्कशास्त्रीय दृष्टि से उसका मूल्य बना रहता है ।

देखिये—Axiom, Postulate.

Ataraxia [ऐ'टॅरै'क्सिया] : शम, मनः-शान्ति ।

एपिक्यूरस का नीति-दर्शन सुखवादी है, लेकिन उसके अनुसार उच्चतम सुख—जो नैतिक निर्णयों का मानक है—शारीरिक इच्छाओं की तृप्ति नहीं, बल्कि मानसिक शान्ति है। ऐसी मानसिक शान्ति को, जो जीवन को संतुलित बनाकर 'सुख की अवस्था' पैदा करती है, एपिक्यूरस ने 'ऐं'टॅरै'क्सिया' का नाम दिया है।

Atheism [ऐ'थीइज़्म] : निरीश्वरवाद, नास्तिकता।

यह सिद्धान्त, या दृढ़ विश्वास, कि 'ईश्वर' शब्द से जिस सत्ता का परिचय मिलता है वैसी कोई सत्ता नहीं है। इस सिद्धान्त या विश्वास के समर्थन में बहुधा ये तर्क प्रस्तुत किये जाते हैं : (१) प्रकृति और मानव-जीवन की व्याख्या करने के लिए 'ईश्वर' की कल्पना अनावश्यक है। (२) ईश्वर को परम शुभ और परम सुन्दर माना जाता है, लेकिन विश्व का अशुभ, अमंगल, असुन्दर और दुःखमय पक्ष ईश्वर के अस्तित्व को असिद्ध करता है। (३) ईश्वर का प्रत्यक्ष अनुभव किसी को नहीं है. यदि है तो वह अनिर्वचनीय है। ईश्वर के अस्तित्व के लिए जो प्रमाण प्रस्तुत किये गए हैं वे असन्तोषजनक हैं।

कभी-कभी ईश्वर की एक विशिष्ट कल्पना को अस्वीकार करनेवालों को भी निरीश्वरवादी या नास्तिक कहा जाता है। यह भी ध्यान में रखना चाहिए कि 'नास्तिक' शब्द का प्रयोग निन्दात्मक अर्थ में भी किया गया है। सगुण ईश्वर को अस्वीकार करने वाले स्पिनोज़ा को 'नास्तिक' कहा गया, यद्यपि स्पिनोज़ा का समस्त दर्शन ब्रह्म की धारणा पर आधारित है। ईसा के अनुयायियों को भी तत्कालीन धार्मिक अधिकारियों ने नास्तिक कहा था।

तात्पर्य यह कि 'निरीश्वरवाद' या 'नास्तिकता' का संकेत एक विशिष्ट दार्शनिक मतवाद की ओर भी है, और एक ऐसी प्रचलित धारणा की ओर भी है, जिसके प्रभाव से परम्परागत विश्वासों को अमान्य करनेवाला कोई भी व्यक्ति 'नास्तिक' कहलाता है।

देखिये—Theism, Pantheism.

Atomism [ऐटमिज़्म] : परमाणुवाद।

यह सिद्धान्त कि समस्त विश्व सूक्ष्म, अविभाज्य जड़ कणों से बना है। यह भौतिकवाद का उग्र रूप है और इस सिद्धान्त के प्रमुख प्रवर्तक डिमॉक्रिटस तथा ल्यूकिप्पस हैं। कुछ परमाणुवादी 'मन' या 'प्रयोजन' को स्वीकार नहीं करते। उनका दावा है कि प्रत्येक वस्तु या घटना की व्याख्या गतिशील परमाणुओं के आधार पर की जा सकती है। ये परमाणु 'रिक्त देश' में गतिमान् हैं। इनके संयोग से वस्तुएँ बनती हैं, और इनके विच्छेद से वस्तुओं में परिवर्तन होता है। विभिन्न वस्तुओं में केवल परिमाणात्मक अन्तर होता है, जो परमाणुओं के सम्बन्धों और उनकी संख्या पर निर्भर होता है; गुणात्मक दृष्टि से वस्तुएँ मूलतः समान हैं। जिसे हम आत्मा या मन कहते हैं वह परमाणुओं की एक विशेष व्यवस्था मात्र है।

आधुनिक युग में हॉब्ज़ ने परमाणुवाद का समर्थन किया।

देखिये—Matter, Materialism.

Attribute [ऐट्रिब्यूट] : विशेषण, मुख्य गुण, पदार्थ-सार।

साधारणतः 'ऐट्रिब्यूट' का प्रयोग किसी भी गुण या वैशिष्ट्य के लिए किया जाता है, लेकिन दार्शनिक विवेचन में 'ऐट्रिब्यूट' किसी पदार्थ के उस गुण को कहते हैं जो उसके लिए अनिवार्य हो, और जिसके द्वारा उसका स्वभाव व्यक्त हो सके। तर्कशास्त्र में 'ऐट्रिब्यूट' उसे कहते हैं जो किसी उद्देश्य पर सकारात्मक या नकारात्मक रूप से आरोपित किया गया हो, अर्थात् जिसका किसी उद्देश्य के बारे में विधान या निषेध किया गया हो।

अधिकतर पाश्चात्य दार्शनिकों ने

attribute और quality इन दोनों शब्दों का गुण के अर्थ में प्रयोग किया है। लेकिन स्पिनोज़ा के दर्शन में Attribute शब्द का एक विशेष अर्थ है। स्पिनोजा के अनुसार 'ऐट्रिब्यूट वह है जिसे मानवीय मन पदार्थ का सार समझता है'। पदार्थ के अनन्त गुण हैं जिनमें से केवल दो ऐसे हैं जिनका बोध मन को हो सकता है—विस्तारमयता और चिन्तनशीलता। इन्हीं दो attributes में मानवीय बुद्धि पदार्थ का सार देखती है।

देखिये—Substance.

Aufklarung [आउफ़क्लारु ंग] : ज्ञानोदय, प्रबोध।

मानवीय संस्कृति में, विशेषत: विचारधारा में, संकीर्ण परम्पराओं और पूर्वाग्रहों के विरुद्ध प्रतिक्रिया और एक नवीन चेतना का विकास। इस नवीन चेतना के बीज पन्द्रहवीं शती के सांस्कृतिक पुनरुत्थान के युग में ही पड़ चुके थे। अठारहवीं शताब्दी में नई चेतना-प्रवृत्तियाँ तीव्र रूप से उभरीं और इस समय की विचारधारा को 'ज्ञानोदय' का नाम दिया जाता है।

'आउफ़क्लारु ंग' शब्द का प्रयोग विशेष रूप से 'ज्ञानोदय' के जर्मन प्रतिनिधियों के दर्शन के लिए किया जाता है, लेकिन व्यापक दृष्टि से आउफ़क्लारु ंग और एन्लाइटेनमेण्ट में कोई अन्तर नहीं है।

देखिये—Enlightenment.

Authenticity [आँथे'न्टिसिटी] : प्रामाणिकता, सत्यत्व।

आधुनिक अस्तित्ववादी दर्शन में इस पद का प्रयोग व्यक्ति की उस निजी विशेषता के अर्थ में किया जाता है जो उसके जीवन को मूल्य प्रदान करती है। इस तरह 'प्रामाणिकता' का मतलब हुआ, 'अपने आन्तरिक वैशिष्ट्य के प्रति निष्ठा।' चुनाव के अवसर पर ही इस प्रामाणिकता को परखा जा सकता है।

देखिये—Existentialism.

Autistic Thinking [ऑटिस्टिक थिन्किंग] : स्वतन्त्र कल्पना, अनियन्त्रित विचार।

ऐसी विचार-क्रिया जिसमें व्यक्ति अपनी कल्पना को, वस्तु-स्थिति से तालमेल रखे बिना, छूट दे देता है। दिवा स्वप्न। कल्पित इच्छापूर्ति में लीन होना।

Automatism [ऑटोमेटिज़्म] : यंत्रवाद, स्वचालनवाद।

प्राणियों के व्यवहार की व्याख्या यंत्रशास्त्र के नियमों के द्वारा करने का प्रयास, और ऐसी व्याख्या को स्वीकार करनेवाला सिद्धान्त।

देखिये—Automaton.

Automaton [ऑटोमेटन] : स्वचालित यंत्र।

इस शब्द का सामान्य अर्थ है : 'ऐसा यंत्र, जिसका संचालन किसी बाह्य व्यवस्था द्वारा न हो।' लेकिन दर्शन और मनोविज्ञान में 'ऑटोमेटन' शब्द का प्रयोग जीवधारियों के लिए किया जाता है। किसी प्राणी को 'ऑटोमेटन' कहने का तात्पर्य है उसे बुद्धि या आत्मा से निर्देशित न मानकर उसके व्यवहार के नियमों को उसी के अन्तर्गत समझना।

देखिये—Automaton Theory.

Automaton Theory [ऑटोमेटन-थियॅरी] : स्वचालनवाद, स्वचालित यंत्रवाद।

यह सिद्धान्त कि सभी प्राणी यंत्र हैं, और उनका संचालन भौतिकशास्त्र तथा यंत्रशास्त्र के नियमों से होता है। देकार्त के अनुसार निम्न प्राणी विशुद्ध यंत्र हैं परन्तु मानव एक ऐसा यंत्र है जिसका निर्देशन चेतन आत्मा द्वारा होता है। लामेट्री ने अपने ग्रन्थ L' Homme Machine में यह दिखाने का यत्न किया है कि मानव तथा अन्य प्राणी यांत्रिकता की दृष्टि से समान हैं। आधुनिक मनोविज्ञान में व्यवहारवाद उग्र रूप से स्वचालित यंत्रवाद का प्रतिनिधित्व करता है।

देखिये—Behaviourism, Mechanism.

Autonomy [ऑटोनोमी] : स्वायत्तता।

नीतिशास्त्र के अधिकतर लेखकों ने स्वातन्त्र्य और स्वायत्तता को क़रीब-क़रीब एक ही अर्थ में लिया है। लेकिन कुछ विचारकों ने स्वातन्त्र्य शब्द का प्रयोग अधिक व्यापक रूप में किया है; और स्वायत्तता का अर्थ लिया है—'आत्मा द्वारा अपने नियमों को स्वयं निर्धारित करना।'

देखिये—Autonomy of the Will.

Autonomy of the Will [ऑटोनोमी ऑफ़ द विल] : संकल्प-स्वायत्तता।

संकल्प-स्वातन्त्र्य का सकारात्मक पक्ष, जो किसी नैतिक परिस्थिति में अपने निर्णय को अपने-आप चुनने में व्यक्त होता है। काण्ट के अनुसार स्वायत्तता निरपेक्ष आदेश का अनिवार्य आधार है। 'ब्राह्य निर्देशन के अधीन न होना', यह स्वातन्त्र्य की नकारात्मक व्याख्या है जो नैतिक जीवन के लिए काफ़ी नहीं है। काण्ट ने स्वायत्तता की व्याख्या इस तरह की : "प्रत्येक व्यक्ति का विवेकशील संकल्प उस विधान का निर्माता है जिसका पालन करना उस व्यक्ति का कर्तव्य है। काण्ट का दावा है कि स्वायत्तता की इस धारणा से स्वार्थ और परार्थ में समझौता हो सकता है, क्योंकि विवेकशील संकल्प "चाहे मेरा हो या अन्य व्यक्तियों का" एक ही सार्वभौम नैतिक विधान का निर्माण करता है। काण्ट ने यह भी कहा कि सभी पूर्ववर्ती नैतिक मतों की एक बड़ी त्रुटि यह है कि उनमें उत्तरदायित्व को किसी-न-किसी बाह्य शक्ति पर आधारित किया गया है।

देखिये—Categorical Imperative.

Averroism [ऐ'वे'रोइज़्म] : इब्न रुश्द-वाद।

कॉर्डोवा के विख्यात दार्शनिक इब्न रुश्द द्वारा की गई अरस्तू के दर्शन की व्याख्या, जिसका प्रभाव स्कॉलैस्टिक दर्शन पर पड़ा। इब्न रुश्द के अनुसार (१) विश्व भी विश्व-निर्माता के समान अनन्त है; (२) प्रत्येक मनुष्य में एक सार्वभौम बुद्धितत्त्व का अंश है और इसलिए अमरत्व व्यक्तिगत नहीं होता बल्कि बुद्धितत्त्व के आनन्त्य को ही अमरत्व कहते हैं; (३) ऐसे सिद्धान्त या वक्तव्य भी हो सकते हैं जो धार्मिक दृष्टि से सत्य और दार्शनिक दृष्टि से असत्य हों।

देखिये—Latin Averroism.

Awareness [अवेअरनेस] : चेतन अवधान।

चेतना का वह पक्ष जिसमें अवधान-क्रिया का स्थान मुख्य हो, न कि संवेदन विशेष का।

Axiological Ethics [ऐक्सिओलॉजिकल एथिक्स] : मूल्याश्रित नीति।

वह नीति जिसमें कर्तव्य को कर्म के मूल्य पर आश्रित माना जाता है।

देखिये—Deontological Ethics, Axiology.

Axiological Realism [ऐक्सिओलॉजिकल रियलिज़्म] : मूल्यात्मक यथार्थवाद।

यह सिद्धान्त कि मूल्यों का मन से स्वतन्त्र अस्तित्व होता है। ज्ञानमीमांसीय यथार्थवाद में केवल प्रत्ययों और सम्बन्धों के स्वतन्त्र अस्तित्व पर ज़ोर दिया जाता है; मूल्यात्मक यथार्थवाद इससे आगे बढ़कर मूल्यों और गुणों को भी यथार्थ सत्ताएँ मानता है।

देखिये—Realism, Epistemological Realism

Axiology [एक्सिऑलो'जी] : मूल्य-मीमांसा।

ऐतिहासिक दृष्टि से मूल्यमीमांसा के प्रारम्भिक सूत्र प्लेटो के प्रत्ययवाद में—विशेषतः 'सर्वोच्च शुभ' के प्रत्यय में—और अरस्तू के ईश्वर-सम्बन्धी विचारों में मिलते हैं।

आधुनिक युग में काण्ट ने ज्ञानमीमांसा और मूल्यमीमांसा को संयुक्त करने का

प्रयत्न किया। उसके अनुसार ज्ञान के विषय में समीक्षा हमें नैतिक, धार्मिक तथा कलात्मक मल्यों का विवेचन करने को बाध्य करती है। हेगेल ने कला, धर्म तथा दर्शन का एक ऐसा त्रिक स्वीकार किया जिसमें दर्शन का मूल्य सर्वश्रेष्ठ है।

उन्नीसवीं शताब्दी के अन्त और बीसवीं शताब्दी के आरम्भ में मूल्यों के वैविध्य और उनकी सापेक्षता पर अधिक बल दिया गया। जिन आधुनिक दार्शनिकों ने मूल्यमीमांसा को अपनी विचार-प्रणाली का केन्द्र बनाया है, उनमें हार्टमन, एहरेन्फेल्स, मीनोंग तथा सिम्मेल के नाम प्रमुख हैं।

बोसान्के ने हेगेलीय दर्शन की व्याख्या मूल्य-पक्ष से की। सैम्युअल अलेक्जैंडर ने मूल्यों की यथार्थवादी समीक्षा की है और आर० बी० पैरी ने मूल्यों को रुचि के माध्यम से समझने का प्रयत्न किया है। मूल्यों के सम्बन्ध में जॉन लेयर्ड का दृष्टिकोण ऐतिहासिक है, जॉन ड्यूई का वैज्ञानिक तथा सामाजिक।

मूल्यों की कल्पना का कुछ आधुनिक विचारकों ने विरोध भी किया है, क्योंकि उनके अनुसार मूल्यमीमांसा दर्शन को धुँधलेपन की ओर ले जाती है। ऐयर ने तो यहाँ तक कहा है कि 'मूल्य निरर्थक हैं।'

मूल्यमीमांसा के अन्तर्गत चार समस्याएँ मुख्य रूप से विचारणीय हैं: (१) मूल्यों का स्वरूप, (२) उनके प्रकार, (३) उनकी समीक्षा के मानक और (४) उनकी सत्तात्मक स्थिति।

देखिये—Value.

Axiom [ऐक्सिअम] : स्वयंसिद्धि।

ऐसा कथन या सिद्धान्त जिसे किसी वैज्ञानिक या तार्किक अन्वेषण के आरम्भ में एक स्वतःप्रमाणित तथ्य के रूप में स्वीकार किया जाता है।

Axiomatic Method [ऐक्सिओमेटिक मे'थड] : स्वयंसिद्धिमूलक पद्धति, स्वतः-सिद्ध पद्धति।

वह तार्किक पद्धति जिसमें कुछ स्वतः-सिद्ध वक्तव्यों के आधार पर समस्त विचार-प्रणाली में प्रयुक्त वक्तव्यों को प्राप्त किया जाता है।

देखिये—Axiom, Postulate.

Babism [बाबिज़्म] : बाबीवाद।

यह नाम उस धार्मिक विचारधारा को दिया गया है जिसका विकास फ़ारस में हुआ और जिसके अनुयायियों ने इस्लामी धर्म-दर्शन को पहले से अधिक सहिष्णु और व्यापक बनाने का प्रयत्न किया। बाबीवादियों ने नैतिक आदेशों को मुख्य स्थान दिया, श्रुति ('इलहाम') को सर्वोपरि मानने से इन्कार किया, और इस्लामी दर्शन की सर्वेश्वरवादी परम्पराओं पर बल दिया।

Baconian Method [बेकनिअन मे'थड] : बेकनी विधि, बेकनी पद्धति।

फ्रांसिस बेकन द्वारा प्रस्तुत की गई आगमनात्मक विचार-पद्धति। इस पद्धति के अनुसार बुद्धि को विशेष से सामान्य की ओर, संकीर्ण से विस्तृत की ओर, अग्रसर होना चाहिए। बेकन का कहना था कि ज्ञान का उद्देश्य शाब्दिक विश्लेषण नहीं, बल्कि प्राकृतिक जगत् की ऐसी जानकारी है जिससे व्यावहारिक जीवन में सहायता मिले। बेकनी विधि में किसी वर्ग के तथ्यों की केवल गणना ही नहीं की जाती, बल्कि उनका तुलनात्मक और प्रयोगात्मक अध्ययन भी किया जाता है।

देखिये—Induction.

Beatitude [बीटिट्यूड] : ईश्वरीय सान्त्वना, परमानन्द।

बाइबल में लूके के उपदेश में दुखियों को दी गई सान्त्वनाएँ। जो दुखी हैं उन्हें 'ईश्वर के राज्य' में प्रवेश प्राप्त होगा, जो आज रोते हैं वे तब हँसेंगे, जिनसे आज लोग घृणा करते हैं उन्हें स्वर्ग में सुख मिलेगा—तात्पर्य यह कि दुखी और सताए हुए जीवों पर ईश्वर की विशेष कृपा है।

ईसाई नीति पर इस धारणा का काफ़ी

प्रभाव देखने में आता है। आगे चलकर जब नीतिशास्त्र में क्रान्तिकारी और विद्रोहात्मक प्रवृत्तियों का विकास हुआ, तब इन 'ईश्वरीय सान्त्वनाओं' की कल्पना की विशेष तीव्रता के साथ आलोचना की गई।

Becoming [बिकमिंग] : सम्भवन।

इस शब्द का प्रयोग कई अर्थों में हुआ है। पार्मिनाइडीज़, और किसी सीमा तक प्लेटो के अनुसार 'सम्भवन' और असत् या अभाव में कोई अन्तर नहीं है। उनकी दृष्टि में सत् के अलावा कुछ भी यथार्थ नहीं है। इसके विपरीत, जो दार्शनिक परिवर्तन और गतिशीलता में ही विश्व की यथार्थता देखते हैं उनके लिए 'सम्भवन' ही शाश्वत है। हिरॅक्लाइटस और बर्गसाँ के अनुसार अस्तित्व पदार्थ-रूप या द्रव्य-रूप नहीं वरन् प्रक्रिया-रूप है। ये दार्शनिक 'सम्भवन' को ही सत्ता का एकमेव सत्य रूप समझते हैं। आधुनिक दर्शन में इस शब्द का प्रयोग बहुत कम होता है, क्योंकि इसका संकेत जिन प्रश्नों की ओर है वे प्रश्न परिवर्तन की व्यापक समस्या के अंग बन गए हैं।

देखिये—Flux, Change.

Begging the Question [बे'गिंग द क्वेश्चन] : प्राक्मान्यता-दोष, आत्माश्रय दोष।

आधारवाक्य में परिणाम को पूर्वकल्पित करने से जो तार्किक दोष उत्पन्न होता है उसे 'बे'गिंग द क्वेश्चन' कहा जाता है। अरस्तू ने इस दोष का विस्तृत विश्लेषण किया है और यह दिखाया है कि अक्सर भाषा की संदिग्धता इस दोष से संलग्न होती है।

Behaviourism [बिहेविअरिज़्म] : व्यवहारवाद।

वह मनोवैज्ञानिक सिद्धान्त जिसके अनुसार व्यवहार के अतिरिक्त मनोविज्ञान का कोई अन्य विषय नहीं हो सकता, और व्यवहार का ज्ञान केवल प्रेरकों और प्रतिक्रियाओं के अध्ययन द्वारा ही सम्भव है। व्यवहारवाद तथाकथित आन्तरिक प्रक्रियाओं को, उदाहरणार्थ चिन्तन, कल्पना, संवेग और स्मरण को, स्नायविक सम्बन्धों के ही विशेष रूप मानता है। जटिल प्रक्रियाओं की व्याख्या वह 'सापेक्षीकृत प्रतिक्रिया सिद्धान्त' द्वारा करता है।

इस सिद्धान्त के प्रमुख प्रवर्तक पावलोव तथा वाटसन थे। बिहेविअरिज़्म केवल निरीक्षण और प्रयोगात्मक पद्धतियों को ही स्वीकार करता है।

यद्यपि यह सिद्धान्त मुख्यतः मनोवैज्ञानिक है, इसमें अतिभौतिकवादी दार्शनिक दृष्टिकोण भी प्रतिबिम्बित है। चेतना और विचार को शारीरिक क्रियाओं के ही माध्यम से समझने का प्रयास प्राचीन काल से ही अनेक बार किया गया है। डिमॉक्रिटस और अन्य अणुवादियों ने भी 'मन' और 'चेतना' का निषेध किया था। टॉमस हॉब्ज़ ने मन को 'गतिशील भौतिक पदार्थ की एक अवस्था' कहा था। लेकिन आधुनिक व्यवहारवाद ने इस दार्शनिक दृष्टिकोण को शरीर-विज्ञान की नई खोजों से पुष्ट किया और जीवन के प्रत्येक क्षेत्र में, प्रयोगात्मक विधि का प्रयोग करते हुए इस दृष्टिकोण को सत्य सिद्ध करने का प्रयत्न किया।

Being [बीइंग] : सत्।

इस शब्द का प्रयोग कई प्रकार से किया गया है। एक दृष्टि से 'सत्' शब्द का निर्देश द्रव्य के अस्तित्व-पक्ष की ओर है; एक अन्य दृष्टि से सार-तत्त्व पक्ष की ओर। आयोनियन युग के यूनानी दार्शनिकों ने जगत् के परिवर्तनों के आधारभूत तथ्य और कारण को सत् के रूप में देखा। थेल्स ने उसे जल, अनेक्सिमिनीज़ ने वायु, और अनैक्ज़िमेंडर ने 'असीम' या 'अपरिमित' कहा। पार्मिनाइडीज़ के दर्शन में सम्पूर्ण अस्तित्व को सत् कहा गया। गति और परिवर्तन का निषेध करते हुए पार्मिनाइडीज़ ने सत् को चिरस्थायी

बताया। प्लेटो के 'प्रत्यय'-सिद्धान्त में सत् का एक स्थायी स्वतन्त्र अस्तित्व माना गया है जो दार्शनिक ज्ञान का यथार्थ विषय, और संकल्प के सर्वोच्च लक्ष्य का आदिप्रेरक है। अरस्तू ने सर्वप्रथम 'सत्' की समस्या को वैज्ञानिक और यथार्थवादी दृष्टिकोण से देखा। उसके अनुसार परम सत् 'पूर्णतया व्यक्त' अस्तित्व है, लेकिन यह केवल बुद्धि का विषय है। वास्तविक जगत में 'सत्' पदार्थ और आकार के संयोग में ही स्थित है। इसमें 'पूर्ण व्यक्तीकरण' सम्भव नहीं, क्योंकि जहाँ भी पदार्थ है वहाँ व्यक्तीकरण आंशिक ही हो सकता है।

आधुनिक दर्शन में काण्ट ने सत् की व्याख्या ज्ञानमीमांसा के आधार पर की। उसने सत् और विचार की भिन्नता पर बल दिया और कहा कि विचार की क्रियाएँ दृश्य जगत् तक ही सीमित हैं, वे 'सत्' तक नहीं पहुँचतीं। काण्ट के बाद फ़िख्टे ने 'सत्' की तुलना में प्रज्ञा को अधिक महत्त्व प्रदान किया। हेगेल ने 'सत्' और 'विचार' के प्रश्न को गत्यात्मक तथा प्रत्ययवादी दृष्टि से देखा। उसके अनुसार 'सत्' और 'असत्' एक विश्वव्यापी प्रक्रिया के दो 'क्षण' हैं।

अस्तित्ववादी दार्शनिकों ने 'सत्' के अस्तित्व-पक्ष पर फिर से बल दिया है और तात्त्विक या ज्ञानात्मक पक्ष को गौण माना है।

Belief [बिलीफ़] : विश्वास।

किसी वस्तु या मानसिक निर्णय के विषय में असंदिग्धता या सन्देहशून्यता का भाव। यह एक आन्तरिक अवस्था है जो या तो तर्क या चिन्तन के बाद आती है या अपरोक्ष, साक्षात् ज्ञान द्वारा। कभी-कभी विश्वास शब्द 'विवेक' के विपरीत अर्थ में प्रयुक्त होता है, लेकिन वास्तव में विश्वास और विवेक में कोई विरोध नहीं है। 'प्रतीति' शब्द में अवश्य यह ध्वनि है कि विचार-क्रिया को स्थगित रखकर किसी विषय का अस्तित्व स्वीकार कर लिया गया है।

विश्वास शब्द का दार्शनिकों ने अलग-अलग सन्दर्भों में प्रयोग किया है और इसलिए जगह-जगह पर थोड़ा-बहुत अर्थ-भेद भी हो गया है। ह्यूम के अनुसार विश्वास किसी प्रत्यक्ष या स्मृति का एक सजीव भावात्मक रूप है। बेन और मिल ने विश्वास को एक बौद्धिक प्रक्रिया माना। विलियम जेम्स के दर्शन में विश्वास संकल्प का ही एक रूप बन जाता है।

Biologism [बायोलॉजिज़्म] : जीववाद।

वह दार्शनिक दृष्टिकोण जो जीवशक्ति या जीवतत्त्व को समस्त सृष्टि का आधार मानता है और मानवीय व्यवहार की व्याख्या करते हुए इस जीवशक्ति के विविध रूपों के विकास की ओर अपना ध्यान केन्द्रित करता है। जीववादी दार्शनिक बुद्धि या विवेक की सम्भावनाओं को एक सीमित क्षेत्र में ही स्वीकार करते हैं। जीववाद और प्राणवाद का दृष्टिकोण एक ही है। प्राणवाद के उत्कट रूप को, और विशेषतः हेनरी बर्गसाँ के दर्शन को, जीववाद कहा गया है।

देखिये — Vitalism.

Biometry [बायोमेट्री] : जीवमिति, जैव-परिमिति।

वह अध्ययन-पद्धति जिसमें जैव समस्याओं का गणितीय विश्लेषण किया जाता है। इसमें वह दार्शनिक मान्यता निहित है जिसके अनुसार जड़ और चेतन सत्ताएँ समान प्राकृतिक नियमों से नियंत्रित हैं, और इसलिए उनके अध्ययन के लिए अलग-अलग पद्धतियों की कोई आवश्यकता नहीं है। कुछ आधुनिक विचारकों, विशेषतः मेक्डूगल ने इस पद्धति का तीव्र विरोध किया है।

Body-Mind Problem [बॉडी-माइन्ड प्रॉब्ले'म] : शरीर और मन की समस्या।

शरीर और मन के पारस्परिक सम्बन्ध की व्याख्या करना दार्शनिकों के लिए

एक दुरूह कार्य रहा है। समस्या यह है कि यदि शरीर और मन दो स्वतन्त्र सत्ताएँ हैं जिनके गुण एक-दूसरे के विपरीत हैं, तो उनका सहयोगात्मक सम्बन्ध कैसे सम्भव होता है। प्रत्यक्ष व्यवहार में हम देखते हैं कि शारीरिक उत्तेजना से मानसिक प्रक्रियाओं की और मानसिक भावनाओं या इच्छाओं से शारीरिक प्रक्रियाओं की उत्पत्ति होती है। साथ-ही-साथ यह भी स्पष्ट है कि मन (यदि उसे 'वस्तु' कहा जा सके), शरीर से बिलकुल ही अलग श्रेणी की 'वस्तु' है।

देकार्त ने इस समस्या का जो हल प्रस्तुत किया उसके अनुसार मस्तिष्क में एक विशेष इन्द्रिय है जो शरीर और मन का मिलन-बिन्दु है। लेकिन इस विशेष इन्द्रिय के अस्तित्व का कोई प्रमाण नहीं है; और अगर ऐसी इन्द्रिय सचमुच है, तो प्रश्न उठता है कि वह स्वयं 'शारीरिक' वस्तु है या 'मानसिक'? लाइबनित्स ने कहा कि शरीर और मन एक-दूसरे से बिलकुल अलग अपना-अपना काम करते रहते हैं, और उनका सहयोग पारस्परिक प्रभाव के कारण नहीं, बल्कि इसलिए दिखाई पड़ता है कि ईश्वर ने पहले से ही एक विश्वव्यापी सामंजस्य की व्यवस्था कर रखी है। हस्तक्षेपवादी दार्शनिकों ने सुझाया कि जब ईश्वर का हस्तक्षेप होता है तभी शरीर और मन में सम्बन्ध स्थापित होता है। स्पिनोज़ा ने कहा कि न शरीर कोई स्वतन्त्र सत्ता है, न मन; दोनों एक निर्गुण द्रव्य के 'पक्ष' मात्र हैं, इसलिए उनके सम्बन्ध का प्रश्न ही नहीं उठता।

आधुनिक दर्शन ने इस प्रश्न का स्थायी हल ढूँढ लिया हो, यह बात नहीं। लेकिन शरीर-विज्ञान और मनोविज्ञान दोनों ने समस्या के व्यावहारिक पक्ष पर ही इतना ध्यान दिया कि उसका तात्त्विक पक्ष कुछ विस्मृत-सा हो गया है। दोनों ही विज्ञानों ने प्रयोगात्मक पद्धति द्वारा शरीर और मन के वास्तविक सम्बन्धों के विषय में इतना विस्तृत अध्ययन किया है, और इतने तथ्यों को ढूँढा है, कि वे यह नहीं पूछना चाहते कि 'शरीर और मन क्यों और कैसे मिल सकते हैं ?' लेकिन, जैसा कि पिछले कुछ वर्षों के दार्शनिक विवेचन से देखा जा सकता है, यह समस्या अभी तक जीवित है। कुछ समय के लिए इस पुरानी बहस से चाहे विचारक उकता गए हों, पर इसमें सन्देह नहीं कि फिर एक बार यह प्रश्न दर्शन का ध्यान अपनी ओर आकृष्ट करेगा।

देखिये—Interactionism, Parallelism, Double-Aspect Theory, Identity Hypothesis, Occasionalism.

Books of Sentences [बुक्स ऑफ़ से'न्टेन्से'ज़] : वाक्य-ग्रन्थ।

बारहवीं शताब्दी में पीटर अबेलार्ड और उसके अनुयायियों द्वारा रचित एक ग्रन्थ जिसमें कुछ नैतिक और दार्शनिक समस्याओं की समीक्षा है। इस ग्रन्थ के चार भागों में इन विषयों का विवेचन है—

ईश्वर, निरपेक्ष शुभ के रूप में : प्राणि-जगत्, अवतार, मोक्ष। ऐसी सभी पुस्तकों को 'बुक्स ऑफ़ से'न्टेन्से'ज़' कहा गया और मध्ययुग में विश्वविद्यालयों की पाठ्य-पुस्तकों के रूप में स्वीकार किया गया। इन पुस्तकों के रचयिताओं को कभी-कभी 'सारांशकार' भी कहा जाता था।

देखिये—Summists.

Boundless (The) [द बाउन्डले'स] : अपरिच्छिन्न, अपरिमित।

वह द्रव्य जिससे जगत् का उद्भव होता है, और जिसमें जगत् का विलय होता है। इस कल्पना द्वारा यूनानी दार्शनिक अनैक्ज़िमेंडर ने सृष्टि के उस मूल तत्त्व की ओर निर्देश किया है जो प्रत्यक्ष जगत् की वस्तुओं के समान सीमित या परिमित नहीं है।

देखिये—Apeiron.

Brain [ब्रेन] : मस्तिष्क।

मानव और अन्य उन्नत प्राणियों के शरीर का वह भाग जिसके द्वारा संवेदनों को व्यवस्थित रूप मिलता है और कर्मेन्द्रियों का निर्देशन होता है।

चेतना और मस्तिष्क के सम्बन्ध का प्रश्न सर्वदा विवादग्रस्त रहा है। अतिभौतिकवादियों के अनुसार चेतना मस्तिष्क-कोषाणुओं के एक विशेष संगठन का ही दूसरा नाम है। मस्तिष्क की एक विशिष्ट स्थिति के अतिरिक्त चेतना का कोई अस्तित्व नहीं है। इसके विपरीत प्रत्ययवादी चेतना को एक पूर्णतया मौलिक शक्ति मानते हैं और मस्तिष्क को शरीर-संचालन का माध्यम मात्र समझते हैं।

आधुनिक शरीर-विज्ञान में मस्तिष्क की प्रक्रियाओं का सूक्ष्म अध्ययन किया गया है। फिर भी यह नहीं कहा जा सकता कि चेतना और मस्तिष्क के सम्बन्ध का कोई रूप स्थिर हो गया है। अधिकतर विचारक इस सम्बन्ध को स्वीकार करते हुए भी चेतना की गुणात्मक श्रेष्ठता और मौलिकता पर बल देते हैं। बर्गसाँ ने चेतना और मस्तिष्क के सम्बन्ध को कोट और खूँटी के सम्बन्ध की उपमा दी है। खूँटी पर टँगा हुआ कोट अपनी बाह्य 'दशा' के लिए खूँटी पर निर्भर है। यदि खूँटी झुक जाए तो कोट ज़मीन पर गिर सकता है। लेकिन कोट का महत्त्व या मूल्य खूँटी से बिलकुल स्वतन्त्र है।

'Bundle Theory' of Self [बंडल थियॅरी ऑफ़ सेल्फ़] : 'पोटली-सिद्धान्त'।

वह सिद्धान्त जिसके अनुसार मन या अहम् आन्तरिक अवस्थाओं की एक पोटली-मात्र है। ह्यूम के दर्शन में, मन की इसी तरह व्याख्या की गई है। काण्ट ने इस कल्पना की आलोचना करते हुए यह दिखाया कि ज्ञान की एकता और व्यवस्था को समझने के लिए विभिन्न मानसिक क्रियाओं के पीछे एक नियामक सत्ता का अस्तित्व स्वीकार करना पड़ता है।

Cambridge Platonism [कैं'म्ब्रिज प्लेटोनिज़्म] : कैं'म्ब्रिज प्लेटोवाद।

सत्रहवीं शताब्दी में कैम्ब्रिज विश्वविद्यालय के कुछ विचारकों ने प्लेटो के दर्शन का पुनर्प्रस्थापन करने का प्रयत्न किया। उन्होंने इस बात पर विशेष ज़ोर दिया कि नीतिशास्त्र कुछ निरपेक्ष तथा स्वयंसिद्ध सत्यों पर आधारित है। उनका विश्वास था कि इन सत्यों का पूर्णतया सन्तोषप्रद विवेचन प्लेटो के ग्रन्थों में मिलता है। इन विचारकों के दर्शन को 'कैं'म्ब्रिज प्लेटोवाद' कहा जाता है। वुडवर्थ और हेनरी मोर इस दर्शन के मुख्य प्रतिनिधि थे।

Cambridge School [कैं'म्ब्रिज स्कूल] : कैम्ब्रिज सम्प्रदाय।

कुछ आधुनिक ब्रिटिश दार्शनिक, पारस्परिक मतभेद रखते हुए भी, जी० ई० मूर से समान रूप से प्रभावित होने के कारण एक ही साम्प्रदाय के अनुयायी माने गए। जी० ई० मूर लगभग चालीस वर्ष तक कैम्ब्रिज विश्वविद्यालय में काम करते रहे। उनके साथियों और अनुयायियों को 'कैम्ब्रिज सम्प्रदाय' की संज्ञा प्राप्त हुई। मूर का दर्शन इस विश्वास पर आधारित है कि बाह्य जगत् के अस्तित्व के विषय में 'व्यवहार बुद्धि' के निर्णय स्वीकरणीय हैं। दार्शनिक विश्लेषण का काम इन निर्णयों की आलोचना करना नहीं, बल्कि उस तथ्य-व्यवस्था का स्पष्टीकरण है जिसकी ओर इन निर्णयों का संकेत होता है।

Canon [कैं'नन] : अधिनियम।

मूल अर्थ : शिल्पकला में प्रयुक्त नियम। बाद में 'कैं'नन' शब्द का प्रयोग मुख्यतः तर्कशास्त्र के क्षेत्र में किया जाने लगा। काण्ट ने ज्ञान के 'अनुभवपूर्व सिद्धान्तों' के योग को 'कैं'नन' कहा है।

देखिये—Law.

Capacity [कॅपै'सिटी] : क्षमता।

योग्यता की अव्यक्त अवस्था। किसी भी वस्तु या व्यक्ति की ऐसी शक्ति जिसका प्रत्यक्ष प्रयोग न किया गया हो। नीतिशास्त्र में कर्तव्यों का निर्धारण करने से पहले क्षमताओं पर ध्यान देना ज़रूरी हो

जाता है ।

अरस्तू के दर्शन में क्षमता का वही अर्थ है जो 'गर्भित शक्ति' का ।

देखिये—Potentiality.

Cardinal Virtues [कार्डिनल वर्च्यूज़]: प्राथमिक सद्‌गुण ।

प्रत्येक सांस्कृतिक परम्परा में कुछ विशिष्ट सद्‌गुणों को मूलगत मान्यताओं के रूप में स्वीकार किया गया है । नीतिशास्त्र के इतिहास में इन्हें 'प्राथमिक सद्‌गुण' कहा जाता है । दूसरे नैतिक मूल्यों या आदर्शों को इन 'प्राथमिक सद्‌गुणों' के आधार पर ही निर्धारित किया गया है ।

यूनानी परम्परा में चार 'प्राथमिक सद्‌गुणों' को स्वीकार किया गया था—विवेकशीलता, साहस, संयम और न्यायप्रियता । ईसाई विचारधारा में तीन और गुणों को महत्त्व प्रदान किया गया—श्रद्धा, आशावादिता और अनुकम्पा ।

Casuistry [कैज़िव्रस्ट्री] : किंकर्त्तव्य-मीमांसा ।

नीतिशास्त्र और धर्मशास्त्र के उपदेशों के सन्दर्भ में, विशिष्ट परिस्थितियों में कर्तव्य-निर्धारण ।

Cartesianism [कार्टीज़ियनिज़्म] : देकार्तवाद ।

व्यापक अर्थ में, रेने देकार्त की दार्शनिक प्रणाली, जिसके आधार-स्तम्भ हैं—गणितीय पद्धति, सहजात प्रत्ययों का सिद्धान्त (Innate Ideas), ईश्वर के अस्तित्व के चार प्रमाण, मन और शरीर का द्वैतवाद, आत्मा के अस्तित्व को सिद्ध करने के लिए 'कोजिटो तर्क' का प्रयोग ।

विशेष अर्थ में, देकार्त द्वारा प्रवर्तित शरीर-मन का द्वैतवाद ।

देखिये—Innate Ideas, Mathematical Method, Dualism, Cogito Argument.

Casualism [कैज़ुअलिज़्म] : आकस्मिकतावाद ।

एपिक्यूरस का यह विश्वास कि वस्तुओं का कोई निश्चित आधार नहीं होता बल्कि उनकी उत्पत्ति या विनाश संयोगवश होता है; और यह भी कि घटनाओं में कोई नियमबद्धता या क्रम नहीं होता ।

Categorematic Word [कैटेगॉर्मेटिक वर्ड] : पदयोग्य शब्द ।

ऐसा शब्द जो अपने-आप में—किसी अन्य शब्द की सहायता के बिना —तार्किक पद के रूप में प्रयुक्त किया जा सके, अर्थात् किसी तर्कवाक्य का उद्देश्य या विधेय बन सके । उदाहरणार्थ, 'मनुष्य', 'वृक्ष', 'पीला' इत्यादि ।

देखिये—Syncategorematic Word, Acategorematic Word.

Categorical Imperative [कैटेगॉरिकल इम्पेरेटिव] : निरपेक्ष आदेश ।

ऐसा नैतिक आदेश जो सर्वोपरि तथा अपरिवर्तनीय हो और किसी विशेष अवस्था या किसी अन्य आदेश पर निर्भर न हो । काण्ट के अनुसार निरपेक्ष आदेश ही विवेकशील और स्वतन्त्र व्यक्तियों के लिए नैतिक जीवन का आधार हो सकता है ।

निरपेक्ष आदेश के स्वरूप को व्यक्त करने के लिए काण्ट ने इन सूत्रों को प्रस्तुत किया—

'ऐसा कर्म करो कि तुम्हारे संकल्प का सिद्धान्त सदा एक सार्वभौम नियम के रूप में स्वीकार किया जा सके ।'

'मानवता को—अपने-आपमें और अन्य व्यक्तियों में—प्रत्येक दशा में साध्य मानते हुए कर्म करो, साधन मानते हुए नहीं ।'

देखिये—Critique of Practical Reason.

Categorical Proposition [कैटेगॉरिकल प्रॉपोज़िशन] : निरपेक्ष तर्कवाक्य ।

वह तर्कवाक्य जिसमें विधेय उद्देश्य को बिना किसी शर्त के स्वीकार या अस्वीकार करता हो, जैसे 'कुछ पेड़ हरे हैं' या 'कोई मनुष्य अमर नहीं है ।'

देखिये—Conditional Proposition.

Categories of the Understanding [कैटेगरीज़ ऑफ़ द अन्डरस्टैंडिंग] : बुद्धि के वैचारिक रूप।

काण्ट के अनुसार बुद्धि के वे रूप जिनके द्वारा संवेदन-प्रत्यक्षों का समन्वय सम्भव होता है। देश और काल के माध्यम से संवेदन बुद्धि के सामने प्रस्तुत होता है। बुद्धि अपने आदिरूपों द्वारा उन्हें सम्बन्धित तथा व्यवस्थित करती है। बुद्धि का विशेष कार्य है समन्वयीकरण, और यह कार्य जिन साधनों द्वारा सम्पन्न होता है उन्हीं को काण्ट 'कैटेगरीज़' कहता है।

बुद्धि के इन रूपों का काण्ट ने चार वर्गों में विभाजन किया है, और प्रत्येक वर्ग में तीन रूप हैं। काण्ट के 'क्रिटीक ऑफ़ प्योर रीज़न' के द्वितीय भाग (इन्द्रयातीत तर्कशास्त्र) में इन रूपों का वर्गीकरण इस प्रकार किया गया है—

(१) परिमाण (Quantity) की दृष्टि से :
- (i) पूर्णव्यापी (Universal)
- (ii) अंशव्यापी (Particular)
- (iii) एकात्मक (Singular)

(२) गुण (Quality) की दष्टि से :
- (i) सकारात्मक (Affirmative)
- (ii) निषेधात्मक (Negative)
- (iii) सीमित (Limited)

(३) सम्बन्ध (Relation) की दृष्टि से :
- (i) निरपेक्ष (Categorical)
- (ii) सोपाधिक (Hypothetical)
- (iii) वियोजक (Disjunctive)

(४) प्रकार (Modality) की दष्टि से :
- (i) संदिग्ध (Problematic)
- (ii) प्रतिज्ञात (Assertoric)
- (iii) नियतार्थ (Apodictic)

देखिये—Critique of Pure Reason. Transcendental Logic.

Category [कैं'टे'गरी] : प्रवर्ग, विकल्प, वैचारिक रूप।

अरस्तू के दर्शन में, प्रवर्ग उन मूलगत धारणाओं को कहते हैं जिनकी सहायता से हम दुनिया की प्रत्येक वस्तु के विषय में सोच सकते हैं। 'मनुष्य' की धारणा मूलगत नहीं है—यदि 'चन्द्रमा' के विषय में सोचना हो तो 'मनुष्य' की धारणा का प्रयोग नहीं करना पड़ता। इसी तरह 'चन्द्रमा' की धारणा भी मूलगत नहीं है। लेकिन 'पदार्थ' की धारणा का प्रयोग अनिवार्य है, चाहे हम 'मनुष्य', 'चन्द्रमा' या किसी अन्य वस्तु के बारे में सोचें। इसलिए 'पदार्थ' को अरस्तू 'कैं'टे'गरी कहता है।

अरस्तू ने दस मुख्य प्रवर्गों या वैचारिक रूपों को स्वीकार किया है—पदार्थ, गुण, परिमाण, सम्बन्ध, देशगत सीमा-निर्धारण, कालगत सीमा-निर्धारण, कर्म, संवेग, स्थिति और अवस्था। ज्ञान के स्पष्टीकरण में प्रवर्गों का सिद्धान्त अत्यन्त मूल्यवान सिद्ध हुआ है। प्रत्येक सत्ता के विवेचन में वैचारिक रूपों की समीक्षा से सहायता मिल सकती है।

Causal Argument [कॉज़ल आर्ग्युमेण्ट] : कारणात्मक तर्क।

ईश्वर के अस्तित्व को प्रमाणित करने के लिए देकार्त द्वारा प्रस्तुत किया गया तर्क। यह तर्क इस प्रकार है—

प्रत्येक सत्ता का कोई कारण होता है। मनुष्य के मन में ईश्वर-सम्बन्धी धारणा है, और इस धारणा का भी कोई कारण अवश्य है। मन स्वयं यह कारण नहीं हो सकता क्योंकि मन सीमित और अपूर्ण है और कोई अपूर्ण सत्ता किसी पूर्ण सत्ता का परिचय नहीं दे सकती। इसलिए ईश्वर की धारणा का कारण स्वयं ईश्वर ही हो सकता है। इस तरह ईश्वर का अस्तित्व प्रमाणित हो जाता है।

इस तर्क के विरुद्ध दो आपत्तियाँ प्रस्तुत की गई हैं : (१) यदि प्रत्येक सत्ता का कोई कारण अवश्य है, तो ईश्वर का भी कोई कारण है। यदि हम कहें कि केवल ईश्वर ही ऐसी सत्ता है जो किसी कारण पर निर्भर नहीं है, तो हमारे तर्क का आधार ही कमज़ोर पड़ जाता है (२)

'कोई सीमित सत्ता किसी असीम सत्ता का कारण नहीं हो सकती', यह माना जा सकता है। लेकिन 'कोई सीमित सत्ता किसी असीम सत्ता की धारणा का कारण नहीं हो सकती' यह वक्तव्य निराधार है।

देखिये—God.

Causal Connexion [कॉज़ल कने'क्शन] : कारणता-सम्बन्ध, कार्य-कारण-सम्बन्ध।

दो तथ्यों या घटनाओं में ऐसा सम्बन्ध कि उनमें से एक का अस्तित्व दूसरे के अस्तित्व के लिए अनिवार्य हो।

देखिये—Causality.

Causality [कॉज़ैलिटी] : कारणता, कार्य-कारण-सम्बन्ध।

वस्तुओं, घटनाओं और क्रियाओं में ऐसा सम्बन्ध जिससे एक के घटने या 'होने' पर दूसरी का घटना या 'होना' अनिवार्य हो।

कार्य-कारण-सम्बन्ध की धारणा दर्शन और विज्ञान दोनों के लिए महत्त्वपूर्ण है, और दोनों को एक-दूसरे के समीप लाती है। यूइंग और कुछ अन्य विचारकों के अनुसार समस्त मानवीय सभ्यता का विकास, ऐतिहासिक दृष्टि से, इस धारणा के विकास पर निर्भर है। ज्ञान के क्षेत्र में कारणता की धारणा से ही 'जादू' और मन्त्र-तन्त्र का युग समाप्त होता है और सुव्यवस्थित अन्वेषण का युग आरम्भ होता है। विश्व की विकासोन्मुखता और गतिशीलता को समझने के लिए कार्य-कारण-सम्बन्ध का आधार लेना पड़ता है।

आधुनिक युग में कारणता के अध्ययन ने दो नए रूप लिए हैं। एक तो, फ्रॉयड और युंग के प्रभाव से इस बात को स्वीकार किया गया है कि बाह्य जगत् की तरह आन्तरिक जगत् में—अर्थात् चेतन और अचेतन मन में—भी कार्य-कारण-सम्बन्ध होता है। मानसिक प्रक्रियाओं को अब आकस्मिक या अनिर्वचनीय नहीं माना जाता। दूसरे, भौतिक विज्ञान के नवीनतम अन्वेषणों के प्रयोग से कारण-कार्य-सम्बन्ध का प्रश्न ऊर्जा-संरक्षण (Conservation of Energy) के प्रश्न से संलग्न हो गया है।

कुछ दार्शनिकों ने इस धारणा को अस्वीकार भी किया है। ह्यूम और अन्य सन्देहवादियों के अनुसार 'कारणता' के सम्बन्ध को सिद्ध करना असम्भव है। चाहे दो तथ्यों को हम सर्वदा एक-दूसरे से सम्बन्धित देखें, लेकिन हम यह नहीं कह सकते कि वे भविष्य में भी सम्बन्धित रहेंगे।

देखिये—Cause, Law of Causality.

Causa Sui [कॉज़ा सुई] : स्वकारण, स्वयंभू।

वह जो स्वयं अपना कारण हो। नकारात्मक दृष्टि से, वह जो किसी अन्य सत्ता पर निर्भर नहीं है। सकारात्मक दृष्टि से, वह जिसकी प्रकृति या जिसका सार स्वयं उसके अस्तित्व को अनिवार्य बनाता है। ईश्वर को 'कॉज़ा सुई' कहा गया है क्योंकि वह स्वयं अपने अस्तित्व का आधार है या—देकार्त के शब्दों में—स्वयं अपने-आपका निमित्त कारण है।

Cause [कॉज़] : कारण।

वह सत्ता या शक्ति जिससे परिवर्तन, गति या क्रिया सम्भव हो। वह दशा, स्थिति, तथ्य या वस्तु जो किसी सत्ता के अस्तित्व का, किसी घटना का, या किसी प्रक्रिया-शृंखला का आधार हो, या इनमें से किसी के पहले आवश्यक रूप में आती हो।

अरस्तू ने चार कारणों का उल्लेख किया है—भौतिक (Material), आकारिक (Formal), निमित्त (Efficient) और अन्तिम (Final)।

कुछ विचारकों ने इन चारों कारणों के अतिरिक्त ईश्वर को प्रथम कारण (First Cause) के रूप में स्वीकार किया है।

प्राचीन दार्शनिकों ने पृथ्वी के मूलतत्त्व

को आदि-कारण के रूप में जानने का प्रयत्न किया और तब से कारण की समस्या बराबर दर्शन के आधारभूत प्रश्नों से रही है। यूनानी दार्शनिक ल्यूकिप्पस ने सर्वप्रथम स्पष्ट रूप से कहा कि 'बिना कारण के कोई घटना नहीं घट सकती।'

आधुनिक युग में विज्ञान के अन्वेषणों के प्रभाव से कारण को वस्तु के रूप में न देखकर ऊर्जा (Energy) के रूप में देखा जाता है। सन्देहवादी दार्शनिक (जैसे ह्यूम) तथ्यों के सम्बन्धों को आकस्मिक मानते हैं और 'कारण' को स्वीकार करना अनावश्यक समझते हैं।

Centre-theory [सॆंटर थियॅरी] : केन्द्र-सिद्धान्त।

सी० डी० ब्रॉड का सुझाव है कि मन की एकता को समझने के लिए एक ऐसे 'मानसिक केन्द्र-बिन्दु' की कल्पना को स्वीकार करना चाहिए जो प्रत्येक मानसिक घटना से समान अन्तर पर स्थित हो। ब्रॉड के इस सिद्धान्त को 'मन का केन्द्र-सिद्धान्त' कहा गया है।

स्पष्ट है कि यह विचार रूपकात्मक है और यहाँ 'केन्द्र' और 'स्थित' को शाब्दिक अर्थ में नहीं लिया जा सकता।

Certitude [सर्टिट्यूड] : दृढ़ विश्वास, असंशय।

किसी तथ्य या वक्तव्य के विषय में सन्देह और निश्चित ज्ञान के बीच की भावना। ऐसा विश्वास जो दृढ़ तो हो, परन्तु प्रमाण द्वारा परिपुष्ट न हुआ हो।

Chance [चान्स] : संयोग, आकस्मिकता।

(१) ऐसी परिस्थिति या ऐसा घटना-चक्र जो किसी व्यवस्था या नियम से बँधा न हो।

(२) अनिर्धारित या अनिश्चित होने का गुण। अरस्तू के अनुसार 'संयोग' या 'आकस्मिकता' ऐसी घटनाओं का गुण है जो सप्रयोजन प्रतीत हों लेकिन वास्तव में प्रयोजनहीन हों।

Change [चेन्ज] : परिवर्तन।

किसी सत्ता का एक स्थान से दूसरे स्थान में या एक अवस्था से दूसरी अवस्था में पदार्पण। किसी वस्तु का अपने गुणों को पूर्णतः या अंशतः त्याग करते हुए नए गुणों को उपलब्ध करना। परिवर्तन और गति में अन्तर है : गति में केवल स्थान-परिवर्तन अनिवार्य है, गुण-परिवर्तन हो भी सकता है और नहीं भी। फिर भी परिवर्तन और गति की समस्याएँ एक-दूसरी से संलग्न हैं और जो विचारक परिवर्तन को वास्तविक मानते हैं उनकी प्रवृत्ति गति को भी स्वीकार करने की होती है।

दर्शन के इतिहास में परिवर्तन के प्रश्न को लेकर दो विरोधी दृष्टिकोणों में सर्वदा संघर्ष होता आया है। कुछ दार्शनिक—जैसे हिरॅक्लाइटस, ह्यूम, बर्गसाँ इत्यादि—परिवर्तन को अस्तित्व का सार, और परिवर्तनशीलता को विश्व का तात्त्विक गुण मानते हैं। इसके विपरीत, कुछ अन्य दार्शनिक—जैसे पार्मिनाइडीज़ और प्लेटो—परिवर्तन को आभास मात्र मानते हैं। उनके अनुसार परिवर्तन मिथ्या है, सत्य अनिवार्यतः नित्य है।

देखिये—Becoming, Flux.

Change of Relation, Inference by [इन्फ़रेन्स बाई चेन्ज ऑफ़ रिलेशन] : सम्बन्ध-परिवर्तन-अनुमान।

अव्यवहित अनुमान का वह रूप जिसमें सापेक्ष तर्कवाक्य से निरपेक्ष या निरपेक्ष से सापेक्ष तर्कवाक्य में पहुँचा जाता है, जैसे यदि "प्रत्येक जीवधारी मर्त्य है" से यह निष्कर्ष निकाला जाए कि "यदि कोई जीवधारी है तो वह मर्त्य है" तो यह सम्बन्ध-परिवर्तन-अनुमान होगा।

देखिये—Categorical. Hypothetical, Disjunctive Propositions.

Character [कैरेक्टर] : चरित्र।

व्यक्ति के उद्देश्यों, नैतिक मूल्यों और संकल्प को कार्यान्वित करने के तरीकों की समष्टि। चरित्र एक स्थायी वैशिष्टय होते हुए भी परिवेश के प्रभाव से उसमें

परिवर्तन होता रहता है।

Characteristica Universalis [कैरेक्टरिस्टिका युनिवर्सलिस] : सार्वभौम भाषा।

लाइबनित्स ने यह सुझाव दिया कि दार्शनिकों और वैज्ञानिकों की सुविधा के लिए एक ऐसी भाषा बनानी चाहिए जिसमें प्रतीकों द्वारा समस्त मानवीय ज्ञान को व्यक्त किया जा सके। आधुनिक काल में 'तार्किक विश्लेषण' के नाम से जो दार्शनिक पद्धति प्रचलित हुई है उसमें लाइबनित्स की कल्पना का स्पष्ट प्रतिबिम्ब है।

देखिये—Ars Combinatoria.

Characterology [कैरेक्टरॉलो'जी] : चरित्र-विज्ञान, स्वभाव-समीक्षा।

चरित्र का मनोवैज्ञानिक अध्ययन जिसमें व्यक्तित्व के उन विभिन्न पहलुओं का पर्यावरण के सन्दर्भ में विचार किया जाता है जिनके कारण व्यक्ति कुछ मूल्यों को अन्य मूल्यों की तुलना में श्रेयस्कर समझता है।

देखिये—Character.

Choice [च्वॉइ्स] : वरण।

एक से अधिक विकल्पों में किसी एक को चुनने की क्षमता, जिसके आधार पर व्यवहार का नैतिक मूल्यांकन किया जाता है। वरण का स्वातन्त्र्य साध्य और साधन दोनों से सम्बन्धित है। वरण सोच-समझकर, जान-बूझकर किये गए चुनाव को कहते हैं, जबकि अधिमान (Preference) अनैच्छिक या अनायास भी हो सकता है। वरण से चरित्र का निर्माण होता है, और साथ-ही-साथ वरण चरित्र को व्यक्त भी करता है।

देखिये—Freedom, Free Will.

Circular Definition [सर्क्युलर डे'फ़िनिशन] : चक्रक परिभाषा।

वह दोषयुक्त परिभाषा जिसमें परिभाष्य पद को ही दूसरे शब्दों में, या उसी शब्द के दूसरे रूपों में, दोहराया गया हो, जैसे 'नेता उस मनुष्य को कहते हैं जो नेतृत्व करता है।'

देखिये—Synonymous Definition.

Circular Evidence [सर्क्युलर एविडे'न्स] : चक्रक प्रमाण।

ऐसा प्रमाण जिसमें सिद्ध किये जाने वाले निष्कर्ष को आधारवाक्यों में पहले ही से अप्रत्यक्ष रूप में मान लिया गया हो।

Circulus in demonstrando [सर्क्युलस इन डे'मॉन्स्ट्रेन्डो] : चक्रक तर्कदोष।

किसी वक्तव्य को किसी दूसरे वक्तव्य द्वारा सिद्ध करना और फिर दूसरे वक्तव्य को पहले ही वक्तव्य के आधार पर प्रस्थापित करना।

देखिये—Argument in a Circle.

Class [क्लास] : वर्ग।

मार्क्सवादी समाज-दर्शन में 'वर्ग' की धारणा महत्त्वपूर्ण है। ऐसे मनुष्यों का समूह जो उत्पादन के साधनों की दृष्टि से आपस में ऐसा आर्थिक सम्बन्ध रखते हैं जिसके कारण उनका किसी अन्य समूह से संघर्ष होता है, 'वर्ग' है। सामन्तवादी समाज में दो मुख्य वर्ग हैं—ज़मींदार और किसान; पूंजीवादी समाज के मुख्य वर्ग हैं—पंजीपति और मज़दूर।

मार्क्सवाद के अनुसार प्रत्येक वर्ग का अपना दार्शनिक, नैतिक और सांस्कृतिक दृष्टिकोण होता है। जब तक साम्यवादी क्रान्ति द्वारा वर्गहीन समाज की स्थापना न होगी, समस्त मानव-समाज के लिए एक ही दर्शन, या एक ही नीतिशास्त्र, का निर्माण नहीं किया जा सकता।

देखिये—Communism, Dialectical Materialism.

Class Consciousness [क्लास कॉन्शसने'स] : वर्ग-चेतना।

किसी विशेष सामाजिक वर्ग की सदस्यता का बोध जो, मार्क्सवाद के अनुसार, व्यक्ति के वैचारिक और नैतिक जीवन में भी प्रतिबिम्बित होता है। साम्यवादी विचारक कहते हैं कि वर्गबोध जगाकर सर्वहारा वर्ग को सामाजिक क्रान्ति की

ओर बढ़ाना राजनीतिक कर्तव्य ही नहीं, वरन् 'दार्शनिक कर्तव्य' भी है।

Classic [क्लासिक] : क्लासिक, वरेण्य, अभिजात।

यह शब्द कई अर्थों में प्रयुक्त होता है :

(१) वह कलाकृति जिसका कलात्मक स्तर अत्यन्त उच्च हो, और जो उत्तम अभिरुचि के लोगों द्वारा प्रशस्ति प्राप्त कर चुकी हो।

(२) यूनानी तथा रोमी कला के नमूने, जिनमें शरीर और आत्मा का सन्तुलन विद्यमान है।

(३) वह कलाकृति जिसकी विशेषताएँ आधुनिक—विशेषत: रूमानी (Romantic)—कला की विशेषताओं के विपरीत हों।

(४) बीते हुए युग की कोई ऐसी साहित्यिक या कलात्मक रचना जिसकी ख्याति विश्वव्यापी हो चुकी हो, और जो मानव-संस्कृति के भण्डार में अमर स्थान प्राप्त कर चुकी हो।

इन बदलते हुए अर्थों से स्पष्ट हो जाता है कि 'क्लासिक' की कोई परिभाषा स्थिर नहीं की जा सकती।

Classicism [क्लासिसिज़्म] : क्लासिकवाद, क्लासिकपरता।

कला और रसशास्त्र के क्षेत्र में ऐसा दृष्टिकोण, या ऐसी रुचि, जो 'क्लासिक' कला के सर्वश्रेष्ठ माने जाने पर निर्भर है, या कम-से-कम जो क्लासिक कला के मूल्यों को व्यापक रूप से स्वीकार करती है।

देखिये—Classic.

Classification[क्लासिफ़िकेशन] : वर्गीकरण।

व्यक्तियों, घटनाओं, वस्तुओं या तथ्यों की, समानता या असमानता के आधार पर, कुछ समूहों में विभाजित करने की प्रक्रिया। 'वर्गीकरण' किसी-न-किसी उद्देश्य से किया जाता है, और इसलिए एक ही प्रकार के तथ्यों का वर्गीकरण अलग-अलग तरह से किया जा सकता है।

जब वर्गीकरण का उद्देश्य सामान्य ज्ञान की प्राप्ति होता है तब उसे 'वैज्ञानिक' कहते हैं; जब किसी विशेष उद्देश्य को ध्यान में रखकर वर्गीकरण किया जाता है तब उसे 'कृत्रिम' कहते हैं।

वर्गीकरण आगमनात्मक तर्कशास्त्र में एक उपयुक्त साधन के रूप में स्वीकार किया जाता है।

देखिये—Scientific Classification, Artificial Classification.

Closed Morality [क्लोज़्ड मोरैलिटी]: अवरुद्ध नैतिकता।

बर्गसाँ ने इस बात की ओर ध्यान दिलाया है कि परम्परागत नैतिक आबन्ध (Obligation) का स्रोत सामाजिक प्रवृत्ति है और इस प्रवृत्ति का आधार जैव है। व्यक्ति का समाज से वही सम्बन्ध है जो एक जीवाणु का जीव से होता है। बुद्धि तथा अनुभव के द्वारा समाज में परिवर्तन अवश्य होते रहे हैं, फिर भी मूल प्रवृत्ति के आधार पर ही नैतिकता बनी रही है। यह नैतिकता व्यक्ति को कुछ ऐसे नियमों में आबद्ध करती है जो सामाजिक स्थायित्व के लिए आवश्यक हैं। इसलिए यह दृष्टिकोण 'खुला' नहीं बल्कि 'बन्द' है और इस पर आधारित नैतिकता भी 'बन्द' या 'अवरुद्ध' नैतिकता है। उच्चतम नैतिकता वह है जो 'उन्मुक्त' हो, जो किसी समूह-विशेष के कल्याण से जुड़ी हुई न हो, और जो समस्त मानव-जाति को प्रेम के सूत्र में बाँध सके।

Co-Conscious [को-कॉन्शस] : सह-चेतना।

ऐसी चेतना जो व्यक्तित्व के मूल केन्द्र से विच्छिन्न हो गई हो, और जिसके अस्तित्व का व्यक्ति को ज्ञान न हो। यह पद मॉर्टन प्रिन्स के मनोविज्ञान में प्रयुक्त हुआ है।

Cogitatio [कॉजिटेशिओ] : चिन्तन।

स्कॉलैस्टिक दर्शन में विचार के तीन स्तर माने गये हैं—चिन्तन, मनन और

ध्यान । इनमें से पहला स्तर, 'चिन्तन', वह है जिसमें ज्ञाता और ज्ञेय एक-दूसरे से बिलकुल स्वतन्त्र रहते हैं ।

देखिये—Meditatio, Contemplatio.

Cogito Argument [कॉजिटो आर्ग्यु-मे'ण्ट] : अहंप्रत्ययाश्रित तर्क ।

आत्मा या मन के अस्तित्व को सिद्ध करने के लिए देकार्त द्वारा प्रस्तुत किया गया तर्क । यह इस प्रकार है :

'मैं प्रत्येक वस्तु के विषय में सन्देह कर सकता हूँ । प्रत्येक वस्तु का मेरा ज्ञान भ्रान्तिमय हो सकता है । लेकिन विश्व के प्रत्येक पदार्थ की सत्यता के सम्बन्ध में जिस सन्देह का मुझे अनुभव होता है वह स्वयं सत्य है । अपने सन्देह के बीच मुझे अपने निजी व्यक्तित्व का, अपने मन का, अनुभव हो रहा है । मेरा विचार—चाहे वह सन्देहयुक्त ही क्यों न हो—मुझे यक़ीन दिलाता है कि मैं हूँ । मैं विचार करता हूँ, इसलिए मैं हूँ (Cogito,ergs sum)। आत्मा का अस्तित्व एक स्वतःसिद्ध सत्य के रूप में मुझे स्वीकार करना पड़ता है ।'

Cognition [कॉग्निशन] : संज्ञान ।

ज्ञान का सबसे व्यापक रूप जिसमें प्रत्यक्ष, स्मृति, अन्तर्निरीक्षण आदि सभी क्रियाओं का समावेश होता है । मन का वह पक्ष जो संवेग और संकल्प से भिन्न है और मुख्य रूप से बाह्य वस्तुओं या घटनाओं से परिचय प्राप्त करने की क्रिया से सम्बन्धित है ।

Cognoscendum [कॉग्नोसे'न्डम] : ज्ञेय, विषय ।

कोई भी वास्तविक या कल्पित सत्ता, तथ्य या विचार जो ज्ञान-प्रक्रिया का विषय बन सके ।

Coherence [कोहिरे'न्स] : संगति, सामजस्य ।

एक से अधिक तथ्यों, सिद्धान्तों या प्रत्ययों में ऐसा सम्बन्ध जिससे एक का सत्य दूसरे के सत्य को स्पष्ट या पुष्ट करने में सहायक सिद्ध हो ।

देखिये—Coherence Theory of Truth.

Coherence Theory of Truth [कोहिरे'न्स थियॅरी ऑफ़ ट्रुथ] : सत्यता का संगति सिद्धान्त ।

ज्ञान-मीमांसा का वह सिद्धान्त जिसके अनुसार 'सत्यता' का मानक संगति है—ऐसी संगति जो किसी अर्थयुक्त 'पूर्ण' के विभिन्न अंगों या खंडों के पारस्परिक सम्बन्धों में व्यक्त होती है । यहाँ 'सत्यता' का निर्देश ज्ञानक्षेत्र की ओर है, नैतिक व्यवहार की ओर नहीं ।

इस सिद्धान्त में दो मान्यताएँ निहित हैं :

(१) प्रत्येक वक्तव्य या निर्णय अंशतः सत्य होता है, और अंशतः असत्य । जिस सीमा तक वह 'पूर्ण' के अर्थ को प्रकाशित करने में योग देता है, वह सत्य है; और 'पूर्ण' से वह जिस सीमा तक विच्छिन्न या पृथक् होता है, वह असत्य है ।

(२) सत्य का पूर्ण रूप सदा आदर्श ही रहता है, उसकी वास्तविक अनुभूति असम्भव है । मानवीय बुद्धि सीमित है, और 'पूर्ण' के सभी अंगों की संगति को पूरी तरह आत्मसात् करना उसकी क्षमता से बाहर है ।

तर्कशास्त्र की दृष्टि से इस सिद्धान्त को इस तरह व्यक्त किया जा सकता है : 'सत्यता' वह गुण है जो तर्कवाक्यों की ऐसी व्यवस्था पर आरोपित किया जा सकता है जिसमें प्रत्येक तर्कवाक्य दूसरे तर्कवाक्यों से सुसंगत हो ।

सत्य के संगति-सिद्धान्त की बुनियाद हेगेल के दर्शन में पड़ी । ब्रैडले और जोकहिम ने इस सिद्धान्त को विकसित रूप प्रदान किया ।

देखिये —Truth, Coherence.

Colligation of Facts [कॉलिगेशन ऑफ़ फ़ैक्ट्स] : तथ्यानुबन्धन ।

अलग-अलग मौक़ों पर निरीक्षित तथ्यों को किसी एक धारणा के अधीन लाना । ह्वीवेल ने सबसे पहले इस शब्द का प्रयोग

किया। जॉन स्टुअर्ट मिल ने तो इस शब्द का प्रयोग तर्कशास्त्र में किया है। उसके अनुसार 'तथ्यानुबन्धन' में निरीक्षित तथ्यों का सरल वर्णन मात्र होता है, जब कि आगमन में अज्ञात भविष्य की ओर संकेत होता है।

Combination [कॉम्बिनेशन] : संहति।

खंडों में सम्बन्ध स्थापित करके एक नये 'पूर्ण' का निर्माण। इस क्रिया में जब खंडों का अपना अस्तित्व शेष नहीं रहता तब उसे 'विलय' (Fusion) कहते हैं; जब खंडों की विशेषताओं की रक्षा होती है तब संहति-क्रिया के फल को 'संयोग' (Compound) कहते हैं। इस तरह 'संहति' (Combination) शब्द का प्रयोग काफ़ी व्यापक अर्थ में किया जाता है।

Combination of Ideas [कॉम्बिनेशन ऑफ़ आइडियाज़] : प्रत्यय-संहति।

वह प्रक्रिया जिसके द्वारा मन सरल प्रत्ययों को मिलाकर जटिल प्रत्ययों का निर्माण करता है। लॉक के अनुसार सरल प्रत्ययों का उद्गम अनुभव है; कोई भी प्रत्यय सहजात नहीं होता। लेकिन उच्चतर मानसिक क्रियाओं के लिए प्रत्यय-संहति द्वारा जटिल विचारों का निर्माण अनिवार्य है। प्रत्यय-संहति का निर्देशन साहचर्य-नियमों (Laws of Association) के अनुसार होता है।

Common Good [कॉमन गुड] : सर्वश्रेय, सार्व शुभ।

म्यूरहेड तथा कुछ अन्य नीतिशास्त्रियों के मतानुसार सार्वजनिक शुभ या कल्याण ही सर्वोच्च नैतिक आदर्श है। प्रत्येक ऐच्छिक कार्य का उद्देश्य शुभ का कोई-न-कोई रूप होता है और वह व्यक्ति के आन्तरिक आदर्श को व्यक्त करता है। लेकिन प्रत्येक व्यक्ति समाज का सदस्य है और उसका समाज के साथ वैसा ही सम्बन्ध है जैसा अंग का अंगी के साथ। अपने समग्र विकास के लिए व्यक्ति समाज पर निर्भर है, इसलिए उसका आदर्श सामाजिक मूल्यों के सन्दर्भ में ही पूरा हो सकता है।

इस सर्वोच्च मूल्य को, जो व्यक्ति के आन्तरिक आदर्शों को सबसे अधिक सार्थक बना सकता है, 'सार्व शुभ' कहा गया है।

Common Sense [कॉमन से'न्स] : सामान्य बुद्धि, व्यवहार बुद्धि।

१. सामान्य बुद्धि और विवेक के अन्तर को सर्वप्रथम प्लेटो ने वैज्ञानिक ढंग से स्पष्ट किया। किसी भी परिस्थिति में एक साधारण मनुष्य सत्य-असत्य, उचित-अनुचित के विषय में अपने अव्यवस्थित अनुभवों के आधार पर निर्णय दे सकता है। इस क्षमता को सामान्य बुद्धि कहते हैं। सम्भव है कि ऐसे निर्णय सही भी हों। लेकिन सामान्य बुद्धि के निर्णयों के पीछे कार्य-कारण सम्बन्ध का यथेष्ट ज्ञान नहीं होता, न वे वैचारिक नियमों के अनुसार दिये जाते हैं। इसलिए सामान्य बुद्धि की नींव पर दर्शन की स्थापना नहीं की जा सकती। उसका अतिक्रमण करके विवेक को अपनाना आवश्यक है।

प्लेटो के इस सिद्धान्त का आधुनिक युग के अनेक दार्शनिकों ने विरोध किया है। अठारहवीं शताब्दी में टॉमस रीड और उसके अनुयायियों ने, और आजकल 'प्रकृत वास्तववादियों' (Naive Realists) ने सामान्य बुद्धि और विवेक के तथाकथित विरोध को अस्वीकार किया है।

२. अरस्तू के मनोविज्ञान में, सामान्य संवेद्यों (गति, संख्या इत्यादि) का ज्ञान कराने वाली शक्ति (सामान्य संवित्ति)।

देखिये—Naive Realism, Common Sense School.

Common Sense School [कॉमन-से'न्स स्कूल] : सामान्य बुद्धि-सम्प्रदाय।

स्कॉटलैंड में अठारहवीं शताब्दी में टॉमस रीड के नेतृत्व में एक नयी दार्शनिक विचारधारा का विकास हुआ। इस विचारधारा के समर्थकों ने ज्ञान-मीमांसा को साधारण मनुष्यों के दैनन्दिन विश्वासों के समीप लाने का प्रयत्न किया। इन

विचारकों को दर्शन के इतिहास में 'सामान्य बुद्धि-सम्प्रदाय' कहा जाता है ।

Communication [कम्यूनिकेशन] : निवेदन, विज्ञापन, संवाद ।

दो या अधिक व्यक्तियों के बीच निश्चित चिह्नों या प्रतीकों द्वारा विचारों, कल्पनाओं तथा संवेदनाओं का आदान-प्रदान् ।

Communism [कम्यूनिज़्म] : साम्यवाद ।

(१) ऐसी समाज-व्यवस्था जिसमें वर्गभेद न हो; उत्पादन के साधनों पर समाज का अधिकार हो, न कि कुछ व्यक्तियों का, और जीवन का निर्देशन ऐतिहासिक भौतिकवाद के सिद्धान्तों के अनुसार किया जाता हो ।

(२) व्यापक रूप से, ऐसे समस्त आर्थिक, राजनीतिक, दार्शनिक और सांस्कृतिक सिद्धान्तों का संयोग जो इतिहास की वैज्ञानिक-भौतिकवादी व्याख्या पर आधारित हैं, और जिनका उद्देश्य वर्तमान समाज-व्यवस्था के स्थान पर एक वर्गहीन समाज-व्यवस्था को स्थापित करना है ।

(३) दर्शन में, साम्यवादी दृष्टिकोण का वैचारिक आधार, जिसके अन्तर्गत दो मुख्य सिद्धान्त आते हैं—ऐतिहासिक भौतिकवाद और द्वन्द्वात्मक भौतिकवाद ।

देखिये—Historical Materialism, Dialectical Materialism.

Comparative Method [कम्पेरेटिव मे'थड] : तुलनात्मक पद्धति ।

वह दार्शनिक पद्धति जिसमें विभिन्न तथ्यों, सत्ताओं या धारणाओं के समान गुणों के अध्ययन से विचारों का स्पष्टीकरण किया जाय, या नये सिद्धान्तों की स्थापना की जाय, या नयी समस्याओं की ओर ध्यान आकृष्ट किया जाय ।

Comparative Religion [कम्पेरेटिव रिलिजन] : धर्म-तुलनाशास्त्र, धर्मों का तुलनात्मक अध्ययन ।

धर्मों का, और साथ-ही-साथ धर्म-दर्शनों का, तुलनात्मक अध्ययन प्राचीन या मध्ययुग में नहीं किया गया था । फलस्वरूप धर्म-दर्शन में असहिष्णुता और एकांगीपन आ गए थे ।

उन्नीसवीं शताब्दी में विभिन्न धर्मों और धार्मिक विचारधाराओं के सम्बन्ध में तथ्य एकत्रित किये गए । समाजशास्त्र, मानवशास्त्र और मनोविज्ञान ने इस अध्ययन में योग दिया । धर्मों का तुलनात्मक अध्ययन स्वयं एक विज्ञान बन गया । फ्रेज़र, टाइलर, लैंग, स्पेन्सर, डर्कहीम और उन्ड्ट ने विभिन्न दिशाओं में इस विज्ञान को सुव्यवस्थित और उन्नत बनाया ।

धर्म-तुलना का दर्शन के इतिहास में महत्त्व यह है कि इससे (१) पौर्वात्य तथा पाश्चात्य दर्शनों की समानताओं और भेदों को समझने में सहायता मिली; (२) अनेक महत्त्वपूर्ण धारणाओं के उद्‌गम के सम्बन्ध में नये ऐतिहासिक और मनोवैज्ञानिक तथ्य प्रकाश में आए; और (३) शताब्दियों से रूढ़ अनेक पूर्वाग्रहों का निराकरण सम्भव हुआ ।

देखिये—Philosophy of Religion.

Comparison [कम्पेरिज़न] : तुलना ।

एक से अधिक वस्तुओं, तथ्यों, सिद्धान्तों या परम्पराओं के समान गुणों की ओर ध्यान देने की, या ऐसे गुणों का वर्णन करने की, क्रिया ।

देखिये—Comparative Method.

Compathy [कॉम्पैथी] : सहवेदना ।

आध्यात्मिक या मानसिक स्तर पर किसी अन्य व्यक्ति की वेदना की अनुभूति । इस अनुभूति का शारीरिक आधार यदि कोई हो तो अभी तक शरीर-विज्ञान उसके बारे में कोई निश्चित तथ्य प्रस्तुत नहीं कर पाया है ।

Complete Enumerative Induction [कम्प्लीट एन्यूमरेटिव इन्डक्शन] : पूर्ण गणनात्मक आगमन ।

वह आगमन जिसमें प्रत्येक उदाहरण की परीक्षा करने के बाद कोई निष्कर्ष निकाला जाय; जैसे यदि किसी टोकरी में रखे हुए प्रत्येक फल को निकालने पर यह दिखाई पड़े कि वह सेब है, और फिर यह निष्कर्ष निकाला जाय कि 'टोकरी के सभी फल सेब हैं', तो यह पूर्ण गणनात्मक आगमन होगा।

आधुनिक तर्कशास्त्र में 'पूर्ण गणनात्मक आगमन' को निरर्थक मानने की प्रवृत्ति है। या तो हम प्रत्येक उदाहरण की जाँच कर ही नहीं सकते, या जाँच करने पर हमें जो ज्ञान प्राप्त होता है उसको निष्कर्ष द्वारा वृद्धिगत नहीं कर सकते।

देखिये—Induction.

Complete Inversion [कम्प्लीट इन्वर्ज़न] : पूर्ण विपर्यय।

विपर्यय का वह प्रकार जिसमें विपर्यस्त के उद्देश्य और विधेय दोनों विपर्यय के उद्देश्य और विधेय के विरुद्ध हों, जैसे : "सब मनुष्य मर्त्य हैं" से पूर्ण विपर्यय के बाद निष्कर्ष निकलेगा—"कोई मनुष्य अमर नहीं है।"

देखिये—Inversion, Partial Inversion.

Completeness [कम्प्लीटने'स] : निःशेषता, पूर्णता।

साधारणतः ऐसी विचार-व्यवस्था को 'निःशेष' कहा जाता है जिसमें किसी विषय के प्रत्येक पहलू पर ध्यान दिया गया हो, या उससे सम्बन्धित प्रत्येक तथ्य की समीक्षा की गई हो। लेकिन दर्शन में 'निःशेषता' शब्द का संकेत एक और बात की ओर भी होता है—किसी विचार-व्यवस्था में आन्तरिक सामंजस्य नष्ट किये बिना, किसी और धारणा का समावेश सम्भव न हो तो उस विचार-व्यवस्था को 'निःशेष' कहा जा सकता है।

Complete Opposition [कम्प्लीट ऑपोज़िशन] : पूर्ण प्रतियोग।

दो ऐसे तर्कवाक्यों का पारस्परिक सम्बन्ध जिनमें उद्देश्य और विधेय समान होते हुए गुण और परिमाण दोनों का भेद हो। ऐसे प्रतियोग को व्याघातक प्रतियोग भी कहा जाता है।

देखिये—Contradictory Opposition.

Complex [कॉम्प्ले'क्स] : (१) मिश्र वस्तु, जटिल वस्तु। (२) मनोग्रन्थि।

(१) कोई ऐसी वस्तु जिसके भागों या अवयवों को विश्लेषण द्वारा अलग किया जा सके। ये विभाग या अवयव इस प्रकार सम्बन्धित हो सकते हैं जिससे उनके समवाय द्वारा वस्तु की इकाई व्यक्त हो।

देखिये – Organism.

(२) मनोविज्ञान में Complex शब्द का अर्थ है अचेतन मन की प्रवृत्तियों और भावनाओं की एक ऐसी व्यवस्था जो दमन की गई इच्छाओं का परोक्ष रूप से समाधान करे, या उन्हें व्यक्त करे।

Complex Ideas [कॉम्प्ले'क्स आइडियाज़] : जटिल प्रत्यय।

सरल प्रत्ययों के संयोग से प्राप्त प्रत्यय को जटिल प्रत्यय कहा गया है। उदाहरणार्थ, चीनी का प्रत्यय एक 'जटिल प्रत्यय' है जो सफ़ेद रंग, मीठा स्वाद, ठोसपन, भारपूर्णता, दानेदारपन इत्यादि सरल प्रत्ययों के संयुक्तीकरण से बनता है।

सरल प्रत्ययों पर मन का कोई अधिकार नहीं होता, लेकिन जटिल प्रत्यय मानसिक प्रक्रियाओं पर निर्भर होते हैं। लॉक ने इस बात की ओर संकेत किया कि सरल और जटिल प्रत्ययों का भेद निष्क्रिय और सक्रिय मन के भेद का ही एक अंग है।

लॉक का यह सिद्धान्त काण्ट के दर्शन में इन्द्रियग्राह्यता और बुद्धिग्राह्यता के द्वैत में प्रकट होता है।

Complex Epicheirema [कॉम्प्ले'क्स एपिकाइरिमा] : मिश्र संक्षिप्त प्रतिगामी युक्तिमाला।

संक्षिप्त प्रतिगामी युक्तिमाला का वह रूप जिसमें उत्तर-हेत्वनुमान के आश्रय-

वाक्यों को संक्षिप्त हेत्वनुमान द्वारा सिद्ध किया जाता है और इस संक्षिप्त हेत्वनुमान को फिर दूसरे संक्षिप्त हेत्वनुमान से प्रमाणित किया जाता है ।

देखिये—Episyllogism, Prosyllogism, Enthymeme.

Composite [कॉम्पोज़िट] : संश्लिष्ट संघात ।

स्कॉलैस्टिक दर्शन में, ऐसी सत्ता को 'संश्लिष्ट' कहा गया है जिसमें जड़तत्त्व और 'रूप' या 'आकार' का समन्वय हो ।

Composite Idea [कॉम्पोज़िट आइडिया] : संश्लिष्ट प्रत्यय ।

अपरिभाषित प्रत्ययों का ऐसा संयोग जो परिभाषा के द्वारा प्राप्त किया गया हो ।

Composite Term [कॉम्पोज़िट टर्म] : संयुक्त पद, बहुशब्दात्मक पद ।

उन तार्किक पदों को संयुक्त या बहुशब्दात्मक कहते हैं जिनमें एक से अधिक शब्द हों, जैसे 'यह आदमी', 'हमारे शहर का स्टेशन', इत्यादि ।

Compossibility [कम्पॉसिबिलिटी] : सहसम्भावना, समसम्भावना ।

लाइबनित्स के दर्शन में, प्रत्येक ऐसी सत्ता का अस्तित्व सम्भव है जिसके गुणों या विशेषताओं में आन्तरिक या पारस्परिक विरोध न हो । अनेक वस्तुओं की इस सम्भावना को समसम्भावना कहा गया है । लाइबनित्स के परमाणुवाद की स्थापना के लिए यह मान्यता आवश्यक ही है कि अनेक विरोध-रहित सत्ताओं की समसम्भावना को स्वीकार किया जाय ।

देखिये—Monadology.

Compound [कम्पाउन्ड] : संयोग ।

अनेक खण्डों के योग से उत्पन्न पूर्ण । ऐसी सत्ता, जो खण्डों में विभाजनीय हो ।

Compound Proposition [कम्पाउन्ड प्रॉपोज़िशन] : संयुक्त तर्कवाक्य, मिश्रित तर्कवाक्य ।

वह तर्कवाक्य, जिसमें दो पदों के पारस्परिक सम्बन्ध के विषय में एक से अधिक तथ्य व्यक्त किये गये हों । वास्तव में ऐसे तर्कवाक्य का अनेक तर्कवाक्यों में विभक्तीकरण अनिवार्य हो जाता है । उदाहरणार्थ, 'सुकरात एक विद्वान्, सदाचारी और दयालु मनुष्य था ।' यहाँ वास्तव में तीन तर्कवाक्य हैं : 'सुकरात एक विद्वान् मनुष्य था', 'सुकरात एक सदाचारी मनुष्य था' और 'सुकरात एक दयालु मनुष्य था ।'

देखिये—Simple Proposition

Compound Theory of the Mind [कम्पाउन्ड थियॅरी ऑफ़ द माइन्ड] : मन का संयोग सिद्धान्त ।

वह सिद्धान्त जिसके अनुसार 'मन' अनेक मानसिक तत्त्वों का योग है, ठीक उसी तरह जैसे जड़ वस्तु अनेक रासायनिक तत्त्वों के योग से बनती है ।

देखिये—Mental Chemistry.

Comprehension [कॉम्प्रिहे'न्शन] : परिज्ञान ।

'समझने' या बौद्धिक रूप से ग्रहण करने की क्रिया । इस क्रिया के अनेक पक्ष हैं, जैसे तथ्यों या विचारों का समन्वयीकरण, नये तथ्यों या विचारों को पूर्व-प्रस्थापित ज्ञान-प्रणाली के अन्तर्गत स्थान देना, ज्ञात तथ्यों के आधार पर अज्ञात तथ्यों के विषय में निष्कर्ष निकालना, इत्यादि । व्यापक रूप से, 'कॉम्प्रिहे'न्शन शब्द ज्ञान की गम्भीरता और सम्पूर्णता की ओर संकेत करता है ।

Compresence [कॉम्प्रे'ज़े'न्स] : सहोपस्थिति, सहवृत्ति ।

चेतना के क्षेत्र में दो या अधिक अनुभूति-खण्डों का एक ही साथ अस्तित्व । सैम्युअल अलैक्ज़ेंडर के अनुसार, इस तरह की सहोपस्थिति प्रत्येक व्यक्ति के लिए पूर्णतया मौलिक होती है और उसके प्रज्ञान को विशेषता प्रदान करती है ।

Conation [को'नेशन] : प्रयत्न, कृति ।

मानसिक जीवन का वह पक्ष जो ऐच्छिक क्रियाशीलता से सम्बन्धित है, और जो मन के अन्य दो पक्षों से—अर्थात् ज्ञान-पक्ष और भाव-पक्ष से—गुणात्मक रूप से

भिन्न है ।

Conatus [को'नेटस] : जीवनयोनि-प्रयत्न, प्रयास ।

वह शक्ति या प्रवृत्ति, जो किसी सत्ता को अपने अस्तित्व की रक्षा के लिए उद्यत बनाये रखती है । इस पद का प्रयोग इस मान्यता पर आधारित है कि प्रत्येक वस्तु सजीव है ।

देखिये—Will.

Concept [कॉन्से'प्ट] : धारणा ।

व्यापक अर्थ में, कोई भी अमूर्त प्रत्यय । काण्ट के दर्शन में, वह पद जो किसी सम्बन्ध (Relation), वैचारिक रूप (Category), वर्ग (Class) या जाति की ओर निर्देश करता हो ।

प्लेटो के दर्शन में 'सामान्यों' (Universals) को कभी-कभी 'धारणाएँ' भी कहा गया है ।

देखिये—Idea, Conceptualism.

Conception [कन्से'प्सशन] : धारण ।

ज्ञान-मीमांसा में, अमूर्तों या सामान्यों का ज्ञान । रसशास्त्र में, सौन्दर्यात्मक सम्बन्धों का अनुभव जो व्यक्त न किया गया हो लेकिन जिसका कलात्मक व्यक्तीकरण सम्भव हो ।

Conceptualism [कन्से'प्चुअलिज़्म] : धारणावाद ।

ज्ञान-मीमांसा में, वह दृष्टिकोण जिसके अनुसार धारणाओं के प्रतिरूप यथार्थ वस्तुएँ नहीं होतीं, बल्कि धारणाओं का काम केवल सामान्य प्रत्ययों को व्यक्त करना है । उनसे वस्तुओं के समान तथा अनिवार्य गुणों का परिचय मिलता है । इस तरह 'पेड़' धारणा सभी पेड़ों के समान, अनिवार्य गुणों का सामान्य प्रत्यय है ।

यह दृष्टिकोण वस्तुवाद (Realism) और नामवाद (Nominalism) के बीच एक समझौता है । आधुनिक दर्शन में लॉक ने इसका समर्थन किया ।

देखिये—Realism, Nominalism.

Conceptual Realism [कन्से'प्चुअल रियलिज़्म] : धारणा-वस्तुवाद ।

वह सिद्धान्त, जिसके अनुसार धारणात्मक ज्ञान का अपना स्वतन्त्र अस्तित्व होता है । कभी-कभी यह पद प्लेटो के इस सिद्धान्त के लिए भी प्रयुक्त होता है कि धारणाएँ स्वयं वास्तविक सत्ताएँ हैं, न कि मनोगत विचार ।

Concrete [कॉन्क्रीट] : मूर्त, समाहृत ।

वह जो 'सामान्य' न हो बल्कि जिसका विशिष्ट अस्तित्व हो; वह जो वस्तुओं के समान गुणों की ओर नहीं, वरन् स्वयं वस्तुओं की ओर संकेत करे । कभी-कभी यह विशेषण इस बात को भी व्यक्त करता है कि किसी विशेष वस्तु की केवल धारणा या प्रत्यय ही नहीं, बल्कि उसका प्रत्यक्ष ज्ञान भी सम्भव है ।

Concrete Term [कॉन्क्रीट टर्म] : वस्तुसूचक-पद ।

वह तार्किक पद जिससे किसी भाव या गुण का नहीं, बल्कि किसी वस्तु का बोध हो, जैसे 'दरवाज़ा,' 'पेंसिल', इत्यादि ।

Concretion [कॉन्क्रीशन] : सहविकास, समाहार ।

इस शब्द का प्रयोग सान्तायन ने किया है । उसके अनुसार 'सामान्य' विचारों के साथ-साथ या 'मिल-जुलकर' बढ़ने के परिणाम हैं । यह 'साथ-साथ बढ़ना' अनेक व्यक्तियों के वैचारिक आदान-प्रदान द्वारा ही सम्भव है, और इसीलिए अन्ततोगत्वा सामान्य प्रत्ययों का आधार सामाजिक है ।

Concurrence [कॉन्करे'न्स] : ईश्वरीय सहयोग, दैवी सहायता ।

सन्त ऑगस्टाइन के अनुसार मानव के 'नैतिक पतन' के बाद यह परिस्थिति उत्पन्न हुई कि मानव सदा के लिए ईश्वर के अनुग्रह और सहायता पर अवलम्बित हो गया । ईश्वर के सहकार्य के बिना उसकी क्रियाशीलता बिलकुल ही कमज़ोर पड़ गई । ईश्वर के इस सहकार्य को सन्त ऑगस्टाइन के दर्शन में 'कॉन्करे'न्स' कहा गया है ।

Concursus Dei [कॉन्कर्सस डीई] : ईश्वरीय क्रिया ।

विश्व का विकास और मानवीय संकल्प की अभिव्यक्ति, दोनों के पीछे अव्यवहित रूप से चलने वाली 'ईश्वरीय क्रिया' की कल्पना स्कॉलैस्टिक दर्शन में की गई है। विश्व में, और मानव-जीवन में, सभी कार्य जिन 'कारणों' से होते हैं उन्हें सीमित माना गया है और यह विश्वास व्यक्त किया गया है कि इन सीमित कारणों की 'शक्ति' ईश्वरीय क्रिया पर निर्भर है ।

Concursus Divinus [कॉन्कर्सस डिवाइनस] : ईश्वरीय क्रिया ।

देखिये—Concursus Dei.

Condition [कण्डिशन] : अनिवार्य पूर्वावस्था ।

दर्शन में इस शब्द का प्रयोग मुख्यतः 'दशा' के अर्थ में नहीं वरन् शर्त के अर्थ में किया जाता है। 'कण्डिशन' वह घटना या पूर्वावस्था है जिसके बिना किसी अन्य घटना या वस्तु का अस्तित्व सम्भव न हो। इस तरह 'कण्डिशन' किसी सत्ता के अनिवार्य कारण को भी कह सकते हैं।

Conditional Immortality [कण्डिशनल इम्मार्टेलिटी] : सापेक्ष अमरत्व ।

यह सिद्धान्त कि मानवीय आत्मा स्वभावतः अमर नहीं है बल्कि कुछ विशेष अवस्थाओं में ईश्वर कुछ लोगों को अमरत्व प्रदान करता है। ईसाई धर्मशास्त्र के कुछ व्याख्याकारों के अनुसार ईसा मसीह के उपदेशों में विश्वास अमरत्व-प्राप्ति के लिए अनिवार्य है। इस तरह अमरत्व सापेक्ष है, न कि निरपेक्ष ।

Conditional Morality [कण्डिशनल मोरैलिटी] : सापेक्ष नैतिकता ।

वह नैतिक दृष्टिकोण जिसके अनुसार शुभाशुभ विचार निरपेक्ष, सार्वभौम आदेशों पर आधारित नहीं है। काण्ट ने ऐसे नीतिशास्त्र को सापेक्ष नैतिकता कहा है जो 'सोपाधिक आदेश' को स्वीकार करती है ।

देखिये—Hypothetical Morality, Ethical Relativity.

Conditional Proposition [कण्डिशनल प्रॉपोज़िशन] : सापेक्ष तर्कवाक्य ।

वह तर्कवाक्य जिसमें विधेय उद्देश्य को किसी शर्त के साथ स्वीकार या अस्वीकार करता हो, जैसे 'यदि मैं स्वस्थ होता तो अवश्य वहाँ जाता ।'

सापेक्ष तर्कवाक्य दो प्रकार के होते हैं, सोपाधिक और वियोजक ।

देखिये—Hypothetical Proposition, Disjunctive Proposition.

Conditioned Reflex [कंडीशन्ड रिफ्ले'क्स] : सापेक्षीकृत सहजक्रिया, अभिसंधानित सहजक्रिया ।

स्वाभाविक उद्दीपक के बदले किसी कृत्रिम उद्दीपक से जो सहजक्रिया संलग्न होती है उसे 'सापेक्षीकृत' कहा जाता है। आधुनिक मनोविज्ञान में ऐसी सहजक्रियाओं के आधार पर ज्ञान-प्राप्ति का एक नया सिद्धान्त प्रतिपादित किया गया है।

देखिये—Conditioned Response Theory.

Conditioned Response Theory [कंडीशन्ड रे'स्पॉन्स थियॅरी] : सापेक्षीकृत प्रतिक्रिया सिद्धान्त ।

उस प्रतिक्रिया को, जो किसी कृत्रिम उद्दीपक का परिणाम हो, 'सापेक्षीकृत प्रतिक्रिया' कहते हैं। मनोवैज्ञानिक व्यवहारवाद (Behaviourism) का यह विश्वास है कि जीवन के सभी क्षेत्रों में सापेक्षीकृत प्रतिक्रियाओं द्वारा ही व्यक्ति कुछ 'सीखता' है। मानवीय व्यवहार अन्य प्राणियों के व्यवहार से मूलतः भिन्न नहीं हैं। प्रत्येक जीवित प्राणी का व्यवहार सापेक्षीकृत प्रतिक्रियाओं की एक वृहत् व्यवस्था है। तथाकथित उच्चतर मानसिक क्रियाओं की भी—जैसे विचार, कल्पना, स्मृति की भी—सापेक्षीकृत प्रतिक्रियाओं के सन्दर्भ में व्याख्या की जा सकती है।

मनोविज्ञान में इस सिद्धान्त पर काफ़ी बहस हुई है और अब भी हो रही है। दर्शन के लिए इसका महत्त्व यह है कि इसमें यान्त्रिकतावाद और भौतिकवाद को मानवीय व्यवहार पर लागू करने का उत्कट प्रयास दिखाई पड़ता है।

देखिये—Behaviourism.

Conduct [कंडक्ट]: व्यवहार, आचरण।

मनोविज्ञान में, किसी जीवित अंगी (Organism) का परिवेश-जन्य संस्कारों के प्रभाव से किया गया कार्य-कलाप।

नीतिशास्त्र में, वह ऐच्छिक व्यवहार जिसके लिए व्यक्ति को उत्तरदायी माना जा सके। कुछ लेखकों के अनुसार नैतिक मूल्यांकन उसी आचरण का किया जा सकता है जिसके सम्भाव्य परिणामों का व्यक्ति को यथेष्ट ज्ञान हो।

Configuration [कॉन्फ़िगरेशन] : रचनात्मक इकाई, संस्थान।

वस्तुगत या मानसिक तथ्यों की रचना का ऐसा ढाँचा जो उन तथ्यों को सम्पूर्णता और ऐक्य प्रदान करे। Configuration जर्मन शब्द Gestalt का अंग्रेज़ी पर्याय है।

देखिये—Gestalt Psychology.

Configurationism [कॉन्फ़िगरेशनिज़्म] : 'जेस्टाल्ट' सिद्धान्त, संस्थानवाद।

वह मनोवैज्ञानिक सिद्धान्त जो 'रचनात्मक इकाई' को मानसिक प्रक्रियाओं का, और विशेषतः प्रत्यक्ष का, सबसे अधिक महत्त्वपूर्ण पक्ष मानता है।

देखिये—Configuration.

Connotation [कॅनोटेशन] : गुणार्थ।

तर्कशास्त्र में, पदों का वह पक्ष जिसका संकेत उन पदों द्वारा निर्दिष्ट वस्तुओं या व्यक्तियों की समान विशेषताओं की ओर होता है। 'मनुष्य' पद का गुणार्थ 'विवेकशीलता', 'प्राणधारण' इत्यादि उन विशेषताओं में व्यक्त होता है जो सभी मनुष्यों में विद्यमान हैं।

तार्किक पदों के निर्देश और गुणार्थ में प्रतिलोम अनुपात (Inverse Ratio) का सम्बन्ध होता है।

देखिये—Denotation.

Connotative Term [कॅनोटेटिव टर्म] : गुणार्थक पद।

वे तार्किक पद जो वस्तुओं और उनके आवश्यक गुणों दोनों को बताते हैं। सभी सामान्य पद, और कुछ विशिष्ट पद—जैसे 'सूर्य', 'उत्तर प्रदेश के राज्यपाल', इत्यादि—गुणार्थक हैं। व्यक्तिवाचक नामों को कुछ विचारक स्वगुणार्थक मानते हैं। लेकिन मिल के अनुसार व्यक्तिवाचक नाम अगुणार्थक हैं क्योंकि वे व्यक्ति के अस्तित्व का ही निर्देश करते हैं, गुणों का नहीं।

Conscience [कॉन्शन्स] : सदसद्विवेक बुद्धि, सद्विवेक।

वह आन्तरिक चेतना जिसके द्वारा कर्ता को कर्म के उचित या अनुचित, शुभ या अशुभ होने का बोध होता है, या जो उसे शुभ कर्म करने के लिए उद्यत करती है।

प्राचीन दर्शन में प्लॉटिनस, मध्ययुग में एबलर्ड और आधुनिक काल में बटलर ने सद्विवेक-बुद्धि को नैतिक जीवन का सर्वोच्च निर्णायक माना। टाल्स्टॉय और महात्मा गांधी ने भी यही दृष्टिकोण अपनाया।

सद्विवेक को सर्वोच्च नैतिक निर्णायक मानने में एक कठिनाई यह है कि यह एक व्यक्तिगत मानक है और इससे किसी ऐसे निरपेक्ष नैतिक निर्णय को प्राप्त नहीं किया जा सकता जो सर्वमान्य हो। दूसरी कठिनाई यह है कि प्रत्यक्ष व्यवहार में सद्विवेक-बुद्धि प्रायः हमें एक दिशा में ले जाती है और तार्किक निष्कर्ष तथा सामाजिक उत्तरदायित्व हमें दूसरी दिशा की ओर खींचते हैं। इन आपत्तियों का निराकरण धार्मिक विचारकों ने यह कहकर किया कि सद्विवेक का आदेश ईश्वरीय इच्छा के विरुद्ध हो ही नहीं सकता बशर्ते कि व्यक्ति वास्तव में सदाचारी हो। लेकिन इससे सद्विवेक को नैतिकता का

मानक बनाने के बजाय स्वयं नैतिकता को सद्विवेक का कारण मान लिया जाता है। इसके अतिरिक्त, ईश्वरीय इच्छा को यहाँ परम निर्णायक मान लिया गया है। आधुनिक विचारधारा में नैतिक मान्यताओं का निर्धारण मानवीय व्यवहार और मानवीय मूल्यों के सन्दर्भ में किया जाता है।

Conscious (The) [द कॉन्शस] : चेतन।

आधुनिक मनोविज्ञान में, विशेषतः मनोविश्लेषण में, 'कॉन्शस' शब्द संज्ञा के रूप में प्रयुक्त हुआ है। 'कॉन्शस' मन का वह भाग है जिसकी स्थितियों के विषय में व्यक्ति को स्पष्ट ज्ञान हो। फ्रॉयड के अनुसार Sub-conscious (अवचेतन) या Unconscious (अचेतन) की तुलना में 'चेतन' का विस्तार बहुत छोटा है। उसमें केवल उन्हीं विचारों और इच्छाओं को स्थान मिलता है, जो व्यक्ति की नैतिक और सामाजिक मान्यताओं के अनुरूप होती हैं।

Conscious Automaton Theory [कॉन्शस ऑटोमेटन थियॅरी]: चैतन्यात्मक स्वचालनवाद।

यह सिद्धान्त जिसके अनुसार मनुष्य एक ऐसा स्वचालित यन्त्र है जिसके साथ चैतन्य 'जुड़ा हुआ' है। इस सिद्धान्त में 'मन' या 'चेतना' को अस्वीकार तो नहीं किया जाता लेकिन उसे मानवीय व्यवहार का कारण नहीं समझा जाता। हॉजसन, क्लिफ़र्ड तथा हक्सले इस सिद्धान्त के प्रमुख प्रवर्तक थे।

देखिये—Automaton Theory.

Conscious Illusion Theory [कॉन्शस इल्यूज़न थियॅरी] : ऐच्छिक-भ्रम सिद्धान्त।

कॉन्राड लान्ग के सौन्दर्यशास्त्र का यह सिद्धान्त कि जान-बूझकर अपने मन को माया-जगत् में ले जाने की प्रवृत्ति का कलात्मक आनन्दोपभोग में महत्त्वपूर्ण स्थान है। लान्ग का कहना है कि इस तरह का 'ऐच्छिक भ्रम' मनुष्य को दैनन्दिन जीवन के व्यावहारिक दबाव से छुटकारा दिलाता है, और उसे कलात्मक अनुभूति की ओर अभिमुख करता है।

Consciousness[कॉन्शसने'स]: चेतना।

वह सत्ता या शक्ति जो ज्ञान का मूल आधार है, और इसलिए जो स्वयं अपरिभाष्य है। अन्तर्निरीक्षण द्वारा ही चेतना का ज्ञान सम्भव है; बाह्य निरीक्षण चेतना की क्रियाओं का परिचय मात्र दिला सकता है, और वह भी परोक्ष रूप से।

कभी-कभी 'चेतना' संकल्प (Conation), भाव (Affection) और ज्ञान (Cognition) की समष्टि को भी कहा जाता है।

मनोविश्लेषण में, 'चेतना' शब्द मन के अवचेतन और अचेतन भागों के विपरीत उस भाग का निर्देश करता है जिसकी अवस्थाओं का व्यक्ति को स्पष्ट बोध हो। लेकिन अधिकतर मनोविश्लेषक इस अर्थ को व्यक्त करने के लिए 'चेतन' (संज्ञा : 'The Conscious') का प्रयोग करते हैं।

Consciousness-in-general [कॉन्शसने'स-इन-जनरल] : चेतना तत्त्व।

चेतना एक वस्तुगत, सर्वव्यापी, अनिवार्य धारणा के रूप में, न कि व्यक्तिगत मन की प्रक्रियाओं की समष्टि के रूप में। स्पष्ट है कि इस अर्थ में 'चेतना' का अस्तित्व केवल प्रत्ययात्मक ही हो सकता है।

Consensus Gentium [कॉन्से'न्सस जेन्शियम] : जनमत-स्वीकृति, लोकसम्प्रतिपत्ति।

इस प्रतिमान के अनुसार वही व्यवहार उचित है जिसे जनमत स्वीकार करे। रोमी और मध्ययुगीन लेखकों ने इस पद का प्रयोग किया है।

Consentience [कॉन्से'न्शन्स] : समभाव, समानुभूति, संचेतना।

इन्द्रिय संवेदन के स्तर पर एकरूपता का बोध। जेम्स वार्ड तथा स्टाउट ने

मानवीय व्यक्तित्व के सामाजिक पक्ष की समीक्षा करते हुए समानुभूति के प्रश्न को महत्त्वपूर्ण माना है।

Consequent [कॉन्सिक्वे'न्ट]: उत्तरांग।

सोपाधिक तर्कवाक्य का वह भाग जिसमें कोई ऐसा वक्तव्य दिया जाता है जो उसी वाक्य के पूर्वांग में रखी गई शर्त के पूरे होने पर निर्भर करता है। उदाहरणार्थ, "यदि पानी बरसा तो फ़सल अच्छी होगी"—यहाँ "फ़सल अच्छी होगी" उत्तरांग है जो पूर्वांग में उल्लिखित शर्त के पूरे होने पर, अर्थात् पानी बरसने पर, निर्भर है।

Consistency [कॉन्सिस्टे'न्सी] : संगति।

विचारों का, और विचारों को व्यक्त करने वाले तार्किक वाक्यों का, स्वगत विरोध से मुक्त होना, या पारस्परिक सामंजस्य। 'सामंजस्य' एक व्यापक शब्द है; 'संगति' का तात्पर्य सामंजस्य के तार्किक या वैचारिक पक्ष से है।

देखिये—Coherence.

Constitutive Knowledge [कॉन्स्टिट्यूटिव नॉलेज] : विधायक-ज्ञान।

काण्ट के दर्शन में, वह ज्ञान जो प्रत्यक्ष अनुभव में प्रमाणित हो, या जिसका विषय वस्तुजगत् में स्थित हो। काण्ट के अनुसार ऐसा ज्ञान नियामक ज्ञान से गुणात्मक रूप से भिन्न है।

देखिये—Regulative Knowledge.

Contemplation [कॉन्टे'म्प्लेशन] : ध्यान।

ज्ञान का वह स्तर जहाँ ज्ञाता अंशतः या पूर्णतः ज्ञेय में लीन हो गया हो। मध्ययुगीन दर्शन में इस स्तर को Cogitatio (चिन्तन) और Meditatio (मनन) से ऊपर का स्थान दिया गया है।

आधुनिक दर्शन में अलैक्ज़ेंडर ने इस शब्द का एक विशेष अर्थ में प्रयोग किया है। उसके अनुसार 'कॉन्टे'म्प्लेशन' वस्तु का ज्ञान है, जोकि मन की अन्तरानुभूति से भिन्न है। वस्तु-केन्द्रित ज्ञान को ही 'ध्यान' कहना चाहिए। मन की स्वचेतना को अलैक्ज़ेंडर 'उपभोग' (Enjoyment) कहता है।

Content [कॉन्टे'न्ट] : अन्तर्वस्तु।

ज्ञानमीमांसा में, चेतना के प्रदत्तों की समष्टि, अर्थात् ज्ञान की प्रक्रिया नहीं, बल्कि ज्ञान की आन्तरिक विषयवस्तु।

सौन्दर्यशास्त्र में, किसी कलाकृति का मूल्यात्मक पक्ष, जोकि आकारात्मक पक्ष से भिन्न है। उदाहरणार्थ, किसी कविता का आकारगत पक्ष वह है जो अभिव्यक्ति के तरीकों पर निर्भर है; उसकी अन्तर्वस्तु वह है जिसकी अभिव्यक्ति होती है, जैसे भावनाएँ, तथ्य, अनुभूतियाँ, इत्यादि।

Contiguity [कॉन्टिगुइटी] : सामीप्य।

दो सत्ताओं में ऐसी निकटता कि एक का ज्ञान दूसरे के ज्ञान में सहायक सिद्ध हो। दो मानसिक-शक्तियों में ऐसा सम्बन्ध कि एक के 'जागृत' होने पर दूसरी भी जाग उठे। इस सम्बन्ध पर आधारित साहचर्य नियम को 'सामीप्य नियम' कहते हैं।

देखिये—Law of Contiguity.

Contingent [कॉन्टिन्जे'न्ट]: सांयोगिक।

ऐसी परिस्थिति या घटना जिसके विषय में कहा जा सके कि वह 'हो भी सकती है, और नहीं भी हो सकती', या यह कि वह 'जिस तरह हुई है उससे बिलकुल भिन्न ढंग से भी हो सकती है।' 'सांयोगिक' घटना या अवस्था वह है जिसके लिए कोई निश्चित कारण नहीं बताया जा सकता। उदाहरणार्थ, पतझड़ में किसी विशिष्ट पत्ते का किसी विशेष स्थान पर गिरना सांयोगिक है।

आधुनिक भौतिक-विज्ञान में कुछ विचारक इस मान्यता की ओर झुके हैं कि विश्व पूर्णतया नियमबद्ध नहीं है और उसमें सांयोगिकता के लिए भी स्थान है।

Continuant [कन्टिन्युएन्ट] : सतत (संज्ञा)।

वह सत्ता जिसका अस्तित्व अवस्था-परिवर्तन और सम्बन्ध-परिवर्तन के बीच लगातार बना रहता है। इस शब्द का

प्रयोग जॉन्सन ने अपने 'तर्कशास्त्र' में किया है।

Contradictory Opposition [कॉन्ट्राडिक्टरी ऑपोज़िशन] : व्याघातक प्रतियोग।

दो तर्कवाक्यों के बीच ऐसा प्रतियोग-सम्बन्ध जिसमें उद्देश्य और विधेय समान होते हुए गुण और परिमाण दोनों में विभिन्नता हो।

उदाहरणार्थ : 'सब खिलाड़ी स्वस्थ हैं', 'कुछ खिलाड़ी स्वस्थ नहीं हैं'। यहाँ गुण और परिमाण दोनों का भेद है, यद्यपि दोनों तर्कवाक्यों में उद्देश्य और विधेय समान हैं।

व्याघातक प्रतियोग को कभी-कभी पूर्ण प्रतियोग भी कहा जाता है।

देखिये—Complete Opposition.

Contradictory Terms [कॉन्ट्राडिक्टरी टर्म्स] : व्याघातक पद।

जब दो तार्किक पद मिलकर समस्त वस्तुओं को निःशेष करते हैं, और परस्पर व्यावर्तक होते हैं, तब उन्हें व्याघातक पद कहा जाता है। उदाहरणार्थ, 'जीव' और 'अजीव' व्याघातक पद हैं क्योंकि ये परस्पर व्यावर्तक (Mutually Exclusive) हैं, और मिलकर सभी प्राणियों को निःशेष करते हैं।

देखिये—Contrary Terms.

Contradiction [कॉन्ट्राडिक्शन] : प्रतियोग, व्याघात।

दो वस्तुओं, गुणों या अवस्थाओं में इस तरह का विरोध कि एक का भाव होने पर दूसरे का अभाव और एक का अभाव होने पर दूसरे का भाव अनिवार्य हो जाता है।

Contraposition [कॉन्ट्रापोज़िशन] : परिप्रतिवर्तन।

अव्यवहित अनुमान का वह रूप जिसमें निष्कर्ष-वाक्य का उद्देश्य दिये हुए तर्कवाक्य के विधेय के विरुद्ध होता है। परिप्रतिवर्तन में गुण का परिवर्तन भी अनिवार्य है; यदि दिया हुआ तर्कवाक्य विधायक हो तो निष्कर्ष निषेधात्मक होता है, और यदि मूल वाक्य निषेधात्मक हो तो निष्कर्ष विधायक होता है।

परिप्रतिवर्तन अव्यवहित अनुमान का एक मिश्र रूप है। इसमें परिवर्तन और प्रतिवर्तन दोनों क्रियाएँ समाविष्ट होती हैं। दिये हुए तर्कवाक्य का प्रतिवर्तन करके, फिर प्रतिवर्तित वाक्य का परिवर्तन करने से परिप्रतिवर्तित तर्कवाक्य प्राप्त होता है।

उदाहरणार्थ, "सब मनुष्य मर्त्य हैं" का प्रतिवर्तन करके हम इस निष्कर्ष तक पहुँचते हैं कि "कोई मनुष्य अमर नहीं है।" फिर इस निष्कर्ष का परिवर्तन करके दूसरा निष्कर्ष प्राप्त होता है : "कोई अमर सत्ता मनुष्य नहीं है।" इस तरह "सब मनुष्य मर्त्य हैं" का परिप्रतिवर्तन हमें इस निष्कर्ष तक पहुँचाता है कि "कोई अमर सत्ता मनुष्य नहीं है।"

देखिये—Conversion, Obversion.

Contrariety [कॉन्ट्रेराइटी] : विरोधी प्रतियोग।

देखिये—Contrary Opposition.

Contrary Opposition [कॉन्ट्रेरी ऑपोज़िशन] : विरोधी प्रतियोग।

दो पूर्णव्यापी तर्कवाक्यों में ऐसा सम्बन्ध जिसमें उद्देश्य और विधेय समान होते हुए गुण में भेद होता है। उदाहरणार्थ : "सब प्राणी बुद्धिमान् हैं", "कोई प्राणी बुद्धिमान नहीं है।" यहाँ परिमाण का भेद नहीं है, क्योंकि दोनों तर्कवाक्य पूर्णव्यापी हैं। लेकिन गुण में भेद है, क्योंकि पहला तर्कवाक्य विधायक है और दूसरा निषेधक।

Contrary Terms [कॉन्ट्रेरी टर्म्स] : विरोधी पद, विपरीत पद।

जब किसी वर्ग के द्योतक पदों में से दो पद ऐसे होते हैं कि वे अधिकतम भिन्नता व्यक्त करते हैं, तब उन्हें विरोधी पद कहा जाता है, जैसे 'काला' और 'सफ़ेद', 'बलवान्' और 'दुर्बल' इत्यादि। विरोधी पदों और व्याघाती पदों में अन्तर यह है

कि दोनों विरोधी पद एक ही वस्तु के सम्बन्ध में असत्य हो सकते हैं, लेकिन व्याघाती पद नहीं हो सकते। उदाहरणार्थ, यह सम्भव है कि कोई विशिष्ट वस्तु न काली हो, न सफ़ेद; लेकिन यह असम्भव है कि वह न 'जीव' हो, न 'अजीव'।

देखिये—Contradictory Terms.

Contrast [कॉन्ट्रास्ट] : वैपरीत्य, वैषम्य।

किसी वर्ग की वस्तुओं में अधिकतम भिन्नता। विचारों या वस्तुओं में विरोधी गुणों का अस्तित्व। उदाहरणार्थ, 'कालापन' और 'सफ़ेदपन'; 'सुख' और 'दुःख', एक-दूसरे के विपरीत हैं। लेकिन वैपरीत्य और प्रतियोग (Contradiction) में अन्तर है। विपरीत सत्ताओं या गुणों के विषय में यह नहीं कहा जा सकता कि एक का अभाव हो तो दूसरे का अस्तित्व अनिवार्य है। दुःख के अभाव में सुख का अस्तित्व अनिवार्य नहीं है—औदासीन्य भी हो सकता है। इसी तरह कोई वस्तु एक साथ काली और सफ़ेद नहीं हो सकती—लेकिन यदि वह काली न हो तो उसका सफ़ेद होना ज़रूरी नहीं है।

देखिये—Contradiction.

Conventionalism [कॅन्वेन्शनलिज़्म] : प्रचलनवाद, रूढ़िवाद।

यह सिद्धान्त कि अनुभवपूर्ण सत्य को व्यक्त करने वाले सभी तर्कवाक्य केवल लोक-सम्मति के आधार पर स्वीकृत होते हैं। उनकी यथार्थता निरपेक्ष नहीं होती बल्कि ऐसी धारणाओं पर निर्भर होती है जो 'प्रचलित' हो गई हैं।

Converse[कॉन्वर्स] : परिवर्तित वाक्य।

अव्यवहित अनुमान में किसी दिये हुए तर्कवाक्य का परिवर्तन करके जो निष्कर्ष वाक्य प्राप्त किया जाता है उसे परिवर्तित वाक्य कहते हैं।

देखिये—Conversion, Convertend, Immediate Inference.

Converse Fallacy of Accident [कॉन्वर्स फ़ैलेसी ऑफ़ एक्सिडे'ण्ट] : प्रतिलोम परिस्थिति-दोष।

परिस्थिति-दोष का वह रूप जिसमें कोई ऐसी बात, जो विशेष परिस्थिति में सत्य है, सामान्यतः सत्य समझी जाती है।

उदाहरणार्थ, मरीज़ को उसकी बीमारी के विषय में ठीक-ठीक हाल बताना ही उचित है; इसलिए झूठ बोलना कोई बुरी बात नहीं है।

Conversion [कन्वर्ज़न] : परिवर्तन।

अव्यवहित अनुमान का वह रूप जिसमें आधारवाक्य के उद्देश्य और विधेय का स्थानान्तरण करके निष्कर्ष निकाला जाता है। यह स्थानान्तरण कुछ नियमों के अनुसार किया जाता है, जिनमें से मुख्य ये हैं: (१) मूल वाक्य का उद्देश्य परिवर्तित वाक्य का विधेय और मूल वाक्य का विधेय परिवर्तित वाक्य का उद्देश्य बन-जाता है। (२) दोनों वाक्यों का गुण समान रहता है। (३) जो पद मूल वाक्य में व्याप्त न हो वह परिवर्तित वाक्य में भी व्याप्त नहीं होता।

उदाहरणार्थ—(१) तर्कवाक्य "सब भारतीय एशियाई हैं" का परिवर्तित रूप है "कुछ एशियाई भारतीय हैं।" अथवा तर्कवाक्य "सब दार्शनिक मनुष्य हैं" का परिवर्तित रूप होगा "कुछ मनुष्य दार्शनिक हैं।"

(२) तर्कवाक्य "कोई जीवधारी अमर नहीं है" का परिवर्तित रूप होगा "कोई अमर वस्तु जीवधारी नहीं है।"

(३) तर्कवाक्य "कुछ भारतीय कलाप्रेमी हैं" का परिवर्तित रूप होगा "कुछ कलाप्रेमी लोग भारतीय हैं।"

Convertend [कन्वर्टे'न्ड] : परिवर्त्य।

अव्यवहित अनुमान में वह तर्कवाक्य, जिसका परिवर्तन करके निष्कर्ष निकाला जाता है, जैसे : "कुछ कुर्सियाँ लकड़ी की हैं" का परिवर्तन करके "कुछ लकड़ी की चीज़ें कुर्सियाँ हैं"—यह निष्कर्ष निकाला जाय, तो इनमें से पहला तर्कवाक्य कन्वर्टे'न्ड है।

देखिये—Converse, Conversion.

Coordinates[कोऑर्डिनेट्ज़] : समपद।
ऐसे पद जिनका सम्बन्ध किसी वर्गीकरण की योजना में एक ही क्रम से और एक ही स्तर पर हो। इनसे उन गुणों या विशेषताओं का भी पता चलता है जो एक समूह या संग्रह के विभिन्न सदस्यों के क्रम या भेद की ओर संकेत करते हैं।

Copula [कॉपुला] : संयोजक।
तर्कवाक्य का वह भाग जो उद्देश्य और विधेय के सम्बन्ध को व्यक्त करता है। संयोजक स्वीकृत या निषेध का चिह्न होता है। "मनुष्य अमर नहीं है"—इस वाक्य में 'नहीं है' संयोजक है, क्योंकि वह उद्देश्य ('मनुष्य') और विधेय (अमरत्व) में निषेधात्मक सम्बन्ध प्रदर्शित करता है।

Corollary [कॉरोलरी] : उपसिद्धान्त, उपपरिणाम, उपप्रमेय, उपसाध्य।
गणित में, किसी प्रमेय (Theorm) के प्राथमिक परिणामस्वरूप उपलब्ध किया गया वक्तव्य।
दर्शन में, किसी सिद्धान्त में निहित ऐसा आंशिक सत्य जो स्वयं एक सिद्धान्त के रूप में व्यक्त किया जा सके।

Correlational Method [कोरिलेशनल मे'थड] : अन्योन्यान्वय पद्धति।
वह पद्धति जिसमें गुणात्मक रूप से भिन्न तथ्यों के पारस्परिक सम्बन्धों की समीक्षा द्वारा ज्ञान का क्षेत्र बढ़ाया जाता है।

Correspondence [कॉरेस्पॉन्डे'न्स] : आनुरूप्य।
दो विभिन्न वर्गों की वस्तुओं में ऐसे समान गुणों का सह-अस्तित्व कि उनमें से एक वस्तु के जानने पर दूसरे वर्ग की वस्तु का भी किसी सीमा तक ज्ञान हो।

Correspondence Theory of Truth [कॉरेस्पॉन्डेन्स थियॅरी ऑफ़ ट्रुथ] : सत्य का आनुरूप्य सिद्धान्त।
ज्ञान-मीमांसा और तर्कशास्त्र में वह सिद्धान्त जिसके अनुसार 'सत्य' का अर्थ केवल वक्तव्यों की आत्मसंगति (Self-Consistency) नहीं, बल्कि धारणाओं का वस्तुस्थिति के साथ आनुरूप्य है। सभी यथार्थवादी दार्शनिक व्यापक रूप से सत्य के इस सिद्धान्त को स्वीकार करते हैं।
देखिये—Correspondence, Coherence Theory of Truth.

Cosmogony [कॉस्मॉगोनी] : विश्व-वृत्तान्त, सृष्टि-विद्या।
विश्व की, और विश्व के अन्तर्गत सभी सत्ताओं की, उत्पत्ति का वर्णन। प्राचीन काल के पुराणों, लोक-गाथाओं और काव्यों में विश्व के विकास के सम्बन्ध में तरह-तरह की धारणाएँ और विश्वास व्यक्त किये गए हैं जिन्हें सामूहिक रूप से 'कॉस्मॉगोनी' कहा जाता है। इनमें विश्वोत्पत्ति की दार्शनिक समीक्षा के बीज कहीं-कहीं दिखाई पड़ते हैं। विश्वोत्पत्ति के व्यवस्थित और तर्काधारित रूप को 'कॉस्मॉलोजी' (Cosmology) कहते हैं। कल्पना-पक्ष इसमें भी है, लेकिन कॉस्मॉगोनी के विपरीत कॉस्मॉलोजी में कल्पना को संयमित करके विवेक के अधीन लाने का प्रयास है।
देखिये—Cosmology.

Cosmological Argument[कॉस्मॉलोजिकल आर्ग्युमे'ण्ट] : विश्वमूलक तर्क, विश्वविषयक तर्क, आदिकारण-तर्क।
इस तर्क के अनुसार विश्व के अस्तित्व से ईश्वर के अस्तित्व का प्रमाण मिलता है। प्रत्येक वस्तु का कोई कारण होता है, जो स्वयं किसी अन्य कारण का परिणाम होता है। बुद्धि इस कार्य-कारण-श्रृंखला के अन्त तक पहुँचना चाहती है। समस्त विश्व का एक आदिकारण होना ही चाहिए जो स्वयं किसी कारण पर निर्भर नहीं है। ऐसा आदिकारण, जिससे सारे विश्व की उत्पत्ति सम्भव है, ईश्वर ही है।
अरस्तू ने इस 'आदिकारण' को आदि-

चालक' (Prime Mover) कहा । देकार्त तथा लॉक ने भी इस प्रमाण को स्वीकार किया, लेकिन काण्ट ने इसकी आलोचना की । काण्ट ने कहा : "सृष्टि का कोई आदिकारण है" और "सृष्टि का कोई आदिकारण नहीं हो सकता", ये दोनों ही वक्तव्य तर्क से सिद्ध किए जा सकते हैं । जब हम आदिकारण के प्रश्न को उठाते हैं तब अनुभवातीत वस्तु की स्वतः सत्ता को अनुभव के आधार पर सिद्ध करना चाहते हैं । ऐसी परिस्थिति में ईश्वर के अस्तित्व को तार्किक उपायों से सिद्ध नहीं किया जा सकता ।

Cosmology [कॉस्मॉलोजी] : विश्वोत्पत्तिशास्त्र, संसृतिशास्त्र, सृष्टिमीमांसा ।

दर्शन का वह भाग जिसमें विश्व की उत्पत्ति और रचना से सम्बन्धित समस्याओं की विशेष रूप से विवेचना की जाती है । सुकरात के पहले यूनानी दर्शन में संसृतिशास्त्र को ही प्रमुख स्थान प्राप्त था । अधिकतर यूनानी दार्शनिकों का विश्वास था कि विश्व स्थान में सीमित है, अनादि और अनन्त है, और कुछ अपरिवर्तनीय नियमों से शासित है । प्लेटो ने विश्व की उत्पत्ति और रचना की व्याख्या करने के लिए कल्पित कथाओं (Myths) का सहारा लिया । मध्ययुग में सृजन, प्रलय और 'विधाता' की कल्पनाओं ने प्राचीन संसृतिशास्त्र को धार्मिक रूप दिया । काण्ट ने सबसे पहले स्पष्ट रूप से घोषित किया कि विश्वोत्पत्ति की समस्या बुद्धि द्वारा सुलझाई नहीं जा सकती । काण्ट के बाद संसृतिशास्त्र धीरे-धीरे तत्त्वमीमांसा में विलीन हो गया ।

Cosmopolitanism [कॉस्मोपॉलिटनिज़्म] : विश्वबन्धुत्व ।

प्राचीन दर्शन में सबसे पहले 'सिनिक' सम्प्रदाय के अनुयायियों ने इस बात पर ज़ोर दिया कि 'परिवार' और 'नगर' कृत्रिम संस्थाएँ हैं और ज्ञानी मनुष्य वह है जो सारे विश्व को अपना 'घर' समझता है । यह विचारधारा समय-समय पर चिन्तकों को प्रभावित करती रही है और दर्शन को विश्व-संस्कृति का अंग बनाने में सहायता प्रदान करती रही है । आधुनिक युग में विश्वबन्धुत्व की धारणा 'अन्तर्राष्ट्रीयता' के सभी क्षेत्रों में प्रतिबिम्बित है ।

Cosmos [कॉस्मॉज़] : विश्व-व्यवस्था ।

'कॉस्मॉज़' और 'यूनिवर्स' (विश्व) शब्दों का प्रयोग बहुत से दार्शनिकों ने एक ही अर्थ में किया है । लेकिन यूनानी परम्परा में 'कॉस्मॉज़' शब्द इस विश्वास का द्योतक था कि विश्व के समस्त परिवर्तनों के पीछे कोई व्यवस्था है, और समस्त घटनाओं का कोई पूर्व-निर्धारित क्रम है । इस तरह 'कॉस्मॉज़' विश्व का वह रूप है जिसका 'निर्देशन' होता आया है और सदा होता रहेगा । यूनानी व्युत्पत्ति के अनुसार भी 'Kosmos' का अर्थ है : 'वह जो सुविरचित तथा विधिवत् है' ।

Cosmothetic Idealism [कॉस्मोथे'टिक आइडियलिज़्म] : द्वैतवादी प्रत्ययवाद ।

यह पद हैमिल्टन ने उन सभी सिद्धान्तों के लिए सुझाया जिनमें मन और वस्तुओं की अलग-अलग सत्ता स्वीकार की जाती है, और यह कहा जाता है कि मन बाह्य वस्तु का केवल परोक्ष ज्ञान प्राप्त कर सकता है, न कि अपरोक्ष । हैमिल्टन के अनुसार देकार्त और लॉक दोनों की ज्ञानमीमांसा को 'द्वैतवादी प्रत्ययवाद' कहा जाना चाहिए, यद्यपि साधारणतः देकार्त को बुद्धिवादी और लॉक को अनुभववादी समझा जाता है ।

Courage [कॅरेज] : साहस ।

प्लेटो द्वारा स्वीकृत तीन प्राथमिक सद्‌गुणों में से एक, जो विशेष रूप से मानव-प्रकृति के जैव-पक्ष को व्यक्त करता है, और समाज में योद्धा-वर्ग के नैतिक कर्तव्य का आधार है ।

देखिये—Cardinal Virtues.

Creation [क्रिएशन] : सृष्टि, सर्जन ।

वह क्रिया जिसके द्वारा ईश्वर विश्व को अस्तित्व में लाता है और उसके विविध खण्डों की रचना करता है। यदि विश्व-सृष्टि का यह सिद्धान्त न माना गया तो तीन विकल्पों में से एक को चुनना पड़ता है: (१) विश्व अनादि-अनन्त है, और एकमात्र सत्ता है; ईश्वर नहीं है। (२) ईश्वर और विश्व एक ही हैं, उनमें कोई अन्तर नहीं है। (३) ईश्वर और जड़तत्त्व दोनों स्वतन्त्र और अनादि सत्ताएँ हैं। जड़तत्त्व से ही ईश्वर ने विश्व को बनाया है।

इन तीनों व्याख्याओं में कठिनाइयाँ हैं, इसलिए धार्मिक, और विशेषत: प्रत्यय-वादी, परम्पराओं में 'विश्व-सृष्टि' को स्वीकार किया गया है। लेकिन शून्य से विश्व की सृष्टि ('Creation ex nihilo') की कल्पना भी बहुत-सी दार्शनिक समस्याओं को जन्म देती है, जैसे: (१) ईश्वर पूर्ण है, तो फिर उसे विश्व का निर्माण करने की ज़रूरत ही क्या थी? (२) निर्माता किसी हद तक निर्मित वस्तु से स्वयं सीमित हो जाता है क्योंकि जहाँ 'सम्बन्ध' है वहाँ असीमता नहीं रहती—और निर्माण भी एक तरह का सम्बन्ध है। इसलिए विश्व की रचना से ईश्वर सीमित हो जाता है। (३) सर्वज्ञ और सर्वशक्तिमान् ईश्वर ने अपूर्ण और दुःख-मय विश्व का निर्माण क्यों किया? इत्यादि।

इन कठिनाइयों को देखते हुए कुछ दार्शनिक कहते हैं कि विश्व-सृष्टि को एक रहस्य के रूप में स्वीकार कर लेना चाहिए। उनका कहना है कि विश्व के अन्तर्गत प्रत्येक सत्ता और क्रिया के विषय में बुद्धि और विवेक द्वारा, निरीक्षण और प्रयोग द्वारा, छानबीन की जा सकती है। लेकिन स्वयं विश्व की उत्पत्ति के विषय में विश्वास की ही शरण लेनी पड़ती है।

Creative Evolution [क्रिएटिव इवोल्यूशन] : सृजनात्मक विकासवाद, सृजनात्मक विकास।

बर्गसाँ के दर्शन में इस पद का प्रयोग एक विशेष अर्थ में किया गया है। प्राकृतिक विकास या अभिव्यक्ति की जो प्रचलित धारणा थी उसे अस्वीकार करते हुए बर्गसाँ ने कहा कि विकास कई दिशाओं में एक साथ होता है और विकास-क्रिया किसी बाह्य लक्ष्य की पूर्ति के लिए अग्रसर नहीं होती। विकास के पीछे एक आदि प्राणशक्ति है जो उत्तरोत्तर अधिक विकसित अंगियों के व्यवहार में नये स्तरों पर संरक्षित और परिष्कृत होती रहती है। इस तरह के विकास को बर्गसाँ ने Creative Evolution का नाम दिया।

देखिये—Life Force.

Creative Theory of Perception [क्रिएटिव थियॅरी ऑफ़ पर्सॅप्शन] : प्रत्यक्ष निर्माण-सिद्धान्त।

यह सिद्धान्त कि ज्ञान के प्रदत्तों का प्रत्यक्ष क्रिया के साथ-ही-साथ निर्माण होता है। इस सिद्धान्त के अनुसार प्रदत्तों का स्वतन्त्र अस्तित्व नहीं होता। आधुनिक आलोचनात्मक यथार्थवाद (Critical Realism) इस सिद्धान्त का समर्थन करता है।

Creator God [क्रिएटर-गॉड] : स्रष्टा-ईश्वर।

ईश्वर, विश्व-निर्माता के रूप में। ईश्वर को पूर्णतया निर्गुण मानने वाले दार्शनिक 'स्रष्टा-ईश्वर' को स्वीकार नहीं करते क्योंकि 'सर्जन' स्वयं एक गुण है। उनके अनुसार 'स्रष्टा-ईश्वर' परम सत्ता पर मानवीय बुद्धि द्वारा आरोपित किया गया एक रूप है। इसके विपरीत, अधिकतर ईश्वरवादी धर्मतन्त्रों में ऐसे ईश्वर की कल्पना की गई है जिसने विश्व का निर्माण किया है। लेकिन निर्मित विश्व का स्रष्टा-ईश्वर से क्या सम्बन्ध है, इस प्रश्न पर धर्म और दर्शन में बहुत् मतभेद है।

देखिये—God, Creation.

Crisis [क्राइसिस] : व्याधि-स्थिति,

संकट-स्थिति।

अस्तित्ववाद (Existentialism) में 'क्राइसिस' पद का प्रयोग एक विशेष अर्थ में किया गया है। मानवीय जीवन अनिवार्य रूप से व्यक्ति को ऐसी स्थितियों के बीच ले चलता है जो उसके अनुभव की सीमाएँ निर्धारित करती हैं, जहाँ उसे अपनी समस्त शक्ति पर पूरी तरह अवलम्बित होना पड़ता है और एक अनिश्चित दिशा में अपने संकल्पों को बढ़ाना पड़ता है। ऐसी प्रत्येक स्थिति या अवस्था व्यक्ति को अस्तित्व की गहनता का बोध कराती है और वह यह समझ पाता है कि उसका अस्तित्व वास्तव में उसका अपना संकल्प ही है।

देखिये—Existentialism.

Criteriology [क्राइटीरिऑलोजी] : मानक-समीक्षा।

दार्शनिक विवेचन का वह पक्ष जिसमें तत्त्वमीमांसा, ज्ञानमीमांसा, नीतिशास्त्र, रसशास्त्र इत्यादि विशिष्ट क्षेत्रों में स्वीकृत मानकों का अध्ययन किया जाता है।

Criterion [क्राइटीरिअन] : प्रतिमान, मानक, निकष।

वह गुण या क्षमता जिसके आधार पर किसी सत्ता या कर्म के विषय में मूल्यात्मक निर्णय दिया जा सके। अलग-अलग परिस्थितियों में, और विभिन्न दृष्टिकोणों के अनुसार, दर्शन के विशेष क्षेत्रों में विभिन्न मानक स्थिर किये गए हैं। अन्ततोगत्वा दार्शनिक मतवादों के पारस्परिक विरोध मानकों की भिन्नता पर निर्भर होते हैं—जैसे नीतिशास्त्र में सुख, सन्तुलन, कर्तव्य या समंजन; ज्ञानमीमांसा में सुसंगति या अनुरूपता; तत्त्वमीमांसा में 'सार' या अस्तित्व; कलादर्शन में अभिव्यक्ति या रसानुभूति।

Critical Idealism [क्रिटिकल आइडियलिज़्म] : आलोचनात्मक प्रत्ययवाद।

काण्ट ने अपने ज्ञान-सिद्धान्त को आलोचनात्मक प्रत्ययवाद का नाम दिया क्योंकि उसमें बुद्धि की आलोचनात्मक परीक्षा की गई है और मानसिक प्रत्ययों को ज्ञान का मुख्य आधार माना गया है।

देखिये—Critique of Pure Reason.

Critical Method [क्रिटिकल मे'थड] : आलोचनात्मक विधि, विवेचनात्मक विधि।

काण्ट ने अपनी दार्शनिक पद्धति को 'आलोचनात्मक विधि' का नाम दिया है। इसका अर्थ है विवेक की अन्वेषण-शक्ति में निहित तत्त्वों या तथ्यों को व्यक्त रूप में उपस्थित करना। काण्ट की ज्ञानमीमांसा में ये निहित तत्त्व अनुभव को सर्वमान्यता और प्रामाणिकता ही नहीं प्रदान करते बल्कि उसकी सम्भावना के भी आधार हैं।

देखिये—Criticism, Critique of Pure Reason.

Critical Monism [क्रिटिकल मॉनिज़्म] : आलोचनात्मक अद्वैतवाद, आलोचनात्मक एकवाद।

यह सिद्धान्त कि 'सत्' एक है, परन्तु उसमें बहुत्व के लिए स्थान है। इस पद का प्रयोग हॉफडिन्ग ने किया है। हॉफडिन्ग के अनुसार 'सत्' की तुलना 'चेतन अनुभव' से की जा सकती है जो 'एक' होते हुए भी अपने अन्तर्गत वैविध्य को स्थान देता है।

Critical Personalism [क्रिटिकल पर्सनलिज़्म] : आलोचनात्मक व्यक्तिवाद।

विलियम स्टर्न द्वारा प्रतिपादित यह सिद्धान्त कि बाह्य प्रकृति या पर्यावरण से पृथक् व्यक्तित्व का कोई अर्थ नहीं हो सकता। व्यक्ति मनःशारीरिक सत्ता है और प्राकृतिक पर्यावरण से उसका आंगिक (Organic) सम्बन्ध है। देकार्त ने व्यक्ति और जगत् के बीच क्रिया-प्रतिक्रियात्मक सम्बन्ध स्थापित करने के लिए पृष्ठभूमि प्रस्तुत की थी। उसके बाद अनेक दार्शनिकों ने व्यक्तित्व की मनोवैज्ञानिक दृष्टि से व्याख्या करने का

प्रयत्न किया। विलियम स्टर्न के आलोचनात्मक व्यक्तिवाद को ऐसे प्रयासों में प्रमुख स्थान प्राप्त है।

देखिये—Higher Naturalism.

Critical Philosophy [क्रिटिकल फ़िलॉसफ़ी] : आलोचनात्मक दर्शन।

काण्ट के सभी दार्शनिक सिद्धान्तों को सामूहिक रूप से 'आलोचनात्मक दर्शन' कहा जाता है। काण्ट ने अपनी वृहत् दर्शन-प्रणाली को तीन खण्डों में विभाजित किया है : Critique of Pure Reason (विशुद्ध विवेक की आलोचनात्मक समीक्षा), Critique of Practical Reason (व्यावहारिक विवेक की आलोचनात्मक समीक्षा) और Critique of Judgment (निर्णय की आलोचनात्मक समीक्षा)। इसलिए काण्टीय दर्शन को व्यापक रूप से 'आलोचनात्मक दर्शन' कहना उचित ही है।

Critical Realism [क्रिटिकल रीयलिज़्म] : आलोचनात्मक यथार्थवाद।

ज्ञानमीमांसा के क्षेत्र में द्वैतवाद के समर्थकों का एक सम्प्रदाय, जिसके सदस्य, बहुत से प्रश्नों पर आपस में मतभेद रखते हुए भी, इन सिद्धान्तों पर सहमत हैं :

(१) मन का इन्द्रिय-प्रदत्तों से 'सीधा सामना' होता है (directly confronted) और ये इन्द्रिय-प्रदत्त ही ज्ञान के 'वाहक' हैं।

(२) भौतिक वस्तुओं का मन से स्वतन्त्र अस्तित्व है।

(३) भौतिक वस्तुएँ उन प्रदत्तों से भिन्न हैं जिनके द्वारा उनका ज्ञान सम्भव होता है।

इस मतैक्य के आधार पर अमेरिका के छह दार्शनिकों ने एक सामूहिक ग्रन्थ प्रकाशित किया जिसका शीर्षक है : Essays in Critical Realism'। इन छह दार्शनिकों के नाम हैं : सान्तायन, स्ट्रॉन्ग, रॉजर्स, लवजॉय, सेलर्स, प्रैट और ड्रेक।

Criticism [क्रिटिसिज़्म] : आलोचना।

काण्ट के दर्शन में विवेक की आत्मालोचना को पारिभाषिक अर्थ में केवल 'आलोचना' कहा गया है।

इस कल्पना को ही कुछ विचारकों ने अस्वीकार किया है। उनके अनुसार यदि विवेक की समीक्षा या आलोचना का विषय स्वयं विवेक ही है तो ऐसी आलोचना का परिणाम शून्यवाद के अलावा और कुछ नहीं हो सकता। इससे बचने का एकमात्र उपाय यह है कि विशिष्ट प्रत्ययों को ही ज्ञान का विषय माना जाय।

देखिये—Critical Method.

Critique of Judgment [क्रिटीक ऑफ़ जजमेण्ट] : निर्णय की आलोचनात्मक समीक्षा।

काण्ट के तीन मुख्य ग्रन्थों में तृतीय। इसमें यह दिखाने का प्रयत्न है कि प्राकृतिक जगत्, जिसमें नियम का शासन है, और नैतिक मूल्यों का जगत्—जो स्वाधीनता पर आधारित है—एक-दूसरे के विरोधी नहीं हैं। विश्व में जो मूलभूत प्रयोजनशीलता है, उसके द्वारा इनका समन्वय सम्भव है।

'निर्णय की आलोचनात्मक समीक्षा' में यह भी सिद्ध किया गया है कि सौन्दर्यानुभूति विरोधाभासों का अतिक्रमण करके जीवन तथा अस्तित्व में एकता और सुसंगति की ओर संकेत करती है। सौन्दर्यशास्त्र के इतिहास में इस ग्रन्थ का अत्यन्त महत्त्वपूर्ण स्थान है।

देखिये—Critique of Pure Reason, Critique of Practical Reason.

Critique of Practical Reason [क्रिटीक ऑफ़ प्रैक्टिकल रीज़न] : व्यावहारिक विवेक की आलोचनात्मक समीक्षा।

काण्ट के तीन प्रसिद्ध ग्रन्थों में से द्वितीय। इसमें विवेक के तात्त्विक पक्ष की आलोचना करने के बाद लेखक विवेक और बुद्धि के व्यावहारिक पक्ष की ओर मुड़ता है। इस ग्रन्थ में काण्ट ने अपने

नीतिशास्त्र को व्यवस्थित रूप में प्रस्तुत किया है।

काण्ट का कहना है कि मानवीय व्यवहार का नैतिक मूल्यांकन संकल्प-स्वातन्त्र्य के ही आधार पर किया जा सकता है। विवेकशील प्राणी के नाते, मानव का संकल्प स्वयं अपने लिए विधान प्रस्तुत करता है। इस स्वनिर्मित विधान को काण्ट निरपेक्ष आदेश करता है। व्यावहारिक जीवन में निरपेक्ष आदेश को कार्यान्वित करने के लिए काण्ट तीन मान्यताओं को अनिवार्य समझता है—स्वायत्तता, आत्मा का अमरत्व, और परम नीति-तत्त्व ईश्वर का अस्तित्व।

देखिये—Free Will, Categorical Imperative, Immortality, Postulates of Morality.

Critique of Pure Reason [क्रिटीक ऑफ़ प्योर रीज़न] : विशुद्ध विवेक की आलोचनात्मक समीक्षा।

काण्ट के तीन मुख्य ग्रन्थों में से प्रथम। इसमें विवेक के स्वभाव और उसकी सीमाओं का आलोचनात्मक विवेचन है। अनुभववाद और विवेकवाद दोनों ही से काण्ट असन्तुष्ट था। साथ-ही-साथ ह्यूम के सन्देहवाद ने भी उसे इस प्रश्न की समीक्षा करने के लिए मजबूर किया कि विवेक को संवेदन-सामग्री के विषय में 'अनुभवपूर्व समन्वयात्मक निर्णय' (Synthetic apriori judgments) देने का कहाँ तक अधिकार है।

'विशुद्ध विवेक की आलोचनात्मक समीक्षा' इसी प्रश्न का विस्तृत उत्तर है। काण्ट के अनुसार विवेक का मुख्य कार्य इन्द्रिय-दत्त संवेदनों को व्यवस्थित रूप देना है। इसके लिए मन को कुछ ऐसे नियमों का सहारा लेना पड़ता है जो सिद्ध नहीं किए जा सकते, जो 'अनुभव से पूर्व' (a-priori) और एक तरह से अनुभवातीत या 'अतीन्द्रिय' हैं (क्योंकि वे इन्द्रिय-दत्त सामग्री पर निर्भर नहीं हैं)। हमारा प्राकृतिक जगत् का ज्ञान इन्हीं नियमों या रूपों पर आधारित है, और इन्हीं का विवेचन 'क्रिटीक ऑफ़ प्योर रीज़न' में किया गया है।

इस ग्रन्थ के पहले भाग में, जिसे लेखक ने Transcendental Aesthetic (इन्द्रियातीत संवेदनशास्त्र) का नाम दिया है, अनुभव के दो मूल रूपों की समीक्षा है। ये रूप हैं देश और काल। ग्रन्थ का दूसरा भाग है Transcendental Logic (इन्द्रियातीत तर्कशास्त्र), जिसमें बुद्धि के समन्वयात्मक रूपों ((Synthetic Forms) का वर्णन है। इन रूपों को 'कैटेगरीज़' ('सार्विक धारणाएँ' या 'वैचारिक रूप') कहा गया है। काण्ट यह प्रदर्शित करता है कि इन 'कैटेगरीज़' के बिना प्रकृति का ज्ञान या अनुभव असम्भव है। तीसरे भाग का शीर्षक है Transcendental Dialectic (इन्द्रियातीत द्वन्द्ववाद)। इसमें काण्ट ने इस बात पर जोर दिया है कि संवेदन और बुद्धि दोनों की क्षमता सीमित है। अनुभव के दायरे में ही उनकी यथार्थता है। विशुद्ध तात्त्विक सत्ताएँ—ईश्वर, आत्मा, सम्पूर्ण विश्व—अनुभव से परे हैं। उन पर संवेदना या बुद्धि के रूपों को लागू नहीं किया जा सकता। पारमार्थिक सत्ताओं को, अर्थात् सत्ताओं को 'अपने आप में' (Things-in-themselves) जाना नहीं जा सकता।

देखिये—Transcendental Aesthetic, Transcendental Logic, Transcendental Dialectic.

Cross Division [क्रॉस डिवीज़न] : संकर विभाजन।

वह दोषयुक्त तार्किक विभाजन जिसमें इस नियम का उल्लंघन किया गया हो कि प्रत्येक पद का विभाजन एक समय एक ही मूलाधार पर होना चाहिए। उदाहरणार्थ, यदि 'पुस्तकों' का विभाजन 'गणितीय', 'ऐतिहासिक', 'दार्शनिक' और 'फ्रेंच' में किया जाय, तो यह संकर-विभाजन होगा क्योंकि यहाँ दो Fundamentum divisionis (मूलाधार) हैं—

पहला, 'विषय' और दूसरा, 'भाषा'।

देखिये—Fundamentum divisionis.

Cross-Roads Hypothesis [क्रॉस-रोड्ज़ हाइपॉथिसिस] : मार्गच्छेद परिकल्पना।

यह परिकल्पना कि कुछ सत्ताओं को, सन्दर्भ के अनुसार, शारीरिक या मानसिक समझा जा सकता है। रूपकात्मक भाषा में, ये 'तटस्थ' (Neutral) सत्ताएँ ऐसे 'चौराहे' पर स्थित हैं जहाँ शरीर और मन के 'मार्ग' मिलते हैं।

Culture [कल्चर] : संस्कृति।

किसी समाज में निर्मित मूल्यों और परम्पराओं की समष्टि। साधारणत: 'संस्कृति' और 'सभ्यता' शब्दों का प्रयोग सामान्य अर्थ में किया जाता है, लेकिन कुछ लेखकों ने इन दो शब्दों में सूक्ष्म भेद दिखाया है। स्पेन्गलर के अनुसार सभ्यता के रचनाशील, विकासोन्मुख युग को संस्कृति कहते हैं। दार्शनिकों में 'संस्कृति' और 'दर्शन' के सही सम्बन्ध के विषय में मतभेद है। कुछ विचारकों के अनुसार 'संस्कृति' का क्षेत्र व्यापक है, और दर्शन संस्कृति का केवल एक पक्ष या एक अंग है। अन्य लेखकों का कहना है कि दार्शनिक प्रवृत्तियों या मान्यताओं की सामाजिक अभिव्यक्ति को ही 'संस्कृति' कहते हैं—दर्शन प्राथमिक है, संस्कृति परिणामात्मक है।

Cynicism [सिनिसिज़्म] : सिनिक-दर्शन।

पाँचवीं शताब्दी ईसा-पूर्व में यूनानी दार्शनिक एन्टिस्थिनीज़ द्वारा स्थापित विचार-प्रणाली, जिसके अनुसार मानव का उच्चतम ध्येय सदाचार-प्रेरित जीवन है। दुःख भी श्रेय है, यदि वह सदाचार की वृद्धि करता है। सुख, यदि वह स्वयं ध्येय बन जाय, अशुभ है। जिसके पास सद्गुण है उसे और किसी चीज़ की जरूरत नहीं है; वह समाज और राष्ट्र के नियमों से स्वतन्त्र है। उसका कल्याण स्वयं उसी पर निर्भर है, इसलिए प्रत्येक स्थान उसका 'घर' है और वह समूचे विश्व का नागरिक है।

एन्टिस्थिनीज़ ने सुकरात का यह सिद्धान्त स्वीकार किया कि सदाचार के लिए ज्ञान आवश्यक है। लेकिन उसने तर्कशास्त्र, भौतिकशास्त्र इत्यादि को कल्याण के लिए विशेष उपयोगी नहीं माना। अधिकतर सिनिक-पंथियों ने उसी ज्ञान को आवश्यक समझा जिसका व्यावहारिक मूल्य हो।

Cyrenaicism [साइरिनाइकिज़्म] : साइरिनाइक दर्शन।

यूनानी दार्शनिक एरिस्टिप्पस द्वारा प्रवर्तित विचार-प्रणाली, जिसके अनुसार तात्कालिक सुख ही जीवन का एकमात्र ध्येय हो सकता है। ज्ञान, सांस्कृतिक विकास इत्यादि को उसी हद तक शुभ माना जा सकता है जहाँ तक कि वे सुख पहुँचाते हैं। सुखों को केवल उनकी तीव्रता के आधार पर ही आँका जा सकता है, उनमें गुणात्मक भेद नहीं होते। तथाकथित 'सद्गुण' साध्य नहीं, सुख-प्राप्ति के साधन मात्र हैं।

Datum [डेटम] : प्रदत्त।

तर्कशास्त्र में, 'प्रदत्त' उन उपस्थित तथ्यों को कहते हैं जिनके आधार पर अनुमान की क्रिया आरम्भ होती है। ज्ञानमीमांसा में, प्रदत्तों से उन वस्तुओं या संघातों का बोध होता है जिनके मन के सम्मुख होने से 'ज्ञान-स्थिति' की सम्भावना होती है। मनोविज्ञान में, 'प्रदत्त' शब्द इन्द्रियजन्य संवेदना के ही अर्थ में प्रयुक्त होता है।

Death [डे'थ] : मृत्यु।

'मृत्यु' उन समस्याओं में से एक है जिन्होंने दार्शनिकों को प्रत्येक युग में जीवन और अस्तित्व के मूलतत्त्व पर विचार करने के लिए बाध्य किया है; केवल बौद्धिक समाधान के लिए ही नहीं, वरन् नैतिक जीवन और धार्मिक अनुभव के सन्दर्भ में भी। मृत्यु का प्रश्न अमरत्व की कल्पना से जुड़ा हुआ है और दर्शन में इस विषय की सभी विचार-प्रवृत्तियों का

विवेचन अमरत्व का विवेचन बन जाता है।

मृत्यु को अपने-आप में दार्शनिक विचार का विषय केवल आधुनिक अस्तित्ववाद में स्वीकार किया गया है। लेकिन मृत्यु के प्रश्न पर अस्तित्ववादियों में आपसी मत-भेद हैं। सार्त्र के लिए मृत्यु केवल एक तथ्य है; जेस्पर्स के लिए मानवीय अस्तित्व की सीमा; और हाइडेगर के लिए अस्तित्व की सर्वोच्च सम्भावना। एक बात पर सभी अस्तित्ववादी ज़ोर देते हैं—वह यह है कि मृत्यु एक ऐसी सम्भावना है जो नितान्त व्यक्तिगत है, और जो प्रत्येक व्यक्ति को प्रत्येक अन्य व्यक्ति से पृथक् करती है। इस दृष्टि से, मृत्यु-विचार व्यक्ति को अपने निजत्व के अत्यन्त निकट पहुँचाता है। इसी अनुभव से मनुष्य अपने को 'भीड़' या 'समूह' से अलग करके संकल्प के उत्तरदायित्व तथा महत्त्व को समझ पाता है। इस तरह मृत्यु-विचार के माध्यम से जीवन की सार्थकता का बोध होता है।

देखिये—Immortality, Existentialism.

Decadence [डिकेडे'न्स] : पतनोन्मुखता, ह्रास, ह्रास-युग।

यह शब्द कलात्मक रुचि और सौन्दर्य-विषयक मूल्यों के अभाव को व्यक्त करता है। बीते हुए युग की कलात्मक-प्रवृत्तियों को परवर्ती युग में अकसर 'डिकेडे'न्ट' कहा गया है। लेकिन चूँकि बहुत से लोगों को गुज़रे हुए युग की अनुभूतियों की कल्पना करने में एक अजीब आनन्द का बोध होता है, इसलिए तथाकथित 'डिकेडे'न्ट' कला भी रसास्वादन का साधन बन सकती है। मार्क्सवादी आलोचक 'डिकेडे'न्ट' कला को पूँजीवादी समाज की सर्वांगीण पतनोन्मुखता का एक लक्षण मानते हैं।

Deduction [डिडक्शन] : निगमन।

(१) अनुमान की वह क्रिया जिसके द्वारा सामान्य ज्ञान की सहायता से विशिष्ट ज्ञान प्राप्त किया जाए और किसी दिये हुए आधारवाक्य—या कुछ दिये हुए आधारवाक्यों—से कोई ऐसा निष्कर्ष निकाला जाए, जो अनिवार्य हो।

(२) तर्कशास्त्र का वह प्रकार जो उपर्युक्त क्रिया पर आधारित है।

Deduction of the Categories [डिडक्शन ऑफ़ द कैटे'गरीज़] : वैचारिक रूपों का निगमन।

काण्ट के प्रसिद्ध ग्रन्थ 'विशुद्ध विवेक की आलोचनात्मक समीक्षा' का वह भाग, जिसमें लेखक ने उन वैचारिक रूपों का विवेचन किया है जिनके द्वारा मन संवेदन-प्रत्यक्षों का समन्वय करता है और उन्हें व्यवस्था प्रदान करता है।

देखिये—Category, Transcendental Logic.

Deductive Fallacies [डिडक्टिव फ़ैलेसीज़] : निगमनात्मक तर्कदोष।

विचार की वे भूलें जो निगमनात्मक तर्क और उससे सम्बन्धित प्रक्रियाओं में होती हैं। इन दोषों को दो वर्गों में विभाजित किया गया है—Inferential (आनुमानिक) और Non-inferential (अनानुमानिक)।

देखिये—Inferential Fallacies, Non-inferential Fallacies.

Deductive Syllogism [डिडक्टिव सिलॉजिज़्म] : निगमनात्मक हेत्वनुमान।

वह तार्किक सान्तरानुमान जिसमें दो आश्रयवाक्यों को एक साथ रखते हुए निष्कर्ष निकाला जाता है। निष्कर्ष आश्रयवाक्यों से अधिक व्यापक नहीं होता बल्कि उनमें निहित होता है। साथ-ही-साथ, निष्कर्ष आश्रयवाक्यों का योग-मात्र भी नहीं होता।

निगमनात्मक हेत्वनुमान में तीन तर्क-वाक्य होते हैं और प्रत्येक तर्कवाक्य में दो पद होते हैं। लेकिन प्रत्येक पद दो बार प्रयुक्त होता है; इसलिए हेत्वनुमान में तीन ही पद होते हैं। परम्परागत उदाहरण यह है :

सभी मनुष्य मर्त्य हैं।

सुकरात मनुष्य है।
इसलिए सुकरात मर्त्य है।

निष्कर्ष का विधेय साध्य-पद है, उद्देश्य लघुपद या पक्षपद। जो पद दोनों आश्रय-वाक्यों में प्रयुक्त होता है लेकिन निष्कर्ष में नहीं होता, उसे मध्यपद या हेतुपद कहते हैं।

अरस्तू के अनुसार हेत्वनुमान तार्किक चिन्तन का एकमात्र व्यवस्थित रूप है और मनुष्य की प्रत्येक विचारधारा, जिसका लक्ष्य किसी विषय में कोई निष्कर्ष निकालना हो, अनिवार्य रूप से हेत्वनुमान का कोई-न-कोई आकार ग्रहण करती है। आधुनिक दार्शनिकों ने इस मत को अस्वीकार किया है।

देखिये—Logic, Deduction, Inference.

Definition [डे'फ़िनिशन] : परिभाषा।

किसी तार्किक पद के सम्पूर्ण गुणार्थ का असंदिग्ध विवरण। परिभाषा और सामान्य वर्णन में मुख्य अन्तर यह है कि वर्णन में गुणार्थ के केवल एक अंश का उल्लेख होता है। यह अंश जितना बड़ा और जितना महत्त्वपूर्ण होता है वर्णन उतना ही परिभाषा के समीप पहुँचता है। परिभाषा वैज्ञानिक होती है और उसका उद्देश्य किसी वस्तु के विषय में विचारों को निश्चित और सुस्पष्ट बनाना होता है। इसके विपरीत वर्णन किसी वस्तु को पहचानने के लिए संकेत प्रदान करता है।

परिभाषा की अपनी सीमाएँ होती हैं। उच्चतम जाति (Summum Genus) की परिभाषा नहीं दी जा सकती क्योंकि किसी वस्तु की परिभाषा में उससे उच्चतर जाति का उल्लेख आवश्यक होता है। व्यक्तिसूचक नामों और विशिष्ट वस्तुओं की परिभाषा करना भी असम्भव है। 'यह मेज़' या 'कलकत्ता' जैसे पदों की परिभाषा देने का प्रयत्न निरर्थक है।

Definitional Fallacies [डे'फ़िनिशनल फ़ैलेसीज़] : परिभाषामूलक तर्कदोष।

वे तार्किक दोष जो पदों की उचित परिभाषाओं के अभाव से उत्पन्न होते हैं। परिभाषाओं में ये दोष हो सकते हैं : अव्याप्तता, अतिव्याप्तता, आकस्मिकता, अप्रासंगिकता, पर्यायोक्ति, आलंकारिकता, निषेधकता, चक्रकता।

Deism [डीइज़्म] : तटस्थ-ईश्वरवाद।

वह धार्मिक सिद्धान्त या दृष्टिकोण जो ईश्वर को विश्व का निर्माता मानते हुए भी यह नहीं स्वीकार करता कि ईश्वर विश्व की घटनाओं का निर्देशन करता है। इस सिद्धान्त के समर्थकों का कहना है कि मानवीय जीवन के क्षेत्र में ईश्वर हस्तक्षेप नहीं करता, मानव का व्यवहार उसका अपना घरेलू मामला है जिसके प्रति ईश्वर तटस्थ है।

इंग्लैंड में मॉर्गन और फ्रांस में वॉल्तेयर इस विचारधारा के प्रमुख प्रतिनिधि हुए। 'तटस्थ-ईश्वरवाद' परम्परागत धर्मशास्त्र के विरुद्ध जाता है क्योंकि उसके अनुसार ईश्वर को 'प्रसन्न' करके सुख प्राप्त करने की आशा निराधार है। ईश्वर न तो मानव के दुःख से विचलित होता है, न मानव की प्रार्थना से क्रियाशील बनता है। लेकिन इस प्रवृत्ति का एक आशावादी पक्ष भी है। जब ईश्वर हस्तक्षेप करता ही नहीं, तब मानव को स्वयं अपने जीवन को बेहतर बनाना है। उसकी उन्नति-अवनति उसके अपने ही हाथ में है। इस तरह 'डीइज़्म' में आधुनिक मानववाद के संकेत मिलते हैं।

Demiurge [डे'मीअर्ज] : विश्व-शिल्पी।

प्लेटो के दर्शन में कहीं-कहीं—विशेषतः 'टाइमीअस' शीर्षक संवाद में—विश्व के निर्माण की व्याख्या इस कल्पना के आधार पर की गई है कि निर्माता एक कुशल शिल्पी है जो अचल 'प्रत्ययों' को अपने सामने रखकर उन्हीं के अनुसार प्रत्येक वस्तु की रचना करता है। इस तरह 'डे'मीअर्ज' 'ईश्वर' का ही दूसरा नाम है। प्लेटो स्वयं इस सिद्धान्त से सन्तुष्ट

नहीं था क्योंकि इसमें ईश्वर सार्वभौम नहीं रह जाता। कुछ आदि-सत्ताओं—अर्थात् प्रत्ययों—के आधार पर ही उसे अपना कार्य करना पड़ता है।

Demonstration [डे'मोन्स्ट्रेशन] : सिद्धि, उपपत्ति।

किसी वक्तव्य के सत्य को प्रकाश में लाना, यह दिखाते हुए कि कौन-सी निगमनात्मक प्रक्रियायों द्वारा उस वक्तव्य को एक उचित अनुमान के रूप में रखा जा सकता है।

Denotation [डिनोटेशन] : निर्देश, वस्तुनिर्देश, वस्त्वर्थ।

किसी तार्किक पद का वह पक्ष जिससे उन वस्तुओं या व्यक्तियों की ओर संकेत किया जाता है जिनके लिए उस पद का प्रयोग किया गया हो। उदाहरणार्थ, 'मनुष्य' पद का निर्देश है 'मानव-जाति के सभी सदस्य'। लेकिन इस पद का एक दूसरा अर्थ है जो आवश्यक गुण की ओर संकेत करता है, न कि व्यक्तियों की ओर। इस पक्ष से 'मनुष्य' पद विवेकशीलता, प्राणधारण इत्यादि गुणों के लिए प्रयुक्त होता है।

निर्देश और गुणार्थ में प्रतिलोम-अनुपात (Inverse Ratio) का सम्बन्ध होता है। यदि निर्देश बढ़ता या घटता है तो गुणार्थ घटता या बढ़ता है। और यदि गुणार्थ बढ़ता या घटता है तो निर्देश घटता या बढ़ता है। यदि 'मनुष्य' पद के पहले 'बुद्धिमान' विशेषण जोड़ दिया जाय तो गुणार्थ बढ़ेगा, लेकिन निर्देश घटेगा, क्योंकि अब यह पद—'बुद्धिमान मनुष्य' —मानव-जाति के सभी सदस्यों के लिए नहीं बल्कि कुछ सदस्यों के लिए ही प्रयुक्त हो सकेगा।

Deontological Ethics [डिऑन्टोलोजिकल ए'थिक्स] : मूल्य-निरपेक्ष नीतिशास्त्र, फलनिरपेक्ष-नीतिशास्त्र।

वह नैतिक प्रणाली जिसमें कर्म के औचित्य या शुभत्व को मूल्य या फल के प्रश्न से स्वतन्त्र रखा जाता है। इस दृष्टिकोण के अनुसार किसी कर्म को उस हालत में भी 'शुभ' कहना चाहिए जब उसके फलस्वरूप नैतिक मूल्य में कोई वृद्धि न हो।

Depersonalization [डीपर्सनलाइज़ेशन] : व्यक्तित्वलोप, व्यक्तित्व-प्रमोष।

व्यक्तित्व की ऐसी विकृतावस्था जिसमें व्यक्ति जो कुछ कहता है वह उसे स्वयं किसी अन्य व्यक्ति द्वारा कहा या किया जान पड़ता है। आगे चलकर इस अवस्था की परिणति व्यक्तित्व के सम्पूर्ण विघटन में होती है।

Description [डिस्क्रिप्शन] : वर्णन।

किसी वस्तु या पद का ऐसा विवरण जिसमें सम्पूर्ण गुणार्थ का उल्लेख नहीं होता बल्कि सहज-गुण (Proprium) और कुछ आकस्मिक गुणों (Accidens) का ही उल्लेख होता है।

Descriptive Knowledge [डिस्क्रिप्टिव नॉलेज] : वर्णनात्मक ज्ञान।

'वर्णनात्मक ज्ञान' वैज्ञानिक या तार्किक ज्ञान से निचले स्तर का माना जाता है; क्योंकि उसमें ज्ञेय वस्तु के प्रधान और गौण गुणों में यथेष्ट गहराई के साथ अन्तर नहीं किया जाता।

सुकरात ने इस बात पर ज़ोर दिया कि दार्शनिक स्तर पर ज्ञान की उपलब्धि तभी सम्भव है जब हम वर्णन से सन्तुष्ट न रहकर परिभाषा की ओर अग्रसर हों।

Design [डिज़ाइन]: व्यवस्था, आयोजन।

देखिये—Argument from Design.

Destiny [डे'स्टिनी] : नियति, प्रारब्ध, भवितव्यता।

सामान्य अर्थ में 'नियति' से भविष्य में होनेवाली घटनाओं की अनिवार्यता का, और उनके पूर्व-निर्धारित होने का, बोध होता है।

दर्शन में 'नियति' पद का प्रयोग उस विश्वास के सम्बन्ध में किया जाता है जिसके अनुसार व्यक्ति ही नहीं वरन् समस्त जगत् ऐसे नियमों से चालित है जिन पर किसी का वश नहीं और जिन्होंने

वर्तमान के साथ-साथ भविष्य को भी पूर्णतया निर्धारित कर रखा है।

प्राचीन काल में, जब मानव अपने-आपको प्रकृति की तुलना में अत्यन्त कमज़ोर पाता था, नियति की कल्पना का उसके विचारों पर गहरा प्रभाव था। लेकिन इसका अर्थ यह नहीं कि आधुनिक युग में यह कल्पना बिलकुल ही परित्यक्त हो गई हो। स्पिनोज़ा के अनुसार समस्त अस्तित्व एक परम द्रव्य के स्वगत नियमों पर अवलम्बित है जिनके कारण घटनाओं में पूरी अनिवार्यता है। इस अनिवार्यता को स्वीकार करने की ही स्वाधीनता मानव-मन को प्राप्त है, इससे अधिक नहीं।

लाइबनित्स के अनुसार सृष्टि, जो असंख्य चिदणुओं से मिलकर बनी है, एक पूर्वनिर्धारित सामंजस्य से चिरकाल में निर्देशित होती आयी है और सर्वदा होती रहेगी।

आज के अस्तित्ववादी दर्शन में 'नियति' का उल्लेख अकसर किया जाता है। व्यक्ति अपने अस्तित्व के लिए स्वयं उत्तरदायी नहीं होता, यही उसकी नियति है। व्यक्ति की सत्ता अपने स्वतन्त्र संकल्प से नियति का सामना करने में व्यक्त होती है।

देखिये—Fate, Providence, Fatalism.

Determination [डिटर्मिनेशन] : निर्धारण, अवधारण, परिच्छेद।

किसी वस्तु या विचार की सीमा निर्धारित करना या उसके अनिवार्य गुणों के विषय में कोई सकारात्मक वक्तव्य।

स्पिनोज़ा के अनुसार प्रत्येक 'परिच्छेद'-क्रिया का संकेत अभाव या निषेध की ओर होता है, जैसे—यदि हम कहें कि 'ईश्वर निर्गुण है' तो एक ओर हम ईश्वर की एक विशेषता निर्धारित करते हैं, लेकिन दूसरी ओर हमारे वक्तव्य से यह बात भी निकलती है कि 'ईश्वर सगुण नहीं है।' इसलिए निर्धारण द्वारा सत्ता का ज्ञान सम्भव नहीं है।

हेगेल ने स्पिनोज़ा के मत को एकांगी ठहराया। उसने कहा कि जिस तरह सीमा निर्धारण में निषेध की ओर संकेत छिपा है उसी तरह अभावात्मक वक्तव्य भी हमें भावात्मक पक्ष की ओर, अर्थात् निर्धारण की ओर ले जाता है। जब हम किसी वस्तु के सम्बन्ध में कोई नकारात्मक निर्णय देते हैं तो उसके आत्मविकास की एक विशेष अवस्था की ओर ध्यान दिलाते हैं। लेकिन यही क्रिया हमें बाध्य करती है कि हम उस वस्तु की दूसरी अवस्था पर भी दृष्टिपात करें जिससे उसका निर्धारण होता है! यदि हम यह कहें कि कोई वस्तु 'है' लेकिन उसके किसी भी गुण या अवस्था की ओर निर्देश न करें, तो उसका 'होना' केवल औपचारिक ही रहेगा। इसलिए यह कथन कि 'प्रत्येक निर्धारण-क्रिया में निषेध निहित है' सत्य का एक पक्ष स्पष्ट करता है। सत्य का दूसरा पक्ष यह भी है कि 'जिसका निर्धारण बिलकुल ही न किया जाए वह 'नहीं' के बराबर है।'

Determinism [डिटर्मिनिज़्म] : निर्धारणवाद, नियतत्त्ववाद।

तत्त्वमीमांसा में, यह सिद्धान्त कि विश्व का प्रत्येक तथ्य अपरिवर्तनीय नियमों से निर्धारित है। निर्धारणवाद भौतिकवादी भी हो सकता है और प्रत्ययवादी भी। डिमॉक्रिटस के अणुवाद से भौतिक निर्धारणवाद का आरम्भ हुआ। आगे चलकर हॉब्ज़ ने उसे व्यवस्थित रूप दिया। प्रत्ययवादी निर्धारणवाद के अनुसार जिन नियमों से विश्व के सभी तथ्य और सभी घटनाएँ आबद्ध हैं उनका स्रोत 'परम प्रत्यय' ही है।

नीतिशास्त्र में, यह सिद्धान्त कि मानवीय संकल्प-शक्ति स्वतन्त्र नहीं है। वह जैव नियमों, सामाजिक पर्यावरण या ऐतिहासिक-राजनैतिक-आर्थिक शक्तियों पर निर्भर है।

देखिये—Necessitarianism.

Deus ex Machina [डीअस एक्स

मशीना] : कृत्रिम समाधन, दैवी समाधान।

शाब्दिक अर्थ : 'यन्त्र से निकला हुआ देवता।' प्राचीन काल में रंगमंच पर किसी उलझी हुई नाटकीय परिस्थिति को सुलझाने के लिए किसी 'देवता' को लाया जाता था। आगे चलकर किसी भी वस्तु, व्यक्ति या धारणा को, जिसके द्वारा किसी वैचारिक उलझन का बाह्य रूप से समाधान करने का प्रयत्न किया जाए, 'डीअस एक्स मशीना' कहा जाने लगा।

Dialectic [डाइलेक्टिक] : द्वन्द्वन्याय।

द्वन्द्वन्याय वह वैचारिक प्रणाली है जिसमें दो विरोधी स्थितियों की समीक्षा करते हुए, दोनों के महत्त्व को ग्रहण करते हुए, सत्य की ओर अग्रसर होने का प्रयास किया जाता है।

इस प्रणाली का प्रयोग सबसे पहले सुकरात ने नैतिक तथा सामाजिक समस्याओं से सम्बन्धित वाद-विवाद में किया। सुकरात तथा प्लेटो का यह विश्वास था कि 'शुभ' वस्तुनिष्ठ और शाश्वत है, और द्वन्द्वन्याय प्रणाली के प्रयोग से उसका ज्ञान सम्भव है। इसके विपरीत 'सॉफिस्ट' सम्प्रदाय के विचारकों ने द्वन्द्वन्याय का प्रयोग केवल निषेधात्मक रूप में किया।

आधुनिक दर्शन में द्वन्द्वन्याय की परम्परा काण्ट से शुरू होती है। Critique of Pure Reason के तीसरे खण्ड को कांण्ट ने Dialectic की संज्ञा दी है। अनुभवातीत वैचारिक रूपों के प्रयोग में जो दोष और कठिनाइयाँ अनिवार्य हैं उनकी ओर इस खण्ड में ध्यान आकर्षित किया गया है।

हेगेल ने द्वन्द्वन्याय को चिन्तन की एक प्रणाली ही नहीं वरन् यथार्थ तत्त्व के रूप में स्वीकार किया है। हेगेल के अनुसार जहाँ गति है, 'जीवन' है, यथार्थ है, विचार या अनुभव है वहाँ द्वन्द्वन्याय भी है।

द्वन्द्वन्याय वैचारिक सहिष्णुता को प्रोत्साहित करता है और सत्य की पूर्णता और वैविध्य का परिचय देता है। कार्ल मार्क्स के दर्शन में द्वन्द्वन्याय की सहायता से अस्तित्व और समाज की भौतिकवादी व्याख्या की गई है।

देखिये—Dialectical Materialism.

Dialectical Materialism [डाइलेक्टिकल मैटीरिअलिज़्म] : द्वन्द्वात्मक भौतिकवाद।

कार्ल मार्क्स और फ्रेड्रिक एन्गेल्स द्वारा प्रतिपादित दार्शनिक सिद्धान्त, जो साम्यवादी जीवन-दृष्टि और समाजशास्त्र का आधार है। द्वन्द्वात्मक भौतिकवाद की प्रमुख मान्यताएँ ये हैं: भूतपदार्थ का अस्तित्व प्राथमिक है और प्रत्ययों या धारणाओं का अस्तित्व उस पर निर्भर है; चैतन्य और भूतपदार्थ में गुणात्मक भेद अवश्य है लेकिन चैतन्य भौतिक वस्तु की विकासक्रिया में ही एक विशिष्ट स्तर पर निर्मित होता है; अस्तित्व स्थिर नहीं वरन् परिवर्तनशील है; यह परिवर्तन आकस्मिक नहीं बल्कि नियमानुरूप होता है और उसका रूप द्वन्द्वात्मक है।

मार्क्स ने इस बात पर ज़ोर दिया कि द्वन्द्वात्मक भौतिकवाद यांत्रिक भौतिकवाद तथा द्वन्द्वात्मक प्रत्ययवाद दोनों से बिलकुल अलग है। यांत्रिक भौतिकवाद (Mechanicaee Materialism) भूततत्त्व को प्राथमिक मानता है लेकिन अस्तित्व की परिवर्तनशीलता को स्वीकार नहीं करता, या करता भी है तो उस परिवर्तन में कोई व्यवस्था नहीं देखता। इसके विपरीत हेगेल के प्रत्ययवाद में परिवर्तन की द्वन्द्वात्मकता तो स्वीकृत है लेकिन मानसिक सत्ताओं को प्राधान्य दिया गया है और यथार्थ जगत् को ठुकरा दिया गया है। मार्क्स का दावा है कि केवल द्वन्द्वात्मक भौतिकवाद ही 'वैज्ञानिक' है।

द्वन्द्वात्मक भौतिकवाद के नियमों को मानवीय समाज पर लागू करते हुए मार्क्स ने ऐतिहासिक भौतिकवाद की स्थापना की।

देखिये—Dialectics, Materialism,

Historical Materialism.

Dichotomy [डाइकोटोमी] : द्विभागीकरण।

किसी वस्तु का दो भागों में विभाजन। तर्कशास्त्र में सामान्य पद के विभाजन की ऐसी क्रिया जिससे दो उपवर्ग उपलब्ध हों जिनमें से यदि एक भावात्मक हो तो दूसरे का अभावात्मक होना अनिवार्य हो। इस प्रकार का विभाजन उपसामान्यों के पारस्परिक अतिविरोधी गुणों के आधार पर किया जाता है।

दर्शन में यह शब्द उस वैचारिक प्रवृत्ति की ओर संकेत करता है जिससे सत्ता को दो विपरीत पक्षों में अलग-अलग करके उसका अध्ययन किया जाता है, जैसे देह और मन, जड़ और चेतना, गोचर और अगोचर, इत्यादि। इस प्रवृत्ति की आलोचना की गई है और यह आपत्ति उठाई गई कि 'द्विभागीकरण' में अतिसामान्यीकरण का दोष उत्पन्न होना अनिवार्य है।

मनोविज्ञान में व्यक्तित्व को 'अन्तर्मुखी' और 'बहिर्मुखी' में वर्गीकृत करना भी द्विभागीकरण है। ऐसे वर्गीकरण की भी आलोचना की गई है, क्योंकि व्यक्तित्व की सजीवता और परिवर्तनशीलता को ध्यान में रखते हुए यह विभाजन अवास्तविक प्रतीत होता है।

Dictum de Diverso [डिक्टम डि डाइवर्सो] : व्यावर्तक-अभ्युक्ति।

हेत्वनुमान के द्वितीय आकार के सम्बन्ध में लैम्बर्ट द्वारा प्रतिपादित नियम। इस नियम के अनुसार, यदि कोई पद किसी दूसरे पद के अन्तर्गत है, और कोई तीसरा पद उस दूसरे पद के बाहर है, तो पहला और तीसरा पद एक-दूसरे के बाहर होंगे।

देखिये—Lambert's Canons.

Dictum de Exemplo [डिक्टम डि एक्ज़ेम्प्लो] : निदर्शन-अभ्युक्ति।

हेत्वनुमान की तृतीय आकृति के सम्बन्ध में लैम्बर्ट द्वारा प्रतिपादित नियम। इस नियम के अनुसार, यदि दो पदों में कोई अंश उभयनिष्ठ हो तो वे अंशतः एक-दूसरे के अनुकूल होते हैं, और यदि उनमें से एक में कोई ऐसा अंश हो जो दूसरे में न हो तो वे अंशतः प्रतिकूल होते हैं।

देखिये—Lambert's Canons.

Dictum de Omni et Nullo [डिक्टम डि ऑम्नी ए'ट नलो] : सर्वनैक-अभ्युक्ति।

अरस्तू द्वारा प्रतिपादित यह नियम कि किसी हेत्वनुमान में निर्देशार्थ में ग्रहण किये गए पद के सम्बन्ध में जो बात सत्य है वह उस वर्ग के प्रत्येक सदस्य के सम्बन्ध में भी सत्य होगी। जो बात 'सब मनुष्यों' के लिए सत्य है वह विशेष व्यक्ति के लिए भी सत्य होगी, और जो 'सब मनुष्यों' के लिए असत्य है, वह प्रत्येक विशेष व्यक्ति के लिए भी असत्य होगी।

यह नियम हेत्वनुमान के प्रथम आकार (First Figure) पर ही लागू होता है, इसलिए इसी आकार को अरस्तू ने पूर्ण आकार (Perfect Figure) कहा है।

देखिये—Perfect Figure, Imperfect Figure.

Didactics [डाइडेक्टिक्स] : शिक्षाविधि।

शिक्षादर्शन में, अध्यापन का पद्धति-पक्ष।

धर्मशास्त्र और धर्मदर्शन में, धर्म के मूल तत्त्वों को समझाने की विधियों का अध्ययन।

Differentia [डिफरे'न्शिआ] : अवच्छेदक, व्यावर्तक गुण।

वह गुण जो किसी विशेष जाति के अन्तर्गत एक उपजाति का दूसरी उपजाति से भेद दिखाता है। 'विवेकशीलता' 'मनुष्य' पद का अवच्छेदक है, क्योंकि वह 'प्राणी' जाति के अन्तर्गत दूसरी उपजातियों से 'मनुष्य' को पृथक् करता है।

Dilemma [डाइले'मा] : द्विपाशक, उभयतःपाश।

मिश्र-अनुमान का वह रूप जिसमें साध्य-वाक्य सोपाधिक, पक्षवाक्य वियोजक और निष्कर्ष निरपेक्ष या वियोजक होता है। द्विपाशक उस तार्किक परिस्थिति में

अनिवार्य हो जाता है जब दो विकल्पों में से एक को ग्रहण करना पड़ता है और दोनों अवस्थाओं में कठिनाई का सामना करना पड़ता है। उदाहरणार्थ :

यदि मैं न्याय-मार्ग पर चलता हूँ, तो मनुष्य मुझसे क्रुद्ध होते हैं, और यदि मैं अन्याय-मार्ग पर चलता हूँ तो देवता मुझसे क्रुद्ध होते हैं।

मैं या तो न्याय-मार्ग पर चल सकता हूँ, या अन्याय-मार्ग पर।

इसलिए, या तो मुझे मनुष्यों का क्रोध सहना होगा या देवताओं का।

देखिये—Rebutting a Dilemma

Dilettantism [डिलिटैन्टिज़्म] : कलात्मक अराजकता।

कला-विवेचन में, नियमों को शिथिल बनाने और परम्परागत अभिरुचियों के दायरे से रसानुभूति को मुक्त कराने की प्रवृत्ति। 'डिलिटैन्टिज़्म' शब्द का संकेत कला-स्वातन्त्र्य की ओर नहीं है, बल्कि स्वातन्त्र्य के नाम पर नौसिखियापन और छिछलेपन की ओर है।

Ding-an-Sich [डिन्ग-आन-सिख़] : वस्तु-सत्, परमार्थ, वस्तु-स्वलक्षण।

सत्ता का वह रूप जिसमें वह मानवीय अनुभव या निरीक्षण से परे है। काण्ट ने 'वस्तु-सत्' को 'बुद्धि की पकड़ के बाहर', अर्थात् मानसिक दृष्टि से अज्ञेय बताया है। वस्तु-सत् दृश्य-जगत की सीमाओं से पूर्णतया स्वतन्त्र होने के कारण उसे परम-सत्ता या परमार्थ कहा जा सकता है।

देखिये—An Sich, Thing-in-itself.

Dionysian Art [डायोनिज़िअन आर्ट] : डायोनिज़िअन कला।

नीत्शे ने इस पद का प्रयोग उस कलात्मक प्रवृत्ति और प्रयास के वर्णन में किया है जिसमें मानवीय जीवन के सुख-दुःखों और कामनाओं-संवेगों को बिना किसी रोक-टोक के व्यक्त किया जाता है। अपोलोनिअन कला के विपरीत डायोनिज़िअन कला की प्रेरणा जीवन की गत्यात्मकता, परिवर्तनशीलता और विविधता में होती हैं, न कि उदात्त आदर्शों या चिन्तन सत्यों में।

देखिये—Apollonian art.

Direct Fallacy of Accident [डाइरे'क्ट फ़ैलेसी ऑफ़ ऐक्सिडे'न्ट] परिस्थिति-दोष।

उपाधिमूलक-दोष का वह रूप जिसमें किसी ऐसी बात को, जो सामान्यतः सत्य है, विशेष परिस्थितियों में भी सत्य समझ लिया जाता है। उदाहरणार्थ : किसी की जान लेना ऐसा अपराध है जिसके लिए मृत्युदण्ड मिलना चाहिए; इसलिए सैनिकों को मृत्युदण्ड के पात्र समझना चाहिए क्योंकि वे रणभूमि में दूसरों की हत्या करते हैं।

Direct Knowledge [डाइरे'क्ट नॉलेज] : अपरोक्ष ज्ञान।

वह ज्ञान जिसमें ज्ञाता और ज्ञेय के बीच किसी मध्यस्थ सत्ता की आवश्यकता न हो।

उपरोक्त ज्ञान को स्वीकार करने से जहाँ व्यक्ति और यथार्थ में सीधा सम्बन्ध प्रस्थापित होता है वहाँ यह कठिनाई भी उपस्थित होती है कि यदि ज्ञान अपरोक्ष है तो भ्रम और मिथ्या ज्ञान क्यों होता है। यदि ज्ञाता और ज्ञेय के बीच कोई रुकावट नहीं है तो ज्ञेय वस्तु विकृत रूप में क्यों अनुभूत होती है?

इस प्रश्न का सन्तोषजनक उत्तर न मिलने से कुछ दार्शनिक कहते हैं कि केवल धार्मिक साधना से ही होनेवाले ज्ञान को या कलात्मक सहजानुभूति को 'अपरोक्ष ज्ञान' कहा जा सकता है। बुद्धि और प्रत्यक्ष पर आधारित ज्ञान का किसी-न-किसी सीमा तक परोक्ष होना अनिवार्य है।

Discretion [डिस्क्रे'शन] : विभेद-बोध, विवेक।

व्यवहार का—विशेषतः नैतिक परिस्थितियों में—आलोचनात्मक मूल्यांकन करने की मानसिक क्षमता। नैतिक

व्यवहार में भले-बुरे का विवेचन करने की शक्ति ।

Discrimination [डिस्क्रिमिनेशन] : विवेकशीलता, विभेदन ।

नैतिक अर्थ में विवेकशीलता वह क्षमता है जिसके द्वारा उचित-अनुचित का भेद करना सम्भव होता है । अरस्तू ने इसे एक विशेष 'आन्तरिक इन्द्रिय' की शक्ति के रूप में स्वीकार किया था । उसके अनुसार यह शक्ति मानव और कुछ अन्य उच्च-श्रेणी के प्राणियों में ही विद्यमान है ।

मनोवैज्ञानिक अर्थ में विभेदन का संकेत शुभाशुभ विचार की ओर नहीं है बल्कि मन की उस क्षमता की ओर है जिससे वह वस्तुओं और गुणों के प्रभेदों को समझ सके ।

Discursive Thought [डिस्कर्सिव थॉट] : अनुमानमूलक विचार ।

विचार का वह पक्ष जिसमें तार्किक विवेचन को या आनुमानिक प्रक्रियाओं को प्राधान्य दिया जाता है; न कि सहज ज्ञान (Intuition) को । बहुत से दार्शनिकों ने अनुमानमूलक विचार की सीमाओं और त्रुटियों पर ध्यान दिलाया है । बर्गसाँ का कहना है कि अनुमानमूलक विचार स्वभावतः कृत्रिम और यान्त्रिक होता है । वह व्यावहारिक जीवन का एक उपयुक्त साधन मात्र है, उसके द्वारा सत्ता का वास्तविक ज्ञान असम्भव है ।

इसके विपरीत विवेकवादियों के अनुसार अनुमानमूलक विचार के बिना दार्शनिक विवेचन असम्भव है । उसकी त्रुटियों के बावजूद हमें उसका सहारा लेना पड़ता है ।

Disjunction [डिस्जन्क्शन] : वियोजन ।

किन्हीं दो वक्तव्यों में इस प्रकार का सम्बन्ध कि यदि उनमें से एक सत्य हो तो दूसरा असत्य होगा ।

Disjunctive Proposition [डिस्जन्क्टिव प्रॉपोज़िशन] : वियोजक तर्कवाक्य ।

वह सापेक्ष तर्कवाक्य जिसमें दो विकल्प प्रस्तुत किये जाते हैं और उनमें से एक के स्वीकार या अस्वीकार किये जाने पर दूसरे की स्वीकृति या अस्वीकृति निर्भर होती है, जैसे : 'या तो वह मूर्ख है, या पाखण्डी है,' 'या तो इस गाड़ी में पेट्रोल नहीं है, या कोई तार टूट गया है ।'

Disparate Terms [डिस्पेरेट टर्म्‌स] : विषम पद, असम पद ।

तर्कशास्त्र में ऐसे पद जो परस्पर-विरोधी तो न हों, लेकिन जिनमें पूर्ण विभिन्नता हो ।

लाइबनित्स के अनुसार यदि दो पदों में से कोई भी पद दूसरे के अन्तर्गत न आता हो तो उन्हें असम पद कहना चाहिए ।

Dissociation [डिसोसिएशन] : असाहचर्य, असम्बद्धता, मनोविच्छेद ।

ऐसे तथ्य जो किसी संगठन या इकाई के 'सदस्य' हैं, किसी अवस्था में दूसरे ही संगठन की ओर आकृष्ट हों तो उसे असाहचर्य की अवस्था कहा जा सकता है; और जब मन किन्हीं सम्बन्धित विचारों को अलग-अलग करके देखता है तो इस मानसिक प्रक्रिया को भी असाहचर्य का नाम दिया जाता है ।

जब किसी व्यक्ति की कुछ मानसिक स्थितियाँ या प्रक्रियाएँ अपने नैसर्गिक केन्द्र से विच्छिन्न होकर एक स्वतन्त्र संगठन का रूप ग्रहण करने लगती हैं तब इस विक्षिप्त अवस्था को 'मनोविच्छेद' कहते हैं ।

Distinction [डिस्टिन्क्शन] : भेद ।

एक वस्तु का दूसरी वस्तु न होना; वस्तुओं या तथ्यों का एक-दूसरे से भिन्न होना । लेकिन एक ही वस्तु में अवस्था-भेद हो सकता है, और एक ही वस्तु के अनेक खण्डों या विभागों में भेद हो सकता है । इस तरह स्पष्ट है कि 'भेद' शब्द का प्रयोग अनेक अर्थों में सम्भव है ।

भेद केवल प्रत्ययों तक ही सीमित हो, यह भी सम्भव है । मन द्वारा वस्तुओं पर ऐसे भेद आरोपित किए जा सकते हैं जो वास्तव में न हों ।

Distinctness [डिस्टिन्क्टने'स] :

स्पष्टता, असंदिग्धता।

देकार्त के अनुसार सत्यता के मानकों में से असंदिग्धता एक है। आत्मा का अस्तित्व असंदिग्ध है, इसलिए सत्य है।

Distribution of Terms [डिस्ट्रिब्यूशन ऑफ़ टर्म्स] : पदों की व्याप्ति।

जब किसी तार्किक पद का प्रयोग उसके सम्पूर्ण निर्देश में किया जाता है तब उस पद को व्याप्त (Distributed) कहते हैं। जब किसी पद के निर्देश के एक अंश पर ही विचार किया जाता है तो उसे अव्याप्त (Undistributed) कहते हैं। "सब मनुष्य मर्त्य हैं"—इस तर्कवाक्य में उद्देश्य व्याप्त है। "कुछ पत्ते हरे हैं"—इस तर्कवाक्य में उद्देश्य अव्याप्त है।

यदि तर्कवाक्य के चारों 'आकारों' को सूक्ष्म रूप से देखा जाय तो स्पष्ट हो जाता है कि एक में केवल उद्देश्य व्याप्त होता है, दूसरे में उद्देश्य और विधेय दोनों व्याप्त होते हैं, तीसरे में न उद्देश्य व्याप्त होता है न विधेय, और चौथे में केवल विधेय व्याप्त होता है।

देखिये—'A' Proposition, 'E' Proposition, 'I' Proposition, 'O' Proposition.

Divine Right Theory [डिवाइन राइट थियॅरी] : दैवी अधिकार का सिद्धान्त।

राजनीति-दर्शन में वह सिद्धान्त जिसके अनुसार :

(१) राज्य की स्थापना दैवी आदेश से हुई है।

(२) राजा दैवी अधिकार से शासन करता है, और केवल ईश्वर के सामने उत्तरदायी है। वह ईश्वर का प्रतिनिधि है।

(३) राजा के विरुद्ध क्रान्ति अवैधानिक ही नहीं, अधार्मिक भी है और राजा की आज्ञा न मानना अपराध ही नहीं बल्कि 'पाप' भी है।

इंग्लैंड में जेम्स प्रथम ने इस सिद्धान्त के आधार पर निरंकुश शासन स्थापित किया, और टॉमस हॉब्ज़ ने इसके समर्थन में दार्शनिक तर्क प्रस्तुत किए।

Divisibility [डिविज़िबिलिटी] : विभाज्यता।

किसी भौतिक, मानसिक या तत्त्वमीमांसीय सत्ता का वह गुण जिससे उसे खण्डों में इस तरह बाँटा जा सके कि खण्ड तथा समय का सम्बन्ध नष्ट न हो। विभाज्यता वैचारिक विश्लेषण तक ही सीमित नहीं, वस्तु की प्रत्यक्ष सत्ता में उससे परिवर्तन आ सकता है।

यूनानी जड़वादी दार्शनिकों ने पहले-पहल इस समस्या को उठाया कि विभाजन-क्रिया का कहीं जाकर अन्त होना अनिवार्य है, अर्थात् कोई-न-कोई ऐसी सत्ता भी है जिसमें विभाज्यता का गुण न हो। उन्होंने अणु को अविभाज्य माना। इसके विपरीत आदर्शवाद इस निष्कर्ष पर पहुँचा कि केवल परम सत्ता—अर्थात् ईश्वर ही सही अर्थ में अविभाज्य है, अन्य सब सत्ताओं का प्रत्यक्ष या वैचारिक रूप में विभाजन किया जा सकता है।

काण्ट के दर्शन में जिन विप्रतिषेधों (Antinomies) का उल्लेख है उनमें एक विश्व की विभाज्यता के सम्बन्ध में है। काण्ट ने कहा कि विश्व का विभाज्य होना भी तर्क द्वारा सिद्ध किया जा सकता है, और अविभाज्य होना भी।

बर्गसाँ के दर्शन में विशुद्ध काल-प्रवाह को अविभाज्य माना गया है और विभाज्यता को यान्त्रिकता का एक पक्ष बताया गया है।

Division by Dichotomy [डिवीज़न बाइ डाइकोटोमी] : द्विवर्गीय विभाजन।

किसी जाति को प्रत्येक चरण पर दो ऐसी उपजातियों में विभक्त करना कि उनमें से एक विधानात्मक हो और दूसरी निषेधात्मक। इस तरह का विभाजन सुसंगत और निःशेषकारी होता है, क्योंकि तार्किक नियमों के अनुसार दोनों वर्ग बिलकुल ही पृथक् हो जाते हैं और उनका

संयुक्त निर्देश पूरे वर्ग (या जाति) के बराबर हो जाता है।

उदाहरणार्थ :

लेखक
|
यूरोपीय←——→अ-यूरोपीय
|
फ्रेंच←———→अ-फ्रेंच
|
पेरिसीय←——→अ-पेरिसीय···इत्यादि

आकार की दृष्टि से इस तरह का विभाजन शुद्ध और निर्दोष होता है, लेकिन इसमें निषेधात्मक पक्ष अति व्यापक और अनिश्चित रह जाता है।

'Docta Ignorantia' [डॉक्टा इग्नोरेंशिआ] : 'प्रबुद्ध अज्ञान'।

निकोलस ऑफ़ कूसा द्वारा लिखित एक ग्रन्थ। निकोलस ने कहा कि मनुष्य का ईश्वर-ज्ञान निस्सन्देह सदा अपूर्ण ही रहता है, लेकिन इस अपूर्णता का बोध भी किसी सीमा तक वास्तविक ज्ञान है। ऐसे ज्ञान को प्रबुद्ध अज्ञान कहा जाना चाहिए।

Doctrine of External Relations [डॉक्ट्रिन ऑफ़ एक्सटर्नल रिलेशन्स] : बाह्य सम्बन्ध-सिद्धान्त।

नव्य-वास्तववादियों का यह सिद्धान्त कि सम्बन्धों का पदों से स्वतन्त्र अस्तित्व है। यदि 'क' और 'ख' सम्बन्धित पद हैं, और उनके बीच 'ग' सम्बन्ध है, तो 'क' या 'ख' के स्वरूप पर 'ग' की सत्ता निर्भर नहीं है। 'क' और 'ख' में अपनी-अपनी जगह चाहे जितना परिवर्तन हो, 'ग' ज्यों-का-त्यों रह सकता है।

Doctrine of Reminiscence [डॉक्ट्रिन ऑफ़ रे'मिनिसे'न्स] : संस्मरण-सिद्धान्त।

प्लेटो द्वारा प्रतिपादित सिद्धान्त जिसमें इस बात की व्याख्या करने का प्रयास है कि आत्मा को तार्किक नियमों का ज्ञान कैसे होता है। ये नियम अनुभव के पूर्ववर्ती होते हैं इसलिए अनुभवजन्य नहीं माने जा सकते। प्लेटो ने कहा कि आत्मा को इन नियमों का ज्ञान अपने दिव्य-जीवन में सर्वदा रहता है, लेकिन अपने सांसारिक जीवन में वह ज्ञान मलिन हो जाता है और संस्मरणों के रूप में यह निहित रहता है। चिन्तन-क्रिया में ये संस्मरण फिर से उभर आते हैं और आत्मा को फिर से ज्ञान-प्राप्ति होती है।

अरस्तू ने भी संस्मरणों का अस्तित्व स्वीकार किया। लेकिन उसने यह भी कहा कि ये केवल ज्ञान-प्राप्ति का सामर्थ्य आत्मा को प्रदान करते हैं। वास्तविक ज्ञान व्यक्ति की प्रयत्नशीलता पर निर्भर है।

Doctrine of the Mean [डॉक्ट्रिन ऑफ़ द मीन] : मध्यमार्ग-सिद्धान्त।

अरस्तू के नीतिशास्त्र का वह केन्द्रीय सिद्धान्त जिसके अनुसार जीवन के प्रत्येक क्षेत्र में नैतिक औचित्य 'अतिरेकों' से बचकर ही प्राप्त किया जा सकता है। अरस्तू से पहले भी कुछ यूनानी कवियों और सन्तों ने 'स्वर्णिम मध्यम-मार्ग' का गुणगान किया था, लेकिन इसे एक दार्शनिक सिद्धान्त का रूप अरस्तू ने ही दिया। प्रत्यक्ष जीवन से अनेक उदाहरण देकर अरस्तू ने समझाया कि सदाचार न तो अल्पविकसित कर्म में पाया जाता है, न अतिविकसित कर्म में। किसी अपराधी को उसके अपराध के अनुपात से कम दण्ड देना भी अनैतिक है और अधिक दण्ड देना भी। साहस के अभाव, अर्थात् कायरता से मनुष्य अनैतिक कार्य में प्रवृत्त होता है, और साहस के अतिरेक, अर्थात् दुस्साहस, से भी।

अरस्तू के इस सिद्धान्त की तीव्र आलोचना की गई है। यह कहा गया है कि अतिरेक से बचने का आत्यन्तिक प्रयास स्वयं एक अतिरेक बन जाता है। काण्ट ने इस सिद्धान्त को इसलिए अनुचित ठहराया कि इसमें कर्म के गुण को उसके परिमाण पर निर्भर माना गया है, और इससे गुण और दोष में कोई जातिभेद नहीं रह जाता।

Dogma [डॉग्मा] : रूढ़मत, रूढ़सिद्धान्त।

मूल यूनानी शब्द का अर्थ है 'कोई सार्वजनिक विधान या अधिनियम'। लेकिन डॉग्मा का प्रचलित अर्थ है, कोई ऐसा सिद्धान्त या विश्वास जो कि तर्क या अनुभव पर आधारित न हो। वह सत्य भी हो सकता है, लेकिन यदि वह सत्य विवेक या प्रत्यक्ष द्वारा उपलब्ध न हो, और यदि उसे पूर्णतया अटल माना जाय, तो वह डॉग्मा ही कहलायेगा।

पाश्चात्य इतिहास के सन्दर्भ में इस डॉग्मा शब्द का संकेत विशेष रूप से ईसाई धर्मशास्त्र के उन आदेशों, सिद्धान्तों और व्याख्याओं की ओर है जिन्हें स्वीकार करना, और जिनके अनुरूप व्यवहार करना प्रत्येक व्यक्ति का कर्तव्य माना जाता है।

देखिये—Dogmatism, Dogmatic Theology.

Dogmatic Theology [डॉग्मैटिक थिऑलोजी] : रूढ़िगत धर्मशास्त्र।

रोमी साम्राज्य के विच्छिन्न हो जाने पर पाश्चात्य सभ्यता को सुरक्षित और संगठित रखने में ईसाई चर्च के दार्शनिक और धर्मशास्त्रीय प्रयासों को महत्त्वपूर्ण सफलताएं प्राप्त हुईं। लेकिन कालान्तर में दार्शनिक विवेचन का पक्ष धर्मशास्त्र के सामने दुर्बल पड़ गया। धर्मशास्त्र के सिद्धान्त संकुचित और संकीर्ण बन गए। धर्मशास्त्र एक विशिष्ट धर्म के विशिष्ट सम्प्रदाय का ही प्रतिनिधित्व करने लगा। संस्कृति के इतिहास में इस युग को 'रूढ़िगत धर्मशास्त्र' का युग कहा गया है।

Dogmatism [डॉग्मैटिज़्म] : वैचारिक हठधर्मिता, मताग्रह।

अपने या अपने सम्प्रदाय के दार्शनिक दृष्टिकोण या विशिष्ट सिद्धान्त में ऐसा विश्वास जो तर्क या अनुभव के प्रकाश में परिवर्तन स्वीकार न करे। इस तरह का 'मताग्रह' किसी विशेष विचारक के व्यक्तिगत प्रभाव से, रूढ़िगत धारणाओं के दबाव से, या धार्मिक असहिष्णुता से उत्पन्न हो सकता है।

इस प्रवृत्ति का विरोध करते हुए सन्देहवाद दूसरी दिशा में जाकर एकांगी बन जाता है। सन्देहवादी की दृष्टि में प्रत्येक स्वीकारात्मक या निश्चयात्मक वक्तव्य 'मताग्रह' होता है।

काण्ट के अनुसार विवेक का आलोचना के बिना अपनी शक्ति में विश्वास करना 'मताग्रह' है। इस अर्थ में बुद्धिवादी और अनुभववादी दोनों पर यह दोषारोपण किया जा सकता है। बिना किसी पूर्व-आलोचना के विचार को या अनुभव को ज्ञान का आधार मान लेना मताग्रह है। इससे बचने का उपाय, कुछ दार्शनिकों के अनुसार, यही है कि सत्य को गतिशील और परिवर्तनशील माना जाए और सत्य के सम्बन्ध में प्रस्तुत किये गए मतवादों का यथासम्भव समन्वय किया जाए।

Double Aspect Theory [डबल ऐस्पे'क्ट थियॅरी] : द्विपक्षीय सिद्धान्त।

स्पिनोज़ा द्वारा प्रतिपादित यह सिद्धान्त कि शरीर और मन स्वतन्त्र तथ्य नहीं हैं बल्कि एक ही निर्गुण द्रव्य के दो पक्ष हैं।

देखिये—Identity Hypothesis Parallelism.

Doubt [डाउट] : सन्देह, संशय।

सत्ता के अस्तित्व या ज्ञेयता के विषय में विश्वास का अभाव। सन्देहमय मनोवृत्ति का उत्कट रूप दर्शन को Scepticism (संशयवाद) तक पहुँचा देता है। लेकिन इस मनोवृत्ति का एक सकारात्मक पक्ष भी है जिसे देकार्त के 'विधिमूलक सन्देह' (Methodic Doubt) में देखा जा सकता है।

देखिये—Methodic Doubt.

Dualism [डूअलिज़्म] : द्वैतवाद।

वह दार्शनिक सिद्धान्त जिसमें दो आदि तत्त्वों को स्वीकार किया जाता है; या वह दार्शनिक प्रवृत्ति जिसकी प्रेरणा से अस्तित्व की, या अस्तित्व के किसी पक्ष की, व्याख्या युग्मों के आधार पर की

जाती है। ये 'युग्म' सत्तात्मक भी हो सकते हैं और गुणात्मक या मूल्यात्मक भी —जैसे, स्रष्टा और सृष्टि, जड़ और चेतन, शुभ और अशुभ, संवेदन और चिन्तन, यांत्रिक और प्रयोजनशीलता, इत्यादि। दो तत्त्वों या मूल्यों को स्वीकार करने का यह मतलब नहीं कि दोनों को अनिवार्य रूप से समान महत्त्व प्रदान किया जाय। प्लेटो का दर्शन दो युग्मों पर आधारित है—प्रत्यय और आभास, संवेदन और चिन्तन। लेकिन उसने प्रत्यय की तुलना में आभास को और चिन्तन की तुलना में संवेदन को निकृष्ट माना।

आधुनिक दर्शन में देकार्त द्वैतवाद का सबसे महत्त्वपूर्ण प्रतिनिधि है। जड़ और चेतन को दो आदि सत्ताएँ मनाते हुए देकार्त ने कहा कि इन सत्ताओं की विशेषताएँ एक-दूसरे से पूर्णतया भिन्न हैं। जड़ या भूतपदार्थ का गुण है 'विस्तार' और चेतनतत्त्व का गुण है चिन्तनशीलता।

Duration [ड्यूरेशन] : अविभाजनीय काल।

ड्यूरेशन शब्द का प्रचलित अर्थ है समय का कोई खण्ड जिसकी सीमाएँ स्पष्ट रूप से निर्धारित हों। लेकिन बर्गसाँ के दर्शन में इसके क़रीब-क़रीब विपरीत अर्थ में यह शब्द प्रयुक्त हुआ है। बर्गसाँ के लिये 'ड्यूरेशन' है "विशुद्ध काल, जिसकी अविभाज्यता का हमें बोध होता है।" काल का वह रूप जो हमारे लिए 'जीवित वर्तमान' है और जो सृजनात्मक विकास तथा परिवर्तन का सारतत्त्व है।

देखिये—Creative Evolution.

Duty [ड्यूटी] : कर्तव्य।

वह कार्यप्रणाली या व्यवहार जो नैतिक दृष्टि से अनिवार्य हो। कभी-कभी इस पद का प्रयोग नैतिक बाध्यता (Moral Obligation) के लिए भी किया जाता है।

नीतिशास्त्र के इतिहास में कर्तव्यवादी और सुखवादी दृष्टिकोण अलग-अलग दिशाओं में विकसित हुए हैं, यद्यपि कर्तव्य और सुख की नैतिक धारणाओं में कोई मूलगत विरोध नहीं है। प्राचीन युग में स्टोइक सम्प्रदाय के विचारकों ने कर्तव्य को व्यवहार के एकमेव मानक के रूप में स्वीकार किया। आधुनिक युग में कर्तव्य-केन्द्रित नीतिशास्त्र का विशुद्ध रूप काण्ट के दर्शन में मिलता है।

देखिये—Stoicism, Categorical Imperative.

Economic Determinism [इकोनॉमिक डिटर्मिनिज़्म] : आर्थिक निर्धारणवाद।

मार्क्सवादी दर्शन या ऐतिहासिक भौतिकवाद के अन्तर्गत एक सिद्धान्त, जिसके अनुसार नैतिक मूल्यों, सांस्कृतिक परम्पराओं और धार्मिक, दार्शनिक तथा कलात्मक प्रवृत्तियों का स्वरूप जीवन के आर्थिक-पक्ष पर निर्भर है। उत्पादन के साधन, उन साधनों पर समाज के एक विशिष्ट वर्ग का प्रभुत्व, विभिन्न वर्गों का आर्थिक संघर्ष—इन सब बातों से समाज के आध्यात्मिक और बौद्धिक जीवन का निर्धारण होता है।

व्यापक अर्थ में, 'आर्थिक निर्धारणवाद' उस विचारधारा को कहते हैं जो व्यक्ति के संकल्प-स्वातन्त्र्य को अस्वीकार करती है, और परिवेश के एक विशेष पहलू, अर्थात् आर्थिक पहलू, को अत्यधिक महत्त्व प्रदान करती है।

देखिये—Historical Materialism.

Ecstasy [एʹक्स्टैसी] : हर्षोन्माद, उल्लास, हर्षातिरेक।

ईश्वरानुभूति की वह अवस्था जिसमें आत्मा सहज-ज्ञान के चरम तक पहुँचती है और एक रहस्यमय आनन्द के आवेग में प्लावित हो जाती है।

सौन्दर्यशास्त्र में, विशुद्ध, निरपेक्ष सौन्दर्य-तत्त्व का ध्यान, जिसमें किसी विशिष्ट संवेदन का पुट न हो।

Eduction [इडक्शन] : अव्यवहित अनुमिति, अनन्तरानुमान, उत्कर्षण।

आकारगत तर्कशास्त्र में, उस निष्कर्ष

को अनन्तरानुमान कहते हैं जो केवल एक ही आधारवाक्य से प्राप्त होता है । अधिकतर लेखक ऐसे अनुमान को Immediate Inference कहते हैं, लेकिन कुछ लेखकों ने, विशेषत: कॉन्स्टेन्स जोन्स ने, एक नया पारिभाषिक शब्द—'Education'—सुझाया है ।

Ego-centric Predicament [इगो-से'न्ट्रिक प्रे'डिकामे'न्ट] : अहम्-केन्द्रिक संकट ।

ज्ञान-प्रक्रिया में मन अपने ही प्रत्ययों के दायरे में आबद्ध होने के कारण वस्तुगत तथ्य तक पहुँच नहीं पाता । प्रत्ययों द्वारा ही मन वस्तुजगत् से परिचय प्राप्त कर सकता है; लेकिन प्रत्यय स्वयं व्यक्तिगत होने के कारण इस परिचय-प्राप्ति में बाधा डालते हैं । इस परिस्थिति को आर० बी० पेरी ने 'अहम्-केन्द्रिक संकट' का नाम दिया है ।

Egoistic Hedonism [इगोइस्टिक हे'डोनिज्म] : स्वार्थपरक-सुखवाद ।

सुखवाद का वह रूप जिसमें व्यक्ति के निजी सुख को एकमात्र मानक समझा जाता है । इस सिद्धान्त के अनुसार 'अपना सुख' शुभ है, और 'अपना दुःख' अशुभ । इसे माननेवाले मानव-प्रकृति को मूलत: स्वार्थी समझते हैं और परोपकार की प्रवृत्ति को अस्वीकार करते हैं ।

प्राचीन काल में यूनान के साइरेनाइक विचारकों ने, और आधुनिक काल में हॉब्ज ने, इस सिद्धान्त का समर्थन किया ।

देखिये—Hedonism.

Einfuhlung [आइनफुहलुन्ग] : प्रकृति-बोध, तदनुभूति ।

प्रकृति को सजीव शक्तियों का कार्यक्षेत्र मानकर इस रूप में प्रकृति का संवेगात्मक और गत्यात्मक ज्ञान प्राप्त करने को कुछ जर्मन विचारकों ने 'आइनफुहलुन्ग' कहा है ।

Elan Vital [एँलाँ विताल] : जीवन-शक्ति, प्राणतत्त्व ।

बर्गसाँ के अनुसार विश्व के सृजनशील अस्तित्व का स्रोत एक आदि 'प्राणतत्त्व' है जो उत्तरोत्तर अधिक विकसित 'अंगियों' (Organisms) के माध्यम से अभिव्यक्त होता रहता है । विकास के दौर में नयी-नयी जातियों-उपजातियों का निर्माण होता रहता है । बर्गसाँ ने इस बात पर ज़ोर दिया है कि प्राणतत्त्व किसी पूर्वनिश्चित लक्ष्य की ओर अग्रसर नहीं होता । वह पूर्णतया स्वतन्त्र और सृजनशील है । उसका प्रयोजन आन्तरिक है, न कि बाह्य ।

देखिये—Creative Evolution.

Elements [एलीमेन्ट्स] : भौतिक मूलतत्त्व ।

बहुत से प्राचीन दार्शनिकों का विश्वास था कि समस्त भौतिक जगत् का कुछ मूलतत्त्वों के संयोग से निर्माण हुआ है ।

देखिये—Four Elements.

Emanation [इमैनेशन] : निस्सरण, निर्गमन ।

विश्व की सारी सत्ताओं का एक आदि-स्रोत से, अर्थात् ईश्वर से, 'बह निकलना' या 'फूट पड़ना' । प्लॉटिनस ने इस कल्पना की सहायता से 'निर्माण-सिद्धान्त' की कठिनाइयों से बचते हुए विश्व की व्याख्या करने का प्रयत्न किया । 'ईश्वर ने विश्व का निर्माण शून्य से किया है', यह मानने से ईश्वर की परिपूर्णता पर आँच आती है, क्योंकि निर्माण या तो किसी इच्छा की पूर्ति के लिए किया जाता है, या किसी कमी को दूर करने के लिए; और ईश्वर में न इच्छा है, न कोई त्रुटि । 'विश्व का ईश्वर से विकास हुआ है', यह क्वतव्य भी ठीक नहीं लगता; क्योंकि ईश्वर पूर्णत: विकसित है और विकास सिर्फ़ अविकसित या अंशत: विकसित सत्ताओं का होता है । इसलिए, प्लॉटिनस के अनुसार, विश्व के सम्बन्ध में हमें यही कहना पड़ता है कि वह ईश्वर की शक्ति और वास्तविकता का अनिवार्य निस्सरण है । इस निस्सरण से ईश्वर की सत्ता घट नहीं सकती; जिस तरह नदी के

बह निकलने से झरने का जल कम नहीं होता, और सारे संसार को आलोकित करनेवाली किरणों के फूट निकलने से सूर्य का प्रकाश कम नहीं होता ।

Emergent Evolution [इमर्जेन्ट इवोल्यूशन] : निर्गमनात्मक विकासवाद ।

लॉयड मॉर्गन और सैम्युअल अलैक्ज़ेंडर का यह सिद्धान्त कि प्राकृतिक विकास में परिवर्तन आंशिक नहीं बल्कि गुणात्मक होते हैं; और उच्चतर स्तरों की व्याख्या निम्नतर स्तरों के माध्यम से नहीं की जा सकती । उदाहरणार्थ, जीवन और विचार-शक्ति विकास के नये स्तर हैं जिन्हें जड़-पदार्थ के माध्यम से नहीं समझा जा सकता । नये स्तरों की उत्पत्ति के पीछे ये दोनों विचारक एक प्रेरक शक्ति का अस्तित्व देखते हैं । मॉर्गन के लिए यह शक्ति ईश्वर है, लेकिन अलैक्ज़ेंडर इसे एक अनिर्वचनीय निर्देशक शक्ति कहता है जो विकास-प्रवाह को 'देवता' के प्रादुर्भाव की ओर ले जा रही है ।

यह मत प्रयोजनवादी है, लेकिन जिस प्रयोजन को यहाँ स्वीकार किया गया है वह आन्तरिक है, बाह्य नहीं ।

अलैक्ज़ेंडर ने अपने सिद्धान्त में देश-काल को आदि-स्तर और देवता को अन्तिम-स्तर माना है । जड़-पदार्थ, जीवनशक्ति तथा मनस् की उत्पत्ति हो चुकी है, देवता की उत्पत्ति अभी होने को है । अलैक्ज़ेंडर का 'निर्गमात्मक विकास-वाद' का सिद्धान्त जिस योजना को प्रस्तुत करता है उसे निम्न रेखाचित्र द्वारा दिखाया गया है :

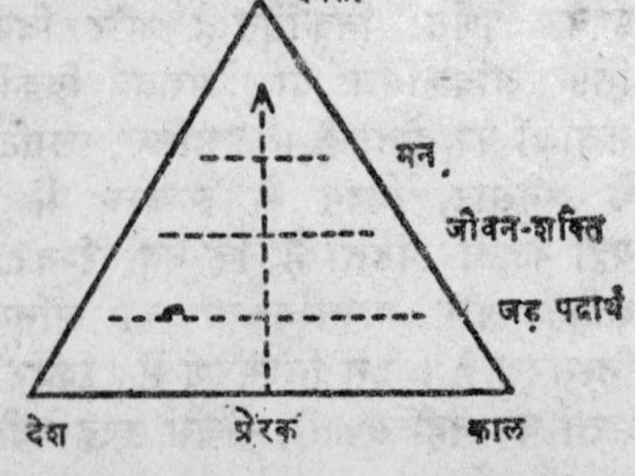

Emotive Meaning [इमोटिव मीनिंग] : संवेगात्मक अर्थ ।

भाषा-प्रयोग का वह पक्ष जिसमें शब्दों द्वारा किसी भाव या संवेग को व्यक्त करने का अभिप्राय हो । किसी वस्तु के अस्तित्व या उसके गुणों को व्यक्त करना भी भाषा का कार्य है, जिसे उसका चिह्नात्मक या संवेगात्मक पक्ष कहा जा सकता है । भाषा-प्रयोग में ये दोनों उद्देश्य साथ-साथ मूर्त हो सकते हैं, लेकिन वक्ता या लेखक इनमें से एक को जाने-अनजाने प्राधान्य ज़रूर देता है ।

भाषा के इन दो अर्थों का भेद दार्शनिक चिन्तन-विवेचन में कुछ समस्याएँ निर्माण करता है । कुछ तार्किक प्रत्यक्षवादियों ने इन समस्याओं का सूक्ष्म विवेचन किया है । भाषा के चिह्नात्मक और संवेगात्मक अर्थों के भेद को समझने की आवश्यकता की ओर सबसे पहले रिचर्ड्स और आगडेन ने अपने ग्रन्थ 'Meaning of Meaning' में ध्यान दिलाया ।

Empathy [एम्पैथी] : सहवेदना, तदनुभूति, वेदना-प्रक्षेपण ।

किसी अन्य व्यक्ति के साथ वेदनात्मक तादात्म्य स्थापन करने की क्रिया । किसी अन्य व्यक्ति की आन्तरिक स्थितियों की कल्पनात्मक अनुभूति ।

आधुनिक सौन्दर्यशास्त्र में इस शब्द का एक विशेष अर्थ में प्रयोग हुआ है : मन द्वारा निजी संवेदनावस्था का किसी बाह्य वस्तु में प्रक्षेपण, और इस तरह उस वस्तु को रसात्मक रूप से आत्मसात् करना ।

Empiricism [एम्पिरिसिज़्म] : अनुभववाद ।

यह सिद्धान्त कि 'अनुभव' ही ज्ञान का एकमात्र स्रोत या आधार है । कुछ विचारकों के अनुसार, यह सिद्धान्त कि अस्तित्वसूचक ज्ञान अनुभव पर निर्भर है या कम-से-कम अनुभव से स्वतन्त्र नहीं है । यहाँ 'अनुभव' को यदि संकीर्ण अर्थ में लिया गया तो 'अनुभववाद' प्रत्यक्षवाद

या संवेदनवाद (Sensationalism) बन जाता है। लेकिन अधिकतर दार्शनिक 'अनुभव' शब्द का प्रयोग व्यापक अर्थ में करते हैं। लॉक ने संवेदनजन्य प्रत्ययों के साथ-साथ चिन्तनजन्य प्रत्ययों (Ideas of Reflection) को भी अनुभव का अंग माना।

अनुभववाद को स्वीकार करनेवाले प्रायः सभी दार्शनिक यह मानते हैं कि 'सहज-ज्ञान' की धारणा भ्रामक है और न ऐसा ज्ञान सम्भव है जो भूत-वर्तमान-भविष्य से स्वतन्त्र हो। अनुभववादी दृष्टिकोण से सार्वभौम सत्यों या अनिवार्य सत्यों को भी स्वीकार नहीं किया जा सकता।

आधुनिक दर्शन में अनुभववादी विचारधारा की नींव बेकन, हॉब्ज़ और लॉक ने रखी। बर्कले ने उसे प्रत्ययवाद और व्यक्तिवाद की दिशा में मोड़ा; और ह्यूम के दर्शन में अनुभववाद सन्देहवाद में विलीन हो गया। अनुभववाद के विकास का पहला दौर वह था जब उसमें और विवेकवाद में तीव्र विरोध दिखाई पड़ा। आगे चलकर यह स्पष्ट हुआ कि अनुभववादी और विवेकवादी प्रवृत्तियाँ एक-दूसरे की पूरक हैं, न कि विरोधी। काण्ट के दर्शन में इन दोनों प्रवृत्तियों में समझौता कराने का प्रयास है।

उन्नीसवीं और बीसवीं शताब्दियों में भौतिक-विज्ञान के विकास से अनुभववाद ने बल प्राप्त किया। उधर समाजशास्त्र ने भी, एक अन्य दिशा से, अनुभववादी दृष्टिकोण को पुष्ट किया। व्यवहारवाद (Pragmatism), वास्तववाद (Realism) के सभी रूप और प्रत्यक्षवाद (Positivism) अन्ततः अनुभववाद पर ही निर्भर हैं।

देखिये—Experience, Radical Empiricism, Realism, Pragmatism, Positivism.

Empirio-Criticism [एम्पिरिओ-क्रिटिसिज़्म] : आलोचनात्मक अनुभववाद।

एविनेरिअस और माख़ द्वारा प्रतिपादित अनुभववादी दर्शन जिसका मुख्य उद्देश्य तात्त्विक विकल्पों और द्वैतवादी धारणाओं का निराकरण है। आलोचनात्मक अनुभववाद शारीरिक और मानसिक सत्ताओं में, ज्ञाता और ज्ञेय में, तथा चैतन्य और अस्तित्व में कोई मूलभूत अन्तर स्वीकार नहीं करता। माख़ के अनुसार यह सिद्धान्त अनुभववाद का एक विशुद्ध रूप है।

लेनिन ने द्वन्द्वात्मक भौतिकवाद के दृष्टिकोण से इस दर्शन की तीव्र आलोचना की है। लेनिन ने यह दिखाने का प्रयत्न किया है कि आलोचनात्मक अनुभववाद वास्तव में एक तरह का प्रत्ययवाद है जिसके ऊपर वास्तववादी शब्दावली का पर्दा डाला गया है।

End [एंण्ड] : साध्य।

वह परिणाम जिसके लिए कोई ऐच्छिक कर्म किया जाता है और जिसके विषय में कोई नैतिक निर्णय दिया जा सकता है। अकसर देखा जाता है कि साध्य स्वयं किसी दूसरे साध्य के सम्पादन का साधन बन जाता है। उदाहरणार्थ, धनार्जन साध्य है, लेकिन वह साधन भी है क्योंकि धन का मूल्य किसी अन्य लक्ष्य की पूर्ति में ही व्यक्त होता है। 'परम साध्य' (Ultimate End) वह है जिसकी इच्छा स्वयं उसी के लिए की जाती है। नीतिशास्त्र परम साध्यों पर आधारित है, न कि ऐसे साध्यों पर जो सम्पादित होने पर स्वयं साधन बनते हैं।

यह प्रश्न सर्वदा विवादग्रस्त रहा है कि कर्मों का नैतिक मूल्यांकन साध्यों के आधार पर किया जाना चाहिए या साधनों के। लेकिन आधुनिक काल में, विशेषतः काण्ट के बाद, अधिकतर विचारकों ने यह स्वीकार किया है कि साध्यों और साधनों को एक-दूसरे से अलग नहीं किया जा सकता।

देखिये—Means, Ultimate Ends.

Energy [ए'नर्जी] : ऊर्जा ।

किसी सत्ता की वह अन्तर्निहित शक्ति जिसके द्वारा वह दूसरी सत्ताओं को प्रभावित कर सकती है । साधारणत: 'ऊर्जा' शब्द का प्रयोग भौतिक शक्ति के लिए किया जाता है, लेकिन कभी-कभी व्यापक रूप से किसी भी अन्तर्निहित शक्ति को 'ऊर्जा' कहते हैं। आधुनिक विज्ञान की कुछ प्रवृत्तियों से प्रभावित होकर दार्शनिकों ने भी अब यह स्वीकार कर लिया है कि भूततत्त्व और ऊर्जा एक ही शक्ति के निष्क्रिय और सक्रिय रूप हैं ।

Enlightenment (Age of) [एनलाइटनमेण्ट, एज ऑफ़]: प्रबोध-युग, ज्ञानोदय युग ।

देखिये—Philosophy of the Enlightenment.

Ens [ए'न्स] : सत् ।

स्कॉलैस्टिक दर्शन में अस्तित्व की सबसे व्यापक कल्पना को 'ए'न्स' कहा गया है । यह 'सत्' का वह रूप है जिसमें किसी भी तरह का गुणात्मक या परिमाणात्मक निर्देश नहीं है ।

देखिये—Being.

Enthymeme [ए'न्थिमीम] : लुप्तावयव हेत्वनुमान, संक्षिप्त हेत्वनुमान ।

वह हेत्वनुमान, जिसके कुछ अवयव व्यक्त न किये गए हों । साधारणतः हम उतनी ही बातें स्पष्ट रूप से व्यक्त करते हैं जितनी आवश्यक होती हैं, और कुछ बातें सन्दर्भ से समझ ली जाती हैं। उदाहरणार्थ, यदि यह कहा जाय कि 'बरगद को भी पानी देना चाहिए, क्योंकि आखिर वह भी तो पेड़ है' तो यह वाक्य व्यक्त किए बिना ही समझ लिया जाता है कि 'प्रत्येक पेड़ को पानी देना आवश्यक है ।'

संक्षिप्त हेत्वनुमान के चार प्रकार होते हैं : (१) वह जिसमें साध्यवाक्य लुप्त हो; (२) वह जिसमें पक्षवाक्य लुप्त हो; (३) वह जिसमें निष्कर्ष लुप्त हो; और (४) वह जिसमें एक ही वाक्य द्वारा सम्पूर्ण तर्क व्यक्त किया गया हो ।

देखिये—Enthymeme of the First Order, Enthymeme of the Second Order, Enthymeme of the Third Order, Enthymeme of the Fourth Order.

Enthymeme of the First Order [ए'न्थिमीम ऑफ़ द फ़र्स्ट ऑर्डर] : लुप्तसाध्य हेत्वनुमान ।

वह संक्षिप्त हेत्वनुमान जिसमें पक्षवाक्य और निष्कर्ष स्पष्ट रूप से व्यक्त हों लेकिन साध्यवाक्य लुप्त हो, जैसे : "अविनाश अवश्य कलाप्रेमी होगा, क्योंकि वह बंगाली है ।" यहाँ साध्यवाक्य : "सब बंगाली कलाप्रेमी होते हैं" सन्दर्भ से समझ लिया जाता है, लेकिन व्यक्त नहीं हुआ है ।

देखिये—Enthymeme.

Enthymeme of the Fourth Order [ए'न्थिमीम ऑफ़ द फ़ोर्थ ऑर्डर] : एकवाक्यात्मक हेत्वनुमान ।

वह हेत्वनुमान जिसमें एक ही वाक्य द्वारा समस्त तार्किक प्रक्रिया सम्पन्न होती हो, जैसे : यदि कोई मनुष्य कृतघ्नतापूर्वक व्यवहार करे, और कोई अन्य व्यक्ति कह उठे : "हाय रे, कृतघ्न मानव !" तो अभिप्राय यह होगा—

सभी मनुष्य कृतघ्न होते हैं;
यह मनुष्य है,
इसलिए यह कृतघ्न है ।

देखिये—Enthymeme.

Enthymeme of the Second Order [ए'न्थिमीम ऑफ़ द से'कण्ड ऑर्डर] : लुप्तपक्ष हेत्वनुमान ।

वह संक्षिप्त हेत्वनुमान जिसमें साध्यवाक्य और निष्कर्ष स्पष्ट रूप से व्यक्त हों, लेकिन पक्षवाक्य लुप्त हो, जैसे : "हीरामणि की चोंच लाल है, क्योंकि सभी तोतों की चोंचें लाल होती हैं ।" यहाँ पक्षवाक्य "हीरामणि एक तोता है" सन्दर्भ से समझ लिया जाता है, लेकिन व्यक्त नहीं हुआ है ।

देखिये—Enthymeme.

Enthymeme of the Third Order [ए'न्थिमीम ऑफ़ द थर्ड ऑडंर] : लुप्तानुमिति हेत्वनुमान।

वह संक्षिप्त हेत्वनुमान जिसमें साध्यवाक्य और पक्षवाक्य स्पष्ट रूप से व्यक्त हों, लेकिन निष्कर्ष लुप्त हो, जैसे : "सभी विद्यार्थी चंचल होते हैं, और मधुसूदन भी विद्यार्थी ही है।" यहाँ निष्कर्ष "मधुसूदन चंचल है" सन्दर्भ से समझ लिया जाता है, लेकिन व्यक्त नहीं हुआ है।

देखिये—Enthymeme.

Epicheirema [ए'पिकाइरिमा]: संक्षिप्त प्रतिगामी युक्तिमाला।

वह प्रतिगामी युक्तिमाला जिसमें पूर्व हेत्वनुमान का एक आश्रयवाक्य लुप्त होता है, लेकिन उत्तर हेत्वनुमान पूर्णतः व्यक्त होता है।

इसके शुद्ध रूप में उत्तर हेत्वनुमान के आश्रयवाक्य संक्षिप्त हेत्वनुमान के द्वारा सिद्ध किए जाते हैं। इसके मिश्र रूप में इन संक्षिप्त हेत्वनुमानों को भी दूसरे संक्षिप्त हेत्वनुमानों से सिद्ध किया जाता है। शुद्ध रूप को Simple Epicheirema और मिश्र रूप को Complex Epicheirema कहते हैं।

देखिये—Regressive Train of Reasoning, Simple Epicheirema, Complex Epicheirema.

Epicureanism [एपिक्यूरिअनिज़्म] एपिक्यूरसवाद।

ग्रीक दार्शनिक एपिक्यूरस (ईसा पूर्व तीसरी शताब्दी) का यह सिद्धान्त कि सुख-प्राप्ति ही व्यवहार के औचित्य का निकष हो सकता है। प्रचलित धारणा के अनुसार एपिक्यूरस को नितान्त स्वार्थ-परक, उत्कट सुखवाद का प्रतिनिधि माना जाता है और Epicurean शब्द का निन्दात्मक अर्थ में प्रयोग किया जाता है। लेकिन वास्तव में एपिक्यूरिअन सम्प्रदाय के दार्शनिक उच्च और निकृष्ट सुखों के गुणात्मक भेद को स्वीकार करते थे। कला, संस्कृति, सभ्यता और 'मित्रता' को एपिक्यूरस ने अच्छे सुखों का स्रोत बताया है। यूनानी परम्परा में सुखवाद का उग्र रूप साइरेनाइक नीतिशास्त्र में दिखाई पड़ता है, न कि एपिक्यूरिअन नीतिशास्त्र में।

देखिये—Hedonism, Cyrenaicism.

Epiphenomenalism [ए'पिफ़े'नॉमेनलिज़्म] : उपोत्पादवाद, गौण-फलवाद।

टी० एच० हक्सले द्वारा प्रतिपादित सिद्धान्त, जिसके अनुसार 'मन' (या 'मानसिक' क्रियाएँ) उन परिवर्तनों का नाम है जो प्रक्रियाओं के समय होते हैं, और जिनका उन प्रक्रियाओं पर कोई प्रभाव नहीं पड़ता। तथाकथित 'मानसिक अवस्थाएं' शारीरिक प्रक्रियाओं के गौण परिणाम हैं।

Epiphenomenon [ए'पिफ़े'नॉमे'नन]: उपोत्पाद, गौणफल।

किसी प्राकृतिक प्रक्रिया का वह परिणाम जो प्रक्रिया के दौरान उत्पन्न होता है, लेकिन उस प्रक्रिया के विकास पर कोई प्रभाव नहीं डालता, और न वह उस उद्देश्य या प्रयोजन का ही कोई अंग होता है जिसकी पूर्ति के लिए प्रक्रिया चल रही हो। भौतिकवादी विचारकों के अनुसार मन विशुद्ध शारीरिक प्रक्रियाओं के विकास का ही गौणफल है।

देखिये—Epiphenomenalism.

Epistemic Object [ए'पिस्टे'मिक ऑब्जे'क्ट] : ज्ञेय वस्तु, विषय, ज्ञेय।

वस्तु, ज्ञान के विषय के रूप में—चाहे वह ज्ञान सत्य हो या कल्पित, यथार्थ हो या भ्रामक। तात्त्विक दृष्टि से केवल उसी को 'वस्तु' कहा जा सकता है जो यथार्थ ज्ञान का विषय हो।

Epistemology [ए'पिस्टे'मॉलजी] : ज्ञानमीमांसा।

दर्शन का वह विभाग जिसमें ज्ञान की उत्पत्ति, विस्तार और प्रामाणिकता का विवेचन किया जाता है। ऐतिहासिक दृष्टि से ज्ञानमीमांसा का विकास तत्त्व-

मीमांसा के पश्चात् हुआ, लेकिन तार्किक दृष्टि से ज्ञानमीमांसा प्राथमिक है, क्योंकि परम सत्ता के रूप की समीक्षा करने से पहले उन साधनों को समझना आवश्यक है जिनकी सहायता से सत्ता के विषय में कोई भी वक्तव्य दिया जा सकता है। प्राचीन काल में प्लेटो ने और आधुनिक युग में तार्किक प्रत्यक्षवादियों ने ज्ञान-मीमांसा को अत्यधिक महत्त्व प्रदान किया। कुछ समसामयिक दार्शनिकों के अनुसार तत्त्वमीमांसा 'निरर्थक' है और ज्ञानमीमांसा ही दर्शन का केन्द्रबिन्दु है।

तत्त्वमीमांसा के अतिरिक्त दर्शन के दो और क्षेत्र हैं जिनसे ज्ञानमीमांसा का घनिष्ठ सम्बन्ध है—पहला मनोविज्ञान और दूसरा तर्कशास्त्र। ज्ञान का संवेदनात्मक और प्रत्यक्षात्मक पक्ष ज्ञानमीमांसा को मानसिक प्रक्रियाओं के अध्ययन पर मजबूर करता है और उसे मनोविज्ञान के निकट पहुँचाता है। लेकिन ज्ञान का बौद्धिक और विवेकात्मक पक्ष यह भी माँग करता है कि वैचारिक प्रक्रियाओं को नियमबद्ध किया जाय और इस तरह ज्ञानमीमांसा का तर्कशास्त्र से भी अटूट सम्बन्ध स्थापित हो जाता है।

ज्ञानमीमांसा के अंतर्गत मुख्य रूप से ये प्रश्न आते हैं: 'ज्ञान-परिस्थिति' (Knowledge-Situation) की उत्पत्ति और उसका स्वरूप; ज्ञान के विविध प्रकारों में गुणात्मक अन्तर; ज्ञानप्राप्ति की विधियाँ; ज्ञान की सत्यता निर्धारित करने के लिये स्वीकृत मानक; ज्ञान की क्षमताएँ और सीमाएँ।

Epistemological Dualism [ए'पिस्टे'मॉलोजिकल डुअलिज़्म] : ज्ञान-मीमांसीय द्वैतवाद।

ज्ञानमीमांसा का यह सिद्धान्त कि प्रत्यक्ष, स्मृति तथा अन्य अ-तार्किक ज्ञान-प्रक्रियाओं में ज्ञेय वस्तु और मानसिक प्रदत या प्रतिमाएँ एक-दूसरे से पृथक् होती हैं।

देखिये—Epistemology.

Epistemological Idealism [ए'पिस्टे'मॉलोजिकल आइडिअलिज़्म] : ज्ञान-मीमांसीय प्रत्ययवाद।

ज्ञानमीमांसा का वह सिद्धान्त जिसके अनुसार ज्ञान का विषय (Object) और ज्ञान की अन्तर्वस्तु (Content) एक ही हैं, क्योंकि मानसिक प्रत्ययों से स्वतन्त्र ज्ञान का कोई विषय नहीं हो सकता।

Epistemological Monism [ए'पिस्टे'मॉलोजिकल मॉनिज़्म] : ज्ञानमीमांसीय एकवाद।

ज्ञानमीमांसा का यह सिद्धान्त कि अ-तार्किक ज्ञान-प्रक्रियाओं में—जैसे प्रत्यक्ष और स्मृति में—ज्ञेय वस्तुएँ और मन के संवेदन-प्रदत्त (Sense data) एक ही होते हैं। इस सिद्धान्त का एक रूप वास्तववादी है, दूसरा प्रत्ययवादी।

देखिये—Epistemology, Epistemological Realism, Epistemological Idealism.

Epistemological Realism [ए'पिस्टे'मॉलोजिकल रिअलिज़्म] : ज्ञानमीमांसीय वास्तववाद।

यह सिद्धान्त कि ज्ञान का विषय मन से बाहर स्वतन्त्र अस्तित्व रखता है। व्यापक अर्थ में, यह सिद्धान्त सभी ज्ञान-प्रक्रियाओं पर लागू किया जाता है; लेकिन संकीर्ण अर्थ में विषयवस्तु का मनोबाह्य अस्तित्व केवल प्रत्यक्ष-प्रक्रिया (Perceptual Process) के सन्दर्भ में प्रतिपादित किया जाता है। इस (संकीर्ण) अर्थ में 'ज्ञान-मीमांसीय वास्तववाद' को 'प्रत्यक्षात्मक यथार्थवाद' कहा जाता है।

देखिये—Perceptual Realism.

Episyllogism [ए'पिसिलॉजिज़्म] : उत्तर हेत्वनुमान।

किसी तर्कमाला (Train of Reasoning) में वह हेत्वनुमान, जिसका एक आधारवाक्य दूसरे हेत्वनुमान का निष्कर्ष होता है।

देखिये—Sorites, Epicheirema, Polysyllogism.

'E' Proposition ['ई' प्रॉपोज़िशन] : 'ई' तर्कवाक्य।

पूर्णव्यापी निषेधात्मक (Universal Negative) तर्कवाक्य का प्रतीकात्मक रूप। इसको इस तरह व्यक्त किया जाता है : "कोई 'उद्देश्य' 'विधेय' नही है।" प्रत्यक्ष उदाहरण : "कोई फूल हरा नहीं है।"

देखिये—Universal Negative Proposition.

Essence [ए'से'न्स] : सार।

सत्ता का आन्तरिक स्वरूप जिसका विचार अस्तित्व-पक्ष को पृथक् रखकर किया जाय। सत्ता का वह रूप जिसकी समीक्षा किए बिना उस सत्ता की परिभाषा देना असम्भव हो। आधुनिक अस्तित्ववादियों ने 'सार' की कल्पना का निषेध किया है। उनका कहना है कि अस्तित्व से पृथक् 'सार' की धारणा निरर्थक है। उनके अनुसार परम्परागत दर्शन की सबसे बड़ी भूल यह है कि उस में किसी-न-किसी रूप में 'सार' को अस्तित्व की अपेक्षा अधिक महत्त्व प्रदान किया गया है।

देखिये—Existence, Existentialism.

Esthesis [ईस्थे'सिस] : विशुद्ध संवेदन।

संवेदन या भावना की ऐसी विशुद्ध अवस्था जिस पर चेतना की धारणात्मक या व्याख्यात्मक प्रवृत्ति का बिलकुल ही प्रभाव न पड़ा हो।

Eternal Object [इटर्नल ऑब्जेक्ट] : नित्य वस्तु।

इस पद का पारिभाषिक प्रयोग ह्वाइटहेड ने किया है। प्लेटो की तरह ह्वाइटहेड भी दृश्य-जगत् के पीछे एक 'नित्य वस्तुओं' का जगत् स्वीकार करता है। लेकिन प्लेटो के 'प्रत्यय' और ह्वाइटहेड की 'नित्य वस्तु' में अन्तर है। ह्वाइटहेड जब 'नित्य वस्तुओं' के एक स्वतन्त्र जगत् का उल्लेख करता है तब उसका संकेत एक निगूढ़ तार्किक रचना-प्रणाली की ओर होता है, न कि 'आदि-तत्त्वों' की ओर।

Eternal Recurrence [इटर्नल रें'करे'न्स] : चिरन्तन प्रत्यावृत्ति।

नीत्शे का यह सिद्धान्त कि इतिहास में 'घटना-क्रम' बार-बार दोहराए गए हैं और भविष्य में भी दोहराए जाते रहेंगे। विश्व में परमाणुओं की संख्या सीमित है और ऊर्जा भी सीमित है। इसके विपरीत विश्व का अस्तित्व-काल असीम है। इसलिए एक बार हो चुकी घटनाओं का फिर से घटना अवश्यम्भावी है।

इस सिद्धान्त से इतिहास की प्रयोजनशीलता को धक्का लगता है। नीत्शे स्पष्ट रूप से कहता है कि इतिहास किसी नये उद्देश्य की ओर अग्रसर नहीं हो सकता, क्योंकि 'हर बात हो चुकी है'। लेकिन इस सत्य से साधारण व्यक्ति चाहे जितना विचलित हो, अतिमानव (Super man) विचलित नहीं होता। अतिमानव अपने सृजनात्मक अस्तित्व में ही ख़ुश है। उसे भविष्य के किसी उद्देश्य का सहारा लेकर अपने-आपको प्रोत्साहित करते रहने की ज़रूरत नहीं है। उसके जीवन का प्रत्येक क्षण 'चिरन्तन प्रत्यावृत्ति' का स्वागत करता है। जिनका अपना जीवन वृथा और सन्तोषहीन है, वे लोग ही भविष्य को चिरनूतन मानकर आशा का सहारा ढूँढते हैं।

देखिये—Superman.

Eternity [इटर्निटी[: नित्यता, अनन्त काल। **Eternal** [इटर्नल] : नित्य।

संज्ञा के रूप में इस शब्द का अर्थ है : समय का अपरिमित विस्तार; विशेषण के रूप में : वस्तुओं के अनन्त होने का गुण।

प्रत्ययवादी दर्शन में वस्तु को नित्य तभी कहा जाता है जब वह केवल समय-निरपेक्ष ही नहीं वरन् परिवर्तन से स्वतन्त्र भी होती है। इस दृष्टि से ईश्वर या परम सत्ता को एकमात्र 'नित्य द्रव्य' माना गया है। भौतिकवादी दार्शनिक जड़-पदार्थ पर भी नित्यता आरोपित करते हैं। उनके लिए नित्यता और परिवर्तन-

शीलता में कोई विरोध नहीं है।

देखिये—Timeless (The).

Ethics [एथिक्स] : नीतिशास्त्र।

दर्शन का वह पक्ष जिसमें मानवीय व्यवहार का मूल्यात्मक विवेचन किया जाता है। इस विवेचन में औचित्य-अनौचित्य तथा शुभाशुभ का विचार विशेष रूप से होता है और यथासम्भव नैतिक व्यवहार को नियमबद्ध करने का प्रयास भी किया जाता है। आदर्शों, नियमों और मूल्यों से सम्बन्धित होने के नाते नीतिशास्त्र एक नियामक शास्त्र है, न कि तथ्यात्मक। लेकिन शुरू से ही तथ्यों और वास्तविक परिस्थितियों का अध्ययन किसी हद तक नैतिक विचारकों के लिये अनिवार्य सिद्ध हुआ है।

नीतिशास्त्र के मुख्य उद्देश्य ये हैं : व्यवहार के विषय में नैतिक निर्णय जिन मानकों के आधार पर दिया जा सकता है उनका तुलनात्मक अध्ययन; नैतिक चेतना के विकास की दार्शनिक व्याख्या; साध्यों और साधनों की समीक्षा; संकल्प-स्वातन्त्र्य, सामाजिक संतुलन, व्यक्तित्व-साधना और सांस्कृतिक जीवन का नैतिक दृष्टिकोण से विचार। व्यापक रूप से नीतिशास्त्र का विषयक्षेत्र स्थिर होते हुए भी युग-युग में नैतिक आदर्शों की अभिव्यक्ति परिवर्तनशील रही है; और इसीलिये नीतिशास्त्र का झुकाव कभी तत्त्वमीमांसा की ओर रहा है तो कभी धर्मदर्शन की ओर। उन्नीसवीं शताब्दी के आरम्भ से समाजशास्त्र और प्राकृतिक विज्ञानों का प्रभाव भी नीतिशास्त्र पर पड़ा है। समसामयिक दर्शन में भाषा-विश्लेषकों ने नीतिशास्त्र को एक नयी दिशा में मोड़ने का प्रयत्न किया है। उनके अनुसार नीतिशास्त्र का मुख्य कार्य नैतिक निर्णयों में प्रयुक्त शब्दों के अर्थ को स्पष्ट रूप में निर्धारित करना है।

Ethical Hedonism [ए'थिकल हे'डोनिज़्म] : नैतिक सुखवाद।

वह सिद्धान्त जो सुख को एकमात्र नैतिक मानक के रूप में स्वीकार करता है। नैतिक सुखवाद मनोवैज्ञानिक सुखवाद पर आधारित है, जिसके अनुसार सुख-प्राप्ति की चेष्टा मनुष्य के लिए स्वाभाविक है। बेन्थम और मिल ने मनोवैज्ञानिक सुखवाद से नैतिक सुखवाद की सत्यता प्रमाणित की। उन्होंने कहा कि यदि कर्मों का सुख की इच्छा से प्रेरित होना स्वाभाविक है तो नैतिक कर्मों को भी इस प्रेरणा के आधार पर ही जाँचना चाहिए, क्योंकि नैतिकता स्वाभाविकता के विरुद्ध नहीं हो सकती।

सिजविक ने इस व्याख्या को अस्वीकार किया। उसने कहा कि यदि सुखवाद को 'नैतिक' होना है तो उसे स्वार्थ पर नहीं बल्कि परार्थ पर आधारित होना पड़ेगा। मनोवैज्ञानिक सुखवाद केवल व्यक्तिगत सुख पर बल देता है। दूसरों को सुख पहुँचाने की इच्छा भी स्वाभाविक है और उसी को ध्यान में रखते हुए हम 'सुख' को व्यापक अर्थ में नैतिक मानक बना सकते हैं।

देखिये—Hedonism, Psychological Hedonism, Egoistic Hedonism, Altruistic Hedonism.

Ethical, Judgment [ए'थिकल जजमेण्ट] : नैतिक निर्णय।

वह निर्णय जो किसी नैतिक परिस्थिति में दिया जाय, या किसी ऐसे कर्म के विषय में दिया जाय जिसका नैतिक दृष्टि से मूल्यांकन किया जा सके। तार्किक प्रत्यक्षवादियों के अनुसार तथाकथित 'नैतिक निर्णय' वास्तव में निर्णय ही नहीं है, बल्कि इच्छा-बोधक या भावना-बोधक वाक्य है।

देखिये—Moral Judgment.

Ethical Maxim [ए'थिकल मैक्सिम] : नैतिक सूत्र।

काण्ट के पहले, कर्ता के नैतिक पथ-प्रदर्शन के निमित्त समाज और धर्म द्वारा निर्धारित कर्म-सम्बन्धी आदेश। काण्ट के बाद, कर्ता द्वारा विवेक और

कर्तव्य के आधार पर स्वयं निर्धारित नैतिक आदेश।

Ethical Relativity [ए'थिकल रिलेटिविटी] : नैतिक सापेक्षता।

वह सिद्धान्त जो सार्वभौम, निरपेक्ष तथा सर्वत्र और सर्वदा लागू होने वाले नैतिक नियमों या आदर्शों के अस्तित्व को अस्वीकार करता है और नैतिक मूल्यों को युगधर्म तथा ऐतिहासिक परिस्थितियों के सन्दर्भ में जाँचता है।

मार्क्सवादियों ने यह दिखाने का प्रयत्न किया है कि सामाजिक—विशेषत: आर्थिक—संघर्षों ने नैतिक शुभाशुभ की कल्पनाओं को न केवल युग-युग में परिवर्तनशील बनाया है, वरन् एक ही युग में विभिन्न वर्गों के नैतिक मूल्य भी अलग-अलग रहे हैं।

कुछ विचारकों ने व्यक्ति के बदलते हुए संवेगात्मक जीवन को भी नैतिक सापेक्षता का कारण बताया है। उदाहरणार्थ, वेस्टरमार्क ने अपने ग्रन्थों ('Emotive Theory of Ethics', 'Ethical Relativity') में यह सिद्ध करने का प्रयत्न किया है कि संवेगात्मक परिस्थितियों की परिवर्तनशीलता से नैतिक निर्णयों का अस्थायी होना अनिवार्य है।

Ethos [ईथॉस] : चरित्रपक्ष, आचार।

अरस्तू के काव्यशास्त्र में नाट्य का, रसात्मक दृष्टि से, दो पहलुओं से विवेचन किया गया है—एक, विचार या भावना का पक्ष; दूसरा, नैतिक प्रयोजन या चरित्र का पक्ष। ये दोनों ही नाट्य को कलात्मक गतिशीलता प्रदान करते हैं। इनमें से दूसरे पक्ष को अरस्तू 'ईथॉस' कहता है।

Eudaemonism [यूडीमॉनिज़्म] : आत्मोत्कर्षवाद, कल्याणवाद, आत्मप्रसादवाद।

वह सिद्धान्त जो कल्याण को परम शुभ तथा जीवन का सर्वोच्च लक्ष्य मानता है। अरस्तू ने इस मत का सबसे पहले प्रतिपादन किया। उसके अनुसार कल्याण सुख पर निर्भर नहीं है, यद्यपि कल्याण-स्थिति सुखप्रद होती है; और न कल्याण 'सद्गुण' है, यद्यपि सदाचारी व्यक्ति ही कल्याण-स्थिति प्राप्त कर सकता है। कल्याण निरपेक्ष शुभ है, जो अपने-आपमें वांछनीय है क्योंकि वह किसी विशिष्ट ध्येय के अधीन नहीं है। यह निरपेक्ष शुभ आत्मा की क्रिया पर निर्भर है और व्यक्ति से सर्वांगीण पूर्णता की माँग करता है।

अरस्तू ने कल्याणमय जीवन को 'सदाचार के अनुरूप जीवन' तो कहा है, लेकिन साथ-ही-साथ उसे विवेकयुक्त भी माना है। कल्याण को वह 'चिन्तनयुक्त ध्यान' (Theoria) कहता है।

देखिये —Theoria.

Event-particle [इवे'न्ट पार्टिकल्] : घटना-कण।

ह्वाइटहेड के दर्शन में भौतिक जगत् की कोई ऐसी घटना जिसके सारे आयाम कल्पना में संकुचित कर दिये गये हों।

Evil [इविल] : अशुभ-तत्त्व, अशुभ।

विश्व का निन्दनीय, गर्हित या अनिष्टकर पक्ष। शुभ-तत्त्व के विपरीत तत्त्व। 'अशुभ' में अन्याय, पाप, दुर्गुण, दुःख और क्षति आदि सभी धारणाओं का समावेश होता है। कुछ प्राचीन धर्मदर्शनों में शुभ के साथ-साथ अशुभ को भी एक आदितत्त्व माना गया है और विश्व को इन दोनों तत्त्वों या शक्तियों का संघर्षक्षेत्र बताया गया है। देवता और दानव, आलोक और अन्धकार के द्वैत में दानव और अन्धकार अशुभ के प्रतिनिधि माने गए हैं।

Evolution [इवोल्यूशन] : उद्विकास, विकास, क्रमविकास।

सत्ता का सुव्यवस्थित और क्रमबद्ध विकास, तथा अन्तर्निहित सम्भावनाओं की अभिव्यक्ति। यह धारणा व्यक्ति, समाज, सम्पूर्ण विश्व और विचार-जगत्—सभी पर लागू होती है। अस्तित्व के इस पक्ष की ओर प्राचीन काल से ही विचारकों का ध्यान आकृष्ट हुआ है, लेकिन

आधुनिक युग में जीवशास्त्र की खोजों के प्रभाव से—विशेषत: डार्विन के सिद्धान्तों के प्रभाव से—'क्रमविकास' की धारणा ने दर्शन में महत्त्वपूर्ण स्थान प्राप्त किया है।

Evolutionary Hedonism [इवोल्यूशनरी हीडनिज़्म] : विकासवादी सुखवाद।

हर्बर्ट स्पेन्सर द्वारा प्रतिपादित नीतिशास्त्र का वह सिद्धान्त जिसमें सामाजिक विकास और समंजन की धारणाओं के सन्दर्भ में सुखवाद की नयी व्याख्या प्रस्तुत की गई है। स्पेन्सर के अनुसार नीतिशास्त्र को, वैज्ञानिक धरातल पर लाने के लिये यह आवश्यक है कि जैव नियमों और नैतिक व्यवहार के पारस्परिक सम्बन्ध की ओर ध्यान दिया जाय। सुखवादियों की तरह स्पेन्सर यह तो मानता है कि नैतिक व्यवहार का लक्ष्य क़तई अनुभूति की ऐसी कोई स्थिति ही हो सकती है जिससे सन्तोष या आनन्द का किसी-न-किसी रूप में लाभ हो। लेकिन सन्तोष या सुख को अपरोक्ष लक्ष्य नहीं माना जा सकता। नीतिशास्त्र का कार्य है इस बात को निर्धारित करना कि किन कर्मों से व्यक्ति को परिवेश के साथ समायोजन स्थापित करने में सहायता मिलती है, क्योंकि ऐसे समायोजन से ही स्थायी सन्तोष-प्राप्ति सम्भव है। स्पष्ट है कि विकासवादी सुखवाद का सिद्धान्त समसामयिक वैज्ञानिक और समाजशास्त्रीय मान्यताओं को दार्शनिक विवेचन में लागू करने का एक प्रयास है।

देखिये—Hedonism, Evolution.

Exceptive Proposition [एक्से'प्टिव प्रॉपोज़िशन] : अपवादात्मक तर्कवाक्य।

वह तर्कवाक्य जिसमें कुछ विशेष अपवादों को छोड़कर विधेय का उद्देश्य के प्रत्येक अंश के बारे में विधान या निषेध किया जाता है, जैसे : 'मनुष्य के अलावा कोई प्राणी विवेकशील नहीं है', 'पीतल को छोड़कर अन्य सभी धातुओं के सिक्के प्रचलित हैं'।

Excluded Middle (Law of) [लॉ ऑफ़ ए'क्सक्ल्यूडे'ड मिडिल] : विमध्य नियम, निर्मध्यम-नियम।

अरस्तू द्वारा प्रतिपादित तीन स्वयंसिद्ध नियमों में से एक, जिसके अनुसार एक ही वस्तु के बारे में एक ही समय दो विरोधी वक्तव्य दिये जाएँ तो दोनों ग़लत नहीं हो सकते। एक ही वस्तु 'क' पर एक ही समय दो विरोधी गुण 'ख' और 'अ-ख' आरोपित किए गए तो उनमें से एक को अवश्य स्वीकार करना पड़ेगा। 'यह पत्ता हरा है' और 'यह पत्ता हरा नहीं है' में से एक वाक्य को सही होना पड़ेगा।

कुछ लेखकों ने इस बात पर ध्यान दिलाया है कि निर्मध्यम-नियम को किसी व्यक्तिगत वस्तु पर लागू करना तो सरल है; लेकिन यदि किसी ऐसी वस्तु के विषय में वक्तव्य देना हो जो बहुत-सी वस्तुओं का समूह है तो यह नियम लागू नहीं होता। 'सुकरात सत्यवादी था' और 'सुकरात सत्यवादी नहीं था'—इनमें से एक वाक्य अवश्य सही होना पड़ेगा। लेकिन 'मनुष्य सत्यवादी है' और 'मनुष्य सत्यवादी नहीं है'—ये दोनों ही वाक्य ग़लत समझे जा सकते हैं क्योंकि कुछ मनुष्यों के विषय में पहला वक्तव्य ग़लत है और कुछ अन्य मनुष्यों के सम्बन्ध में दूसरा वक्तव्य ग़लत है।

देखिये—Law of Contradiction.

Existence [एक्ज़िस्टेन्स] : अस्तित्व।

अत्यन्त व्यापक अर्थ में 'अस्तित्व' से समस्त सत्ता का बोध होता है। इस अर्थ में वह दर्शन का एकमात्र आधारभूत विषय है।

सीमित रूप में, अस्तित्व' को एक ओर 'यथार्थ' से पृथक् माना जाता है, दूसरी ओर 'मूल्य' से। उदाहरणार्थ, प्लेटो की दृष्टि से वस्तुओं का अस्तित्व तो है लेकिन वे 'यथार्थ' नहीं हैं। इसके विपरीत प्रत्यय यथार्थ हैं यद्यपि उनका 'अस्तित्व' उस अर्थ में स्वीकृत नहीं है

जिस अर्थ में वस्तुओं का अस्तित्व स्वीकृत है। जहाँ तक 'मूल्य' और अस्तित्व के पार्थक्य का प्रश्न है, यह स्पष्ट है किसी वस्तु का 'होना' केवल उसके अस्तित्व का द्योतक है, उसके मूल्य का नहीं; और जिसका 'मूल्य' हम मानते हैं—जैसे किसी आदर्श का—उसके अस्तित्व के विषय में हमें सन्देह भी हो सकता है।

मूल्य और यथार्थ के अलावा अस्तित्व को Essence (सार) से भी पृथक् किया गया है। सार या तत्त्व वस्तु की उस विशिष्टता का परिचायक है जिसके बिना उसकी धारणा अग्राह्य है। सार को चिन्तन द्वारा ग्रहण करना सम्भव है, लेकिन 'अस्तित्व' चिन्तन की पकड़ से स्वतन्त्र है।

समसामयिक अस्तित्ववादी दर्शन में 'अस्तित्व' शब्द से विशेषतः मानवीय अस्तित्व का बोध होता है। इस दृष्टि से अस्तित्व का चिन्तन से स्वतन्त्र होना, ससीम तथा 'विलक्षण' होना, उन गुणों की समष्टि से अधिक महत्त्वपूर्ण है जिन्हें परम्परागत दर्शन में सार-सूचक समझा गया है। अस्तित्ववादियों का विश्वास है कि 'वरण' (Choice) अस्तित्व का प्रमुख लक्षण है और उसे केवल 'होने' या 'करने' में ही 'आत्मसात्' किया जा सकता है, सार या तत्त्व के चिन्तन से नहीं।

देखिये—Essence, Exsitentialism.

Existentialism [एक्ज़िस्टेनश्यलिज़्म] : अस्तित्ववाद।

अस्तित्ववाद एक दार्शनिक प्रवृत्ति और दृष्टिकोण है, न कि निश्चित सिद्धान्त प्रणाली। यह दृष्टिकोण बुद्धिवादी और प्रत्ययवादी परम्पराओं के विरुद्ध प्रतिक्रिया का एक महत्त्वपूर्ण रूप है। द्वितीय महायुद्ध के बाद विवेक, व्यवस्था और उन्नति की धारणाओं के प्रति अविश्वास की जो लहर उठी उसके फलस्वरूप अस्तित्ववाद की ओर तेज़ी से विचारकों का ध्यान आकृष्ट हुआ। यह दृष्टिकोण प्रभावशाली इसलिये भी सिद्ध हुआ कि उसने दर्शन के साथ-साथ साहित्य, कला, धर्म और मनोविज्ञान की मान्यताओं का भी पुनर्मूल्यांकन अनिवार्य बना दिया। लेकिन अस्तित्ववाद समसामयिक होते हुए भी पूर्णतया नवीन प्रवृत्ति नहीं है। उन्नीसवीं शताब्दी के कुछ विचारकों ने, मुख्यतः नीत्शे और दोस्तोयेव्स्की ने, कुछ ऐसी समस्याओं को उठाया था जिन्हें आज के अस्तित्ववादी दर्शन में महत्त्वपूर्ण स्थान प्राप्त है।

डेन्मार्क के किर्केगार्ड (१८१३-१८५५) को अस्तित्ववाद का प्रवर्तक कहा जाता जाता है। किर्केगार्ड के विचारों का आधुनिक मूल्यों और परिस्थितियों के सन्दर्भ में विवेचन करने वाले दार्शनिकों में हाइडेगर और यास्पर्स प्रमुख हैं। सभी अस्तित्ववादियों के अनुसार "अस्तित्व प्राथमिक है, सार गौण"—अर्थात् मानवीय जीवन में जो अनुभव और जो 'संकट' हमारे सामने आते हैं उन्हीं की समीक्षा उपयुक्त है। किसी तथाकथित अनुभवातीत 'परम' के 'सारतत्त्व' की चर्चा वृथा है। इस मूलगत मान्यता के आधार पर अस्तित्ववाद मृत्यु, संकल्प-स्वातन्त्र्य, चिन्ता, उद्वेग आदि समस्याओं का विवेचन करता है। यह विवेचन कुछ अस्तित्ववादियों को—जैसे सार्त्र, हाइडेगर—नास्तिकवाद और संशयवाद की ओर ले जाता है और कुछ अन्य विचारकों को—जैसे मार्सेल, यास्पर्स—अध्यात्मवाद और रहस्यवाद की ओर। व्यापक अर्थ में अस्तित्ववाद—चाहे नास्तिकवादी हो या ईश्वरवादी—मानवतावादी (humanistic) है क्योंकि इस दृष्टिकोण से प्रभावित सभी विचारक वास्तविक 'मानवीय परिस्थिति' (human situation) को ही ज्ञान का सार्थक विषय मानते हैं।

Expectation [ए'क्स्पे'क्टेशन] : अपेक्षा, प्रत्याशा।

मनोवैज्ञानिक 'अपेक्षा' को 'उदीक्षण' (Anticipation) से भिन्न मानते हैं।

अपेक्षा किसी सीमा तक अनुमान पर निर्भर होती है. जहाँ उदीक्षण में अनुमान-प्रक्रिया बिलकुल ही नहीं होती।

देखिये—Anticipation.

Experience [एक्सपीरिअन्स] : अनुभव।

बोध की ऐसी अवस्था जिसमें किसी विषय का ज्ञान सहजात प्रत्ययों से नहीं वरन् मन पर पड़े हुए 'प्रभावों' से हो। इन प्रभावों का स्रोत बाह्य परिवेश में भी हो सकता है, और व्यक्ति की आन्तरिक क्रियाओं में भी। अनुभव का विषय वस्त्वात्मक भी हो सकता है, प्रत्ययात्मक या भावात्मक भी। ज्ञान के उपलब्धि की अवस्था ही अनुभव है। उस दार्शनिक सिद्धान्त या प्रवृत्ति को, जिसमें अनुभव-जन्य ज्ञान को जन्मजात या विशुद्ध विवेकजन्य ज्ञान की अपेक्षा अधिक महत्त्वपूर्ण माना जाय, अनुभववाद (Empiricism) कहा जाता है।

देखिये—Empiricism.

Explicative Judgment [एक्स्प्लिकेटिव जजमे'ण्ट] : वर्णानात्मक निर्णय।

वह निर्णय जिसमें विधेय उद्देश्य के गुण का, या गुण के एक अंश का विश्लेषण मात्र करता हो और किसी नये तथ्य को न बताता हो।

देखियें—Analytic Judgment.

Expressionism [ए'क्स्प्रे'शनिज़्म] : अभिव्यंजनावाद।

आधुनिक सौन्दर्यशास्त्र की एक महत्त्व-पूर्ण प्रवृत्ति जो कलात्मक रचना की व्याख्या कलाकार के व्यक्तित्व की अभिव्यक्ति के सन्दर्भ में करती है। इस दृष्टिकोण को स्वीकार करनेवाले व्यापक रूप से व्यक्तिवादी कहे जा सकते हैं। उनके अनुसार दर्शक, श्रोता या पाठक को सुख पहुँचाना, किसी विचारप्रणाली को सुन्दरतापूर्वक व्यक्त करना, या बाह्य वस्तुओं का चित्रण करना कला का उद्देश्य नहीं है। वास्तव में वे कला में 'उद्देश्यों' को गौण स्थान देते हैं।

इस दृष्टिकोण का प्रभाव काव्य और चित्रकला के क्षेत्रों में विशेष रूप से पड़ा है। दार्शनिक पक्ष से क्रोचे और साहित्या-लोचना के पक्ष से एबरक्रॉम्बी अभि-व्यंजनावाद के प्रमुख प्रतिनिधि हैं।

Extension [ए'क्स्टे'न्शन] : विस्तार, वस्तुनिर्देश।

देश में व्याप्त होने का गुण। देकार्त के अनुसार विस्तार भौतिक पदार्थ की अनिवार्य विशेषता है और विचार-शक्ति मन की अनिवार्य विशेषता है। स्पिनोज़ा के अनुसार द्रव्य एक ही है और उसके असंख्य गुण हैं जिनमें से केवल 'विस्तार' और 'विचार' को मानवीय मन समझ सकता है।

तर्कशास्त्र में यह शब्द वस्तुनिर्देशन के अर्थ में प्रयुक्त होता है। किसी पद का 'विस्तार' यह सूचित करता है कि उस पद का किन वस्तुओं या व्यक्तियों के लिए प्रयोग किया जा सकता है। इस अर्थ में 'ए'क्स्टे'न्शन' के स्थान पर 'Denotation' शब्द भी प्रयुक्त होता है।

देखिये—Denotation.

External Reference [ए'क्स्टर्नल रे'फ़रे'न्स] : बाह्य-निर्देश।

मन की वह प्रवृत्ति जो इन्द्रिय-प्रदत्तों को बाह्य वस्तुओं से सम्बन्धित करती है। इस प्रवृत्ति के कारण प्रदत्त मन में बाह्य जगत् के प्रतीक या प्रतिनिधि बन जाते हैं।

External World [ए'क्स्टर्नल वर्ल्ड] : बाह्य जगत्।

मन से स्वतन्त्र सत्ताओं और तथ्यों का समुदाय जिसे एक व्यवस्थित इकाई के रूप में कल्पित किया जाता है, और जिसका इन्द्रिय-प्रत्यक्ष द्वारा परिचय प्राप्त करने की सम्भाव्यता स्वीकार की जाती है।

Extramental [ए'क्स्ट्रामे'ण्टल] : मनोबाह्य।

वे वस्तुएँ जो अपने अस्तित्व के लिए मन से पूर्णतया स्वतन्त्र हैं। प्लेटो के अनुसार प्रत्यय भी 'मनोबाह्य' है; ज्ञाता

प्रत्ययों को जान सकता है—अर्थात् ज्ञाता का मन उन्हें धारण कर सकता है—लेकिन उनका अस्तित्व मन द्वारा ज्ञात होने पर निर्भर नहीं है।

Extrinsic [ए'क्स्ट्रिन्ज़िक] : पराश्रित, बाह्याभिमुख।

वह सत्ता, जिसका मूल्य किसी बाह्य तथ्य या परिस्थिति पर निर्भर हो।

Extrojection [ए'क्स्ट्रोजे'क्शन] : उत्क्षेपण, बहि:क्षेपण।

संवेदनों और संवेगात्मक स्थितियों को बाह्य रूप देने की मानसिक प्रवृत्ति।

Faculty [फ़ैकल्टी] : आत्मिक ऊर्जा।

मध्ययुगीन दर्शन में आत्मा के मुख्य 'विभागों' में कार्य करने वाली विभिन्न ऊर्जाओं की कल्पना स्वीकार की गई। सन्त टॉमस एक्वाइनस के अनुसार आत्मा इन ऊर्जाओं के ही माध्यम से व्यक्ति के जीवन का निर्देशन करती है। इन ऊर्जाओं को चार वर्गों में विभाजित किया गया :

(१) संवेदनात्मक ऊर्जाएँ;
(२) उद्भिदीय (Vegetative) ऊर्जाएँ, जो केवल पोषण, शारीरिक विकास और प्रजनन से सम्बन्धित हैं;
(३) गतिशीलता;
(४) बुद्धि और 'विवेकशील संकल्प'।

Faculty Psychology [फ़ैकल्टी साइ-कॉलोजी] : मन:शक्तिमूलक मनोविज्ञान।

वह मनोवैज्ञानिक सम्प्रदाय जिसके अनुसार 'मन' कुछ विशेष शक्तियों का संगठन है, और इन शक्तियों का अध्ययन ही मनोविज्ञान का कार्य है। सभी मानसिक क्रियाओं और अवस्थाओं को कुछ वर्गों में विभाजित किया जा सकता है, जैसे स्मरण करना, निरीक्षण करना, संवेगों का अनुभव करना इत्यादि। इनमें से प्रत्येक वर्ग के पीछे एक मन:शक्ति है; जैसे, स्मरण करने की क्रिया इसलिए सम्भव है कि 'स्मृति' से सम्बन्धित एक मौलिक शक्ति मन में है। इसी तरह हम ध्यान को किसी विषय पर इसलिए केन्द्रित कर सकते हैं कि हमारे मन में 'अवधान-शक्ति' है।

स्पर्जहीम और गॉल ने इस सिद्धान्त को शरीरविज्ञान के आधार पर स्थापित करना चाहा। तथाकथित मन:शक्तियों को उन्होंने मस्तिष्क के विभिन्न भागों से सम्बन्धित माना।

इस सिद्धान्त की तीव्र आलोचना की गई है। एक तो इस तरह की परिकलपना में 'आत्माश्रय' का दोष है। यह कहना कि 'हम स्मरण करते हैं, क्योंकि हमारे मन में स्मरण-शक्ति है', एक ही बात को दूसरे शब्दों में दोहरना है। इसके अतिरिक्त मन:शक्तिमूलक मनोविज्ञान अपने सिद्धान्त के समर्थन के लिए कोई निश्चित तथ्य नहीं प्रस्तुत करता।

Faith [फ़ेथ] : प्रतीति, विश्वास, श्रद्धा।

किसी वस्तु, आदर्श या लक्ष्य की सत्यता या औचित्य में ऐसा विश्वास, जो विवेक या निरीक्षण का परिणाम न हो, वरन् जिसका आधार भावात्मक हो। कुछ ऐसे सत्य जो प्रत्यक्ष या अनुमान द्वारा सिद्ध नहीं किए जा सकते, प्रतीति या विश्वास के ही आधार पर स्वीकार किए जाते हैं। उदाहरणार्थ, काण्ट के दर्शन में ईश्वर का अस्तित्व, मानव का संकल्प-स्वातन्त्र्य, और व्यक्ति का अमरत्व, विश्वास के विषय माने गए हैं।

Fallacies of Causation [फ़ैलेसीज़ ऑफ़ कॉज़ेशन] : कारणता-सम्बन्धी तर्क-दोष, कारणता-दोष।

वे आगमनात्मक तर्कदोष, जो 'कारण' की अपूर्ण या अवैज्ञानिक व्याख्या से उत्पन्न होते हैं। उत्तरानुक्रम को कारणता मान लेना, या किसी घटना के एक ही पक्ष को सम्पूर्ण कारण मान लेना, इत्यादि भूलों में कारण की ग़लत व्याख्या के ही परिणाम देखे जा सकते हैं।

देखिये—Post hoc ergo propter hoc.

Fallacy [फ़ैलेसी] : तर्कदोष, दोष।

विचार-क्रिया की वह भूल जो तार्किक नियमों के उल्लंघन से उत्पन्न होती है।

देखिये—Deductive Fallacies, Inductive Fallacies, Semi-logical Fallacics.

Fallacy of Accent [फ़ैलेसी ऑफ़ ऐक्सेन्ट] : स्वराघात-दोष, पदाघात-दोष।

जब किसी ग़लत शब्द पर ज़ोर दिया जाता है तब विचार की अभिव्यक्ति दोष-पूर्ण हो जाती है। ऐसे दोष को 'स्वराघात-दोष' कहते हैं। उदाहरणार्थ : 'आप पूछते हैं कि मैं कौन हूँ !' : इस वाक्य से यदि हम यह भाव व्यक्त करना चाहते हैं कि : "और किसी के बारे में आपको ज्ञान हो या न हो, मेरे बारे में तो आपको नहीं पूछना चाहिए," लेकिन यदि हम उच्चारण करते समय 'आप' शब्द पर बल दें तो अर्थ बदल जाता है और वाक्य से यह भाव व्यक्त होता है : "कोई और व्यक्ति मेरे बारे में पूछे कि यह कौन है, आश्चर्य की बात नहीं, लेकिन आप तो मुझे अच्छी तरह जानते हैं, आपको तो नहीं पूछना चाहिए।"

Fallacy of Accident [फ़ैलेसी ऑफ़ ऐक्सिडेण्ट] : परिस्थिति-दोष, उपाधि-मूलक दोष।

किसी वस्तु के आकस्मिक और स्थायी गुणों में अन्तर न देखने से या विशिष्ट और सामान्य परिस्थितियों को समान समझने से जो दोष उत्पन्न होता है उसे 'परिस्थिति-दोष' कहते हैं। इस दोष के दो रूप हैं। पहला, वह जिसमें कोई ऐसी बात जो सामान्यतः सत्य है विशेष परि-स्थिति में भी सत्य समझ ली जाती है। दूसरा दोष इसके विपरीत है।

देखिये—Direct Fallacy of Accident, Converse Fallacy of Accident.

Fallacy of Ambiguous Major [फ़ैलेसी ऑफ़ ऐम्बिगुअस मेजर]: अनेकार्थक-साध्य दोष, संदिग्ध साध्य-दोष।

जब किसी हेत्वनुमान में साध्य-पद साध्यवाक्य और निष्कर्ष में अलग-अलग अर्थों में प्रयुक्त होता है तब यह दोष उत्पन्न होता है।

Fallacy of Ambiguous Middle [फ़ैलेसी ऑफ़ ऐम्बिगुअस मिडिल] : संदिग्ध हेतु-दोष, अनेकार्थक हेतु-दोष।

जब किसी हेत्वनुमान में हेतु-पद साध्य-वाक्य और पक्षवाक्य में अलग-अलग अर्थों में प्रयुक्त होता है तब यह दोष उत्पन्न होता है।

Fallacy of Ambiguous Minor [फ़ैलेसी ऑफ ऐम्बिगुअस माइनर] : संदिग्ध पक्ष-दोष, अनेकार्थक पक्ष-दोष।

जब किसी हेत्वनुमान में पक्ष-पद पक्ष-वाक्य और निष्कर्ष में अलग-अलग अर्थों में प्रयुक्त होता है तब यह दोष उत्पन्न होता है।

Fallacy of Composition [फ़ैलेसी ऑफ़ कम्पोज़िशन] : संग्रह-दोष, संग्रह-तर्काभास।

जब मध्यम-पद आधारवाक्य में विग्रहार्थ में और पक्षवाक्य में संग्रहार्थ में प्रयुक्त होता है, तब संग्रह-दोष पैदा होता है। जो बात व्यक्तिगत रूप से सही है उसका सामूहिक रूप से सही होना अनिवार्य नहीं है। उदाहरणार्थ : प्रत्येक नागरिक अपना हित चाहता है; अतः सम्पूर्ण नगर अपना हित चाहता है। इस युक्ति में संग्रह-दोष है।

Fallacy of Division [फ़ैलेसी ऑफ़ डिविज़न] : विग्रह-दोष।

जो बात किसी समूह या संयोग के विषय में सत्य हो उसे समूह के खण्डों पर लागू करने से 'विग्रह-दोष' उत्पन्न होता है। 'इटली कलाकारों का देश है', यह वक्तव्य व्यापक रूप से सत्य है। लेकिन इसके आधार पर यदि हम किसी भी इटली-निवासी के बारे में निर्णय दें कि वह अवश्य कलाकार होगा तो हम भूल करेंगे। यह विग्रह-दोष का उदाहरण है।

Fallacy of Equivocation [फ़ैलेसी ऑफ़ इक्विवोकेशन] : संदिग्धता तर्काभास, संदिग्धता-दोष, अनेकार्थता दोष।

जब अनुमान में किसी पद का दो तर्क-

वाक्यों में अलग-अलग अर्थों में प्रयोग किया जाता है, तब यह दोष उत्पन्न होता है। एक तरह से यह चतुष्पदी दोष (Fallacy of Four Terms) ही है क्योंकि जब एक पद दो अर्थों में प्रयुक्त होता है तो हेत्वनुमान में तीन के बदले चार पद आ जाते हैं।

Fallacy of Figure of Speech [फ़ैलेसी ऑफ़ फ़िगर ऑफ़ स्पीच] : अलंकार-दोष, व्युत्पत्ति-साम्य-दोष।

कभी-कभी दो शब्द ऊपरी तौर से समानार्थक लगते हैं लेकिन वास्तव में भिन्नार्थक होते हैं। ऐसे शब्दों के भ्रामक प्रयोग से जो दोष उत्पन्न होता है उसे अलंकार-दोष कहते हैं। 'जिसके पास गुण है,' उसे गुणी कहना ठीक है। लेकिन यदि किसी धनवान मनुष्य के पास निजी जंगल है तो उसे 'जंगली' कहना शब्दों का कु-प्रयोग है।

Fallacy of Four Terms [फ़ैलेसी ऑफ़ फ़ोर टर्मस] : चतुष्पदी दोष, चतुष्पदी तर्काभास।

वह तार्किक दोष जो इस नियम के उल्लंघन से उत्पन्न होता है कि प्रत्येक हेत्वनुमान में केवल तीन पद होने चाहिएँ। उदाहरणार्थ—

मैं मेज़ को स्पर्श करता हूँ;
मेज ज़मीन को स्पर्श करती है;
इसलिए मैं ज़मीन को स्पर्श करता हूँ।

यहाँ वास्तव में चार पद हैं : 'मैं', 'वह जो मेज़ को स्पर्श करता है', 'मेज़' और वह जो ज़मीन को स्पर्श करती है'।

Fallacy of Illicit Generalisation [फ़ैलेसी ऑफ़ इल्लिसिट जनरलाइज़ेशन] : अनुचित सामान्यीकरण-दोष।

सीमित क्षेत्र में, और थोड़े-से निरीक्षण के आधार पर सामान्यीकरण करने से यह तार्किक दोष उत्पन्न होता है। यदि किसी विद्यालय के दो-चार छात्रों से बातचीत करके यह निर्णय दिया जाय कि उस विद्यालय में शिक्षा का स्तर बहुत नीचा है, तो यह अनुचित सामान्यीकरण का दोष होगा।

Fallacy of Illicit Major [फ़ैलेसी ऑफ़ इल्लिसिट मेजर]: अवैध साध्य-दोष।

जब किसी हेत्वनुमान में साध्य-पद आधारवाक्य में व्याप्त हुए बिना ही निष्कर्ष में व्याप्त होता है, तो 'अवैध-साध्य दोष' उत्पन्न होता है, जैसे :

सब कौवे काले हैं;
कोई घोड़ा कौवा नहीं है;
इसलिए कोई घोड़ा काला नहीं है।

यहाँ साध्य-पद 'काला' साध्यवाक्य में व्याप्त नहीं होते हुए भी निष्कर्ष में व्याप्त है, इसलिए यह तर्क दोषयुक्त है।

देखिये—Fallacy of Illicit Process.

Fallacy of Illicit Minor [फ़ैलेसी ऑफ़ इल्लिसिट माइनर] : अवैध पक्ष-दोष।

जब किसी हेत्वनुमान में पक्ष-पद आधारवाक्य में व्याप्त हुए बिना ही निष्कर्ष में व्याप्त होता है तब 'अवैध पक्ष दोष' उत्पन्न होता है, जैसे :

सब राजपूत भारतीय हैं;
सब भारतीय एशियाई हैं;
इसलिए सब एशियाई राजपूत हैं।

यहाँ पक्ष-पद (एशियाई) निष्कर्ष में व्याप्त है लेकिन पक्षवाक्य में अव्याप्त है, इसलिए यह तर्क दोषयुक्त है।

देखिये —Fallacy of Illicit Process.

Fallacy of Illicit Process [फ़ैलेसी ऑफ़ इल्लिसिट प्रॉसे'स] : अवैध प्रक्रिया-दोष।

वह तार्किक दोष जो हेत्वनुमान के इस नियम के उल्लंघन से उत्पन्न होता है कि आधारवाक्य में जो पद व्याप्त नहीं है उसे निष्कर्ष में भी व्याप्त नहीं होना चाहिए। इस दोष के दो रूप हो सकते हैं—अवैध साध्य-दोष (Fallacy of Illicit Major) और अवैध पक्ष-दोष (Fallacy of Illicit Minor)।

देखिये—Fallacy of Illicit Major, Fallacy of Illicit Minor.

Fallacy of Many Questions [फ़ैलेसी ऑफ़ मेनी क्वेश्चन्स] : बहुप्रश्न तर्क छल, प्रश्न-छल ।

किसी विवाद में प्रतिबादी से कोई ऐसा प्रश्न पूछना जिसका 'हाँ' या 'नहीं' में उत्तर देना असम्भव होता है; क्योंकि वास्तव में उस प्रश्न में कोई अन्य प्रश्न छिपा होता है । 'क्या आप अब शराब नहीं पीते ?' : इस प्रश्न का सकारात्मक उत्तर दिया गया तो मद्यपान की स्वीकृति व्यक्त होती है; यदि नकारात्मक उत्तर दिया गया तो यह अर्थ निकलता है कि उत्तर देने वाला अब तक मद्यपान करता रहा है लेकिन अब उसने शराब छोड़ दी है ।

Fallacy of Negative Premises [फ़ैलेसी ऑफ़ निगेटिव प्रीमिसे'ज़] : निषेधात्मक आश्रय-दोष, निषेधक आधार-वाक्य-दोष ।

वह तार्किक दोष जो इस नियम के उल्लंघन से उत्पन्न होता है कि किसी हेत्वनुमान में दोनों आश्रय-वाक्य निषेधात्मक नहीं होने चाहिए । जैसे :

कोई उच्च अधिकारी निरक्षर नहीं है;
सत्यप्रकाश निरक्षर नहीं है;
इसलिए सत्यप्रकाश उच्च अधिकारी है ।

यहाँ दोनों आश्रय-वाक्य निषेधात्मक हैं, इसलिए निष्कर्ष अवैध है ।

Fallacy of Paronymous Terms [फ़ैलेसी ऑफ़ पैरॉनिमस टर्म्'स] : अलंकार-दोष, व्युत्पत्तिसाम्य-दोष ।

भिन्नार्थक शब्दों को समानार्थक समझने से उत्पन्न होने वाला दोष ।

देखिये—Fallacy of Figure of Speech.

Fallacy of the Consequent फ़ैलेसी ऑफ़ द कॉन्सीक्वे'न्ट] : उत्तरांग-विधान-दोष ।

वह तर्कदोष जो किसी सोपाधिक तर्क-वाक्य के पूर्वांग और उत्तरांग को एक-दूसरे के स्थान पर रख देने से उत्पन्न होता है । इसे Non-Sequitur भी कहते हैं ।

देखिये—Non-Sequitur.

Fallacy of Undistributed Middle [फ़ैलेसी ऑफ़ अनडिस्ट्रिब्यूटे'ड मिडिल] : अव्याप्त हेतु-दोष; अव्याप्त मध्यपद-दोष ।

वह तार्किक दोष जो हेतुपद के दोनों आश्रयवाक्यों में अव्याप्त रहने से उत्पन्न होता है । हेतुपद का प्रयोग कम-से-कम एक बार अपने पूरे निर्देश में अवश्य किया जाना चाहिए । हेतुपद का कार्य साध्यपद और पक्षपद में सम्बन्ध स्थापित करना है । लेकिन यदि वह दोनों आश्रय-वाक्यों में अव्याप्त हो, तो साध्यपद और पक्षपद उसके विभिन्न अंशों से सम्बन्धित होंगे, और इस तरह तार्किक प्रक्रिया त्रुटिपूर्ण होगी । उदाहरणार्थ :

सब अमरूद फल हैं;
सब केले फल हैं;
इसलिए सब केले अमरूद हैं ।

यहाँ 'फल', जो कि हेतुपद है, दोनों आश्रयवाक्यों में अव्याप्त रह गया है । परिणामस्वरूप, 'फल' के निर्देश के एक अंश से 'अमरूद' सम्बन्धित हो गया है, और दूसरे अंश से 'केले' सम्बन्धि हो गया है । ऐसी परिस्थिति में निष्कर्ष दोषपूर्ण है ।

Fallibilism [फ़ैलिबिलिज़्म] : स्खलन-शीलतावाद, भ्रामकतावाद ।

पर्स का वह सिद्धान्त जिसके अनुसार मानवीय ज्ञान कभी निरपेक्ष नहीं होता बल्कि "सर्वदा अनिश्चितता और अज्ञेयता के बीच तैरता रहता है ।" इस सिद्धान्त को तार्किक रूप से इस तरह व्यक्त किया गया है : कोई भी समन्वयात्मक निर्णय पूर्णतः सत्यापित (verify) नहीं किया जा सकता ।

Fatalism [फ़ैटलिज़्म] : भाग्यवाद, अदृष्टवाद ।

वह वैचारिक प्रवृत्ति जिसके प्रभाव से मानवीय जीवन में स्वतन्त्रता को अवास्तविक समझा जाता है और मानव की समस्त क्रियाओं और अवस्थाओं को

पूर्वनिर्धारित माना जाता है। इसमें धार्मिक विश्वास का भी पुट है जिसके कारण कभी-कभी 'भाग्य' और 'ईश्वर' में कोई भेद नहीं किया जाता। नीतिशास्त्र में भाग्यवादी प्रवृत्ति नियतिवाद या निर्धारणवाद (Determinism) को पुष्ट करती है, लेकिन यह ज़रूरी नहीं है कि निर्धारणवाद सदा 'भाग्य' की कल्पना पर आधारित हो। निर्धारणवाद 'समाज', 'प्रकृति', 'पर्यावरण' या 'पूर्वकर्म' की धारणाओं पर भी आधारित हो सकता है।

देखिये—Fate, Determinism.

Fate [फ़ेट] : भाग्य, अदृष्ट।

होनेवाली घटनाओं की समष्टि—ऐसी घटनाओं की जो व्यक्ति या समाज को प्रभावित करती हैं, जिन पर जोर नहीं चलता, जो पहले से निर्धारित हैं और इसलिए अपरिवर्तनीय हैं, और जिनका किसी को पूर्वज्ञान नहीं होता।

कभी-कभी 'भाग्य' या 'अदृष्ट' का संकेत एक प्रबल शक्ति की ओर होता है जो रहस्यमय तरीकों से मानवीय जीवन को प्रभावित करती है।

सभी युगों में अदृष्ट की कल्पना ने चिन्तन पर असर डाला है। लेकिन इसके आधार पर कोई व्यवस्थित दार्शनिक सिद्धान्त स्थापित नहीं हुआ। भाग्यवाद एक वैचारिक प्रवृत्ति-मात्र है, न कि दार्शनिक सिद्धान्त।

देखिये—Fatalism.

Feeling [फ़ीलिंग] : भाव, अनुभूति।

व्यापक अर्थ में, कोई व्यक्तिगत, चेतन संस्कार जिसमें बौद्धिक ज्ञान का अंश न हो।

विशेष अर्थ में, सुख या दुःख की अनुभूति। काण्ट ने इन दोनों को ही 'भाव' कहा है और इनकी व्याख्या इस तरह से की है : सुख वह है जो वस्तु और चेतना के पारस्परिक सामंजस्य से उत्पन्न होता है; दुःख वह है जो वस्तु और चेतना की असंगति से उत्पन्न होता है।

Fiction [फ़िक्शन] : विकल्प, कल्पितार्थ।

दर्शन में, इस शब्द का अर्थ साधारण अर्थ से अलग है। दार्शनिक विवेचन में 'विकल्प' उस प्रत्यय को कहते हैं जिसके अनुरूप किसी वस्तु का अस्तित्व न हो, या जिसका मूल्य केवल व्यावहारिक प्रयोजनों की पूर्ति के लिए स्वीकार किया जाता हो।

देखिये—Fictionism, Philosophy of 'As If'.

Fictionism [फ़िक्शनिज़्म] : विकल्पवाद।

वह सिद्धान्त जिसके अनुसार विज्ञान, गणित, दर्शन, नीतिशास्त्र और धर्म की सभी मूल धारणाएँ पूर्णतया काल्पनिक और अवास्तविक हैं। प्रत्यक्ष जीवन में उनका मूल्य है, इसलिए हम उन्हें स्वीकार करते हैं, लेकिन उनमें कोई स्थायी अस्तित्व नहीं है। यह सिद्धान्त तात्त्विक व्यवहारवाद (Pragmatism) या उपकरणवाद (Instrumentalism) का एक चरम रूप है। वाइहिन्गर का ''मानो कि' का दर्शन' (Philosophy of As If) इसी सिद्धान्त पर आधारित है।

देखिये—Philosophy of 'As If'.

Fideism [फ़ाइडेइज़्म] : विश्वासवाद, प्रतीतिवाद, श्रद्धावाद।

ईसाई-धर्म की शिक्षाओं पर आधारित एबी बॉवस्टेन का यह मत कि ज्ञान का प्रत्येक रूप किसी-न-किसी सीमा तक उन मान्यताओं पर निर्भर होता है जिन्हें श्रद्धावश स्वीकार किया जाता है।

Figurative Definition [फ़िगरेटिव डेफ़िनिशन] : आलंकारिक परिभाषा।

वह दोषयुक्त परिभाषा जिसमें किसी पद का विवरण रूपक या उपमा द्वारा दिया जाय, जैसे "साहित्य अनुभव का दर्पण है", "धर्म आत्मा की औषधि है।"

Figures of Syllogism [फिगर्ज़ ऑफ़ सिलॉजिज़्म] : हेत्वनुमान के आकार।

आधारवाक्यों में हेतुपद (मध्यपद) के स्थान के अनुसार हेत्वनुमान के चार अलग-अलग रूप हो सकते हैं। इन रूपों

को 'हेत्वनुमान के आकार' कहते हैं और इन्हें पारिभाषिक अर्थ में प्रथम आकार (First Figure), द्वितीय आकार (Second Figure), तृतीय आकार (Third Figure) और चतुर्थ आकार (Fourth Figure) कहा जाता है।

देखिये—First Figure, Second Figure, Third Figure, Fourth Figure.

Final Cause [फ़ाइनल कॉज़] : अन्तिम कारण, प्रयोजक कारण।

किसी वस्तु का अन्तिम कारण वह लक्ष्य है जिसकी पूर्ति के लिए वस्तु का निर्माण होता है। अरस्तू ने अन्तिम कारण को रूपात्मक कारण का ही एक पक्ष कहा है। मूर्ति का रूप उसका रूपात्मक कारण है, और उस रूप की सत्य उपलब्धि वह लक्ष्य है जो मूर्तिकार को प्रेरित करता है।

यह प्रश्न उठ सकता है कि जब प्राकृतिक क्रियाओं से किसी वस्तु का उद्भव होता है तब उसका कोई अन्तिम कारण नहीं हो सकता। लेकिन अरस्तू के सामने यह कठिनाई नहीं थी क्योंकि उसने समस्त प्रकृति को प्रयोजनशील माना था।

देखिये—Cause.

Finalism [फ़ाइनलिज़्म] : प्रयोजनवाद, हेतुवाद, उद्देश्यवाद।

वह सिद्धान्त जिसके अनुसार भौतिक जगत् की प्रत्येक घटना के पीछे कोई हेतु होता है। प्रयोजनवाद (Teleology) का तात्पर्य भी यही है, लेकिन यह शब्द 'हेतुवाद' की अपेक्षा अधिक व्यापक है और इसका संकेत केवल भौतिक जगत् की ओर नहीं, बल्कि सभी क्षेत्रों की प्रयोजनशीलता की ओर है।

Fine Art [फ़ाइन आर्ट] : ललित-कला।

सौन्दर्यशास्त्र के लेखक ललित-कलाओं को 'उपयोगी कलाओं' से मूलतः भिन्न मानते हैं। वे कलाएँ जिसमें रसानुभूति से प्रेरणा प्राप्त हो, और रसानुभूति या सौन्दर्य-बोध का व्यक्तीकरण ही उद्देश्य हो, ललित-कलाएँ हैं। उपयोगिता या आवश्यकता-पूर्ति से ललित-कलाओं का कोई विरोध नहीं है, लेकिन इन कलाओं में उपयोगिता का पक्ष गौण माना जाता है। साधारणतः, संगीत, चित्रकला, मूर्तिकला, स्थापत्यकला, साहित्य और नृत्य को 'ललित-कलाएँ' कहा जाता है।

Finite [फ़ाइनाइट] : ससीम, परिच्छिन्न।

यह शब्द विभिन्न सन्दर्भों में अर्थ की विभिन्न सूक्ष्म छटाओं को व्यक्त करता है, जैसे—वह जो देश या काल में परिमित हो; वह जो अपने-आप में स्वतन्त्र या स्वच्छन्द न हो; वह जिसका अस्तित्व किसी असीम सत्ता के अस्तित्व पर निर्भर हो; वह व्यक्ति जिसकी शक्ति और क्षमता सीमित हो, इत्यादि।

देखिये—Infinite.

Finite God [फ़ाइनाइट गॉड] : ससीम ईश्वर, परिच्छिन्न ईश्वर।

कुछ आधुनिक विचारकों ने यह मत प्रकट किया है कि ईश्वर को असीम नहीं, बल्कि 'सीमित सत्ताओं में सर्वोपरि' मानना चाहिए। इस मत के समर्थन में अनेक तर्क प्रस्तुत किये गए हैं।

एच० जी० वेल्स और कुछ अन्य विचारकों ने विश्व की अपूर्णता के आधार पर 'ससीम ईश्वर' की कल्पना की है। उनका कहना है कि यदि ईश्वर असीम और निरपेक्ष होता तो एक सीमित और त्रुटिपूर्ण जगत् की रचना न करता।

मैकटागर्ट ने व्यक्तित्व-का प्रश्न उठाया है। उसके अनुसार ईश्वर व्यक्तित्वहीन नहीं हो सकता क्योंकि नैतिक और धार्मिक अनुभूति हमें ईश्वर का व्यक्तित्व मानने के लिए बाध्य करती है। लेकिन यदि ईश्वर व्यक्तित्वमय है तो वह असीम नहीं हो सकता, क्योंकि व्यक्तित्व की धारणा में ससीमता की धारणा अनिवार्य रूप से समाविष्ट है।

इटली के कुछ नव-प्रत्ययवादियों के अनुसार कोई भी सजीव सत्ता असीम नहीं हो सकती, और ईश्वर को निर्जीव नहीं माना जा सकता। इसलिए ईश्वर

को ससीम ही कहना होगा, यद्यपि वह अन्य सभी ससीम सत्ताओं से परे है।

ससीम ईश्वर की कल्पना का भौतिकवाद और प्रत्ययवाद दोनों ने विरोध किया है। भौतिकवादी आलोचक कहते हैं कि 'ससीम ईश्वर' माननेवालों को स्पष्ट रूप से निरीश्वरवाद अपनाना चाहिए, क्योंकि उनके सभी तर्क इसी दिशा में जाते हैं। प्रत्ययवादी कहते हैं कि 'ससीम ईश्वर' एक आत्मविरोधी पद है। यदि सर्वोच्च सत्ता को सीमित मानना हो तो उसके लिए 'ईश्वर' शब्द का प्रयोग निरर्थक है।

Finite Self [फ़ाइनाइट सेल्फ़] : ससीम आत्मा।

मानवीय आत्मा को ससीम आत्मा कहा गया है क्योंकि वह शरीर से सम्बन्धित होने के कारण परिवर्तनशीलता और अपूर्णता से नहीं बच सकती। इसके विपरीत, ईश्वर को 'असीम आत्मा' कहा गया है क्योंकि वह अनन्त, अपरिवर्तनीय और पूर्ण है।

कुछ दार्शनिकों ने मानवीय आत्मा को ईश्वर से अभिन्न माना है। उनकी दृष्टि में मानवीय व्यक्तित्व के दो स्तर हैं—पहला, ससीम आत्मा का स्तर, जो शरीर से उच्च होने पर भी अपूर्ण है; दूसरा, असीम आत्मा का स्तर, जो वास्तव में ईश्वर-तत्त्व ही है।

Fire [फ़ायर] : अग्नितत्त्व।

हिरेक्लाइटस के अनुसार विश्व का आदितत्त्व, जिससे प्रत्येक वस्तु उत्पन्न हुई और जिसमें प्रत्येक वस्तु का लय होता है। कुछ आलोचकों के अनुसार हिरेक्लाइटस के 'अग्नि' शब्द को साधारण अर्थ में नहीं बल्कि रूपकात्मक अर्थ में लेना चाहिए। 'अग्नि' को आदितत्त्व कहना विश्व की गत्यात्मक, चिर-परिवर्तनशील प्रकृति को व्यक्त करने का प्रयास है।

First Figure [फ़र्स्ट फ़िगर] : प्रथम आकार, प्रथम आकृति।

तार्किक हेत्वनुमान का वह रूप जिसमें हेतुपद साध्यवाक्य का उद्देश्य और पक्षवाक्य का विधेय होता है, जसे :

सब मनुष्य मर्त्य हैं;
सुकरात मनुष्य है;
इसलिए, सुकरात मर्त्य है।

प्रथम आकार के नियम ये हैं : (१) साध्यवाक्य पूर्णव्यापी होना चाहिए, (२) पक्षवाक्य सकारात्मक (विधायक) होना चाहिए।

अरस्तू के अनुसार प्रथम आकार का हेत्वनुमान ही शुद्ध है, क्योंकि सर्वनैक अभ्युक्ति (Dictum de Omni et Nullo) केवल इसी आकार पर लागू होती है।

देखिये—Dictum de Omni et Nullo.

First Mover [फ़र्स्ट मूवर] : आदि-चालक।

वह जो गति का प्राथमिक स्रोत है और स्वयं किसी कर्ता या चालक से प्रभावित नहीं है। ईश्वर को 'आदि-चालक' कहा गया है।

देखिये—Prime Mover.

First Philosophy[फ़र्स्ट फ़िलॉसफ़ी] : प्रथम दर्शन।

अरस्तू के मत में तत्त्व-मीमांसा को 'प्रथम दर्शन' कहा गया है, क्योंकि उसमें उन मौलिक समस्याओं की समीक्षा की जाती है जो दर्शन के विभिन्न अंगों से सम्बन्धित हैं।

देखिये—Metaphysics.

Flux Theory [फ्लक्स थियॅरी] : परिवर्तन सिद्धान्त, प्रवहन सिद्धान्त।

वह सिद्धान्त जो परिवर्तनशीलता को ही अस्तित्व का सार मानता है। प्राचीन दर्शन में हिरेक्लाइटस ने इस विचार को चरम सीमा तक पहुँचाया। उसने वस्तु और गुण का भेद अस्वीकार किया और कहा कि परिवर्तन 'पूर्ण परिवर्तन' है। यह मत इस प्रचलित धारणा के विरुद्ध था कि गुणों में परिवर्तन होता है लेकिन वस्तु स्थिर रहती है। हिरेक्लाइटस ने अस्तित्व को नदी की उपमा दी। नदी का जल अविरत प्रवाह वाला है।

हिरेक्लाइटस के शब्दों में एक नदी में कोई दो बार प्रवेश नहीं कर सकता क्योंकि जलकण निरन्तर बहते रहते हैं। इस सिद्धान्त के अनुसार सत्ता परिवर्तित नहीं होती, बल्कि परिवर्तन ही सत्ता है।

आधुनिक युग में इस दार्शनिक प्रवृत्ति का विशुद्ध रूप हेनरी बर्गसाँ के दर्शन में मिलता है।

देखिये—Change, Becoming.

Form [फ़ॉर्म] : रूप, आकार।

अरस्तू के दर्शन में, सत्ता की चरम यथार्थता जिसकी उपलब्धि ही विकास-क्रिया का उद्देश्य है। प्रत्येक वस्तु रूप और भूततत्त्व (Matter) के संयोग से बनती है। केवल ईश्वर ही 'विशुद्ध रूप' (Pure Form) है।

Formal Cause [फ़ॉर्मल कॉज़] : रूपात्मक कारण।

अरस्तू के अनुसार, किसी वस्तु के सार या आन्तरिक रूप को भी उसके 'कारणों' में गिनना चाहिए। मूर्तिकर मूर्ति बनाने से पहले उसका 'रूप' निर्धारित कर लेता है। यह रूप मूर्ति के 'कारणों' में से एक है क्योंकि उसकी अनुपस्थिति में उस विशिष्ट मूर्ति का निर्माण सम्भव न होता।

देखिये—Cause, Form.

Formalism [फ़ॉर्मलिज़्म] : आकारवाद, रूपवाद, नियममात्रानुवर्तनवाद।

नीतिशास्त्र में, वह मत जो नैतिक निर्णय को कर्तव्य के, या कुछ सिद्धान्तों के आकारात्मक पक्ष पर आधारित करता है। यहाँ 'आकार' का तात्पर्य आन्तरिक रूप से है। काण्ट के नीतिदर्शन को भी आकारात्मक कहा गया है क्योंकि उसमें किसी भी कर्म का नैतिक मूल्यांकन उसके आन्तरिक रूप के आधार पर किया जाता है। कर्म के परिणाम से उसके शुभत्व या औचित्य का कोई सम्बन्ध नहीं माना जाता।

सौन्दर्यशास्त्र में, वह सिद्धान्त जो कला-वस्तु के रूप को सौन्दर्य का मानक मानता है, न कि उसके प्रभाव को। क्लाइव बेल तथा राजर फ्राइ इस सिद्धान्त के प्रतिनिधि हैं।

Formal Logic [फ़ार्मल लॉजिक] : आकारगत तर्कशास्त्र।

तर्कशास्त्र का वह विभाग जिसका उद्देश्य केवल आकारगत सत्यकी उपलब्धि है। आकारगत तर्कशास्त्र में आश्रयवाक्यों के सत्य या असत्य होने का प्रश्न ही नहीं उठाया जाता; केवल यही देखा जाता है कि उन वाक्यों से निकाला गया निष्कर्ष शुद्ध है या अशुद्ध। इसे 'संगति का तर्कशास्त्र' भी कहा गया है।

हेमिल्टन, मैन्सेल और कुछ अन्य विचारकों के अनुसार तर्कशास्त्र में 'आकारगत' और 'वस्तुगत' का भेद करना निरर्थक है, क्योंकि तर्कशास्त्र की परिभाषा स्वयं उसके 'आकारगत' होने पर बल देती है। आधुनिक काल में भी यह स्वीकार किया गया है कि आकारगत सत्य और वस्तुगत सत्य को पूर्णतया पृथक् नहीं किया जा सकता।

देखिये—Material Logic.

Formal Truth [फ़ॉर्मल ट्रुथ] : आकारात्मक सत्य।

तर्कशास्त्र में, 'आकारात्मक सत्य' किसी विचार की आत्मसंगति को कहते हैं। यदि आधारवाक्यों से ऐसा निष्कर्ष निकाला जाय जो तार्किक नियमों का उल्लंघन नहीं करता और जो सम्पूर्ण अनुमान से संगति रखता है तो उसे 'सत्य' कहा जा सकता है, चाहे उस निष्कर्ष का अर्थ वास्तविकता के विरुद्ध ही क्यों न जाता हो। 'सब मनुष्य अमर हैं' और 'अविनाश एक मनुष्य है', इन आधारवाक्यों से निकाला गया निष्कर्ष 'अविनाश अमर है' आकारात्मक दृष्टि से 'सत्य' है, यद्यपि वास्तव में यह वक्तव्य असत्य है।

Four Elements [फ़ोर एलिमेन्ट्स] : चार तत्त्व।

प्राचीन युग की दार्शनिक परम्परा में

चार मूल तत्त्वों की कल्पना की गई थी—जल, वायु, अग्नि, मिट्टी। इन तत्त्वों के विभिन्न परिमाणों में संयुक्त होने से ही संसार की सब वस्तुओं का निर्माण होता है —यह विश्वास यूनानी दार्शनिकों में ही नहीं बल्कि मध्ययुगीन विचारकों के ग्रन्थों में भी मिलता है।

आधुनिक युग में विज्ञान की खोजों ने 'तत्त्वों' की संख्या को लगभग सौ तक पहुँचा दिया है। जल, वायु या मिट्टी में से किसी को भी आज तत्त्व नहीं कहा जाता क्योंकि इनमें से प्रत्येक में अनेक 'तत्त्व' मिश्रित हैं। और अग्नि को अब वस्तु नहीं बल्कि किसी वस्तु या किन्हीं वस्तुओं की एक विशेष अवस्था माना जाता है। इसलिए 'चार तत्त्वों' के सिद्धान्त का अब दर्शन के लिए कोई महत्त्व नहीं रहा।

Fourth Figure [फ़ोर्थ फ़िगर] : चतुर्थ आकार, चतुर्थ आकृति।

तार्किक हेत्वनुमान का वह रूप जिसमें मध्यपद या हेतुपद पक्षवाक्य का उद्देश्य और साध्यवाक्य का विधेय होता है, जैसे—

इस कक्षा के सब सदस्य वेदान्त का अध्ययन करते हैं; वेदान्त का अध्ययन करनेवाले सब लोग संस्कृत जानते हैं। इसलिए संस्कृत जाननेवाले कुछ लोग इस कक्षा के सदस्य हैं। चतुर्थ आकार के नियम ये हैं—

(१) यदि साध्यवाक्य विधायक हो तो पक्षवाक्य पूर्णव्यापी होगा।

(२) यदि पक्षवाक्य विधायक हो तो निष्कर्ष अंशव्यापी होगा।

(३) यदि कोई आधारवाक्य निषेधात्मक हो तो साध्यवाक्य पूर्णव्यापी होगा।

Freedom [फ्रीडम] : स्वातन्त्र्य।

अपने व्यवहार को स्वयं निर्धारित करने की क्षमता, जिसे परम्परागत नीतिशास्त्र में नैतिक मूल्यांकन का अनिवार्य आधार माना गया है।

देखिये—Free Will, Autonomy, Liberty.

Free Will [फ्री विल]; **Fredom of the Will** [फ्रीडम ऑफ़ द विल] : स्वतन्त्र संकल्प, संकल्प का स्वातन्त्र्य।

एक से अधिक संभाव्य कार्यों या निर्णयों में से किसी को (या किन्हीं को) चुनने की स्वायत्तता। निर्धारणवादी या उत्कट नियतिवादी विचारक यह नहीं मानते कि मानव स्वतन्त्र संकल्प का अधिकारी है। लेकिन इससे नैतिक उत्तरदायित्व की धारणा निरर्थक हो जाती है। दूसरी ओर निरा स्वच्छन्दतावाद भी नैतिक व्यवहार की व्याख्या के लिए सन्तोषजनक दृष्टि-कोण नहीं मालूम होता क्योंकि उससे नियमबद्धता और सुव्यवस्थितता के लिए कोई आधार नहीं रह जाता। काण्ट ने आत्मनिर्धारण के सिद्धान्त से संकल्प-स्वातन्त्र्य और नियमबद्धता दोनों की रक्षा करने का प्रयत्न किया है।

देखिये— Autonomy of the Will, Self Determination.

Fundamentum Divisionis [फ़न्डामेन्टम डिवीज़निस] : विभाजन-मूलाधार।

वह तथ्य जिसको ध्यान में रखकर किसी जाति का तार्किक विभाजन किया जाता है, जैसे यदि विद्यार्थियों का विभाजन 'गणित', 'साहित्य', 'इतिहास' और 'राजनीति' पढ़नेवालों में किया जाय तो 'पाठ्य विषय' विभाजन मूलाधार होगा। यदि एक ही समय एक से अधिक विभा-जन-आधारों का आश्रय लिया गया तो संकर-विभाजन (Cross Division) का दोष उत्पन्न होता है।

देखिये—Cross Division.

Fusion [फ्यूजन] : विलयन।

ऐसी संयोजन-क्रिया जिसके परिणाम-स्वरूप खंडों का अपना अस्तित्व शेष नहीं रहता।

देखिये—Combination.

Geist [गाइस्ट] : आत्मा।

यह शब्द काण्ट के सौन्दर्यदर्शन में एक

विशेष अर्थ रखता है। 'गाइस्ट' किसी भी सुन्दर वस्तु का वह आन्तरिक गुण है जो मन को सीधे तौर से प्रभावित करता है और कलाकृति को 'जीवित' बनाता है। इस जर्मन शब्द का निकटतम अंग्रेज़ी समानार्थक शब्द है Soul या Spirit।

General Term [जेनरल टर्म] : सामान्य पद।

तर्कशास्त्र में, ऐसा पद जिसका प्रयोग कुछ समान गुणों के कारण अनेक वस्तुओं के लिए किया जाता है, जैसे 'मनुष्य', 'पक्षी' इत्यादि।

Generalization [जे'नरलाइज़ेशन]। सामान्यीकरण।

विशिष्ट उदाहरणों के आधार पर सामान्य प्रत्यय तक पहुँचने की प्रक्रिया। आगमनात्मक तर्कशास्त्र मुख्यतः इसी प्रक्रिया पर आधारित है।

Gensis [जे'ने'सिस] : उत्पत्ति, सृष्टि।

'अस्तित्व में आना'; विशेषतः जड़तत्त्व का रूपांकित होकर पदार्थ बनना (अरस्तू)।

धर्मशास्त्र में, विश्व की सृष्टि का बाइबल में दिया हुआ वर्णन।

Genetic Theory of Space-perception [जे'ने'टिक थियॅरी ऑफ़ स्पेस पर्सेप्शन] : देश-प्रत्यक्ष का विकास-सिद्धान्त।

वह सिद्धान्त, जिसके अनुसार देश-सम्बन्धी गुणों का प्रत्यक्ष एक अनुभवजन्य क्षमता है और उसका धीरे-धीरे विकास होता है। लॉक तथा बेन ने इस सिद्धान्त के आधार पर देश-प्रत्यक्ष की व्याख्या की।

देखिये—Space-Perception, Nativistic Theory.

Genus [जीनस] : जाति।

जब दो वर्गों के द्योतक पद इस तरह सम्बन्धित होते हैं कि एक में दूसरे का निर्देश समाविष्ट हो, तब अधिक निर्देश वाला पद कम निर्देशवाले पद की तुलना में 'जाति' कहलाता है। उदाहरणार्थ, 'वृक्ष' 'कदम्ब' की जाति है।

देखिये—Species.

Geometrical Method [जियोमे'ट्रिकल मे'थड] : ज्यामितीय विधि।

पाइथेगोरस से लेकर बर्ट्रेण्ड रसेल तक अनेक दार्शनिकों ने गणितीय विधि का दर्शन में प्रयोग करने का यत्न किया है। कुछ विचारकों ने गणितीय विधि को अत्यन्त व्यवस्थित रूप में स्वीकार किया है और अपने दार्शनिक निष्कर्षों को ज्यामितीय प्रमेयों (Theorems) के रूप में रखा है। स्पिनोज़ा के 'नीतिशास्त्र' में इसके अच्छे उदाहरण मिलते हैं।

देखिये—Mathematical Method.

Given (The) [द गिवे'न] : दत्त।

जो कुछ भी मन के सम्मुख है—व्याख्या, अनुमान, इत्यादि प्रक्रियाओं से पहले। विचार की 'कच्ची सामग्री'।

तर्कशास्त्र में, वे तथ्य जो ज्ञात हैं, और जिनके आधार पर अज्ञात तथ्यों के विषय में निष्कर्ष निकाला जाता है।

Gnosiology [नोसिऑलोजी] : ज्ञान-तत्त्व-मीमांसा।

'ज्ञानमीमांसा' का वह भाग जिसमें ज्ञान-प्राप्ति की पद्धतियों पर ध्यान नहीं दिया जाता बल्कि केवल उन्हीं प्रश्नों का विवेचन किया जाता है जो ज्ञान की उत्पत्ति और ज्ञान के स्वरूप तथा सीमाओं से सम्बन्धित हैं।

यह शब्द अब प्रचलित नहीं है और ज्ञानमीमांसा का इस तरह से विभाजन भी अब नहीं किया जाता।

Gnosis [नोसिस] : गूढ़ज्ञान, गुह्यविद्या।

पहली और दूसरी शताब्दी (ईसवी) में एक प्रभावशाली धार्मिक सम्प्रदाय का उत्कर्ष हुआ जिसके अनुयायियों का विश्वास था कि कुछ चुने हुए लोगों को ही—उनके विशेष आध्यात्मिक गुणों के कारण—धर्म और दर्शन के उच्चतम ज्ञान का अधिकार है। ऐसे लोगों को Gnostics और जिस रहस्यमय ज्ञान पर उन्होंने एकाधिकार का दावा किया उसे

Gnosis या गूढ़ज्ञान कहा जाता है।

Gnosticism [नॉस्टिसिज़्म] : गूढ़ज्ञान-वाद, गुह्यविद्यावाद।

यह विश्वास कि कुछ विशेष व्यक्ति, जो ईश्वर और साधारण मनुष्यों के बीच मध्यस्थता करते हैं, धर्म के उच्चतम और गूढ़तम रहस्यों का ज्ञान प्राप्त कर सकते हैं। यह शब्द सहजज्ञानवादी विचारधारा के लिए भी प्रयुक्त होता है जिसके अनु-सार धार्मिक ज्ञान के लिए बौद्धिक और तार्किक प्रक्रियाओं का अतिक्रमण करना आवश्यक है। वैलेन्टाइन और सैटनाईनस नॉस्टिक सम्प्रदाय के प्रमुख प्रतिनिधि थे।

देखिये—Gnosis.

Goclenian Sorites [गोक्लिनिअन सोराइटीज़] : गोक्लियस की संक्षिप्त प्रगामी तर्कमाला।

वह संक्षिप्त प्रगामी तर्कमाला जिसमें पूर्व हेत्वनुमान का लुप्त निष्कर्ष उत्तर हेत्वनुमान का साध्यवाक्य बनता है। जैसे :

प्रत्येक प्राणी पदार्थ है;
प्रत्येक पक्षी प्राणी है;
प्रत्येक तोता पक्षी है;
'हीरामणि' तोता है;
इसलिए 'हीरामणि' पदार्थ है।

इस तर्कमाला का पूर्ण व्यक्तीकरण इस तरह होगा :

(१) प्रत्येक प्राणी पदार्थ है;
प्रत्येक पक्षी प्राणी है;
इसलिए प्रत्येक पक्षी पदार्थ है।

(२) प्रत्येक पक्षी पदार्थ है;
प्रत्येक तोता पक्षी है;
इसलिए प्रत्येक तोता पदार्थ है।

(३) प्रत्येक तोता पदार्थ है;
'हीरामणि' तोता है;
इसलिए 'हीरामणि' पदार्थ है।

इस उदाहरण में रेखांकित वाक्यों से स्पष्ट हो जाता है कि Goclenian Sorites में पहले आने वाले हेत्वनुमान का निष्कर्ष बाद में आनेवाले हेत्वनुमान का साध्यवाक्य बनता है।

देखिये—Sorites, Aristotelian Sorites.

God [गॉड] : ईश्वर।

सर्वोच्च सत्ता, परम सत्ता, कुछ मतवादों के अनुसार एकमेव सत्ता। ईश्वर को विश्व-निर्माता, आदि कारण, शुभ और सौन्दर्य का आदिस्रोत, सर्वज्ञ, सर्वव्यापी, सर्वशक्तिमान्, अपरिवर्तनीय तथा पूर्ण माना गया है। ईश्वर के स्वरूप, उसके विश्व के साथ सम्बन्ध, और उसकी ज्ञेयता के विषय में दार्शनिकों में प्राचीन काल से मतभेद रहे हैं। ईश्वर के अस्तित्व के लिए जो प्रमाण प्रस्तुत किये गए हैं उन पर भी मतैक्य देखने में नहीं आता।

देखिये—Pantheism, Theism, Personalism, Deism, Occasionalism, Cosmological Argument, Ontological Argument, Causal Argument, Argument from Design, Causa Sui, Creator-God, Demiurge.

Godhead [गॉडहे'ड] : ईश्वरत्व।

(१) ईश्वर होने की अवस्था।

(१) ईश्वर का सत्य स्वरूप; ईश्वर की सारभूत प्रकृति; ईश्वरीय गुणों की समष्टि।

The Good [द गुड] : शुभ, श्रेय।

कार्य या चरित्र का वह पक्ष जिसमें नैतिक मूल्य हो। कुछ प्राचीन धार्मिक और दार्शनिक परम्पराओं में शुभ को एक आदिशक्ति या आदितत्त्व माना गया है जिसका अशुभ-तत्त्व के विरुद्ध निरन्तर संघर्ष चलता रहता है।

Good Will [गुड विल] : शुभ संकल्प।

काण्ट के नीतिशास्त्र में, संकल्प का वह रूप जो 'अपने-आपमें शुभ' हो। काण्ट के अनुसार शुभ संकल्प निरपेक्ष है, उसका शुभत्व परिस्थिति, उपयोगिता या इच्छा पर निर्भर नहीं होता।

जी० ई० मूर ने काण्ट के इस सिद्धान्त की आलोचना करते हुए कहा है कि इसमें

प्राकृतिक हेत्वाभास (Naturalistic Fallacy) का दोष है। काण्ट शुभ की व्याख्या संकल्प के माध्यम से करता है, लेकिन संकल्प एक प्राकृतिक प्रवृत्ति है और 'शुभ' एक मूल्य है।

Gradation of Pleasures [ग्रेडेशन ऑफ़ प्लेज़र्स] : सुखानुक्रम।

सुखों में उच्च-निम्न का भेद और इस भेद के अनुसार उनका वर्गीकरण। नैतिक सुखवाद के अनुसार सुख-प्राप्ति ही कर्मों के नैतिक औचित्य का मानक है। लेकिन सभी सुख एक ही कोटि के नहीं होते, उनमें कुछ श्रेष्ठ होते हैं और दूसरे अपेक्षाकृत हीन। बेन्थम के अनुसार यह भेद परिमाणात्मक है; जो सुख अधिक समय तक, अधिक मात्रा में मिलता है, वह 'उच्च' है; जो अल्पस्थायी है वह 'निम्न' है। लेकिन मिल के अनुसार सुखों का वर्गीकरण गुणात्मक दृष्टि से किया जाना चाहिए। यदि किसी कलाकृति से दस मिनट तक सुख मिले तो उसे उस सुख की अपेक्षा उच्चतर समझना चाहिए जो किसी वस्त्र को पहनने से चार घण्टों तक मिलता हो।

देखिये—Ethical Hedonism.

'Greatest Happiness of the Greatest Number' [ग्रेटे'स्ट हैप्पीने'स ऑफ़ द ग्रेटे'स्ट नम्बर] : 'अधिकतम लोगों का अधिकतम सुख'।

बेन्थम और मिल के उपयोगितावादी दर्शन में अधिक-से-अधिक मनुष्यों की अधिक-से-अधिक सुख-प्राप्ति को नैतिक जीवन का लक्ष्य माना गया है। यह सिद्धान्त सुखवाद को व्यक्तिगत स्तर से ऊपर उठाकर सामाजिक स्तर तक पहुँचाने का एक प्रयास है।

देखिये—Utilitarianism, Altruism.

Happiness [हैप्पीने'स] : आनन्द, प्रसन्नता, सुख।

साधारणतः 'हैप्पीने'स' और 'प्लेज़र' (Pleasure) शब्दों का क़रीब-क़रीब समान अर्थ में प्रयोग किया जाता है, लेकिन कभी-कभी नीतिशास्त्र में 'उच्चतर सुख' या बौद्धिक-आध्यात्मिक सुख की ओर 'हैप्पीने'स' शब्द का संकेत देखा जाता है। 'आनन्द' को 'सुख' और 'कल्याण' के बीच की अवस्था कहा जा सकता है।

Harmony [हार्मनी] : सामञ्जस्य।

देखिये—Pre-established Harmony.

Hedonism [हीडनिज़्म] : सुखवाद।

नीतिशास्त्र का वह सिद्धान्त जिसके अनुसार व्यवहार का नैतिक मूल्य इस बात पर निर्भर है कि उस व्यवहार के फलस्वरूप, या व्यवहार-क्रिया में ही, सुख-प्राप्ति कहाँ तक होती है। व्यापक दृष्टि से सुखप्राप्ति को नैतिक व्यवहार का मानदण्ड माननेवाले विचारकों में भी बहुत-से मतभेद देखने में आते हैं। ये मतभेद मुख्यतः इन प्रश्नों पर केन्द्रित हैं—'सुख' की व्याख्या कैसे की जाय? मानक के रूप में किसके सुख को ध्यान में रखा जाय, व्यक्ति के या समाज के? सुखों में केवल परिमाणात्मक अन्तर स्वीकार किया जाय, या गुणात्मक अन्तर भी? इन प्रश्नों का समाधान विभिन्न सुखवादियों ने विभिन्न उत्तरों से किया है और इसीलिए सुखवाद का विभाजन 'स्वार्थपरक और परार्थमूलक', 'मनोवैज्ञानिक और नैतिक,' 'उच्च और निम्न' आदि वर्गों में किया गया है।

देखिये—Egoistic Hedonism, Altruistic Hedonism, Evolutionary Hedonism.

Heteronomy [हे'टरोनोमी] : संकल्प-पारतन्त्र्य, परतन्त्रता, परायत्तता।

काण्ट के नीतिशास्त्र में, संकल्प की ऐसी अवस्था जिसमें वह बाह्य शक्तियों से निर्देशित होता है, जैसे लाभ की लालसा, सुख-कामना, इत्यादि। काण्ट के अनुसार, उपर्युक्त शक्तियाँ आत्मीय नहीं हैं, और इसलिए उनका निर्देशन आत्म-निर्धारण के सिद्धान्त के विरुद्ध जाता है।

Hexis [हे'क्सिस] : अभ्यासगत प्रवृत्ति, आदत।

यह शब्द अरस्तू के दर्शन में प्रयुक्त हुआ है। अरस्तू उन अर्जित प्रवृत्तियों को 'हे'क्सिस' कहता है जो अपेक्षाकृत स्थायी होती हैं और व्यक्ति के जीवन को लगातार प्रभावित करती रहती हैं। नैतिक सद्गुणों और बौद्धिक योग्यताओं को भी अरस्तू 'आदत' के अन्तर्गत स्थान देता है।

Higher Naturalism [हायर नेचुरलिज़्म] : उच्चतर प्रकृतिवाद।

प्रिंगल-पैटीसन द्वारा प्रतिपादित सिद्धान्त, जिसमें व्यक्ति को प्रकृति का अंग मानते हुए भी घोर प्रकृतिवाद की यान्त्रिकता से व्यक्तित्व की रक्षा करने का प्रयास है। अपनी पुस्तक 'द आइडिया ऑफ़ गॉड' में प्रिंगल-पैटीसन ने यान्त्रिक प्रकृतिवाद को निम्नतर प्रकृतिवाद कहा है। उसने यह दिखाया है कि व्यक्ति का प्रकृति से आंगिक सम्बन्ध है, लेकिन यह सम्बन्ध स्वयं प्रकृति की जीवनशीलता और अन्तर्हित आध्यात्मिकता का द्योतक है।

Historical Materialism [हिस्टॉरिकल मटीरिअलिज़्म] : ऐतिहासिक भौतिकवाद।

मार्क्सवादी दर्शन में द्वन्द्वात्मक भौतिकवाद (Dialectical Materialism) के सिद्धान्तों के अनुसार किये गए सामाजिक इतिहास की समीक्षा को ऐतिहासिक भौतिकवाद कहते हैं। लेनिन का दावा है कि ऐतिहासिक भौतिकवाद की दृष्टि से यदि मानवीय इतिहास के विभिन्न युगों का अध्ययन किया जाय तो द्वन्द्वात्मक भौतिकवाद की सत्यता स्पष्ट रूप से प्रमाणित होती है।

देखिये—Dialectical Materialism.

Holism [होलिज़्म] : निर्गमनात्मक विकासवाद, पूर्णवाद।

वह सिद्धान्त जिसके अनुसार भौतिक सत्ता की विकास-क्रिया में एक स्तर पर चेतना का निर्गमन होता है। इस सिद्धान्त को 'इमर्जे'न्ट इवोल्यूशन' भी कहते हैं।

देखिये—Emergent Evolution.

Hominism [हॉमिनिज़्म] : व्यवहारात्मक मानववाद।

मानववाद का वह रूप जिसमें 'मानवता' की अमूर्त धारणा को नहीं, बल्कि प्रत्यक्ष मानवीय व्यवहार के मनोवैज्ञानिक और सामाजिक पहलुओं को मूल्य प्रदान किया जाता है।

इस शब्द का प्रयोग विन्डलबान्ड ने किया है।

देखिये—Humanism.

Homotheism [होमोथीइज़्म] : मानवतारोपण, मानवेश्वरवाद।

यह शब्द अर्न्स्ट हेकल के दर्शन में प्रयुक्त हुआ है। इसका अर्थ क़रीब-क़रीब वही है जो 'Anthropomorphism' का;—अर्थात्, ईश्वर पर मानवीय गुणों को आरोपित करना।

देखिये—Anthropomorphism.

Humanism [ह्यूमनिज़्म] : मानवतावाद।

दार्शनिक विवेचन में मानव-जीवन की समस्याओं को महत्त्व प्रदान करने की प्रवृत्ति; विश्व में मानव को सर्वोच्च स्थान देने की प्रवृत्ति; यह सिद्धान्त कि ज्ञान का उद्देश्य मानवीय ज़रूरतों की पूर्ति है, और इसलिए ज्ञान को एक उपयुक्त साधन के रूप में देखना चाहिए, साध्य के रूप में नहीं; समाज-दर्शन और राजनीति-दर्शन में, वह विचारधारा जो 'मानवीय मूल्यों' और 'मानवीय आदर्शों' का प्राधान्य स्वीकार करती है; मानव-प्रकृति के उस पक्ष पर बल देने की प्रवृत्ति जो प्रेम, मैत्री, दया, सहयोग और प्रगति में व्यक्त होता है, न कि कठोरता, स्वार्थ या आक्रमणशीलता में; रसशास्त्र में वह सिद्धान्त जो कला को मानवकेन्द्रित मानता है और कलात्मक अनुभूति तथा सृजनशीलता को 'मानवीय वास्तविकता' का एक अंग मानता है।

इन व्याख्याओं से स्पष्ट हो जाता है कि 'मानवतावाद' एक ऐसा शब्द है जिसको

पारिभाषिक अर्थ में नहीं लिया जा सकता यद्यपि उसका प्रयोग दर्शन के सभी क्षेत्रों में स्वाभाविक रूप से आया है। किसी विचारधारा के 'मानवतावादी' होने के लिए कौन-सा मानदण्ड लागू किया जाय, यह स्थिर करना भी बहुत कठिन है। इस बात के दो उदाहरण दिये जा सकते हैं : अठारहवीं शताब्दी में बहुत-से विचारक यह समझते थे कि मानवतावाद का विवेक पर आधारित होना अनिवार्य है—जो Rationalist नहीं है वह Humanist नहीं हो सकता। लेकिन आज अधिकतर लेखक यह मानते हैं कि संस्कृति के इतिहास में बहुत-से ऐसे दार्शनिक, कलाकार और साधक हुए हैं जिन्हें अवश्य ही मानवतावादी कहा जा सकता है यद्यपि उनका दृष्टिकोण बुद्धिवादी नहीं वरन् रहस्यवादी था और जो विवेक की तुलना में सहजानुभूति को प्राधान्य देते थे। एक और उदाहरण यह है : किसी समय यह कहा जाता था कि "प्रत्येक मानवतावादी आशावादी होता है"। लेकिन आज के अस्तित्ववादी दर्शन के कुछ प्रतिनिधि मानवतावादी तो हैं लेकिन उन्हें आशावादी नहीं कहा जा सकता।

Hylomorphism [हाइलोमॉर्फिज़्म] : भौतिक द्वैतवाद।

वह सिद्धान्त जिसके अनुसार प्रत्येक भौतिक वस्तु में दो तत्त्व होते हैं—(१) आदि जड़तत्त्व जो कभी परिवर्तित नहीं होता, और जो उस वस्तु के सातत्य का आधार है; (२) पदार्थात्मक रूप या द्रव्यात्मक रूप (Substantial Form) जो विकास और परिवर्तन का आधार है।

Hylotheism [हाइलोथीइज़्म] : पार्थिवेश्वरवाद।

वह सिद्धान्त जिसके अनुसार भौतिक पदार्थ ही ईश्वर है। एक पक्ष से इसे घोर भौतिकवाद कहा जा सकता है, लेकिन दूसरे पक्ष से यह सर्वेश्वरवाद (Pantheism) भी है क्योंकि इसमें ईश्वर और प्रकृति की अभिन्नता स्वीकार की गई है।

Hylozoism [हाइलोज़ोइज़्म] : सर्वजीववाद।

यह विश्वास कि 'जीवन्तता' भौतिक पदार्थ का एक अनिवार्य गुण है, या यह कि भौतिकतत्त्व और जीवतत्त्व अविच्छिन्न हैं। प्राचीन काल की अधिकतर विचारधाराओं में प्रकृति को 'जीवित' माना गया है। आधुनिक युग में प्राणवाद (Vitalism) के विभिन्न रूपों में इस प्राचीन विश्वास की अभिव्यक्ति देखी जा सकती है।

देखिये—Vitalism.

Hypothesis [हाइपॉथिसिस] : प्राक्कल्पना, प्राक्कथन।

कोई ऐसी व्याख्या, आधारवाक्य, सम्भाव्य कारण, वक्तव्य या अभिग्रह (Assumption) जिसकी सत्यता को अस्थायी रूप से, तार्किक या वैज्ञानिक अन्वेषण के आरम्भ में, स्वीकार कर लिया जाय। प्राक्कल्पना के आधार पर निकाले गये निष्कर्ष के प्रमाणित होने पर उस प्राक्कल्पना की सत्यता सिद्ध हो जाती है।

Hypothetical Morality [हाइपोथे'टिकल मो'रैलिटी] : सोपाधिक नैतिकता।

ऐसा नैतिक आदेश या ऐसी नैतिक मान्यता जिसे सोपाधिक रूप से व्यक्त किया गया हो, जैसे : 'यदि अमुक परिणामों से बचना है, तो अमुक कर्म करना नैतिक कर्तव्य है।'

Hypothetical Proposition [हाइपोथे'टिकल प्रॉपोज़िशन] : सापेक्ष तर्कवाक्य, सोपाधिक तर्कवाक्य।

वह सापेक्ष तर्कवाक्य जिसमें विधेय का उद्देश्य को स्वीकार या अस्वीकार करना किसी विशेष अवस्था या घटना पर निर्भर होता है। साधारणत: यह परिस्थिति 'यदि-तो', 'जहाँ-वहाँ' आदि शब्दों से व्यक्त की जाती है, जैसे : 'यदि युद्ध शुरू हुआ तो क़ीमतें बढ़ेंगी'; 'जहाँ परिश्रम है वहीं साफल्य है'।

सोपाधिक तर्कवाक्य के दो भाग होते हैं—पूर्वांग (Antecedent) और उत्तरांग (Consequent)। पूर्वांग में शर्त स्थापित

की जाती है और उत्तरांग में स्वीकृति या अस्वीकृति व्यक्त की जाती है।

Idea [आइडिया] : प्रत्यय।

विभिन्न सन्दर्भों में, और विभिन्न दार्शनिक मतवादों में, इस शब्द का प्रयोग अनेक अर्थों में हुआ है, जैसे : मानसिक धारणा; बाह्य वस्तु का मन में प्रतिबिम्ब; किसी भौतिक सत्ता की मानसिक अनुकृति (Copy) या प्रतिमा (Image); वह जो मन में वस्तु का प्रतिनिधित्व (Representation) करे; सत्ता का रूप (Form) या सार (Essence) जो उसके भौतिक अस्तित्व का आधार है (यह प्लेटो का मत है); वह धारणा जो सामान्य (Universal) है, न कि विशेष (Particular) (यह भी प्लेटो का मत है)।

उपरोक्त व्याख्याओं से यह स्पष्ट है कि Idea शब्द का कोई पारिभाषिक अर्थ निश्चित नहीं किया जा सकता। शायद केवल यही कहा जा सकता है कि प्रत्यय 'ठोस' नहीं बल्कि अमूर्त होते हैं और उनका अस्तित्व देश-काल में नहीं बल्कि मन में होता है। अर्थ की इस अनिश्चितता के कारण ही 'Idea' शब्द को कुछ यथार्थवादियों ने 'दर्शन की कठिनाइयों का आदि-स्रोत' घोषित किया है।

देखिये—Idealism.

Idealism [आइडिअलिज़्म] : प्रत्ययवाद, आदर्शवाद।

तत्त्वमीमांसा में, वह सिद्धान्त जिसके अनुसार सत्ता का वास्तविक रूप प्रत्ययात्मक है, न कि भौतिक। ज्ञानमीमांसा में, वह सिद्धान्त जिसके अनुसार ज्ञान का स्रोत प्रत्ययों में है और ज्ञान-प्रक्रिया का अर्थ है प्रत्ययों में व्यवस्थित रूप प्रदान करना। चूँकि Idea शब्द का अर्थ अनिश्चित है, और विभिन्न विचारकों ने इसका प्रयोग विभिन्न सन्दर्भों में किया है, इसलिए यह स्वाभाविक ही है कि Idealism या प्रत्ययवाद का भी कोई स्पष्ट या निश्चित रूप सामने नहीं आता। कुछ दार्शनिक केवल मन का ही अस्तित्व स्वीकार करते हैं, भौतिक वस्तु का नहीं। ऐसे दार्शनिकों का झुकाव प्रत्ययवाद के उत्कट रूप की ओर होता है और उनके सिद्धान्त को Subjective Idealism कहा गया है। कुछ अन्य दार्शनिक—जैसे प्राचीन काल में अरस्तू और आधुनिक काल में हेगल—प्रत्यय को प्राधान्य देते हुए वस्तुजगत् को भी स्वीकार करते हैं। उनके दृष्टिकोण को Objective Idealism कहा गया है।

नीतिशास्त्र में Idealism शब्द का सम्बन्ध 'Ideal' (आदर्श) से है, न कि 'Idea' (प्रत्यय) से। नैतिक, सामाजिक या राजनैतिक विवेचन में आदर्शवाद वह प्रवृत्ति है जिसकी प्रेरणा से आदर्शों के सन्दर्भ में तथ्यों का मूल्यांकन किया जाता है। स्वातन्त्र्य, समता, न्याय, शान्ति, सामञ्जस्य और आत्मसाधना के आदर्शों ने नैतिक और सामाजिक चिन्तन पर प्रभाव डाला है।

देखिये—Idea, Subjective Idealism, Objective Idealism.

Idea of the Good [आइडिआ ऑफ़ द गुड] : शुभ-प्रत्यय।

प्लेटो के दर्शन में सर्वोच्च प्रत्यय, या प्रत्यय-सोपान का अन्तिम चरण। प्लेटो के अनुसार प्रत्यय ही वास्तविक सत्ताएँ हैं और तथाकथित भौतिक वस्तुएँ प्रत्ययों की अनुकृतियाँ मात्र हैं। इसलिए शुभ-प्रत्यय—सर्वोच्च प्रत्यय होने के नाते—परम सत्ता का दूसरा नाम है। प्लेटोवाद के कुछ व्याख्याकारों ने शुभ-प्रत्यय को ईश्वर से भी ऊँचा स्थान दिया है। उनका कहना है कि प्लेटो के दर्शन में ईश्वर केवल परिवर्तन और ऊर्जा का आधार है, जबकि शुभ-प्रत्यय अस्तित्व और मूल्य का आदिस्रोत है।

Identity Hypothesis [आइडे'न्टिटी हाइपोथेसिस] : तादात्म्य परिकल्पना।

यह परिकल्पना शरीर और मन के सम्बन्ध की समस्या हल करने की दिशा में एक क़दम है। देकार्त ने शरीर और

मन को विपरीत गुणोंवाली दो स्वतन्त्र सत्ताएँ माना था। इससे यह प्रश्न उत्पन्न हुआ कि इन दोनों में पारस्परिक सहयोग कैसे सम्भव है। स्पिनोज़ा ने कहा कि शरीर और मन के सम्बन्ध का प्रश्न ही नहीं उठता, क्योंकि वे एक-दूसरे से भिन्न सत्ताएँ नहीं हैं। वे एक ही 'द्रव्य' के दो पक्ष हैं और इसलिए उनका परस्पर तादात्म्य है।

देखिये—Double Aspect Theory, Parallelism.

Ignoratio Elenchi [इग्नोरेशिओ एलेन्की] : अप्रसंग-दोष।

वह तर्कदोष जो विवाद के विषय का वास्तविक रूप न समझने पर या प्रसंगगत निष्कर्ष के बदले वैसा ही प्रतीत होनेवाले किसी दूसरे निष्कर्ष को सिद्ध करने से उत्पन्न होता है।

Immanence [इमेनन्स] : अन्तर्वर्तिता।

एक सत्ता का दूसरी सत्ता में व्याप्त होना। अन्तर्वर्तिता का प्रश्न स्रष्टा और सृष्टि, या ईश्वर और विश्व के पारस्परिक सम्बन्ध के विवेचन में अनिवार्य रूप से सामने आता है।

देखिये—Immanence of God.

Immanence of God [इमेनेन्स ऑफ़ गॉड] : ईश्वर की अन्तर्वर्तिता।

ईश्वर का विश्व में व्याप्त होना।

यदि ईश्वर को सम्पूर्ण रूप से विश्व में व्याप्त माना गया तो ईश्वर और विश्व में कोई पार्थक्य नहीं रहता और हम Pantheism (सर्वेश्वरवाद) तक पहुँच जाते हैं। यदि ईश्वर को बिलकुल ही विश्वातीत (Transcendent) मानें तो सृष्टि और स्रष्टा में कोई सम्बन्ध स्थापित नहीं होता। इन दोनों कठिनाइयों से बचने के लिए कुछ दार्शनिकों ने आन्तरातीत ईश्वरवाद (Immanent Theism) का सिद्धान्त प्रस्तुत किया है जिसमें 'व्याप्त ईश्वर' (Immanent God) और 'विश्वातीत ईश्वर' (Transcendent God) की धारणाओं में सामञ्जस्य स्थापित करने का प्रयास है।

देखिये—Immanent Theism.

Immanent Action [इमेनेन्ट ऍक्शन] : व्याप्त कर्म।

स्कॉलैस्टिक दर्शन में, वह कर्म जिसके द्वारा कर्ता कर्म के विषय को ग्रहण करे, या अपने अत्यन्त समीप ला सके। उदाहरणार्थ, 'मनन' या 'ध्यान' (Contemplation) व्याप्त कर्म है।

देखिये—Transient Action.

Immanent Theism [इमेनेन्ट थीइज़्म] : आन्तरातीत ईश्वरवाद।

ईश्वर और विश्व के पारस्परिक सम्बन्ध के विषय में यह सिद्धान्त कि उपस्थिति (Presence) तथा क्रिया (Activity) की दृष्टि से ईश्वर विश्व में व्याप्त है, लेकिन सार (Essence) की दृष्टि से वह विश्वातीत है।

देखिये—Immanence, Immanence of God.

Immediate Inference [इमीडिएट इन्फ़रेन्स] : अव्यवहित अनुमान।

वह निगमनात्मक अनुमान जिसमें एक ही आश्रयवाक्य के आधार पर निष्कर्ष निकाला जाता है। इसमें निष्कर्ष आधार-वाक्य से अधिक व्यापक नहीं होता, बल्कि उसका स्पष्टीकरण मात्र करता है। कुछ विचारकों के अनुसार इसे अनुमान कहना उचित नहीं है, क्योंकि तर्क-क्रिया किसी नयी बात तक नहीं पहुँचती। जैसे : 'सब मनुष्य मर्त्य हैं' से यदि यह निष्कर्ष निकाला जाय कि 'कोई मनुष्य अमर नहीं है' तो इसे वास्तव में अनुमान नहीं कहा जा सकता।

अव्यवहित अनुमान कई प्रकार का होता है। इनमें से मुख्य प्रकार ये हैं—Conversion (परिवर्तन), Obversion (प्रतिवर्तन), Contraposition (परिप्रतिवर्तन), Inversion (प्रतिपर्यावर्तन), Opposition (प्रतियोग), Modal Consequence (निश्चयमात्रात्मक अनुमान), Change of Relation (सम्बन्ध-

परिवर्तन) Inference by Added Determinants (संयुक्त विशेपणानुमान) Inference by Complex Conception (मिश्रधारणानुमान)'

देखिये—Conversion, Obversion, Contraposition, Inversion, Opposition, Modal Consequence, Change of Relation, Inference by Added Determinants, Inference by Complex Conception.

Immortality [इम्मॉर्टेलिटी]: अमरता।

आत्मा की अमरता के प्रश्न का धर्म-शास्त्र के साथ-साथ दर्शन में भी प्राचीन काल से विवेचन होता आया है। अमरता की दो धारणाएँ मुख्य रूप से सामने आती हैं—एक, शारीरिक मृत्यु के बाद मन, चैतन्य या आत्मा का असीम काल में अस्तित्व; और दूसरे, आत्मा या चैतन्य का एक ऐसी स्थिति में पदार्पण जो कालातीत हो, अर्थात् जिस पर काल का प्रत्यय लागू ही न हो।

अरस्तू ने अमरता के प्रश्न को सर्वप्रथम दार्शनिक विवेचन में व्यवस्थित रूप से उठाया। अरस्तू के दर्शन का यह एक मूलभूत सिद्धान्त है कि रूप और भौतिक वस्तु की तरह आत्मा और शरीर भी एक दूसरे पर निर्भर हैं (केवल ईश्वर ही विशुद्ध रूप और विशुद्ध आत्मा है)। इस सिद्धान्त की रक्षा करते हुए अमरता को कैसे स्वीकार किया जाय? समस्या का हल अरस्तू ने कुछ इस प्रकार सुझाया—आत्मा के दो पक्ष हैं, एक निम्न पक्ष जिसकी शरीर के साथ मृत्यु हो जाती है; और दूसरा उच्च पक्ष, जो अमर है। आत्मा के इस 'उच्च पक्ष' को अरस्तू ने 'सक्रिय विवेक' कहा है। यह 'सक्रिय विवेक' (Active Reason) ईश्वर या विशुद्ध आत्मा की देन है और व्यक्ति की शारीरिक मृत्यु हो जाने पर उसकी आत्मा का यह अंश ईश्वर के पास वापस चला जाता है।

काण्ट ने आत्मा की अमरता को नैतिक जीवन की आवश्यकता के रूप में स्वीकार किया। काण्ट का यह तर्क इस प्रकार है—मनुष्य का विवेक उसे बाध्य करता है कि वह पूर्णता की उपलब्धि के लिए निरन्तर प्रयत्नशील रहे। लेकिन पूर्णत्व का आदर्श सीमित काल में सम्पादनीय नहीं है, उसके लिए असीम काल आवश्यक है। इस सार्वभौम अनिवार्यता से आत्मा की अमरता सिद्ध होती है।

Imperfect Figure [इम्पर्फ़ेक्ट फ़िगर]: अपूर्ण आकृति, अपूर्ण आकार।

तार्किक हेत्वनुमान के द्वितीय, तृतीय और चतुर्थ आकारों को अरस्तू ने 'अपूर्ण आकार' कहा है क्योंकि 'सर्वनैक अभ्युक्ति' (Dictum de Omni et Nullo) का सिद्धान्त इन आकारों पर सीधे लागू नहीं होता।

देखिये—Perfect Figure, Dictum de Omni et Nullo.

Indeterminism [इन्डिटर्मिनिज़्म]: अनियततत्ववाद।

व्यापक रूप से, विश्व की नियमबद्धता को अस्वीकार करने की प्रवृत्ति। नीतिशास्त्र में, यह सिद्धान्त कि मानव के कार्य और उसकी इच्छाएँ पूर्ववर्ती परिस्थितियों से नियन्त्रित नहीं होतीं।

देखिये—Libertianism.

Individualism [इन्डिविज्युअॅलिज़्म]: व्यष्टिवाद, व्यक्तिवाद।

वह विचारधारा जो सामान्यों (Universals) की तुलना में विशेषों (Particulars) को प्राधान्य देती है। नीतिशास्त्र में, यह मानने की प्रवृत्ति कि नैतिक मानकों का मूल्य व्यक्तिपरक है, सार्वभौम या निरपेक्ष नहीं। समाजदर्शन और राजनीति-दर्शन में, वह सिद्धान्त जिसके अनुसार व्यक्ति का मूल्य प्राथमिक है, समाज और राज्य का गौण।

Individuality [इन्डिविज्युअॅलिटी]: व्यष्टित्व।

आम तौर से Individuality और

Personality का प्रयोग समान अर्थ में होता है। लेकिन कुछ लेखकों के अनुसार पहले शब्द का संकेत दार्शनिक है, दूसरे का मनोवैज्ञानिक। व्यष्टि वह है जो किसी वस्तु के 'विशेषत्व'(Particularity) का परिचय देता है, और इसलिए व्यष्टित्व को मानवेतर सत्ताओं पर भी आरोपित किया जा सकता है। लेकिन 'व्यक्तित्व' की धारणा पूर्णतः मानवीय है।

Induction [इन्डक्शन] : आगमन।

अनुमान की वह प्रक्रिया जिसके द्वारा विशिष्ट ज्ञान की सहायता से सामान्य ज्ञान प्राप्त किया जाता है। सोलहवीं शताब्दी में फ्रान्सिस बेकन ने सबसे पहले इस प्रकार के अनुमान का व्यवस्थित रूप से विवेचन किया। बेकन ने इस बात की ओर ध्यान दिलाया कि परम्परागत निगमनात्मक तर्कशास्त्र (Deductive Logic) में आधारवाक्यों से जो निष्कर्ष निकाला जाता है वह निश्चित तो होता है लेकिन उससे ज्ञानवृद्धि नहीं होती—पहले ही जानी हुई बात दूसरे रूप में फिर से कही जाती है। आगमनात्मक तर्क में हम ज्ञान से अज्ञान की ओर बढ़ते हैं, और अनुमान विश्लेषणात्मक नहीं बल्कि संश्लेषणात्मक होता है।

उन्नीसवीं शताब्दी में जॉन स्टुअर्ट मिल ने आगमन के नियमों की विस्तृत समीक्षा की और आगमनात्मक तर्क में होनेवाले दोषों की ओर ध्यान दिलाया।

Induction per Simple Enumeration [इन्डक्शन पर सिम्पल एन्यूमरेशन] : सरल गणनात्मक आगमन।

देखिये—Simple Enumerative Induction.

Inductive Fallacy [इन्डक्टिव फ़ैलेसी] : आगमनात्मक तर्कदोष, आगमन तर्कदोष।

वह तर्कदोष जो या तो आगमन के नियमों का उल्लंघन करने से उत्पन्न होता है या कुछ ऐसी क्रियाओं के ग़लत प्रयोग से जो आगमन से सम्बन्धित हैं। पहले प्रकार के तर्कदोषों को Inferential (आनुमानिक) और दूसरे प्रकार के तर्कदोषों को Non-inferential (अनानुमानिक) कहते हैं।

देखिये—Inferential Fallacy, Non-inferential Fallacy.

Inductive Leap [इन्डक्टिव लीप] : आगमनात्मक प्लवन (प्लुति)।

ज्ञात से अज्ञात की ओर अग्रसर होने की क्रिया आगमन का मूल आधार है। इस क्रिया को बेन ने 'आगमनात्मक प्लवन' का नाम दिया है। 'प्लवन' (कुदान या छलाँग) का संकेत इस ओर है कि आगमन में हम अनिरीक्षित बातों के विषय में निर्णय देते हैं जो कि एक 'साहस का काम' है।

Inference [इन्फ़रे'न्स] : अनुमान, अनुमिति।

वह तर्कक्रिया जिसमें एक या अनेक तर्कवाक्यों के आधार पर किसी अन्य तकवाक्य तक पहुँचा जाता है। इस क्रिया के निष्कर्ष को भी अनुमान कहा जा सकता है। कभी-कभी क्रिया को 'तर्क' (Reasoning) और केवल निष्कर्ष को अनुमान या अनुमिति कहा जाता है।

जिन तर्कवाक्यों के आधार पर निष्कर्ष निकाला जाता है उन्हें आधारवाक्य कहते हैं। अनुमान के दो मुख्य प्रकार हैं—निगमनात्मक (Deductive) और आगमनात्मक (Inductive)।

देखिये—Deduction, Induction.

Inference by Added Determinants [इन्फ़रे'न्स बाइ ऐडे'ड डिटर्मिनेन्ट्स] : संयुक्त विशेषणानुमान।

वह अव्यवहित अनुमान जिसमें दिये हुए तर्कवाक्य के उद्देश्य और विधेय को समान रूप से सीमित करके निष्कर्ष प्राप्त किया जाता है, जैसे : 'आम एक वृक्ष है; इसलिए फलने-फूलने वाला आम फलने-फूलने वाला वृक्ष है।'

यह अनुमान तभी शुद्ध होता है जब

सीमित करनेवाला विशेषण उद्देश्य और विधेय दोनों को समान रूप से प्रभावित करे। कभी-कभी एक ही शब्द विभिन्न प्रसंगों में अलग-अलग अर्थ व्यक्त करता हैं, जिससे संयुक्त विशेषणानुमान अशुद्ध हो जाता है, जैसे—

कवि एक मनुष्य है;

इसलिए, बुरा कवि एक बुरा मनुष्य है। यहाँ 'बुरा' विशेषण उद्देश्य और विधेय को समान रूप से सीमित नहीं करता; 'बुरा कवि' का अर्थ होता है अकुशल कवि, लेकिन 'बुरा मनुष्य' कहने से अनैतिकता का बोध होता है।

Inference by Complex Conception [इन्फ़रे'न्स बाई कॉम्प्ले'क्स कन्से'प्शन] : मिश्रधारणानुमान।

वह अव्यवहित अनुमान जिसमें किसी तर्कवाक्य के उद्देश्य तथा विधेय को एक मिश्र-धारणा का भाग बना दिया जाता है, जैसे—

आम एक फल है;

इसलिए, आम का छिलका एक फल का छिलका है। यह अनुमान संयुक्त विशेषणानुमान (Inference by Added Determinants) से मिलता-जुलता है। लेकिन जहाँ संयुक्त विशेषणानुमान में उद्देश्य तथा विधेय के साथ विशेषण जोड़ दिया जाता है, मिश्रधारणानुमान में उद्देश्य तथा विधेय स्वयं विशेषण की तरह प्रयुक्त होते हैं।

देखिये—Inference by Added Determinants.

Inferential Fallacy [इन्फरे'न्शिअल फ़ैलेसी] : आनुमानिक तर्कदोष।

आगमनात्मक अनुमान के नियमों का पालन करने से जो दोष उत्पन्न होते हैं उन्हें 'आनुमानिक तर्कदोष' कहते हैं। वैज्ञानिक आगमन, गणनात्मक आगमन और सादृश्यानुमान से सम्बन्धित सभी तर्कदोष इस वर्ग में आते हैं।

Infima Species [इनफ़िमा स्पीशीज़]: निम्नतम उपजाति।

वह वर्ग जिससे कम व्यापक कोई अन्य वर्ग नहीं हो सकता। निम्नतम उपजाति स्वयं दूसरी उपजातियों की जाति नहीं हो सकती।

Infinite [इन्फिनिट] : असीम।

वह जो देश-काल में सीमित या परिच्छिन्न न हो, जो पूर्णतया स्वतन्त्र हो और जिसका अस्तित्व किसी अन्य सत्ता के अस्तित्व पर निर्भर न हो। कभी-कभी ईश्वर की अन्य सत्ताओं से पार्थक्य व्यक्त करने के लिये दार्शनिकों ने 'ईश्वर' के बदले 'असीम' शब्द का प्रयोग किया है।

देखिये—Finite.

Innate Ideas [इनेट आइडिआज़] : सहजात प्रत्यय।

वे प्रत्यय जिनकी उपलब्धि अनुभव पर निर्भर नहीं होती बल्कि जो प्रत्येक व्यक्ति जन्म से ही अपने साथ लाता है और जिनकी उपस्थिति मानवीय मन का एक अनिवार्य तथा सार्वभौम गुण है। देकार्त ने ईश्वर और अमरत्व की धारणाओं को 'सहजात' कहा है। लॉक के अनुभववादी दर्शन का आरम्भ सहजात प्रत्ययों के निषेध से होता है। लॉक का यह दावा है कि प्रत्येक प्रत्यय अनुभवजन्य होता है।

Inseparable Accidens [इन्से'पैरेबल ऐक्सिडे'न्स] : अवियोज्य आकस्मिक गुण।

वह आकस्मिक गुण जो किसी वर्ग के प्रत्येक सदस्य में विद्यमान हो, जैसे घास का 'हरापन'।

देखिये—Accidens, Separable Accidens.

Inter-actionism [इन्टर ऐक्शनिज्म] अन्योन्यक्रियावाद।

देकार्त का वह सिद्धान्त जिसमें शरीर और मन को दो अलग-अलग सत्ताएँ मानते हुए यह भी स्वीकार किया गया है कि इन दोनों का एक-दूसरे पर प्रभाव पड़ता है।

देखिये—Body-Mind Problem.

Intuition [इन्ट्यूइशन] : अन्तःप्रज्ञा।

किसी मन द्वारा अपना, अन्य मनों का, बाह्य वस्तुओं का, अवस्थाओं का, सत्यों, सामान्यों या मूल्यों का ऐसा बोध जो अपरोक्ष, 'सीधा' और तात्कालिक हो, और जो तर्क, विश्लेषण या विवेक की प्रक्रिया पर निर्भर न हो। अन्तः प्रज्ञा का रूप केवल ज्ञानसूचक (cognitive) ही हो यह ज़रूरी नहीं है। रसास्वादन या ईश्वर-बोध की अवस्था में भी अन्तःप्रज्ञा सम्भव है। कुछ दार्शनिकों ने अन्तःप्रज्ञा और विवेक को परस्पर-विरोधी ज्ञानमार्गों के रूप में माना है। लेकिन अधिकतर दार्शनिक मतवादों और परम्पराओं में अन्तःप्रज्ञा और विवेक को एक-दूसरे का पूरक माना गया है।

Intuitionism [इन्ट्यूइशनिज़्म] : अन्तःप्रज्ञावाद।

वह सिद्धान्त जिसके अनुसार अन्तःप्रज्ञा को ज्ञान का सबसे महत्त्वपूर्ण साधन माना जाता है, या वह जिसमें परम सत्ता को केवल अन्तःप्रज्ञा द्वारा ही ज्ञेय बताया जाता है। नीतिशास्त्र में, वह मतवाद जो अन्तःप्रज्ञा को औचित्य-अनौचित्य या शुभाशुभ का अन्तिम निर्णायक मानता है।

देखिय—Intuition.

Inverse [इन्वर्स] : विपर्यस्त, प्रतिपर्यावर्तित।

विपर्यय पर आधारित अव्यवहित अनुमान में दिये हुए तर्कवाक्य से निकाला गया निष्कर्ष। जैसे : सब मनुष्य मर्त्य हैं' का विपर्यय करके जब कहा जाता है कि 'कोई मनुष्य अमर नहीं है' तो यह दूसरा वकाय (निष्कर्ष) 'विपर्यस्त' है।

देखिये—Inversion, Invertend.

Inversion [इन्वर्ज़न] : विपर्यय, प्रतिपर्यावर्तन।

अव्यवहित अनुमान का वह रूप जिसमें किसी तर्कवाक्य से ऐसा निष्कर्ष निकाला जाता है जिसका उद्देश्य मूल तर्कवाक्य के उद्देश्य का व्याघातक हो। मूल्य वाक्य का विपर्यय (Invertend) और निष्कर्ष को विपर्यस्त (Inverse) कहते हैं।

विपर्यय पूर्ण भी हो सकता है, आंशिक भी। पूर्ण विपर्यय में निष्कर्ष का विधेय भी मूलवाक्य के विधेय का व्याघातक होता है। आंशिक विपर्यय में केवल उद्देश्य ही मूल उद्देश्य का व्याघातक होता है, विधेय समान रहता है।

विपर्यय केवल पूर्णव्यापी तर्कवाक्यों का ही हो सकता है।

उदाहरण : 'सब मनुष्य मर्त्य हैं' का विपर्यस्त है 'कोई मनुष्य अमर नहीं है' (पूर्ण विपर्यय), या 'कुछ मनुष्य अमर नहीं हैं' (आंशिक विपर्यय)।

देखिये—Immediate Inference, Invertend, Inverse, Complete Inversion, Partial Inversion.

Invertend [इन्वर्टे'न्ड] : विपर्येय, प्रतिपर्यावर्त्य।

विपर्यय पर आधारित अनुमान में वह तर्कवाक्य जिसका विपर्यय किया जाय।

देखिये—Inversion Inverse.

'I' Proposition ['आइ' प्रॉपोज़िशन] : 'इ' तर्कवाक्य।

अंशव्यापी विधायक तर्कवाक्य (Particular Affirmative Proposition) का प्रतीकात्मक रूप। इसको इस तरह व्यक्त किया जाता है : "कुछ उद्देश्य', 'विधेय' हैं।" प्रत्यक्ष उदाहरण : 'कुछ फल मीठे हैं।'

देखिये—Particular Affirmative Proposition.

Judgment [जजमे'न्ट] : निर्णय।

वह मानसिक प्रक्रिया जिसके द्वारा किसी सत्ता के बारे में किसी विधेय को स्वीकृत या अस्वीकृत किया जाता है, या किसी गुण का अस्तित्व या अभाव प्रतिपादित किया जाता है। तार्किक दृष्टि से 'निर्णय' और तर्कवाक्य में कोई अन्तर नहीं है।

निर्णय सकारात्मक भी हो सकता है, नकारात्मक भी। नीतिशास्त्र में 'निर्णय' का संकेत व्यवहार के मूल्य या औचित्य की ओर होता है। सौन्दर्यशास्त्र में 'निर्णय'

कलात्मक अर्थपूर्णता या अभिरुचि व्यक्त करता है।

Judgment of Value [जजमे'न्ट ऑफ़ वैल्यू] : मूल्यसूचक निर्णय।

किसी सत्ता, कर्म या तथ्य के विषय में ऐसा प्रतिपादन जो कलात्मक, नैतिक, व्यावहारिक या तात्त्विक मूल्य के अस्तित्व या अभाव को व्यक्त करे।

Kinesis [काइने'सिस] : गति, परिवर्तन।

इस यूनानी शब्द का प्रयोग परिवर्तन के अत्यन्त व्यापक भाव को व्यक्त करने के लिए किया गया है। अरस्तू के दर्शन में 'काइने'सिस' तीन प्रकार के बताए गए हैं :(१) गुण-परिवर्तन, (२) स्थान-परिवर्तन या 'एक जगह त्यागकर दूसरी जगह विद्यमान होना', और (३) परिमाण-परिवर्तन या 'बढ़ना-घटना'।

Knower [नोअर] : ज्ञाता।

वह क्रियाशील सत्ता जो ज्ञेय वस्तु से परिचय प्राप्त करती है। संकीर्ण अर्थ में केवल बुद्धि को ज्ञाता कहा जा सकता है, लेकिन अधिकतर विचारक सम्पूर्ण व्यक्ति को ज्ञाता मानते हैं।

कुछ दार्शनिकों के अनुसार ईश्वर एकमात्र 'ज्ञाता' है। किसी वस्तु का पूर्ण ज्ञान प्राप्त करने के लिए यह आवश्यक है कि उस वस्तु का विश्व की अन्य सभी वस्तुओं से सम्बन्ध समझा जाय, जो कि मानव की सीमित और त्रुटिपूर्ण बुद्धि के लिए सम्भव नहीं है। केवल 'असीम बुद्धि' ही सही अर्थ में ज्ञाता हो सकती है।

Knowledge [नॉले'ज] : ज्ञान।

वस्तुओं, तथ्यों, भावों या विचारों की प्रकृति के विषय में, और उनके 'सम्बन्धों' के विषय में, ऐसी परिचय-प्राप्ति जो किसी हद तक व्यवस्थित और स्थायी हो। सुकरात और प्लेटो ने 'मत' (Opinion) तथा 'ज्ञान' के अन्तर को दार्शनिक विवेचन का मुख्य आधार बताया है।

'ज्ञान' एक व्यापक शब्द है जिसका संकेत ज्ञान-प्राप्ति की प्रक्रिया, और उस प्रक्रिया का फल या उपलब्धि, दोनों के लिए होता है।

कभी-कभी ज्ञान को 'मत' और 'सत्य' के बीच का स्थान दिया जाता है। इस दृष्टिकोण से ज्ञान 'मत' से अधिक निश्चित और सत्य से कम निश्चित होता है।

अज्ञेयवादियों (Agnostics) का कहना है कि वस्तुएँ अपने विशुद्ध रूप में मन के सम्मुख कभी उपस्थित नहीं हो सकतीं क्योंकि उन्हें देश-काल और मन के विकल्पों तथा वैचारिक रूपों के बीच गुज़रना होता है; और इसलिए 'ज्ञान' असम्भव है।

Knowledge Process [नॉले'ज प्रॉसे'स] : ज्ञान-प्रक्रिया।

यह एक व्यापक शब्द है जिसका प्रयोग उन सभी प्रक्रियाओं की समग्रता व्यक्त करता है जिनसे मन को ज्ञेय वस्तु का परिचय प्राप्त होता है। संवेदन, प्रत्यक्ष, वर्गीकरण, व्याख्या इत्यादि सभी प्रक्रियाएँ, जो किसी न किसी रूप में 'बोध' से सम्बन्धित हैं, इसके अन्तर्गत रखी जा सकती हैं।

देखिये—Knowledge.

Knowledge Situation [नॉलेज-सिचुएशन] : ज्ञान-परिस्थिति।

वह परिस्थिति जिसमें मन द्वारा ज्ञेय वस्तु की परिचय-प्राप्ति सम्भव हो। इस परिस्थिति की आवश्यकताएँ हैं—मन की चेतन अवस्था, वस्तु का अस्तित्व, अवधान, इन्द्रियों की ग्रहण-क्षमता, इत्यादि।

Lambert's Canons [लैम्बर्ट्‌स कैनन्स] : लैम्बर्ट के नियम।

हेत्वनुमान के द्वितीय, तृतीय और चतुर्थ आकारों के विषय में लैम्बर्ट द्वारा प्रतिपादित नियम। ये नियम हैं : (१) व्यावर्तक-अभ्युक्ति (Dictum de Diverso), (२) निदर्शन-अभ्युक्ति (Dictum de Exemplo) और (३) इतरेतर-अभ्युक्ति (Dictum de Reciproco)।

लैम्बर्ट ने इन नियमों की स्थापना इसलिए की कि अरस्तू का सर्वनैक-अभ्युक्ति (Dictum de Omni et Nullo)

का नियम केवल प्रथम आकार के हेत्वनुमान पर ही सीधा लागू होता है। अरस्तू केवल इसी आकार को 'पूर्ण' मानता था, लेकिन लैम्बर्ट के अनुसार प्रत्येक आकार अपनी तरह से पूर्ण है क्योंकि वह अपने विशिष्ट नियम पर आधारित है।

देखिये—Dictum de Diverso, Dictum de Exemplo.

Latency [लेटे'न्सी] : अन्तर्हिति, अव्यक्तावस्था।

'Potentiality' शब्द की भाँति, इस शब्द का प्रयोग भी, दर्शन में, विकासमान गुणों और परिणामों की अव्यक्त अवस्था के लिए किया गया है।

मनोविज्ञान के क्षेत्र में फ्रॉयड ने इस शब्द के द्वारा मन की उन स्थितियों की ओर संकेत किया है जो चेतना की सतह से नीचे रह जाती हैं।

Latin Averroism [लैटिन एविरोइज़्म] : लैटिन इब्न रुश्दवाद।

इब्न रुश्द द्वारा की गई अरस्तू के दर्शन की व्याख्या के आधार पर मध्ययुगीन यूरोप में जिस विचारधारा का विकास हुआ उसे 'लैटिन इब्न रुश्दवाद' कहा जाता है। दसवीं, ग्यारहवीं और बारहवीं शताब्दियों में पेरिस का विश्वविद्यालय इस विचारधारा का प्रमुख केन्द्र था। साइगर 'लैटिन इब्न रुश्दवाद' का सबसे महत्त्वपूर्ण प्रतिनिधि था। आगे चलकर सन्त टॉमस एक्वाइनस ने इब्न रुश्द के सिद्धान्तों का विरोध किया और अरस्तू के दर्शन की ऐसी सर्वांगीण व्याख्या प्रस्तुत की जो ईसाई परम्पराओं और विश्वासों से सुसंगत थी।

देखिये—Averroism.

Law [लॉ] : नियम, विधि।

नियम के अर्थ में 'लॉ' शब्द का प्रयोग तर्कशास्त्र, नीतिशास्त्र तथा विज्ञान में होता रहा है।

अरस्तु के तर्कशास्त्र में विचार के तीन नियम माने गए हैं। नीतिशास्त्र में कर्म के अनिवार्य आदेशों को नैतिक नियम कहा गया है। विज्ञान में 'लॉ' शब्द का प्रयोग अनिवार्यता का नहीं वरन् उच्चतम सम्भाव्यता का बोध कराता है। आधुनिक वैज्ञानिक विचारधारा के अनुसार प्रकृति के विभिन्न अवयवों के निश्चित सम्बन्धों की एक सीमा होती है।

विधि (क़ानून) के अर्थ में 'लॉ' शब्द का प्रयोग राजनीति और समाजशास्त्र में किया जाता है। राजनीतिक विधि शासन-सत्ता के द्वारा निर्धारित की जाती है और राष्ट्र की सीमाओं में ही मान्य होती है। इसके भी दो अलग-अलग रूप हैं : (१) सार्वजनिक विधि (Public Law), जिसका पालन राष्ट्र के सभी सदस्यों के लिए अनिवार्य है, और (२) सीमित विधि (Private Law), जो कुछ विशेष परिस्थितियों में विशेष लोगों पर लागू होती है।

नियम या विधि की कल्पना का दार्शनिक आधार विश्व में सुव्यवस्था के अस्तित्व को मानना है।

Law of Causality [लॉ ऑफ़ कॉज़ेलिटी] : कारणता का नियम।

यह नियम कि प्रत्येक तथ्य या घटना का कोई कारण होता है। 'प्रथम कारण' को इस नियम का एकमात्र अपवाद माना जाता है। कारणता का नियम इस मान्यता से सम्बन्धित है कि विश्व आकस्मिक घटनाओं या विच्छिन्न तथ्यों का समूह नहीं है।

देखिये—Cause, Causality.

Law of Contiguity [लॉ ऑफ़ कन्टिगुइटी] : सामीप्य-नियम।

विचार-साहचर्य के नियमों में से एक, जिसके अनुसार यदि दो तथ्य देश या काल में एक-दूसरे के निकट हैं तो एक की उपस्थिति से मन को दूसरे का भी स्मरण हो जाता है।

देखिये—Association.

Law of Contradiction [लॉ ऑफ़ कॉन्ट्राडिक्शन] : व्याघात का नियम।

यह नियम कि एक ही वस्तु में एक ही

समय दो परस्पर-विरोधी गुण नहीं हो सकते। 'अ' एक ही समय और एक ही स्थान पर 'ब' और 'अ-ब' नहीं हो सकता।

यह नियम परम्परागत तर्कशास्त्र के आधारों में से एक है। कुछ विचारकों ने इसे 'अव्याघात का नियम' (Law of Non-Contradiction) भी कहा है।

देखिये—Law of Non-Contradiction.

Law of Non-Contradiction [लॉ ऑफ़ नॉन-कॉन्ट्राडिक्शन] : अव्याघात का नियम।

व्याघात के नियम को कभी-कभी 'अव्याघात' का नियम भी कहा जाता है, क्योंकि उसके अनुसार विचारों की सुसंगति और विशुद्धता के लिए 'अव्याघात' या 'व्याघात का अभाव' आवश्यक है।

देखिये—Law of Contradiction.

Law of Contrast [लॉ ऑफ़ कॉन्ट्रास्ट] : वैषम्य-नियम।

विचार-साहचर्य के नियमों में से एक, जिसके अनुसार यदि दो वस्तुओं या धारणाओं में वैषम्य हो तो एक के स्मरण से दूसरे के स्मरण होने की स्वाभाविक प्रवृत्ति मन में है।

Law of Identity [लॉ ऑफ़ आइडे'न्टिटी] : तादात्म्य-नियम।

अरस्तू द्वारा स्वीकृत तीन स्वयंसिद्ध वैचारिक नियमों में से प्रथम, जिसके अनुसार 'सत्य सर्वदा आत्मानुरूप होता है'। जिस वस्तु के बारे में हम तर्क करते हैं वह सदा 'अपने से अनन्य है' ऐसा यदि हम न मानें तो तर्क असम्भव हो जाय। इस नियम को इस तरह से व्यक्त किया जा सकता है : "जो कुछ है, वह वही है," या " 'अ' 'अ' है।"

यह नियम निगमनात्मक तर्क के आधारों में से एक है। निगमन में परिवर्तन के लिए कोई स्थान नहीं है। विचारक यह मानकर चलता है कि जिस आधार पर वह तर्क करता है वह अपरिवर्तित रहेगा; जिस वस्तु के बारे में वह कोई निष्कर्ष निकालता है उस वस्तु के गुण तर्क-क्रिया की अवधि में जैसे हैं वैसे ही रहेंगे।

Law of Parsimony [लॉ ऑफ़ पार्सिमोनी] : मितव्ययिता का नियम।

इस नियम की माँग है कि तथ्यों या घटनाओं की व्याख्या करने में विचारों का व्यक्तीकरण यथासम्भव संक्षिप्त हो, और कम-से-कम परिकल्पनाओं का प्रयोग किया जाय। तात्पर्य यह कि व्याख्या जटिल न हो, बल्कि सरल हो। विलियम ऑफ़ ओकाम ने इस नियम को सबसे पहले प्रतिपादित किया। इसे 'ओकाम-क्षुरिका' भी कहते हैं।

इस नियम का आधारभूत तर्क यह है कि प्रकृति अपने उद्देश्यों की पूर्ति के लिए कम-से-कम साधनों का उपयोग करती है। इसलिए हमें भी वैचारिक प्रक्रियाओं में मितव्ययिता से काम लेना चाहिए। व्यर्थ शब्दजाल बुनने की, और प्रत्येक समस्या को अत्यन्त उलझा हुआ बना देने की, प्रवृत्ति के विरुद्ध यह नियम एक चेतावनी है। लेकिन स्पष्ट है कि सरल व्याख्याएँ केवल सरल परिस्थितियों में ही पर्याप्त हो सकती हैं। चिन्तन को अति-सरलीकरण से बचाना उतना ही ज़रूरी है जितना आत्यन्तिक जटिलता से बचाना।

देखिये—Occam's Razor.

Law of Uniformity of Nature [लॉ ऑफ़ यूनिफ़ॉर्मिटी ऑफ़ नेचर] : प्रकृति की एकरूपता का नियम।

यह नियम कि समान अवस्थाओं में प्रकृति एक ही प्रकार का व्यवहार करती है। इस नियम को कई प्रकार से व्यक्त किया गया है, जैसे : 'प्रकृति अपनी पुनरावृत्ति करती रहती है', 'यदि कारण समान हों तो परिणाम भी समान होंगे', इत्यादि। तात्पर्य यह है कि प्रकृति नियमबद्ध है, उसमें उच्छृंखलता नहीं है।

इस नियम का यह मतलब नहीं है कि प्रकृति में नानात्व नहीं है, या भविष्य में

वही घटनाएँ होंगी जो पहले हो चुकी हैं। मतलब केवल यह है कि विभिन्न घटनाएँ निश्चित नियमों के अनुसार होती हैं। यह नियम सभी आगमनात्मक निष्कर्षों का आधार है। यदि प्रकृति में एकरूपता न हो तो ज्ञात तथ्यों के आधार पर अज्ञात तथ्यों का अनुमान लगाना असम्भव हो जाय। मिल ने तो यहाँ तक कहा है कि "प्रकृति की एकरूपता का नियम समस्त आगमन का चरम साध्यवाक्य (Ultimate Major Premise) है।"

देखिये—Induction.

Laws of Association [लॉज़ ऑफ़ एसोसिएशन] : साहचर्य के नियम।

वे मनोवैज्ञानिक नियम जिनके अनुसार विचारों और प्रत्ययों में साहचर्य-सम्बन्ध स्थापित होते हैं। इन नियमों का अन्वेषण सबसे पहले अरस्तू ने किया। अरस्तू ने तीन मुख्य नियमों का उल्लेख किया: साम्य का नियम (Law of Similarity), समीपता का नियम (Law of Contiguity) और वैषम्य का नियम (Law of Contrast)।

देखिये—Associationism, Law of Contiguity, Law of Contrast.

Libertarianism [लिबर्टेरिअनिज़्म] : स्वेच्छातन्त्रवाद।

दर्शन में स्वेच्छातन्त्रवाद वह सिद्धान्त है जिसके अनुसार मनुष्य को बौद्धिक निर्णय की स्वतन्त्रता प्राप्त है और किसी सीमा तक उस निर्णय को वह कार्यान्वित भी कर सकता है। स्वेच्छातन्त्रवाद का आधार है स्वतन्त्र संकल्प की स्वीकृति।

कभी-कभी 'स्वेच्छातन्त्रवाद' का यह अर्थ भी लगाया जाता है कि ईश्वर मनुष्यों को उनके कर्मों का फल देने के लिए स्वतन्त्र है, वह अपने ही अटल नियमों से जकड़ा नहीं है।

धार्मिक पक्ष से स्वेच्छातन्त्रवाद वह विश्वास है जिसके अनुसार व्यक्ति पाप और पुण्य में चुनाव करने के लिए स्वतन्त्र है और फलतः अपने कर्मों के लिए पूर्णतया उत्तरदायी है।

देखिये—Free Will.

Liberty [लिबर्टी] : स्वतन्त्रता।

इस शब्द का प्रयोग मुख्य रूप से नीतिशास्त्र में हुआ है। प्रश्न इस प्रकार उठता है कि यदि मनुष्य स्वतन्त्र नहीं है तो उसे न शुभ कर्मों के लिए श्रेय मिलना चाहिए, न अनुचित कर्मों के लिए दंड। इस समस्या का समाधान विभिन्न नैतिक सिद्धान्तों द्वारा किया गया है।

दर्शन में Liberty तथा Freedom शब्दों का प्रयोग प्रायः एक ही अर्थ में किया गया है। पारिभाषिक स्तर पर इन शब्दों में भेद करना कठिन है। लेकिन व्यापक रूप से यह कहा जा सकता है कि अधिकतर लेखकों ने Freedon शब्द का मानव-जीवन के नैतिक तथा कलात्मक पक्षों के विवेचन में प्रयोग किया है और Liberty शब्द सामाजिक-राजनीतिक क्षेत्रों में प्रयुक्त हुआ है।

Life Force [लाइफ़ फोर्स] : प्राणशक्ति, जीवनतत्त्व।

बर्गसाँ के दर्शन में, विश्व के सृजनशील अस्तित्व का स्रोत।

देखिये—Elan Vital.

Limit [लिमिट] : सीमा।

इस शब्द का प्रयोग गणित में उस स्थिर परिमाण के लिए किया जाता है जिस तक पहुँचने के लिए परिवर्तनीय परिमाण प्रयत्न करते हैं। दर्शन में इसका प्रयोग विचारों की उस 'ऊँचाई' के लिए किया गया है जिसके आगे पहुँचना कठिन है। विख्यात मनोवैज्ञानिक वुन्ट्ट ने 'सीमा' शब्द का प्रयोग उद्दीपन के विस्तार के आदि और अन्त के अर्थ में किया है। निम्नतम सीमा वह है जिससे कम परिमाण के उद्दीपन का बोध नहीं होता। उच्चतम सीमा वह है जिससे अधिक परिमाण के उद्दीपन से ज्ञानेन्द्रिय को हानि पहुँचती है।

Line of Beauty [लाइन ऑफ़ ब्यूटी] : सौन्दर्य-रेखा।

ब्रिटिश चित्रकार होगार्थ ने एक लहरदार रेखा बनाई और उसे 'सौन्दर्य' व्यक्त करने के लिए आदर्श आकृति घोषित किया। इस प्रकार के सुझाव प्राचीन काल में भी दिये जा चुके थे। होगार्थ की पुस्तक 'ऐ'नालिसिस ऑफ़ ब्यूटी' में सौन्दर्य-रेखा के 'प्रभाव' का विवेचन है। सौन्दर्यशास्त्र के अधिकतर लेखकों ने इस कल्पना की आलोचना की है, क्योंकि किसी विशिष्ट आकृति में सौन्दर्य का प्रतिनिधित्व करने की क्षमता नहीं हो सकती।

Linguistic Analysis [लिंग्विस्टिक ऐ'नालिसिस] : भाषा-विश्लेषण।

तार्किक भाववादियों में से अनेक विचारक दर्शन-साहित्य में प्रयुक्त पारिभाषिक शब्दों तथा निर्णय-वाक्यों के तार्किक अर्थों के विश्लेषण को अत्यधिक महत्त्व देते हैं। उनका कहना है कि प्राचीन काल से लेकर अब तक दार्शनिक पदावलियों और वाक्यों के अर्थ स्थिर करने की ओर समुचित ध्यान नहीं दिया गया, जिससे अनावश्यक खंडन-मंडन की वृद्धि होती रही और दार्शनिक एक-दूसरे के अभिप्राय ठीक-ठीक कभी न समझ सके। इसलिए दार्शनिक विवेचनों की शृंखला आगे बढ़ाने से पहले पदों का अर्थ निर्धारित करना आवश्यक है। भाषा-विश्लेषकों में गिलबर्ट राइल और ए० जे० ऐयर के नाम विशेष रूप से उल्लेखनीय हैं।

Linguistic Fallacy [लिंग्विस्टिक फ़ैलेसी] : भाषामूलक दोष।

जब भाषा में प्रयुक्त शब्दों, मुहावरों या वाक्यों के प्रकृत अर्थों से पूरे सत्य या उसके किसी अंश के अस्तित्व, स्वभाव अथवा गुणों की कल्पना की जाती है तब दार्शनिक विचार-क्रिया में 'भाषामूलक दोष' उत्पन्न होता है।

आधुनिक युग में कुछ तार्किक भाववादियों का कहना है कि पार्मिनाइडीज़ से लेकर उन्तीसवीं शताब्दी तक सभी दार्शनिकों के—विशेषतः प्रत्ययवादियों के—विवेचनों में भाषामूलक दोष पाए जाते हैं। उदाहरणार्थ, भाषा में 'पूर्ण' शब्द के अस्तित्व से यह मान लिया जाता है कि कोई 'पूर्ण' वस्तु अवश्य होती है।

देखिये—Linguistic Analysis.

Logic [लॉजिक] : तर्कशास्त्र।

वैचारिक क्रियाओं को व्यक्त करने वाले वाक्यों का ऐसा विवेचन जिसमें मुख्यतः इन वाक्यों के रूप, आकार और पारस्परिक सम्बन्धों की ओर ध्यान दिया जाता है, न कि उनकी विषयवस्तु पर। तार्किक वाक्यों का उद्देश्य यह होता है कि अनुमान द्वारा किसी निष्कर्ष तक पहुँचा जाय। अनुमान कई प्रकार के होते हैं, और उनके नियमों का अनुसन्धान और स्पष्टीकरण तर्कशास्त्र का विषय-क्षेत्र है। यह समझने के लिए कि अनुमान नियमोचित है या नहीं, उन भूलों और हेत्वाभासों का ज्ञान भी आवश्यक है जिनसे हमें बचना है। इसलिए तर्कदोषों का अध्ययन भी तर्कशास्त्र का एक महत्त्वपूर्ण अंग है।

अरस्तू ने सबसे पहले तर्कशास्त्र को व्यवस्थित रूप दिया। अरस्तू का तर्कशास्त्र निगमनात्मक है। सोलहवीं शताब्दी में फ्रांसिस बेकन ने निगमनात्मक अनुमान की त्रुटियों और सीमाओं की ओर ध्यान दिलाते हुए आगमनात्मक तर्कशास्त्र को स्थापित किया। तबसे तर्कशास्त्र में कई क्रान्तियाँ हो चुकी हैं जिनमें से दो विशेष रूप से उल्लेखनीय हैं—पहली वह क्रान्ति जो काण्ट और हेगल की द्वन्द्वात्मक पद्धति (Dialectical Method) से हुई, और दूसरी वह जो आधुनिक युग में गणितीय और प्रतीकात्मक पद्धतियों से।

वैचारिक प्रक्रियाओं का अध्ययन तर्कशास्त्र को एक ओर मनोविज्ञान के निकट लाता है, दूसरी ओर ज्ञानमीमांसा के। तत्त्वमीमांसा या नीतिशास्त्र से तर्कशास्त्र का सीधा सम्बन्ध नहीं है।

देखिये—Deduction, Induction.

Logical Analysis [लॉजिकल ऐ'नालिसिस] : तार्किक विश्लेषण ।

कुछ समसामयिक विचारकों के अनुसार दर्शन का वास्तविक उद्देश्य सत्य की खोज करना नहीं है । यह काम विज्ञान के ही द्वारा सम्भव है । दर्शन का काम है विज्ञान की सहायता करना, वैज्ञानिक कथनों के अर्थ का स्पष्टीकरण । इसके लिए वैज्ञानिक निष्कर्षों का तार्किक विश्लेषण आवश्यक है ।

इस प्रवृत्ति का प्रारम्भ मूर, बर्ट्रेण्ड रसेल और ह्वाइटहेड के लेखों से हुआ । बाद में कुछ दार्शनिकों ने तार्किक विश्लेषण को दर्शन के प्रमुख कार्य के रूप में स्वीकार किया । इनमें से सबसे विख्यात विचारक हैं रुडोल्फ कार्नप, लुडविग विटजेनस्टाइन तथा गिल्बर्ट राइल ।

Logical Atomism [लॉजिकल ऐटमिज़्म] : तार्किक परमाणुवाद ।

कुछ तार्किक वाक्यों को प्राथमिक मानकर शेष वाक्यों को उन्हीं से सम्बन्धित समझना तार्किक परमाणुवाद है । बर्टेण्ड रसेल ने अपनी 'वैज्ञानिक विधि' के स्पष्टीकरण में इस पद्धति का प्रयोग किया है ।

Logical Division [लॉजिकल डिवीज़न] : तार्किक विभाजन ।

किसी विशेष सिद्धान्त के अनुसार किसी जाति का उपजातियों में विश्लेषण । तार्किक विभाजन का सम्बन्ध पदों के निर्देश से होता है, न कि गुणार्थ से । जिस तथ्य को ध्यान में रखकर विभाजन किया जाता है उसे 'विभाजन-आधार' (Fundamentum Divisionis) कहते हैं; जैसे : यदि फूलों को नीले, पीले और लाल रंगों में बाँटा जाय, तो रंग 'विभाजन-आधार' होगा । तार्किक विभाजन एक समय एक ही विभाजन-आधार के अनुसार होना चाहिए, अन्यथा संकर विभाजन (Cross Division) का दोष उत्पन्न होगा ।

तार्किक विभाजन भौतिक विभाजन से भिन्न है, क्योंकि भौतिक विभाजन में किसी वस्तु को उसके अवयवों या खंडों में बाँटा जाता है । तार्किक विभाजन तात्त्विक विभाजन से भी भिन्न है, क्योंकि तात्त्विक विभाजन में किसी वस्तु या वस्तुवर्ग का गुणों में विश्लेषण किया जाता है ।

देखिये—Fundamentum Divisionis, Physical Division, Metaphysical Division, Cross Division.

Logical Mood [लॉजिकल मूड] : तार्किक संघात, तार्किक विन्यास ।

हेत्वनुमान का वह रूप जिसका निर्णय आधारवाक्यों के गुण तथा परिमाण के आधार पर किया जाता है । तर्कवाक्यों के चार प्रकार होते हैं, और आधारवाक्य दो होते हैं, इसलिए प्रत्येक आकार (Figure) में सोलह प्रकार के संघात सम्भव हैं ।

हेत्वनुमान के चार आकार होते हैं, इसलिए कुल मिलाकर चौंसठ संघात हो सकते हैं ।

यदि 'संघात' को अधिक व्यापक अर्थ में लिया जाय, और आधारवाक्यों के साथ-साथ निष्कर्ष के आधार पर भी उसका निर्णय किया जाय, तो संघातों की सम्भावित संख्या २५६ होगी ।

देखिये—Figure, Valid Mood.

Logical Positivism [लॉजिकल पॉज़िटिविज़्म] : तार्किक प्रत्यक्षवाद ।

वह समसामयिक सम्प्रदाय जिसके अनुसार दर्शन का कार्य प्रत्यक्षानुभवजन्य कथनों का तार्किक विवेचन है, न कि किसी तथाकथित 'परम सत्ता' के स्वरूप का विवेचन । इस सम्प्रदाय के अनुयायी स्पष्ट रूप से तत्त्वमीमांसा-विरोधी हैं और उनमें से कुछ ने तो तत्त्वमीमांसात्मक वाक्यों को 'अर्थशून्य' घोषित किया है । ऑस्ट्रिया में वियेना के कुछ विचारकों ने सबसे पहले इस दार्शनिक प्रवृत्ति को व्यवस्थित रूप दिया । इन विचारकों में श्लिक और कार्नप सबसे महत्त्वपूर्ण थे । द्वितीय महायुद्ध के बाद वियेना-सम्प्रदाय के कुछ लोग

इंग्लैंड चले गये और वहाँ उनकी विचार-प्रणाली का ब्रिटेन की अनुभववादी परम्परा से संगम हुआ। कुछ ही वर्षों में तार्किक प्रत्यक्षवाद ने दार्शनिक चिन्तन में अत्यन्त प्रभावशाली स्थान प्राप्त कर लिया। इंग्लैंड में इस प्रवृत्ति के सबसे प्रमुख प्रतितिधि एयर (Ayer) हैं।

परम्परागत तत्त्वमीमांसा(Metaphysics) का निषेध करते हुए तार्किक प्रत्यक्षवादियों ने वैज्ञानिक पद्धतियों का—विशेषत: भाषाविश्लेषण और गणितीय तर्कशास्त्र का प्रयोग किया। उन्होंने इस बात पर ज़ोर दिया कि अनुभव के दायरे के बाहर यदि कुछ हो तो उसके विषय में कोई भी वक्तव्य देना वृथा है। प्रत्येक वक्तव्य का अर्थ इस बात पर निर्भर है कि उसका प्रमाणीकरण (Verification) किस तरह किया जा सकता है।

तार्किक प्रत्यक्षवाद और भाषाविश्लेषण के सिद्धान्त केवल तर्कशास्त्र या ज्ञान-मीमांसा तक ही सीमित नहीं हैं। उन्हें दर्शन के अन्य क्षेत्रों में लागू करने का भी प्रयत्न किया गया है। उदाहरणार्थ, यह कहा गया है कि नीतिशास्त्र का कार्य मूल्यों या आदर्शों की समीक्षा नहीं है वरन् उन वाक्यों का विश्लेषण है जिनके द्वारा नैतिक निर्णयों को व्यक्त किया जाता है।

देखिये—Linguistic Analysis.

Logistic [लॉजिस्टिक] : प्रतीकात्मक तर्कशास्त्र।

कुछ तर्कशास्त्रज्ञों ने इस शब्द का प्रयोग विशेष रूप से बट्रेंड रसेल के इस सिद्धान्त के लिए किया है कि 'गणित को तर्कशास्त्र में परिवर्तित किया जा सकता है'। लेकिन अधिकतर लेखकों ने Logistic को Symbolic Logic (प्रतीकात्मक तर्कशास्त्र) के ही अर्थ में लिया है और इन दोनों पदों को पर्यायवाची माना है।

देखिये—Symbolic Logic.

Logos [लॉगॉस] : बुद्धितत्त्व।

ग्रीक भाषा के अन्य कई शब्दों की तरह (जैसे Nous, Eros) इस शब्द का अर्थ भी युग-युग में बदलता रहा है। हिरेक्लाइटस ने 'लॉगॉस' की कल्पना सार्वभौम बौद्धिक सत्ता के रूप में की थी। बाद में 'स्टोइक' दार्शनिकों ने 'बुद्धितत्त्व' को संसार की रचना का आन्तरिक कारण माना। यह भी कहा गया कि विश्व को अपने निश्चित लक्ष्य की ओर ले जानेवाला भाग्यतत्त्व यही बुद्धितत्त्व है।

मध्ययुग में 'बुद्धितत्त्व' को वह माध्यम समझा गया जिसके द्वारा ईश्वर अपनी रचना-शक्ति का प्रसार करता है। ईसाई सन्तों ने 'लॉगॉस' शब्द का प्रयोग ईसा के उद्धार-कार्य का सम्पादन करनेवाले सहायक व्यक्तित्व के लिए किया।

Lumen Naturale [ल्यूमेन नेचुरेल] : प्राकृतिक प्रकाश।

सन्त टॉमस एक्वाइनस के दर्शन में 'प्राकृतिक प्रकाश' की कल्पना प्रस्तुत की गई है। इन शब्दों का संकेत उस बौद्धिक शक्ति की ओर है जो मनुष्य को नैसर्गिक रूप से प्राप्त होती है और 'ईश्वरीय प्रकाश' की उपलब्धि होने तक उसका पथ-प्रदर्शन करती है।

Macrocosm [मैक्रोकोज़म] : बृहत् संसार, निखिल विश्व।

कभी-कभी विश्व के किसी अंश को भी दार्शनिक विवेचन में संसार कह दिया जाता है। ऐसी दशा में बृहत् और लघु का भेद करना आवश्यक हो जाता है।

देखिये—Microcosm.

Magic [मैजिक] : वशीकरण, अभिचार, जादू।

पारिभाषिक अर्थ में 'मैजिक' का तात्पर्य आदिम-मानव की एक विशेष मनोवृत्ति से है। अपने और प्राकृतिक शक्तियों के बीच एक अलौकिक सम्बन्ध की कल्पना प्रागैतिहासिक युग में पृथ्वी के सभी भागों में प्रचलित थी। संक्षेप में आदिम-मानव का विश्वास था कि (१) सभी घटनाएँ कुछ अलौकिक शक्तियों पर निर्भर हैं, (२) इन शक्तियों को

प्रसन्न करके व्यावहारिक जीवन में वांछित फलप्राप्ति सम्भव है, (३) कुछ विशेष विधियों द्वारा इन शक्तियों को अपने अनुकूल बनने को बाध्य भी किया जा सकता है, (४) प्रत्येक वस्तु 'जीवित' है और मानवीय 'आत्मा' उसे प्रभावित कर सकती है। इन सब विश्वासों को सामूहिक रूप से 'मैजिक' कहा जाता है।

प्राचीन सभ्यताओं की बहुत-सी धार्मिक और दार्शनिक धारणाओं के बीज इस 'वशीकरण-मनोवृत्ति' में निहित हैं। यद्यपि वैज्ञानिक और विवेकात्मक दृष्टि से 'मैजिक' पर आधारित कल्पनाओं को मानव कब का ठुकरा चुका है, फिर भी उनका ऐतिहासिक महत्त्व है। उनमें कार्य-कारण-सम्बन्धी चेतना का अपरिपक्व रूप देखा जा सकता है।

Major Premise [मेजर प्रे'मिस] : साध्य आधारवाक्य, साध्य वाक्य।

हेत्वनुमान के आधारवाक्यों में से वह जिसमें साध्यपद उपस्थित रहता है। उदाहरणार्थ :

"सब बंगाली भारतीय हैं,
अविनाश बंगाली है;
इसलिए, अविनाश भारतीय है।"

यहाँ 'सब बंगाली भारतीय हैं' साध्य-वाक्य है।

देखिये—Minor Premise.

Major Term [मेटर टर्म] : साध्य-पद।

हेत्वनुमान में प्रयुक्त पदों में से एक, जो निष्कर्ष का विधेय होता है, जैसे :

"सब पक्षी पंखधारी हैं;
तोता एक पक्षी है;
इसलिए, तोता पंखधारी है।"

यहाँ 'पंखधारी' साध्य-पद है।

देखिये—Minor Term, Middle Term.

Manicheism [मैनिकीइज़्म] : मानी-वाद।

मानी द्वारा प्रवर्तित धर्मदर्शन जो फ़ारस में तीसरी तथा सातवीं शताब्दियों के बीच विकसित हुआ। मानीवाद में ज़रयूश्त और ईसा मसीह के धार्मिक और नैतिक आदेशों का समन्वय करने का प्रयास है।

दर्शन के इतिहास में मानीवाद का महत्त्व यह है कि इसमें द्वैतवादी प्रवृत्तियाँ स्पष्ट रूप से उभरी हुई दिखाई पड़ती हैं। मानीवाद के अनुसार विश्व सदा दैवी और आसुरी शक्तियों का, प्रकाश और अन्धकार का, शुभ और अशुभ का, युद्ध-स्थल रहा है।

Manifold of Sense [मैनिफ़ोल्ड ऑफ़ से'न्स] : संवेदन-समुच्चय।

शब्द, वर्ण आदि संवेदन जब असम्बद्ध अवस्था में चेतना में उपस्थित होते हैं तब ऐसी मानसिक सामग्री को 'संवेदन-समुच्चय' कहा जाता है।

'Man the Measure' [मैन द मेजर] : 'मनुष्य ही मानक'।

सोफ़िस्ट दार्शनिक प्रोटेगोरस की इस सूक्ति को व्यक्तिवाद और आत्मवाद का मूलमन्त्र माना गया है। प्लेटो ने प्रोटे-गोरस की तीव्र आलोचना करते हुए कहा कि यदि प्रत्येक मनुष्य भले-बुरे, उचित-अनुचित का मानक अपनी इच्छानुसार प्रस्तुत कर सकता है तो निरपेक्ष सत्य या निरपेक्ष शुभ की कल्पना ही असंगत है।

आधुनिक काल में शिलर तथा कुछ अन्य दार्शनिकों ने इस बात की ओर ध्यान दिलाया है कि प्रोटेगोरस के कथन का अधिक व्यापक अर्थ भी लगाया जा सकता है। 'मनुष्य ही मानक' का अर्थ यह नहीं है कि प्रत्येक व्यक्ति मूल्यों और नैतिक नियमों को अपनी सुविधानुसार स्वीकार या अस्वीकार कर सकता है, बल्कि यह कि मानवीय कल्याण और उन्नति के सन्दर्भ में ही सत्य और शुभ के आदर्श निर्धारित किए जा सकते हैं। इस दृष्टि से प्रोटेगोरस को अवसरवादी या व्यक्तिवादी नहीं वरन् मानववादी कहा जा सकता है।

Material Cause [मैटीरियल कॉज़] : उपादान-कारण, भौतिक कारण ।

कारण-कार्य प्रक्रिया का भौतिक पक्ष । अरस्तू ने कारणों का वर्गीकरण करते हुए 'भौतिक' या 'उपादान' कारण को भी स्वीकार किया है । उदाहरणार्थ, यदि मूर्ति का निमित्त कारण मूर्तिकार है, तो उसका उपादान-कारण पत्थर या संगमर्मर है जिसके बिना मूर्ति की उत्पत्ति असम्भव है ।

देखिये—Causation.

Materialism [मैटीरियलिज़्म] : भौतिकवाद ।

वह दार्शनिक सिद्धान्त जो भौतिक पदार्थ को किसी-न-किसी रूप में प्राथमिक माने । भौतिकवाद मानसिक या आत्मिक सत्ताओं को या तो बिलकुल ही अस्वीकार करता है, या उन्हें भौतिक पदार्थ के ही सूक्ष्म रूप समझता है ।

भौतिकवाद अद्वैतवादी होता है, जब वह एक ही 'आदि भौतिक तत्त्व' को विश्व का सार मानता है; वह बहुवादी होता है, जब एक से अधिक मूल भौतिक तत्त्वों को स्वीकार करता है; जैसे जल, वायु, पृथ्वी इत्यादि को । यान्त्रिक और द्वन्द्वात्मक भौतिकवाद में अन्तर है ।

देखिये—Naturalism, Realism, Positivism, Mechanical Materialism, Dialectical Materialism.

Materialization [मैटीरियलाइज़ेशन] : पदार्थीकरण, भौतिककरण, मूर्तीकरण ।

भौतिकवाद में निर्विशेष पदार्थ से विशेष पदार्थ की उत्पत्ति को स्वीकार किया जाता है । इसलिए यह मानना पड़ता है कि पदार्थ की पहली अवस्था से दूसरी अवस्था तक पहुँचने में परिवर्तन की एक प्रक्रिया पूरी होती है । इसी प्रक्रिया को भौतिकीकरण या पदार्थीकरण कहते हैं ।

Material Logic [मैटीरियल लॉजिक] : वस्तुगत तर्कशास्त्र, वस्तुपरक तर्कशास्त्र ।

तर्कशास्त्र का भी वह पक्ष जिसमें विचारों की आन्तरिक संगति का ही अध्ययन नहीं किया जाता, बल्कि इस बात पर भी ध्यान दिया जाता है कि विचार के विषय विश्व की वास्तविक सत्ताओं के अनुरूप हैं या नहीं ।

देखिये—Formal Logic.

Mathematical Logic [मैथेमैटिकल लॉजिक] : गणितीय तर्कशास्त्र ।

तर्कशास्त्र का वह विभाग जिसमें गणितीय प्रतीकों द्वारा तार्किक वाक्यों को, और तार्किक वाक्य-रचना को, व्यक्त करने का प्रयत्न किया जाता है । इस प्रकार के तर्कशास्त्र को Symbolic Logic या Logistic कहते हैं ।

देखिये—Symbolic Logic, Logistic.

Mathematical Method [मैथे'मेटिकल मे'थड] : गणितीय विधि ।

इस विधि का मुख्य उद्देश्य शास्त्र को आत्मनिर्भर बनाना है । सरल, प्राथमिक सत्यों की खोज करके गणित ऐसे वक्तव्यों तक पहुँचता है जो निर्विवाद कहे जा सकते हैं और उन्हें बिना अन्य प्रमाण के स्वीकार किया जा सकता है । इन प्राथमिक सत्यों के अतिरिक्त गणित कुछ नियम भी निर्धारित करता है और उनके संयोग से नयी उपलब्धियाँ प्राप्त करता है । इसलिए निरपेक्ष तत्त्वों के अध्ययन में दर्शन ने शुरू से ही गणित का आधार लिया है ।

पाइथागोरस ने सर्वप्रथम गणितीय विधि के महत्त्व को समझा । प्लेटो ने गणित को तत्त्वज्ञान का सहोदर माना । अरस्तू ने गणितीय विधि को गौण माना और इसलिए कई शताब्दियों तक इस विधि का प्रयोग दर्शन में बहुत कम हुआ । लेकिन आधुनिक काल में देकार्त ने फिर से इसे अपनाया । देकार्त ने कहा कि गणितीय विधि से उपलब्ध 'स्पष्ट और स्वयंसिद्ध' प्रत्ययों पर ही दर्शन को अवलम्बित रहना पड़ेगा । स्पिनोज़ा ने तो गणितीय पद्धति को इतना अधिक महत्त्व प्रदान किया कि नैतिक निष्कर्षों को भी उसने ज्यामिति

के प्रमेयों का रूप दिया।

हेगेल ने, जो अरस्तू से प्रभावित था, गणितीय पद्धति को दर्शन के लिए अनावश्यक ठहराया। लेकिन पिछले पचास वर्षों में इस विधि का महत्त्व फिर से स्वीकार किया गया है। दर्शन में गणितीय विधि के प्रयोग का ज्वलन्त उदाहरण आधुनिक प्रतीकात्मक तर्कशास्त्र (Symbolic Logic) है, जो पूर्णतया गणित पर आधारित है।

Mathesis Universalis [मैथे'सिस यूनिवर्सलिस] : सार्वभौम गणित।

निगमनों को संक्षिप्त तथा बोधगम्य रूप में प्रस्तुत करने के लिए लाइबनित्स ने गणित से प्रभावित होकर कुछ चिह्नों और प्रतीकों का सुझाव दिया। इनके व्यवस्थित समूह को उसने 'मैथे सिस यूनिवर्सलिस' का नाम दिया।

लाइबनित्स के इस सुझाव को आधुनिक प्रतीकात्मक तर्कशास्त्र का पहला क़दम कहा जा सकता है।

Matter [मैटर] : भौतिक तत्त्व, भौतिक पदार्थ, जड़वस्तु।

वह ठोस सत्ता जिसका अस्तित्व मानसिक प्रक्रियाओं से बाहर है। यद्यपि जड़वस्तु की धारणा को दार्शनिकों ने अतिप्राचीन काल से अपनाया है, तथापि उसकी व्याख्या करने के प्रयास असफल रहे हैं क्योंकि उसकी अनुभूति तभी होती है जब वह मानसिक और इन्द्रियगत प्रक्रियाओं के बीच गुज़रती है। भौतिक तत्त्व को केवल परोक्ष रूप से ही जाना जा सका है और इसीलिए उसके सम्बन्ध में अनेक वक्तव्य दिये गए हैं जो कभी-कभी एक-दूसरे से असंगत लगते हैं। गुण, परिमाण, विस्तार और शक्ति के प्रत्ययों का सहारा लेकर ही भौतिक सत्ता की व्याख्या की जा सकती है। इसीलिए घोर भौतिकवादी (जैसे लेनिन) भी स्वीकार करते हैं कि 'भौतिक तत्त्व' के बारे में केवल यही कहा जा सकता है कि वह 'मन से स्वतन्त्र' है।

Mean [मीन]

देखिये Doctrine of the Mean.

Means [मीन्स] साधन।

वे उपाय, वस्तुएँ या व्यवहार के तरीके जिनकी सहायता से कर्ता अपने साध्य (End) तक पहुँचने का यत्न करता है। स्पष्ट है कि यहाँ 'कर्ता' का संकेत स्वतन्त्र व्यक्ति की ओर है और 'वस्तुओं' में व्यक्तियों का भी समावेश किया जा सकता है यदि उन्हें साधन के रूप में लिया जाय। कर्मों का नैतिक मूल्यांकन साधनों के आधार पर किया जाना चाहिये, या 'साध्यों' के आधार पर ? यह प्रश्न नीतिशास्त्र के अत्यन्त महत्त्वपूर्ण और विवादग्रस्त विषयों में से है।

देखिए—Ends.

Mechanism [मे'कैनिज़्म] : यन्त्रवाद।

इस शब्द का प्रयोग दो अर्थों में हुआ है:

(१) वह सिद्धान्त जिसके अनुसार प्रकृति एक विशाल यन्त्र है, जिसके अंग अपरिवर्तनीय सम्बन्धों से जुड़े हुए हैं और जिसका कार्य अपरिवर्तनीय नियमों के अनुसार अपने-आप चलता रहता है।

(२) वह दार्शनिक प्रवृत्ति जो आन्तरिक आध्यात्मिक या कलात्मक अनुभवों और कर्मों की उपेक्षा करती है और मनुष्य को एक यन्त्र के रूप में देखती है।

इन दोनों अर्थों में 'यन्त्रवाद' भौतिकवाद का एक आत्यन्तिक रूप है। मनोविज्ञान में इस प्रवृत्ति का प्रतिबिम्ब साहचर्यवाद में मिलता है। यन्त्रवाद स्वतन्त्र संकल्प को अस्वीकार करता है और कारण-कार्य-नियम को प्रत्येक वस्तु और घटना की व्याख्या के लिए पर्याप्त समझता है।

देखिये—Mechanistic Materialism Associationism.

Mechanistic Materialism [मे'कैनिस्टिक मैटीरियलिज्म] : यान्त्रिक भौतिकवाद।

भौतिकवाद का उत्कट रूप, जिसमें

भौतिक तत्त्व को एकमेव सत्ता ही नहीं माना जाता बल्कि प्रकृति की परिवर्तन-शीलता को, और अस्तित्व के नये मूल्यों तथा स्तरों के आविर्भाव को अस्वीकार भी किया जाता है। मार्क्सवादियों का दावा है कि उनके भौतिकवाद में चेतना के लिए भी पर्याप्त स्थान है, जो यान्त्रिक भौतिकवाद में नहीं है।

डिमॉक्रिटस तथा अन्य अणुवादी और आधुनिक युग में हेल्वीशस और फ्यूबैक यान्त्रिक भौतिकवाद के प्रतिनिधि हैं।

देखिये—Mechanism Materialism.

Mediate Experience [मीडिएट एक्स्पीरियन्स] : परोक्ष अनुभव।

वह अनुभव जिसमें वस्तु और व्यक्ति के बीच कोई-न-कोई माध्यम रहता है। एक अर्थ में सभी प्रत्यक्षानुभव परोक्ष हैं, क्योंकि मन और ज्ञेय वस्तु के बीच इन्द्रियाँ मध्यस्थता करती हैं।

काण्ट ने इस कठिनाई को दुरूह समझकर समस्त इन्द्रियगत ज्ञान को भ्रामक ठहराया है।

इस समस्या का समाधान करने के लिए कुछ आधुनिक मनोवैज्ञानिकों ने 'मन' की सत्ता का ही बहिष्कार करने का सुझाव दिया है।

Mediate Inference [मीडिएट इन्फ़-रे'न्स] : सान्तरानुमान, व्यवहित अनुमान।

वह निगमनात्मक अनुमान जिसमें एक से अधिक तर्कवाक्यों के आधार पर निष्कर्ष निकाला जाता है। हेत्वनुमान (Syllogism) व्यवहित अनुमान का ही एक रूप है।

देखिये—Syllogism.

Mediation [मीडिएशन] : मध्यस्थता।

दो वस्तुओं के बीच, विशेषतः ज्ञाता और ज्ञेय के बीच, कड़ी के रूप में प्रस्तुत होना।

तार्किक निगमन में मध्यपद उद्देश्य और विधेय के बीच मध्यस्थता करता है। श्रृंखलाबद्ध अनुमान में पहले और अन्तिम पदों को छोड़कर बाक़ी सभी पदों का कार्य 'मध्यस्थता' कहा जाएगा।

Medieval Philosophy [मे'डीवल फ़िलॉसफ़ी] : मध्ययुगीन दर्शन।

दर्शन के इतिहास में प्राचीन, मध्यकालीन और आधुनिक 'युगों' को ठीक-ठीक स्थिर करना न तो सम्भाव्य है, न आवश्यक। इस तरह का विभाजन अनुमानित और सापेक्ष ही हो सकता है। केवल अध्ययन की सुविधा के लिए ऐसा वर्गीकरण स्वीकार्य है। इसलिए यह कहना असम्भव है कि अमुक शताब्दी से प्राचीन दर्शन का अन्त और मध्ययुगीन दर्शन का आरम्भ होता है। कभी यह कहा जाता था कि नव-प्लेटोवाद प्राचीन युग का अन्तिम दार्शनिक सम्प्रदाय है, लेकिन अब कुछ विद्वान उससे मध्ययुगीन दर्शन का आरम्भ मानते हैं।

जो भी हो, व्यापक रूप से कहा जा सकता है कि प्राचीन यूनानी और रोमी विचारधारा के अवनति-काल से लेकर आधुनिक वैज्ञानिक युग के प्रारम्भ तक का दार्शनिक चिन्तन 'मध्ययुगीन' है। इस दीर्घकाल में दर्शन पर ईसाई-धर्म का प्रभाव बराबर बना रहा। नवीं से बारहवीं शताब्दी तक अरब और ईरान के इस्लामी विचारों का भी प्रभाव यूरोपीय चिन्तन पर पड़ा। जहाँ तक यूनानी परम्पराओं का सम्बन्ध है, पहले तो मध्ययुगीन दार्शनिक प्लेटो की ओर आकर्षित हुए लेकिन धीरे-धीरे अरस्तू के दर्शन का प्रभाव बढ़ता गया, क्योंकि ईसाई धार्मिक विश्वासों को युक्तियुक्त रूप में प्रस्तुत करने के लिए प्लेटो की अपेक्षा अरस्तू के सिद्धान्त ही अधिक उपयुक्त सिद्ध हुए। स्कॉलैस्टिक दर्शन का मुख्य ध्येय अरस्तू के तर्कशास्त्र के सहारे ईसाई-धर्म के सिद्धान्तों का समर्थन ही था। लेकिन प्लेटो का प्रभाव पूर्णरूप से लुप्त नहीं हुआ। स्कॉलैस्टिक दर्शन के साथ-ही-

साथ रहस्यवादी धारा भी बराबर जीवित रही और प्लेटो तथा प्लॉटिनस से प्रेरणा प्राप्त करती रही।

मध्ययुग के दार्शनिक विकासक्रम को तीन उपकालों में विभाजित किया गया है :

(१) विकास-काल—चौथी से ग्यारहवीं या बारहवीं शताब्दी तक।
(२) उत्कर्ष-काल—बारहवीं और तेरहवीं शताब्दियाँ।
(३) अवनति-काल—चौदहवीं शताब्दी और पन्द्रहवीं शताब्दी के पहले चार या पाँच दशक।

प्रथम उपकाल के प्रमुख दार्शनिक हैं सन्त आगस्ताईन, पीटर अबेलार्ड तथा जॉन ऑफ़ सैलिसबरी। इसी उपकाल में रहस्यवाद के प्रतिनिधि हैं सन्त बर्नार्ड और जॉन स्कॉटस एरिजेना। उत्कर्षकाल में परम्परागत ईसाई दर्शन को सन्त टॉमस एक्वाइनस ने चरमसीमा तक विकसित किया। इस काल का सबसे प्रमुख रहस्यवादी सन्त बोनावेन्तुरा है।

मध्ययुगीन दर्शन के अवनति-काल में स्कॉलैस्टिक विचारधारा कमज़ोर पड़ गई। रहस्यवादी प्रवृत्ति का विकसित रूप एक्हार्ट तथा रॉइस ब्रॉएक के काव्यमय लेखों में व्यक्त हुआ। साथ-ही-साथ बुद्धिवाद का भी उदय हुआ। विलियम ऑफ़ ओकाम तथा डन्स स्कॉटस के बुद्धिवादी सिद्धान्तों ने परम्परागत मध्ययुगीन दर्शन की नींव हिला दी और आधुनिक दर्शन के पदार्पण के लिए मार्ग तैयार किया।

Meliorism [मीलिअरिज़्म] : उत्कर्ष-वाद, सुधारवाद।

यह विचार कि संसार न तो त्रुटिहीन या दोषहीन है, और न त्रुटियों से भरा हुआ, बल्कि उसमें गुणों और दोषों की मात्रा घट-बढ़ सकती है। इस शब्द का प्रयोग सबसे पहले जॉर्ज इलियटने किया। इससे प्रकट होता है कि घोर आशावाद और निराशावाद दोनों ही एकांगी हैं, और मानवीय प्रयत्न के लिए मार्ग खुला है, यद्यपि कठिनाइयों को अस्वीकार नहीं किया जा सकता। व्यापक रूप से 'मीलिअरिज़्म' को आशावाद का सौम्य रूप कहा जा सकता है।

Memory [मे'मरी] : स्मृति।

वह मानसिक क्रिया जिसमें विगत प्रत्यक्षों, भावनाओं या आन्तरिक स्थितियों का सुप्त ज्ञान फिर से जाग्रत हो उठता है। यह जटिल क्रिया वास्तव में दार्शनिक अध्ययन का नहीं वरन् मनोवैज्ञानिक अध्ययन का विषय है। आधुनिक युग में स्मृति की प्रयोगात्मक विधि से परीक्षा की जा रही है। दर्शन के लिए स्मृति का प्रश्न केवल इसीलिए महत्त्वपूर्ण है कि कुछ दार्शनिकों ने ज्ञानमीमांसा में स्मृति-क्रिया के सहारे ज्ञान की व्याख्या करने का प्रयत्न किया है। विशेषतः प्लेटो की ज्ञानमीमांसा में स्मृति-क्रिया को महत्त्वपूर्ण स्थान प्राप्त है।

देखिये—Reminiscence.

Mental Chemistry [मे'न्टल के'मिस्ट्री] : मानसिक रसायन, मन की रासायनिक व्याख्या।

मानसिक स्थितियों को मस्तिष्क के विभिन्न अवयवों के कार्यों का सामूहिक फल मानना। ऐसी मान्यता को 'मानसिक रसायन' इसलिए कहा गया है कि इसके अनुसार अलग-अलग क्रियाओं के मिश्रण और योग से मानसिक अवस्थाओं का निर्माण होता है, जैसे रासायनिक प्रयोगशाला में अलग-अलग पदार्थों के मिश्रण से अथवा एक-दूसरे में घुल-मिल जाने से नयी वस्तुओं की उत्पत्ति होती है। डेविड ह्यूम ने मन की जो व्याख्या प्रस्तुत की है उसे 'मे'न्टल के'मिस्ट्री' कहा गया है।

Mentalism [मेन्टलिज़्म] : मनोवाद, मानसवाद।

इस शब्द का प्रयोग उन सभी मतवादों के लिए किया जा सकता है जो 'मन' की प्राथमिकता पर बल देते हैं, लेकिन विशेष रूप से बर्कले के प्रत्ययवाद को

'मानसवाद' कहा गया है। बर्कले के लिए किसी वस्तु के 'होने' का अर्थ ही नहीं है यदि उसका मन द्वारा प्रत्यक्ष ज्ञान न हो।

लाइबनित्स को भी किसी सीमा तक मानसवादी कहा जा सकता है। उसके अनुसार संसार की रचना जड़पदार्थ से नहीं, चेतन परमाणुओं से हुई है। प्रत्येक वस्तु में मनस्तत्त्व विद्यमान है।

Metalanguage [मे'टालैंग्वेज] : पक्षभाषा, अधिभाषा।

वह भाषा जिसका प्रयोग अन्य भाषा की विशेषताओं को समझाने के लिए किया जा सकता है। ऐसी भाषा चिह्नों और प्रतीकों के माध्यम से अपने निर्णय व्यक्त करती है, और इसका निर्माण गणित के अनुकरण से होता है। आधुनिक युग में प्रतीकात्मक तर्कशास्त्र ने ऐसी भाषा की सहायता ली है।

Metalinguists [मे'टालिंग्वस्ट्स] : अधिभाषाविद्।

आधुनिक युग के उन विचारकों को अधिभाषाविद् की उपाधि दी गई है जिन्होंने दार्शनिक चिन्तन की भाषा-सम्बन्धी समस्याओं को अत्यधिक महत्त्व प्रदान किया है।

देखिये—Philosophy of Language.

Metalogical [मे'टालॉजिकल] : अधितार्किक।

इस विशेषण का प्रयोग सबसे पहले शॉपेनहावर ने विचार के नियमों के लिए किया। उसने कहा कि विचार के नियम बुद्धि में स्वभावतः व्याप्त हैं और विधिवत् चिन्तन के लिए आधारभूत हैं, इसलिए उन्हें तार्किक नहीं वरन् 'अधितार्किक' कहना चाहिए।

आधुनिक प्रतीकात्मक तर्कशास्त्र के एक प्रमुख प्रतिनिधि रुडोल्फ कार्नप ने इस विशेषण का एक और अर्थ में प्रयोग किया है। विचार के भाषागत रूपों से सम्बन्धित नियमों और सिद्धान्तों को कार्नप ने 'अधितार्किक' कहा है। इस अर्थ में Metalogical और Syntactical में कोई विशेष अन्तर नहीं है।

देखिये—Syntax, Syntactical.

Metaphysical Deduction [मे'टाफ़िज़िकल डिडक्शन] : तात्त्विक निगमन।

'तात्त्विक निगमन' और 'तार्किक निगमन' में अन्तर है। 'तात्त्विक निगमन' विचार शृङ्खलाओं के विश्लेषण की वह पद्धति है जिसमें अनुभव के पूर्ववर्ती वैचारिक संयोगों को ढूंढने का यत्न किया जाता है। इस पद्धति के मूल में यह मान्यता निहित है कि वस्तुओं की प्रतीति होने में ही कुछ सरल वैचारिक अवयवों का संयोग हो जाता है।

Metaphysical Division [मे'टाफ़िज़िकल डिवीज़न] : तात्त्विक विभाजन।

किसी सत्ता का गुणों के आधार पर विश्लेषण, जैसे 'मानव' का 'विवेकशीलता', 'प्राणशक्ति' इत्यादि में विश्लेषण। तात्त्विक विभाजन को तार्किक विभाजन से पृथक् करना आवश्यक है। तार्किक विभाजन में पदों के निर्देश का विश्लेषण होता है, गुणार्थ का नहीं।

देखिये—Logical Division.

Metaphysical Essence [मे'टाफ़िज़िकल एसे'न्स] : तात्त्विक सार।

वस्तु या सत्ता की अनिवार्य विशेषताओं का योग, जिसके आधार पर उसे दूसरी वस्तुओं से पृथक् किया जा सके।

Metaphysical Principle [मे'टाफ़िज़िकल प्रिंसिपल] : पारमार्थिक तत्त्व।

यहाँ 'प्रिंसिपल' का अर्थ सिद्धान्त नहीं, बल्कि तत्त्व है। आदिकाल से एक ऐसे तत्त्व की कल्पना की गई है जिससे संसार की सभी सत्ताओं की उत्पत्ति हुई है। विश्व की सृजनात्मक, नियामक और विलोपात्मक क्रियाओं को एक ही सत्ता या शक्ति के सन्दर्भ में समझने का प्रयास ही मानव-मन को 'पारमार्थिक तत्त्व' की कल्पना तक पहुँचाता है।

Metaphysics [मे'टाफ़िज़िक्स] : तत्त्वमीमांसा, सारविद्या।

सत्ता के अस्तित्व और धर्म के सम्बन्ध में

मूलगत प्रश्नों की मीमांसा; पारमार्थिक सत्य का विवेचन। सबसे पहले 'मे'टाफ़िज़िक्स' शब्द का प्रयोग अरस्तू के ग्रन्थों में फ़िज़िक्स के बाद आनेवाले अध्याय के लिए किया गया। आगे चलकर 'परम तत्त्व या सत्य की समीक्षा' का अर्थ इस शब्द ने ग्रहण किया और 'मे'टाफ़िज़िक्स' दर्शन का केन्द्र बन गया। यद्यपि व्यापक रूप से यह कहा जा सकता है कि 'तत्त्व-मीमांसा' सत्ता के प्राथमिक तत्त्व या सार का विवेचन है, फिर भी दर्शन के इस अंग का क्षेत्र कभी निश्चित रूप से स्थिर नहीं किया जा सका।

कुछ दार्शनिक 'तत्त्व-मीमांसा' को समस्त सैद्धान्तिक अध्ययनों का आधार मानते हैं और इसको चार मुख्य खण्डों में विभाजित करते हैं: तत्त्व-मीमांसा (Ontology), सृष्टि-मीमांसा (Cosmology), मनोविज्ञान (Psychology) और ईश्वर-मीमांसा (Theology)। लेकिन काण्ट और कुछ अन्य विचारकों ने इस शब्द को इतने व्यापक अर्थ में नहीं लिया है। उनकी दृष्टि में 'तत्त्व-मीमांसा' का कार्य शुद्ध तर्कना (Pure Reason) द्वारा प्राप्त ज्ञान को व्यवस्थित रूप देना है। लेकिन यह व्याख्या अति-संकुचित है और केवल बुद्धिवादी ही इसे स्वीकार कर सकते हैं। हेगेल के दर्शन में 'तत्त्व-मीमांसा' तर्कशास्त्र से प्रायः अभिन्न हो जाती है क्योंकि हेगेल के अनुसार तर्क का उद्देश्य सत्य के रूप को विकसित करना है। इस तरह देखा जा सकता है कि 'तत्त्व-मीमांसा' कभी ज्ञान-मीमांसा की ओर झुकी है तो कभी तर्क-मीमांसा की ओर।

Metempsychosis [मे'टे'मसाइ-कोसिस] : पुनर्जन्म।

विचार के प्राथमिक स्तर पर मानव ने मृत्यु की समस्या को हल करने के लिए जिन कल्पनाओं का साहारा लिया उनमें 'पुनर्जन्म' की कल्पना प्रमुख है। यह कहा गया कि मृत्यु केवल शरीर का ही विनाश कर सकती है, आत्मा पर उसका कोई ज़ोर नहीं चलता। आत्मा या तो व्यक्ति का सूक्ष्म प्रतिरूप बनकर जीवित रहती है या विविध योनियों में भ्रमण करती रहती है। पाइथागोरस के सम्प्रदाय में इस प्रश्न की समीक्षा को महत्त्वपूर्ण स्थान प्राप्त था। प्लेटो ने अपने 'Phaedo' शीर्षक सम्वाद में मरणासन्न सुकरात के मुख से कहलाया है कि जीवन में सुख की ओर आकृष्ट होनेवालों की आत्मा पृथ्वी पर लौट आती है, किन्तु विरक्त पुरुषों की आत्मा देवताओं के बीच स्थान पाती है।

जब दर्शन के विविध अंगों का व्यवस्थित रूप से विकास हुआ, तो पुनर्जन्म का प्रश्न दर्शन के क्षेत्र से निकलकर धार्मिक विवेचन या व्यक्तिगत विश्वास के क्षेत्र में चला गया। कुछ प्रमुख दार्शनिक चाहे व्यक्तिगत रूप से पुनर्जन्म को मानते रहे हों, तत्त्वविद्या या नीतिशास्त्र के वैज्ञानिक अध्ययन में इस प्रश्न का कोई महत्त्व नहीं रह गया है। ऐतिहासिक दृष्टि से पुनर्जन्म-सम्बन्धी सिद्धान्तों का महत्त्व यह है कि उनसे आत्मा और शरीर के पार्थक्य पर सोचने के लिए मानव-बुद्धि का प्रेरणा मिली।

Methodic Doubt [मेथॉडिक डाउट]: विधिमूलक सन्देह, विधिमूलक संशय।

किसी सत्ता के प्रति व्यक्त किया गया सन्देह, जिसके पीछे नकारात्मक या सन्देहवादी मनोवृत्ति न हो बल्कि उस सत्ता को तर्कसम्मत रूप से जानने की तीव्र इच्छा हो। इस प्रकार का सन्देह अस्थायी होता है, और सत्ता के अस्तित्व को मानने के लिए पर्याप्त कारण मिल जाने पर इसका त्याग किया जाता है। इस तरह के सन्देह का सबसे अच्छा उदाहरण देकार्त के दर्शन में मिलता है। देकार्त ने अपना दार्शनिक विवेचन प्रत्येक वस्तु के प्रति सन्देह व्यक्त करते हुए आरम्भ किया। इसी सन्देह ने उसे एक ऐसी सत्ता में विश्वास करने पर बाध्य

किया जिसको अस्वीकार करना स्वविरोधी होता। इस सत्ता (आत्मा) के आधार पर उसने क्रमशः ईश्वर और भौतिक जगत के अस्तित्व को भी स्वीकार किया। इस तरह देकार्त का सन्देह विधिमूलक था। उसका उद्देश्य था अन्धविश्वास से बचते हुए मन को विवेक के मार्ग पर अग्रसर कराना और सत्य तक पहुँचाना, न कि मन को शून्यवाद की ओर ले जाना।

देखिये—Scepticism.

Methodology [मेथडॉलोजी] : पद्धति-समीक्षा, विधि-विवेच, विधि-विज्ञान।

दार्शनिक और वैज्ञानिक विवेचन में अनेक विधियाँ प्रयुक्त होती हैं। इन विधियों की सम्भावनाओं और सीमाओं को समझना विचार की प्रगति के लिए आवश्यक हो जाता है, जिस तरह एक कुशल मिस्त्री के लिए यह ज़रूरी हो जाता है कि अपने औज़ारों के गुण-दोषों से भली-भाँति परिचित हो। कुछ विधियाँ ऐसी होती हैं जो समीक्षा की प्राथमिक मंजिलों में ही उपयुक्त सिद्ध होती हैं और बाद में उनका प्रयोग ज्ञानमार्ग में रुकावट बन जाता है।

आधुनिक काल में ज्ञान का क्षेत्र इतना विस्तृत हो गया है, और दार्शनिक तथा वैज्ञानिक विधियों की संख्या में इतनी वृद्धि हुई है कि एक विशेष विज्ञान की आवश्यकता का बोध हुआ है जो विधियों को ही अपने अध्ययन का विषय माने। ऐसे अध्ययन विधि-विज्ञान कहते हैं।

Microcosm [माइक्रोकॉज़्म] : सूक्ष्म ब्रह्माण्ड, लघु ब्रह्माण्ड।

ब्रह्माण्ड की-सी बनावट या व्यवस्था देखकर कभी-कभी ब्रह्माण्ड के एक लघु अंश को ब्रह्माण्ड कह दिया जाता है। ऐसी स्थिति में पूर्ण अंश में भेद करने के लिए 'बृहत्' (या स्थूल) 'लघु' (या सूक्ष्म) शब्दों का प्रयोग करना पड़ता है। बृहत् संसार को Macrocosm और लघु को Microcosm कहा गया है।

सूक्ष्म ब्रह्माण्ड की कल्पना का अच्छा उदाहरण लाइबनित्स के दर्शन में मिलता है। लाइबनित्स के अनुसार प्रत्येक 'चेतन परमाणु' (Monad) एक स्वतन्त्र सत्ता है, और प्रत्येक में सम्पूर्ण ब्रह्माण्ड प्रतिबिम्बित है।

'माइक्रोकॉज़्म' शब्द का लाक्षणिक प्रयोग भी किया गया है; जैसे यदि पूरे समाज को 'संसार' कहा जाय तो उसके अन्तर्गत छोटे समूह को तुलना में 'लघु संसार' मानना होगा। इसी प्रकार कभी-कभी मनुष्य को, उसके अवयवों की सुव्यवस्था देखकर, 'लघु ब्रह्माण्ड' कहा जाता है।

देखिये—Macrocosm.

Middle Term [मिडिल टर्म] : मध्य-पद, हेतु-पद।

हेत्वनुमान का वह पद जो आधारवाक्यों में प्रयुक्त होता है लेकिन निष्कर्ष में नहीं होता, जैसे :

"सब पक्षी पंखधारी हैं;
तोता एक पक्षी है;
इसलिए तोता पंखधारी है।"

यहाँ 'पक्षी' मध्यपद है।

मध्यपद साध्य और पक्ष-पद के बीच सम्बन्ध स्थापित कराता है।

देखिये—Major Term, Minor Term.

Mind [माइन्ड] : मन।

यह दर्शन-साहित्य में प्रयुक्त उन शब्दों में से है जिनका अर्थ स्थिर करने के प्रयत्न निष्फल रहे हैं। चिन्तन के आरम्भिक काल से ही विचारकों के सामने यह गहन रहस्य रहा है कि व्यक्ति के अन्दर वह कौन-सा सूक्ष्म तत्त्व है जो प्रत्यक्ष स्मृति, कल्पना आदि क्रियाओं का निर्देशन करता है। किसी स्थूल, शारीरिक अवयव में यह क्षमता न पाकर उन्होंने एक आन्तरिक कर्ता की कल्पना की और उसे 'मन' कहा। शरीर से मन की भिन्नता व्यक्त करने के लिए यही कहा जा सका कि शरीर की विशेषता विस्तार है, मन की विशेषता चिन्तन

या विचार। आगे चलकर, जब प्रत्येक व्यक्ति के 'मन' की सीमाओं और त्रुटियों की ओर ध्यान आकृष्ट हुआ, तब एक व्यापक निरपेक्ष मन की कल्पना का निर्माण हुआ। यह 'विश्वव्यापी मन' (Universal Mind) वास्तव में ईश्वर की ही एक संज्ञा बन गया।

आधुनिक मनोविज्ञान में प्रकृतिवादी दृष्टिकोण और तथ्यात्मक अनुसन्धान के प्रभाव से 'मन' की परम्परागत धारणा असन्तोषजनक प्रतीत होने लगी। जिन क्रियाओं के 'कर्ता' के रूप में मन की कल्पना की गई थी उन्हें मस्तिष्क, स्नायु-मण्डल, इन्द्रियसमूह आदि शारीरिक तत्त्वों द्वारा पूर्णरूप से सम्पादनीय बताया गया। लेकिन 'मन' के बहिष्कृत होने पर भी आन्तरिक क्रियाओं को अब तक 'मानसिक' (Mental) कहा जाता है।

हेगेल जैसे कुछ ब्रह्मपरक प्रत्ययवादियों ने 'मन' को बिलकुल ही अमूर्त रूप में स्वीकार किया है। उनके लिए मन चेतन-तत्त्व के अलावा कुछ नहीं है। ऐसे प्रयोग में Mind (मन) तथा Consciousness (चेतना) में कोई अन्तर नहीं रह जाता।

देखिये—Consciousness.

Mind-Body Problem [माइन्ड-बॉडी प्रॉब्लम] : मनः-शरीर-सम्बन्ध की समस्या।

देखिये—Body-Mind Problem.

Mind-Dust Theory [माइन्ड-डस्ट थियॅरी] : मानस-कण सिद्धान्त।

इस सिद्धान्त के अनुसार जिस तरह जड़-वस्तुएँ भौतिक पदार्थ के 'कणों' के संयोग से बनती हैं उसी तरह मन चेतन-कणों के संयोग का ही फल है। चेतन पदार्थ के कणों को 'मानस-कण' कहा गया है। यह व्याख्या नहीं, रूपकात्मक वर्णन है, इसलिए इस सिद्धान्त की तीव्र आलोचना की गई है।

Mind-Stuff Theory [माइन्ड-स्टफ़ थियॅरी] : मानस-द्रव्य-सिद्धान्त।

इस पद का प्रयोग विलियम क्लिफोर्ड ने किया। उसने कहा कि 'मन' विचारों का समुदाय मात्र नहीं हो सकता; सूक्ष्म विचारों के 'टिकने' के लिए कोई स्थूल आधार चाहिए, जो कि एक तरह का द्रव्य ही हो सकता है। यह सिद्धान्त मानस-कण-सिद्धान्त से भिन्न है, क्योंकि इसमें व्यक्तिगत मन की बनावट को समझाया गया है, न कि उसकी उत्पत्ति को।

Minor Premise [माइनर प्रेमिस] : पक्षवाक्य।

हेत्वनुमान के आधारवाक्यों में से वह जिसमें पक्षपद (निष्कर्ष का उद्देश्य) उपस्थित रहता है। उदाहरणार्थ :

"सब बंगाली भारतीय हैं;
अविनाश बंगाली है;
इसलिए, अविनाश भारतीय है।"

यहाँ 'अविनाश बंगाली है' पक्षवाक्य है।

देखिये—Major Premise.

Mixed Syllogism [मिक्स्ड सिलॉजिज़्म] : मिश्र हेत्वनुमान।

हेत्वनुमान का वह प्रकार जिसमें तर्क-वाक्य सम्बन्ध की दृष्टि से भिन्न होते हैं। जब साध्यवाक्य सोपाधिक, पक्षवाक्य निरपेक्ष और निष्कर्ष निरपेक्ष होता है, तब हेत्वनुमान को 'सोपाधिक-निरपेक्ष' (Hypothetic-Categorical) कहते हैं। जब साध्यवाक्य वियोजक और पक्षवाक्य तथा निष्कर्ष निरपेक्ष होते हैं, तब हेत्वनुमान को 'वियोजक-निरपेक्ष' (Disjunctive-Categorical) कहते हैं।

Minor Term [माइनर टर्म] : पक्षपद, लघु-पद।

हेत्वनुमान में प्रयुक्त पदों में से वह पद जो निष्कर्ष का उद्देश्य होता है, जैसे :

"सब पक्षी पंखधारी हैं;
तोता एक पक्षी है;
इसलिए, तोता पंखधारी है।"

यहाँ 'तोता' पक्ष-पद है।

देखिये—Major Term, Middle Term.

Misology [मिसोलोजी] : तर्क-द्वेष।

मानवीय मन की सीमाओं को देखते हुए तार्किक प्रक्रियाओं के प्रति सन्देह करना

अस्वाभाविक नहीं है। लेकिन जब यह सन्देह इतना बढ़ जाता है कि तार्किक क्रियाएँ मूलत: अप्रिय लगती हैं तब मनुष्य 'तर्कद्वेष्टा' बन जाता है। यह एक विकृति है और हेगेल ने इसे मानव के लिए सबसे बड़ा दुर्भाग्य बताया है।

Mnemonic Verses [नेमॉनिक वर्सेज़]: स्मरणोपयोगी छन्द, स्मरणोपकारी पद्य।

तर्कशास्त्र के अध्ययन में वैध संघातों (Valid Moods) को याद रखने की सुविधा के लिए मध्ययुगीन विचारकों द्वारा रचित छन्दोबद्ध पंक्तियाँ। इन पंक्तियों में अर्थहीन शब्दों का प्रयोग किया गया है लेकिन अक्षरों की व्यवस्था ऐसी है कि उनमें तार्किक संघातों और आकारों के पारिभाषिक नामों का संकेत मिलता है।

देखिये—Figure, Mood.

Modal Consequence [मोडल कॉन्सिक्वेन्स] : निश्चयमात्रात्मक अनुमान, निश्चयमात्रक परिणाम।

अव्यवहित अनुमान का वह रूप जिसमें नियतार्थ (Necessary), प्रकृत (Assertory) और संदिग्ध (Problematic) में से किसी एक प्रकार के तर्कवाक्य के आधार पर किसी अन्य प्रकार के तर्कवाक्य तक पहुँचा जाता है। उदाहरणार्थ, नियतार्थ तर्कवाक्य "प्रत्येक जीवधारी अवश्य मर्त्य है" को स्वीकार कर लेने पर प्रकृत तर्कवाक्य "प्रत्येक जीवधारी मर्त्य है" और संदिग्ध तर्कवाक्य "प्रत्येक जीवधारी कदाचित् मर्त्य है" स्वीकार किये जा सकते हैं। इस अनुमान के दो नियम हैं—(१) यह कि अधिक निश्चय के वाक्य में कम निश्चय के वाक्य का सत्य निहित रहता है; (२) यह कि कम निश्चय के वाक्य के असत्य में अधिक निश्चय के वाक्य का असत्य निहित रहता है।

देखिये—Necessary, Assertory, Problematic Proposition.

Modality [मोडैलिटी] : स्थिति-प्रकार, निश्चयमात्रा, स्थिति-रूप।

काण्ट ने वस्तुओं की स्थिति के तीन रूप स्वीकार किए—वास्तविकता (Actuality), सम्भाव्यता (Possibility) और अनिवार्यता (Necessity)। इन तीनों रूपों को उसने 'मोडैलिटी' के अन्तर्गत रखा। परम्परागत तर्कशास्त्र में तीन प्रकार के वाक्य माने गए हैं—नियतार्थ (Necessary), प्रकृत (Assertory), और संदिग्ध (Problematic), 'मोडैलिटी' के इन दो पक्षों में अन्तर यही है कि पहला प्रत्यय सत्ता-सम्बन्धी है, दूसरा विचार-सम्बन्धी।

Mode [मोड] : पर्याय, प्रकार।

स्पिनोज़ा के दर्शन में, पर्याय का अर्थ है "पदार्थ का वह विशेषीकृत रूप जिसका अस्तित्व और जिसकी ज्ञेयता किसी अन्य पर निर्भर हो।" समस्त वस्तु-जगत् या 'व्यक्त प्रकृति' (Natura naturata) पर्यायों की व्यवस्था मात्र है।

देखिये—Natura naturata.

Monad [मॉनड] : चेतन अणु, चेतन कण, चिदणु।

कुछ दार्शनिकों ने भौतिकवादियों के स्थूल 'अणु' के विपरीत सूक्ष्म, चेतन अणु की कल्पना को प्रस्तुत किया है। ब्रूनो के अनुसार चेतन अणु संसार के जीवन-तत्त्व के केन्द्र हैं, और इनमें 'विस्तार' भी होता है। लाइबनित्स ने इस कल्पना पर अपने पूरे दर्शन की नींव रखी। ब्रूनो के विचार में सुधार करते हुए उसने चेतन अणुओं को विस्तारहीन माना और कहा कि प्रत्येक चेतन अणु में समस्त विश्व प्रतिबिम्बित है। इन सूक्ष्म चिदणुओं की व्यवस्था से ही विश्व बना है, और जड़ समझी जानेवाली वस्तुओं की बनावट में भी चिदणु सम्मिलित हैं। यह नहीं, ईश्वर भी चिदणु है—उच्चतम चिदणु (Highest Monad)। वह पूर्णतया विकसित है, अन्य चिदणु अपूर्ण और अविकसित हैं। सबसे निम्न स्तर पर वे चिदणु हैं जो बिलकुल ही निश्चेतन लगते हैं। उन्हें

लाइब्रनित्स 'सुप्त चिदणु' (Sleeping Monads) कहता है।

Monadology [मॉनडोलोजी] : चिदणु-वाद, चेतन अणुवाद।

वह दार्शनिक मत जिसके अनुसार सारा संसार चेतन अणुओं से बना है और तथा-कथित जड़-वस्तुओं में भी चैतन्य का पुट है। यह शब्द व्यापक रूप से लाइबनित्स के पूरे दर्शन के लिए भी प्रयुक्त होता है।

देखिये—Monad.

Monism [मॉनिज़्म] : एकसत्तावाद, एकवाद, अद्वैतवाद, एकत्ववाद।

परम तत्त्व को एक माननेवाला सिद्धान्त। वह सिद्धान्त जो सत्ता के एकत्व को स्वीकार करता हो, एकत्ववाद है; चाहे उसका दृष्टिकोण भौतिकवादी हो या प्रत्ययवादी। इस एक तत्त्व पर विभिन्न एकवादियों ने विभिन्न गुण आरोपित किये हैं—कोई उसे 'पूर्ण' कहता है, कोई 'चैतन्य', कोई 'परम शुभ'। जड़ द्रव्य को संसार का एकमेव तत्त्व मानने-वाले भी एकवादी हैं।

इस दार्शनिक प्रवृत्ति का उद्गम कई कारणों से होता है। एक तो, तार्किक दृष्टि से संसार की असंख्य वस्तुओं का स्वतन्त्र अस्तित्व स्वीकार करना असंगत मालूम होता है और मनुष्य बाहुल्य के पीछे एकत्त्व देखता है। दूसरे, मानव-मन का यह प्राकृतिक गुण है कि वह निरे वैविध्य से सन्तुष्ट नहीं होता। वैविध्य के पीछे वह सुव्यवस्था का अस्तित्व मानता है, और व्यवस्था की कल्पना उसे 'एकत्त्व' की ओर ले जाती है।

लेकिन इसका अर्थ यह नहीं कि दर्शन के इतिहास में 'उच्च' विचारधाराएँ एकवादी हैं और 'निम्न' बहुवादी हैं। संसार के महानतम दार्शनिकों में कुछ बहुवादी भी थे। एकत्त्व को स्वीकार करने में भी तार्किक कठिनाइयाँ उत्पन्न होती हैं, और प्रश्न उठता है कि यदि तत्त्व एक है तो दृश्य-जगत् में नानात्व कहाँ से आया।

इस प्रकार एकवाद और बहुवाद का संघर्ष दार्शनिक चिन्तन के कभी न रुकने-वाले विवादों में से है। इन दो दृष्टिकोणों के घात-प्रतिघात से सत्य का स्पष्टीकरण होता रहा है और अस्तित्व के नये-नये पहलुओं की ओर मानव का ध्यान आकृष्ट होता रहा है।

देखिये—Neutral Monism, Pan-theism.

Monotheism [मॉनोथीइज़्म] : एकेश्वरवाद।

वह धार्मिक सिद्धान्त जिसके अनुसार ईश्वर एक है। मानव की धार्मिक चेतना एकेश्वरवाद तक पहुँचने से पहले कई मंज़िलों से गुज़र चुकी होती है। आदिम युग में प्राकृतिक शक्तियों को ही अलौकिक समझा गया और या तो उनकी आराधना की गई या उन्हें अपने वश में करने का प्रयत्न किया गया। जब ईश्वर की धारणा का आविर्भाव हुआ तब भी कुछ मुख्य शक्तियों के पीछे अलग-अलग 'देवताओं' का अस्तित्व माना गया। इससे अगला क़दम था एक ऐसे 'प्रधान देवता' को मानना जिसका शासन सभी अन्य देवताओं को मानना पड़ता है।

लेकिन जब धार्मिक चेतना इस सीमा तक परिष्कृत हुई कि ईश्वर को दण्ड और पुरस्कार देनेवाला स्वामी नहीं वरन् उच्चतम मूल्यों का आदिस्रोत समझा गया, तब अनेकेश्वरवाद या प्रधानेश्वर-वाद का परित्याग अनिवार्य हो गया। ईसाई-धर्म और इस्लाम ने एकेश्वरवाद के आधार पर ही प्रकृति-उपासना का विरोध किया और धर्म में आन्तरिक पवित्रता तथा नैतिक औचित्य की कल्पनाओं को प्रमुख स्थान दिया। धीरे-धीरे धार्मिक एकेश्वरवाद का विशुद्ध दार्शनिक पक्ष भी विकसित हुआ। ब्रह्म की धारणा एकेश्वरवाद का ही बौद्धिक प्रतिरूप है। ईश्वर (God) का स्थान दर्शन में ब्रह्म (Absolute) ने लिया और एकेश्वरवाद से मानवीय चेतना अद्वैतवाद की ओर

अग्रसर हुई ।

Mood [मूड] : विन्यास ।

देखिये—Logical Mood.

Moral Concept [मॉरल कन्से'प्ट] : नैतिक प्रत्यय, नैतिक संकल्पना ।

वह प्रत्यय जिसका संकेत शुभाशुभ की ओर हो, जैसे 'कर्तव्य', 'शान्तिप्रियता', 'भलाई' इत्यादि । नैतिक प्रत्ययों को व्यक्त करने के लिए जो शब्द प्रयुक्त होते हैं उनके ऐसे दूसरे अर्थ भी हो सकते हैं, जिनका नैतिक प्रश्नों से कोई सम्बन्ध न हो । सन्दर्भ के अनुसार ही किसी प्रत्यय को 'नैतिक' कहा जा सकता है ।

Moral Dilemma [मॉरल डाइले'मा]: नैतिक द्विविधा, किंकर्तव्यता ।

वह नैतिक परिस्थिति जो एक से अधिक कर्तव्यों के परस्पर-विरोधी आकर्षण से उत्पन्न होती है । यदि कर्ता सत्यवादिता को नैतिक कर्तव्य समझता है, और उसके सामने ऐसी समस्या है जिसमें किसी के प्राण बचाने के लिए झूठ बोलना आवश्यक है, तो ऐसी परिस्थिति को 'नैतिक द्विविधा' कहा जा सकता है । यहाँ वास्तविक समस्या दो नैतिक उपलब्धियों के आपेक्षिक मूल्यों के सन्तुलन की है । स्पष्ट है कि ऐसी परिस्थितियों में उचित कर्म चुनने के लिए नीतिशास्त्र कोई इस तरह का आदेश नहीं दे सकता जो प्रत्येक अवसर पर लागू हो ।

Moral Duty [मॉरल ड्यूटी] : नैतिक कर्तव्य ।

ऐसा कर्तव्य जिसके करने के लिए मनुष्य नैतिक कारणों से प्रेरित हो । इस पद के प्रयोग में यह विचार निहित है कि ऐसे भी कर्तव्य हैं जो नैतिकता के प्रश्न से स्वतन्त्र हैं । कभी-कभी नैतिक कर्तव्यों और अन्य कर्तव्यों में विरोध का भी अनुभव होता है । यदि कोई कहे : "मेरा नैतिक कर्तव्य मुझे अमुक कर्म करने के लिए प्रोत्साहित करता है, लेकिन मेरा पारिवारिक (या सामाजिक, या राष्ट्रीय) कर्तव्य मुझे रोकता है," तो इस वाक्य में नैतिक तथा अन्य कर्तव्यों के विरोध का बोध प्रतिबिम्बित है ।

लेकिन जो दार्शनिक नैतिक आदेशों को सार्वभौम, निरपेक्ष और विश्वव्यापी मानते हैं, उनके लिए प्रत्येक कर्तव्य नैतिक कर्तव्य है । उदाहरणार्थ, काण्ट के नीतिशास्त्र में कर्तव्यों का नैतिक और 'नीतितटस्थ' में विभाजन अस्वीकार किया गया है ।

Moral Insight [मॉरल इन्साइट] : नैतिक अन्तर्दृष्टि ।

किसी भी नैतिक परिस्थिति में जहाँ एक से अधिक कर्म-मार्ग खुले हों, कर्ता को अपनी आन्तरिक नैतिक दृष्टि का सहारा लेना पड़ता है । ऐसी आन्तरिक नैतिक विवेकशीलता को, जिसकी उपलब्धि किसी प्रत्यक्ष अनुभव पर नहीं बल्कि कर्म के बाद की स्थितियों की कल्पना से होती है, नैतिक अन्तर्दृष्टि कहते हैं । यह पूर्णतया सहज नहीं होती । सम्भावित कर्मों के आपेक्षिक फलाफल का विचार नतिक दूरदर्शिता पर निर्भर होता है, जो शिक्षा और अभ्यास से विकसित होती है, और इसीलिए अंशतः अर्जित होती है ।

देखिये—Moral Situation.

Moral Judgment [मॉरल जजमे'न्ट] : नैतिक निर्णय ।

वह निर्णय या वक्तव्य जिसमें, परोक्ष या अपरोक्ष रूप से, शुभाशुभ, उचित-अनुचित या कर्तव्य-अकर्तव्य का मूल्यांकन हो । उदाहरणार्थ, "युद्ध मानवता पर कलंक है" नैतिक निर्णय है लेकिन "युद्ध में प्रतिदिन लाखों रुपयों का व्यय होता है" नैतिक निर्णय नहीं है । नैतिक निर्णय केवल ऐच्छिक कर्मों के सम्बन्ध में दिया जा सकता है । जिस काम को करने के लिए मनुष्य बाध्य है उसके विषय में शुभाशुभ का प्रश्न ही नहीं उठता ।

Moral Law [मॉरल लॉ] : नैतिक नियम ।

वह नियम जो मनुष्य के नैतिक जीवन का अनुशासन करता हो । प्राचीन और

मध्ययुगीन सभ्यता में धार्मिक अनुशासन और नैतिक अनुशासन में विशेष भेद नहीं माना जाता था। बाइबिल के 'दस धर्मादेशों' (Ten Commandments) को धार्मिक नियमों के ही नहीं बल्कि नैतिक नियमों के रूप में सर्वव्यापी समझा जाता था। काण्ट ने सबसे पहले इस बात पर ज़ोर दिया कि नैतिक नियम कर्ता के आन्तरिक, अनिवार्य उद्देश्य से निर्मित होना चाहिए।

आधुनिक युग में फिर नैतिक नियम को एक बाह्य शक्ति द्वारा निर्देशित करने की प्रवृत्ति देखी जाती है, लेकिन यह शक्ति धर्मसंस्था नहीं बल्कि सामाजिक-राजनीतिक संगठन है। कुछ देशों में यह स्पष्ट रूप से घोषित किया जाता है कि सत्तारूढ़ राजनीतिक वर्ग को नैतिक नियम की रचना करने का पूर्ण अधिकार है। इस दावे के विरुद्ध अनेक दार्शनिकों ने आवाज़ उठाई है और कहा है कि नैतिक नियम समाज-निरपेक्ष स्थायी नैतिक मूल्यों पर आधारित है, यद्यपि उसको कार्यान्वित करने के तरीके सामाजिक परिवर्तनों से प्रभावित होते हैं।

Moral Order [मॉरल ऑर्डर] : नैतिक व्यवस्था।

संसार की प्राकृतिक व्यवस्था से परे एक ऐसी व्यवस्था जिसकी रचना भौतिक नियमों से नहीं बल्कि विश्वव्यापी नैतिक नियमों के आधार पर की गई है। मूल रूप से यह विश्वास धार्मिक है और इसमें यह विचार निहित है कि इस नैतिक व्यवस्था का निर्माता ईश्वर है।

Moral Purism [मॉरल प्योरिज़्म] : नैतिक विशुद्धतावाद, नैतिक विशुद्धिवाद।

काण्ट ने नैतिक मानकों के निर्धारण में कुछ सरल और विशुद्ध नियमों का सहारा लिया, जैसे : "मानवता को साध्य समझो, साधन नहीं", "वह काम उचित है जिसे सबके लिए उचित समझा जा सके," इत्यादि। यहाँ 'विशुद्ध' का अर्थ निरपेक्ष और सर्वव्यापी है। काण्ट के नीतिशास्त्र को नैतिक विशुद्धतावाद की संज्ञा दी गई है।

Moral Sanctions [मॉरल सैन्क्शन्स] : नैतिक प्रचोदन, नैतिक अनुशासन।

वे प्रेरणाएँ जो कर्ता को नैतिक कर्म करने के लिए प्रोत्साहन देती हैं और अनैतिक कर्म से रोकती हैं। बेन्थम तथा मिल ने नैतिक प्रचोदनों का विस्तृत विश्लेषण किया है। ये दोनों विचारक सुखोपलब्धि को नैतिक कर्म का लक्ष्य मानते हैं। लेकिन बेन्थम विभिन्न सुखों में केवल परिमाण-भेद स्वीकार करता है और इसलिए बाह्य अनुशासनों को पर्याप्त मानता है। मिल की दृष्टि में नैतिक जीवन गुणभेद की स्वीकृति पर निर्भर है, और इसलिए वह बाह्य अनुशासनों से अधिक महत्त्व आन्तरिक अनुशासनों को देता है।

बेन्थम ने चार नैतिक अनुशासनों को स्वीकार किया है :

(१) प्राकृतिक अथवा शारीरिक—किसी अनैतिक कर्म से उत्पन्न होनेवाला शारीरिक कष्ट।
(२) राजनीतिक—शासन द्वारा निर्धारित नियम जिनसे अनैतिक कर्मों के लिए दण्ड और नैतिक कर्मों के लिए पुरस्कार मिलता है।
(३) सामाजिक—अनैतिक कर्मों की समाज द्वारा की गई निन्दा, और नैतिक कर्मों की प्रशंसा।
(४) धार्मिक—भावी जीवन में नैतिक और अनैतिक कर्मों के फलस्वरूप मिलनेवाले सुख और दुःख में धार्मिक विश्वास।

मिल ने दो आन्तरिक अनुशासनों को भी माना : (१) नैतिक कर्म से उत्पन्न होनेवाला आन्तरिक सुख; (२) अनैतिक कर्म से उत्पन्न होनेवाला आन्तरिक पश्चात्ताप।

'Moral Sense' School ['मॉरल सेन्स' स्कूल] : 'नैतिक इन्द्रियवादी' सम्प्रदाय।

इंग्लैंड और स्कॉटलैंड के नैतिक विचारकों का एक सम्प्रदाय, जिसके अनुसार मनुष्य में बाह्य वस्तुओं का प्रत्यक्ष करनेवाली इन्द्रियों से भिन्न एक विशेष इन्द्रिय है जिसके द्वारा वह नैतिक और अनैतिक कर्मों का विवेक कर सकता है। इस सम्प्रदाय के प्रमुख प्रतिनिधि शेफ़्ट्सबरी और हचीसन थे।

Moral Situation [मॉरल सिचुएशन]: नैतिक परिस्थिति।

वह परिस्थिति जिसमें एक से अधिक कर्मों की सम्भावना हो, और उनमें से चुनाव करते समय नैतिक मानक का प्रयोग करना पड़े। उदाहरणार्थ, यदि किसी मनुष्य को दो भाषाओं में से किसी एक में अपने भाव व्यक्त करने हैं, तो यहाँ नैतिकता का प्रश्न नहीं उठता और यह 'नैतिक परिस्थिति' नहीं है; लेकिन यदि उसके सामने दो व्यवहार-मार्ग हैं जिनमें से एक पर चलकर वह स्वार्थ-त्याग करते हुए आन्तरिक सन्तोष प्राप्त कर सकता है, और दूसरे पर चलकर केवल वित्तीय लाभ, तो यह नैतिक परिस्थिति है।

केवल नैतिक परिस्थिति में किये गए कर्मों के विषय में ही नैतिक निर्णय दिया जा सकता है।

देखिये—Moral Dilemma, Moral Judgment.

Motion [मोशन] : गति।

साधारणतः वस्तु के देशगत स्थानान्तरण को 'गति' कहते हैं, लेकिन दार्शनिकों ने गति के अर्थ में काफ़ी विस्तार करने का प्रयत्न किया है। अरस्तू ने स्थान-सम्बन्धी गति के अतिरिक्त गुण और परिमाण-सम्बन्धी परिवर्तनों को भी गति में सम्मिलित कर दिया। हिरॅक्लाइटस ने गतिशीलता को वस्तुओं का मौलिक गुण बताकर गति को विश्व का सूक्ष्म तत्त्व माना। गति का प्रश्न परिवर्तन के मूलभूत प्रश्न का एक अंग है, और इसीलिये दर्शन में उसका बड़ा महत्त्व है।

देखिये—Change, Becoming, Flux.

Multiplicity [मल्टिप्लिसिटी] : बाहुल्य, बहुलता, नानात्व।

अद्वैतवादी दार्शनिकों के लिए विश्व में दिखाई पड़नेवाली सत्ताबहुलता एक समस्या है, जिसका समाधान करने के लिए वे विभिन्न तर्क प्रस्तुत करते हैं। बहुवादी दार्शनिकों के लिए बहुलता एक तथ्य है जिसको स्वीकार करके ही अस्तित्व की व्याख्या की जा सकती है। द्वैतवादी न सत्ता को 'एक' मानते हैं, न 'बहु'। उनकी दृष्टि में समस्त बाह्य वस्तुओं के पीछे एक तत्त्व है—भौतिक तत्त्व; और समस्त आन्तरिक सत्ताओं के पीछे है चेतन तत्त्व।

बाहुल्य के विषय में एक और विवादग्रस्त प्रश्न यह है कि बाहुल्य का अस्तित्व सदा रहा है या किसी विशेष समय पर निर्माता ने विश्व के साथ-साथ बाहुल्य का भी निर्माण किया।

देखिये—Pluralism, Dualism, Creation.

Mysticim [मिस्टिसिज़्म] : रहस्यवाद, गूढ़वाद।

यह विश्वास कि सत्ता का वास्तविक स्वरूप बुद्धि या तर्क द्वारा ज्ञेय नहीं है। रहस्यवाद न तो सत्ता के अस्तित्व को अस्वीकार करता है, न ज्ञान की सम्भाव्यता को। लेकिन रहस्यवादियों के अनुसार जिसे हम साधारणतः 'ज्ञान' कहते हैं उसकी पहुँच केवल दृश्य जगत् तक है, सत्ता तक नहीं। वास्तविक ज्ञान सीधा, स्पष्ट, अपरोक्ष और असंदिग्ध होता है और उसकी उपलब्धि एक ऐसी अनुभूति है जिसकी व्याख्या या समीक्षा असम्भव है। इस सहज ज्ञान या सहज अनुभूति का वर्णन कई दृष्टिकोणों से किया गया है, और इसलिये रहस्यवाद के कई सम्प्रदाय हैं।

Myth [मिथ]: कल्पित-कथा, पुराण-कथा।

दार्शनिक विवेचन मुख्य रूप से बौद्धिक समीक्षा, तर्क और अनुमान पर आधारित होता है। इसलिए कल्पित घटनाओं या

पौराणिक कथाओं की सहायता उसमें नहीं ली जाती। लेकिन कभी-कभी नैतिक आदर्शों को अधिक प्रभावशाली और रोचक रूप से समझाने के लिए दर्शन में कल्पित कथाओं का सहारा लिया गया है। इसका एक बहुत अच्छा उदाहरण प्लेटो के ग्रन्थ 'Republic' में वर्णित 'गुहा की कथा' (Myth of the Cave) है। इसमें गुहा में जकड़े हुए बन्दी अज्ञान के प्रतिनिधि हैं और गुहा के बाहर का सूर्य-प्रकाश ज्ञानतत्त्व है। आधुनिक काल में नीत्शे ने भी ऐसी कल्पित कथाओं द्वारा दार्शनिक विचार व्यक्त किए हैं।

धार्मिक ग्रन्थों में संग्रहीत पुराण-कथाओं से मध्ययुग के ईसाई दार्शनिकों को प्रेरणा मिली और उन्होंने इनमें से कुछ कथाओं को नैतिक उपदेशों का माध्यम बनाया।

Mythology [माइथॉलोजी] : पुराण, पुराण-विद्या।

पुराणों का अध्ययन दार्शनिकों के विचारों की उत्पत्ति और उनके विकास को समझने के लिए अत्यन्त उपयुक्त सिद्ध हुआ है। मैक्समूलर, लैंग, जेम्स फ्रेज़र इत्यादि विद्वानों ने पुराणों की वैज्ञानिक समीक्षा करते हुए उनमें निहित विश्व-सम्बन्धी धारणाओं पर प्रकाश डाला है।

प्राकृतिक शक्तियों की व्याख्या करने के प्रयोजन से पुराणों में देवी-देवताओं की कल्पना की गई है। रूपकों और काव्यमय वर्णनों द्वारा पुराणों में जगत् की रचना प्रकृति की परिवर्तनशीलता, मानव की क्षमताएँ, नैतिक मूल्यों की शाश्वतता, इत्यादि के बारे में विचार व्यक्त किये गए हैं। ये विचार अव्यवस्थित और संकेतात्मक हैं, न कि व्यवस्थित या स्पष्ट। इसलिए मूलतः दार्शनिक पद्धति पौराणिक दृष्टि-कोण के बिलकुल विपरीत है, और इसीलिए दर्शन के इतिहास को 'पुराण से मुक्तिलाभ का इतिहास' कहा गया है। फिर भी प्राचीन युग में दार्शनिकों को पुराण से जो प्रेरणा मिली उसे अस्वीकार नहीं किया जा सकता।

पिछले कुछ वर्षों में पुराणों के अध्ययन का एक और पक्ष तेजी से विकसित हुआ है। वह है नृशास्त्रात्मक (Anthropological) और मनोवैज्ञानिक पक्ष। दर्शन के लिए भी अपरोक्ष रूप से इसका महत्त्व है। नृशास्त्रज्ञ आदिम-मानव की मूल विचार-प्रवृत्तियों का विश्लेषण कर रहे हैं, और मनोवैज्ञानिक मानव के अचेतन मन में निहित शक्तियों, इच्छाओं, विकृतियों और ग्रन्थियों के अन्वेषण में जुटे हैं। दोनों को पौराणिक साहित्य से मूल्यवान सामग्री प्राप्त हुई है।

Name [नेम] : संज्ञा, नाम।

सामान्य अर्थ में उन शब्दों को संज्ञा कहा जाता है जिनसे किसी वस्तु, व्यक्ति या स्थान का बोध हो। शास्त्रीय विवेचन में संज्ञाओं को तीन वर्गों में विभाजित किया गया है :

(१) व्यक्तिवाचक—जिनसे किसी विशेष परिचित वस्तु का बोध हो, जैसे 'रामचन्द्र', 'कलकत्ता'।

(२) जातिवाचक—जिनका संकेत विशेष वस्तु की ओर नहीं बल्कि जाति की ओर हो। तर्कशास्त्र की भाषा में, जातिवाचक संज्ञाएँ वस्तु के साथ-साथ 'विस्तार' का भी बोध कराती हैं।

(३) भाववाचक—जो ऐसी सत्ताओं का बोध कराती हैं जिनका अस्तित्व वाह्य जगत् में नहीं बल्कि विचार-जगत् या कल्पना-जगत् में हो।

दार्शनिक चिन्तन में भाववाचक संज्ञाओं का महत्त्व सबसे अधिक है क्योंकि इनकी सहायता से उन सत्यों को भी व्यक्त किया जा सकता है जो एक वस्तु में नहीं बल्कि अनेक वस्तुओं में निहित हैं। भाववाचक संज्ञाओं से सरल गुणों का भी बोध होता है।

देखिये—Term.

Nativism [नेटिविज़्म] : सहजवाद।

सहजवाद की प्रमुख मान्यताएँ ये हैं :

(१) कुछ ऐसी विशेषताएँ हैं जो सभी मनुष्यों के मनों में मिलती हैं, इसलिए उनके बारे में यह नहीं कहा जा सकता कि उनका अर्जन विकास-क्रम में पृथक्-पृथक् किया गया है।

(२) मानवीय ज्ञान का वह हिस्सा, जो मन की इन सहज-विशेषताओं से उद्भूत होता है, अनिवार्य सत्यों का ज्ञान है।

(३) ज्ञान का एक ऐसा भाग भी है जो संवेदों और प्रत्यक्षों से निर्मित होता है।

सहजवादी प्रवृत्ति ग्रीक-दर्शन में भी मिलती है। हिरॅक्लाइटस तथा अन्य विचारकों ने ऐन्द्रिक सत्य और बौद्धिक सत्य की पारस्परिक विभिन्नता की ओर संकेत किया था। प्लेटो ने कहा कि अनिवार्य सत्यों का ज्ञान आत्मा द्वारा जन्म से पूर्व प्राप्त किया हुआ ज्ञान है, जिसका हमें इन्द्रियगत संवेदनाओं से स्मरण होता है।

मध्ययुग में यथार्थवादियों ने 'सामान्यों' (Universals) की स्वतन्त्र सत्ता को स्वीकार करके सहजवादी प्रवृत्ति का पोषण किया। आधुनिक दर्शन में देकार्त और लाइबनित्स ने सहज प्रत्ययों (Innate Ideas) को स्वीकार किया। उन्नीसवीं शताब्दी में सहजवाद का महत्त्व दर्शन की अपेक्षा मनोविज्ञान की समस्याओं के अध्ययन में अधिक देखा गया। 'अर्जित गुणों के अनुक्रमण' का सिद्धान्त सहजवाद के साथ जुड़ गया।

देखिये—Innate Ideas.

Nativistic Theory of Space Perception [नेटिविस्टिक थियॅरी ऑफ़ स्पेस पर्सेप्शन] : देश-प्रत्यक्ष का साहजात्य सिद्धान्त।

काण्ट द्वारा प्रतिपादित यह सिद्धान्त कि देश सम्बन्धी गुणों के बोध की क्षमता सहज होती है। अनुभव से इस क्षमता का विकास होकर हमारे देश-प्रत्यक्ष परिष्कृत अवश्य हो सकते हैं, लेकिन यह क्षमता अनुभव से उद्भूत नहीं होती।

आधुनिक काल में प्रयोजनवादी मनोवैज्ञानिक मैक्डूगल ने इस सिद्धान्त का समर्थन किया है।

देखिये—Space-Perception, Genetic Theory.

Natural Classification [नेचुरल क्लासिफ़िकेशन] : स्वाभाविक वर्गीकरण।

तथ्यों को, सामान्य ज्ञान-प्राप्ति के उद्देश्य से, समानता-असमानता के आधार पर विभिन्न समूहों में एकत्रित करना। इस मानसिक प्रक्रिया को वैज्ञानिक वर्गीकरण (Scientific Classification) भी कहते हैं।

देखिये—Classification, Scientific Classification.

Natural Election [नेचुरल इले'क्शन]: स्वाभाविक चुनाव, प्राकृतिक चुनाव।

प्राकृतिक चुनाव का सिद्धान्त फ्रांसिस बेकन के इस वक्तव्य से आरम्भ होता है कि वस्तुओं में दूसरी वस्तुओं के समान धर्मों को चुनने की स्वाभाविक प्रवृत्ति होती है। आधुनिक काल में जॉन लेयर्ड की मूल्य-मीमांसा में इस विचार का नया रूप प्रस्फुटित हुआ है।

Naturalism [नेचुरलिज़्म] : प्रकृतिवाद।

यह विचारधारा प्रकृति के कार्यों को समझने के लिए किसी प्रकृति-बाह्य सत्ता का सहारा लेने से इन्कार करती है। प्रकृति स्व-सम्पन्न (Self-Sufficient), स्व-व्याख्येय (Self-Explanatory) तथा स्वयंचालित है। इसका नियमन करनेवाली कोई और सत्ता नहीं है। मानवीय व्यवहार को भी प्राकृतिक नियमों के आधार पर ही समझा जा सकता है।

नीतिशास्त्र और सौन्दर्यशास्त्र में भी प्रकृतिवादी दार्शनिक किसी बौद्धिक या आध्यात्मिक मान्यता को स्वीकार नहीं करते। उनके अनुसार नैतिक परम्पराएँ और कलात्मक प्रेरणाएँ भी प्राकृतिक जीवन के ही अलग-अलग पहलू हैं।

बेकन, हॉब्ज़, स्पेन्सर, कॉम्ट प्रकृतिवादी प्रवृत्ति के मुख्य प्रवर्तकों में से हैं।

Naturalistic Ethics [नेचुरलिस्टिक ए'थिक्स] : प्रकृतिवादी नीतिशास्त्र।

वे नीतिशास्त्रीय मत जो नीतिशास्त्र को अनुभव पर आधारित विज्ञानों में से एक मानते हैं, अथवा नैतिक विचार में जीवविज्ञान, मनोविज्ञान, समाजशास्त्र आदि विज्ञानों की मान्यताओं को आधारभूत स्थान देते हैं, प्रकृतिवादी कहे जा सकते हैं।

वैसे तो प्राचीन काल में भी नैतिक व्यवहार की प्रकृतिवादी व्याख्या करने की प्रवृत्ति कुछ विचारकों में थी, लेकिन वैज्ञानिक अर्थ में प्रकृतिवादी नीतिशास्त्र का आरम्भ हॉब्ज़ से होता है। हॉब्ज़ ने नैतिक आचरण को मनुष्य की स्वार्थ-प्रवृत्ति के सामाजिकीकरण का माध्यम माना। प्राकृतिक विज्ञानों के विकास से इस विचारधारा को बल मिला। उपयोगितावादियों ने नीतिशास्त्र के लिए मनोविज्ञान की आवश्यकता स्वीकार की। हर्बर्ट स्पेन्सर ने समाजशास्त्र के साथ-साथ नीतिशास्त्र को भी प्राकृतिक विज्ञान बनाने का यत्न किया। स्पेन्सर के विकासवाद से प्रभावित होकर लेज़्ली स्टीफ़ेन, सैम्युअल अलैक्ज़ेंडर और एल० टी० हॉब्हाउस ने विभिन्न नैतिक आदर्शों और व्यवहार-परिस्थितियों का प्रकृतिवादी दृष्टि से विश्लेषण किया।

Natural Law [नेचरल लॉ] : प्राकृतिक नियम।

प्राचीन दर्शन में यह विचार बार-बार सामने आता है कि जहाँ मानव-निर्मित नियम सीमित, परिवर्तनशील और अपूर्ण होते हैं, वहाँ प्रकृति के के नियम त्रुटिहीन और अटल हैं। होमर के 'इलियड' काव्य में ज़ियस की न्यायतुला का उल्लेख है जिस पर तोलकर दिये हुए निर्णय को मानवीय शक्ति बदल नहीं सकती। प्लेटो ने जिसे दैवी नियम (Divine Law) कहा है वह भी प्राकृतिक नियम का दूसरा नाम है; क्योंकि प्लेटो के दर्शन में प्रकृति की कोई स्वतन्त्र भौतिक सत्ता नहीं है।

आधुनिक युग में प्राकृतिक नियम की व्याख्या में 'न्याय' या 'नियति' का कोई स्थान नहीं रहा। अब प्राकृतिक नियम से उन व्यक्तिनिरपेक्ष, विश्वव्यापी नियमों का तात्पर्य है जिनका अन्वेषण करना विज्ञान का काम है। उदाहरणार्थ, गुरुत्वाकर्षण का नियम 'प्राकृतिक नियम' है।

समाजशास्त्र और राजनीति-दर्शन में प्राकृतिक नियम वह व्यवस्था है जो सामूहिक जीवन के संगठन के पूर्व समाज में विद्यमान था। इस नियम के अनुसार प्रत्येक व्यक्ति को प्रत्येक अन्य व्यक्ति पर आक्रमण करके अपने शारीरिक हितों की वृद्धि करने का अधिकार है। जब प्राकृतिक नियम के बदले सामाजिक नियम की प्रतिष्ठा होती है तब यह निर्बाध अधिकार छीन लिया जाता है, और यहीं से 'सभ्यता' का आरम्भ होता है।

Natural Philosophy [नेचुरल फ़िलॉसफ़ी] : प्रकृति-दर्शन।

देखिये—Nature Philosophy.

Natural Realism [नेचुरल रियलिज़्म] : प्राकृतिक यथार्थवाद, प्राकृतिक वास्तववाद, वास्तववाद।

प्राकृतिक यथार्थवाद प्रत्यक्ष को ज्ञान का एकमात्र विश्वसनीय साधन मानता है। इसके अनुसार प्रत्यक्ष से मन और प्रकृति दोनों का वास्तविक अस्तित्व प्रमाणित होता है। यहाँ प्रकृति का अर्थ भौतिक पदार्थ है।

देखिये—Realism.

Natural Selection [नेचुरल से'ले'क्शन] : प्राकृतिक वरण, प्राकृतिक चयन।

जीवविज्ञान का एक प्रसिद्ध सिद्धान्त जिसके अनुसार वे ही प्राणी जीवन के अनवरत संघर्ष में विजयी होते हैं जिनमें कोई ऐसी विशेषता होती है जो उन्हें उपस्थित परिस्थितियों से समंजन स्थापित

करने में अन्य प्राणियों से अधिक सुविधा प्रदान करती है। इस प्रकार की विशेषता दूसरी पीढ़ी को मिल जाती है और कालान्तर में प्राणियों में नवीन गुण विकसित हो जाते हैं।

डार्विन को साधारणतः इस सिद्धान्त के आविष्कार का श्रेय दिया जाता है, यद्यपि उसके पहले ए० आर० वालेस भी अपने सुदीर्घ अन्वेषण के बाद इसी निष्कर्ष पर पहुँचा था।

विकासवादी दर्शन में इस सिद्धान्त का महत्वपूर्ण स्थान है।

देखिये—Evolution.

Natural Theology [नेचुरल थिऑलोजी] : प्राकृतिक धर्ममीमांसा, प्राकृतिक धर्म-दर्शन।

मध्ययुग में 'ईश्वर-प्रदत्त धर्ममीमांसा' के विपक्ष में प्राकृतिक धर्ममीमांसा का विकास हुआ। प्रारम्भ में ईसाई धर्म-मीमांसाकों ने ईश्वर-ज्ञान को बुद्धि से परे माना था। उनके अनुसार ईश्वर की कृपा से कुछ विशिष्ट धर्माचार्यों को ही ईश्वर-ज्ञान मिल सकता है। लेकिन जब अरस्तू के दर्शन को ईसाई विचारकों ने व्यापक रूप से स्वीकार किया तब इस प्रश्न पर उनके मत में परिवर्तन हुआ। अरस्तू ने बौद्धिक चिन्तन द्वारा ईश्वर-ज्ञान को सम्भव बताया था।

ईसाई सन्तों ने समय की माँग को आंशिक रूप में स्वीकार करते हुए यह मान लिया कि यद्यपि अरस्तू के तार्किक नियमों से ईश्वर-प्रेरित सत्य प्राप्त नहीं किये ज़ा सकते, फिर भी इन नियमों से किसी हद तक उनकी व्याख्या करना सम्भव है। यहीं से प्राकृतिक धर्ममीमांसा का आरम्भ होता है।

आगे चलकर कुछ विचारकों ने कहा कि ईश्वर का ज्ञान प्रकृति के प्रत्येक स्पन्दन में छिपा है। इसके लिए किसी विशेष प्रकार के जीवनक्रम या किसी दुरूह साधना की आवश्यकता नहीं है।

Nature [नेचर] : प्रकृति।

सामान्यतः प्रकृति का अर्थ अनुभवगम्य वस्तुओं की समष्टि तथा उनका आन्तरिक स्वभाव समझा जाता है। यह अर्थबोध प्राकृतिक विज्ञानों की धारणाओं के अनुरूप ही है। दर्शन के इतिहास में प्रकृति को कभी स्थूल रूप में लिया गया है, कभी सूक्ष्म रूप में।

ईसापूर्व छठी शताब्दी के यूनानी विचारकों ने प्रकृति का अध्ययन शुरू किया। उस समय इस अध्ययन के दार्शनिक और वैज्ञानिक पक्ष पृथक् नहीं हुए थे। वस्तुओं में छिपे हुए सारभूत तत्त्व को ही ये विचारक 'प्रकृति' मानते थे। इस तत्त्व को वे जीवित समझते थे। 'सोफ़िस्ट' दार्शनिकों ने प्रकृति को शाश्वत नियमों से व्याप्त बताया और यह उपदेश दिया कि इन्हीं नियमों के अनुसार समाज में नैतिक और राजनीतिक जीवन व्यवस्थित किया जाना चाहिए। प्लेटो ने प्रकृति को आध्यात्मिक जगत् की अपूर्ण प्रतिकृति के रूप में देखकर प्रकृति के अर्थ को संकुचित बनाया। उसके अनुसार जगत् के केवल परिवर्तनशील और स्थूल अंशों को ही प्रकृति कहा जाना चाहिए। अरस्तू ने प्रकृति के मूल्य को फिर से ऊँचा उठाना चाहा। उसने कहा कि प्रकृति गतिशील वस्तुओं का वह समग्र संस्थान है जो निरन्तर एक उच्चतम पूर्णता की ओर बढ़ने के लिए आतुर है। एपिक्यूरस और डिमॉक्रिटस ने प्रकृति से चेतन अंश को बहिष्कृत करके उसका भौतिकवादी व्याख्या प्रस्तुत की। जेना तथा अन्य 'स्टोइक' विचारकों ने कहा कि प्रकृति का स्वयंचालित और प्रयोजनशील रूप यह दिखाता है कि 'प्रकृति' और 'ईश्वर' एक ही हैं।

आधुनिक काल में प्रकृति को प्रत्यय-वादी तथा भौतिकवादी दार्शनिकों ने अलग-अलग दिशाओं से देखा है। स्पिनोज़ा ने प्रकृति और ईश्वर के तादात्म्य को सिद्ध करने का यत्न किया। काण्ट के अनुसार, हमारी बुद्धि ही प्रकृति

को बनाती है ('Understanding makes nature')। शेलिंग के अनुसार प्रकृति बुद्धि का वास्तवीकरण है।

इसके विपरीत बेकन, गेलीलियो तथा हॉब्ज़ ने जिस अनुभववादी विचारधारा की नींव डाली उसने विकसित होकर प्रकृति को वैज्ञानिक निरीक्षण के विषय के रूप में ग्रहण किया। वैज्ञानिक दृष्टिकोण से प्रकृति भौतिक वस्तुओं के गतिशील अस्तित्व का ही दूसरा नाम है।

लेकिन पिछले कुछ वर्षों में विश्व के सम्बन्ध में जो अद्भुत खोजें हुई हैं उनसे प्रकृति की नितान्त भौतिकवादी कल्पना के विषय में फिर से सन्देह जागृत हुआ है। आज प्रकृति-दर्शन में भी काफ़ी उलझाव तथा संदिग्धता देखने में आती है।

Natura Naturans [नातुरा नातुरान्स] : कारण-प्रकृति, अव्यक्त प्रकृति, गर्भित प्रकृति, प्रकृति-गर्भ।

मध्ययुग के ईसाई विचारक प्रकृति को स्वसम्पन्न मौलिक सत्ता न मानकर उसे ईश्वर के स्वतन्त्र संकल्प से उद्भूत मानते थे। उनके अनुसार प्रकृति अपनी अव्यक्तावस्था में ईश्वर के मन में अन्तर्हित थी। प्रकृति की इस अवस्था को, व्यक्तावस्था से भेद करने के लिए, उन्होंने 'गर्भित प्रकृति' कहा। कभी-कभी उन्होंने 'नातुरा नातुरान्स' शब्द का प्रयोग ईश्वर के लिए भी किया, क्योंकि अव्यक्तावस्था में प्रकृति ईश्वर से अभिन्न है।

इस विचार के बीज इब्न रुश्द द्वारा की गई अरस्तू के 'आकार' और 'द्रव्य' के सिद्धान्त की व्याख्या में हैं। अरस्तू के अनुसार प्रकृति द्रव्य और आकार (रूप) के संयोग से वस्तुरूप में व्यक्त होती है और उत्तरोत्तर उन्नत आकारों से संयुक्त होते-होते विकास की शृंखला बढ़ाती जाती है। अन्त में उसका 'उच्चतम आकार', अर्थात् ईश्वर से संयोग होता है। अरस्तु के सिद्धान्त का स्पष्टीकरण करते हुए इब्न रुश्द ने कहा कि स्वयं ईश्वर या परम सत्ता के दो रूप हैं—एक रूप में वह प्रेरक शक्ति है और दूसरे रूप में प्रेरित प्रकृति। इसी विचार से प्रभावित होकर मध्ययुगीन दार्शनिकों ने 'व्यक्त प्रकृति' और 'अव्यक्त प्रकृति' में भेद करते हुए ईश्वर को 'अव्यक्त प्रकृति' का आधार कहा।

देखिये—Natura Naturata.

Natura Naturata [नातुरा नातुराटा] : कार्य-प्रकृति, व्यक्त प्रकृति।

प्रकृति की वह अवस्था जब वह ईश्वर के मन में अन्तर्हित न रहकर वस्तु-रूप धारण करती है।

देखिये—Natura Naturans.

Nature Philosophy [नेचर फ़िलॉसफ़ी] : प्रकृति-दर्शन।

दार्शनिक विवेचन का प्रारम्भ स्वाभाविक रूप से प्रकृति के अध्ययन से होता है क्योंकि आन्तरिक अनुभूति की अपेक्षा बाह्य सत्ताओं की समीक्षा सरल भी होती है और व्यावहारिक जीवन के लिए आवश्यक भी।

यूनान में आयोनिया की दार्शनिक परम्परा में प्रकृति की दार्शनिक व्याख्या करने का सर्वप्रथम प्रयास मिलता है। थेल्स, अनेक्ज़िमेंडर और अनेक्ज़िमिनीस ने प्रकृति के मूल द्रव्यं को निश्चित करना चाहा और प्रकृति के नानात्व-पक्ष को इस मूल द्रव्य के विभिन्न रूपों के बीच समझने का प्रयत्न किया। इन दार्शनिकों के लिए प्रकृति जड़ नहीं बल्कि 'प्राणवान्' थी।

आरम्भ से ही प्रकृति-दर्शन में दो समस्याएँ सामने आयीं : (१) आदिद्रव्य अथवा मूल तत्त्व की खोज, और (२) गति अथवा परिवर्तनशीलता की व्याख्या। धीरे-धीरे दूसरी समस्या पर अधिक ज़ोर दिया जाने लगा क्योंकि उसका संकेत इस मूल तात्त्विक प्रश्न की ओर था—परम सत्ता अचल है या गतिशील? हिरॅक्लाइटस और पार्मिनाइडीज़ के नेतृत्व में इस प्रश्न पर प्रकृति-दर्शन दो विरोधी दलों में बंट गया।

यूरोप में आधुनिक युग के प्रारम्भिक काल में, अर्थात् सांस्कृतिक पुनरुत्थान के समय, प्रकृति का अध्ययन फिर दर्शन का एक महत्त्वपूर्ण अंग बन गया। मध्ययुग में प्रकृति की अपेक्षा मानव के धार्मिक और नैतिक आचरण पर ही दार्शनिकों ने अधिक ध्यान दिया था। अब पृथ्वी के नये-नये हिस्सों की खोज, खगोल-विद्या की प्रगति, और अन्य कारणों से दार्शनिकों ने प्रकृति-समीक्षा को फिर से अपनाया। सोलहवीं शताब्दी के तीन प्रसिद्ध विचारकों—टेलेसियो, ब्रूनो तथा कैम्पानेला ने प्रकृति के अध्ययन को अपने दर्शन में महत्त्वपूर्ण स्थान दिया।

प्राकृतिक विज्ञानों की उन्नति के साथ-साथ प्रकृति-दर्शन का अलग अस्तित्व धीरे-धीरे विलीन होने लगा। अब प्रकृति के वस्तुगत तथ्यों का विचार प्राकृतिक विज्ञानों में किया जाता है और प्रकृति के मूल तत्त्वों का विचार तत्त्व-ज्ञान के अन्तर्गत आता है। दर्शन का कोई स्वतन्त्र विभाग अब नहीं है जिसे Philosophy of Nature की संज्ञा दी जाय।

देखिये—Philosophy of Nature.

Nebular Hypothesis [ने'ब्युलर हाइपॉथिसिस] : वाष्पराशि-परिकल्पना।

इस परिकल्पना के अनुसार संसार का मूल द्रव्य संतप्त वाष्प-राशि के रूप में था। जब यह द्रव्य ठण्डा होने लगा, तब उसके स्थूलीकृत पिंड—पृथ्वी, सूर्य, नक्षत्र आदि संकुचित होकर एक-दूसरे से अलग होते गए। इसी तरह धीरे-धीरे संसार के समस्त पिंडों की रचना हुई। इस परिकल्पना को व्यवस्थित रूप लाप्लास और काण्ट ने दिया।

इस परिकल्पना का दार्शनिक महत्त्व यह है कि इससे विकासवादी विचारधारा को बल मिला। समस्त विश्व को एक स्थिर, अचल सत्ता के रूप में न देखकर उसे विकासोन्मुख मानने की प्रवृत्ति धीरे-धीरे शक्तिशाली हुई। यह कहा गया कि जब भौतिक जगत् तक विकासोन्मुख है तब मानवीय नैतिक और सामाजिक जीवन को अचल नहीं माना जा सकता। हर्बर्ट स्पेन्सर ने इस परिकल्पना से अपने विकास-सिद्धान्त के स्पष्टीकरण में सहायता ली है।

Necessary Proposition [ने'से'सरी प्रॉपोज़िशन] : नियतार्थ तर्कवाक्य, आवश्यक तर्कवाक्य।

वह तर्कवाक्य जिसमें उद्देश्य और विधेय का सम्बन्ध अनिवार्य हो, जैसे : "मनुष्य को मरणशील होना ही चाहिए"।

देखिये—Assertory Proposition, Problematic Proposition.

Necessary Truth [ने'से'सरी ट्रूथ] : अनिवार्य सत्य।

वह सत्य जिसकी सत्यता वस्तुगत, व्यक्तिगत या देशकालगत परिच्छेदों में बँधकर कभी असत्यता में परिणत नहीं हो सकती—अर्थात्, निरपेक्ष सत्य।

प्लेटो के अनुसार 'अनिवार्य सत्य' पद में पुनरावृत्ति है, क्योंकि ऐसे सत्य की कल्पना नहीं की जा सकती जो अनिवार्य न हो। यदि कोई वक्तव्य अनिवार्य रूप से सत्य नहीं है, तो वह केवल 'मत' (Opinion) है।

देखिये—Necessity.

Necessitarianism [ने'से'सिटे'रियनिज़्म] : अवश्यतावाद।

यह सिद्धान्त संसार की सभी सत्ताओं और घटनाओं को तार्किक अथवा कारणगत अनिवार्यता से नियन्त्रित मानता है। यह भौतिक आकस्मिकता और मानसिक स्वाधीनता को अस्वीकार करता है। नैतिक क्षेत्र में अवश्यतावाद संकल्प-स्वातन्त्र्य (Freedom of the Will) को अमान्य समझता है और इस रूप में इसमें और नियतिवाद (Determinism) में कोई अन्तर नहीं रह जाता।

देखिये—Necessity, Determinism.

Necessity [ने'से'सिटी] : अनिवार्यता, आवश्यकता।

वह स्थिति जो अपने से भिन्न नहीं हो

सकती। 'अनिवार्यता' की कल्पना, प्रकृति और मानव-जीवन दोनों क्षेत्रों में, स्वच्छन्दता और आकस्मिकता के विपरीत है।

पाइथागोरस और उसके अनुयायियों ने सम्पूर्ण जगत् की गतिविधि को अनिवार्यता की धुरी के चारों ओर घूमता हुआ पाया। हिरॅक्लाइटस ने अनिवार्यता को परिवर्तनशील संसार का एकमात्र व्यवस्थापक-तत्त्व बताया। भौतिकवादी दार्शनिकों ने भी अणु-परमाणुओं के पारस्परिक सम्बन्धों की अनिवार्यता को संसार का आधार माना।

प्लेटो ने अनिवार्यता को इन्द्रिय-जगत् के उत्पादक चेतन-तत्त्व 'Nous' की सहवर्तिनी के रूप में स्वीकार किया। अरस्तू के अनुसार अनिवार्यता 'निश्चित परिणामों की जननी' है। स्टोइक-विचारकों ने अनिवार्यता को जगत् की सभी घटनाओं के नियन्त्रण का उत्तरदायित्व सौंपा।

आधुनिक काल में अस्तित्व की अनिवार्यता के साथ चिन्तन की अनिवार्यता को जोड़ दिया गया है। अनिवार्यता के प्रश्न का अब अनेक पहलुओं से विचार किया जाता है।

तार्किक अनिवार्यता (Logical Necessity) के अन्तर्गत तादात्म्य और व्याघात के नियमों से अनुशासित निर्णयों को सत्य माना जाता है।

तात्त्विक अनिवार्यता (Metaphysical Necessity) के अन्तर्गत नित्यतत्त्व या सारतत्त्व के किसी-न-किसी रूप तथा उसके पूरक विचारों को स्वीकार किया जाता है।

भौतिक अनिवार्यता (Physical Necessity) प्रकृति के अटल नियमों में प्रतिबिम्बित है और उन नियमों से सामंजस्य रखनेवाली कल्पनाओं का पोषण करती है।

गणितीय अनिवार्यता (Mathematical Necessity) गणित के नियमों के अनुसार उपलब्ध निष्कर्षों को सत्य सिद्ध करती है।

Negation [निगेशन] : निषेध, अभाव।

सामान्यत: 'निषेध' किसी कल्पित भाव का निराकरण अथवा किसी प्रस्तुत सत्य का खंडन समझा जाता है। लेकिन यदि दार्शनिक चिन्तन में 'निषेध' का आशय केवल निराकरण या खंडन माना गया तो मानसिक व्यापारों की उद्देश्यमूलकता पर आघात होता है। किसी कल्पित भाव का निराकरण तभी समीचीन हो सकता है जब निषेधकर्ता निराकृत भाव के स्थान पर किसी अन्य भाव की स्वीकृति उचित समझता हो और उसके लिए तर्क प्रस्तुत कर सके। किसी सत्य का खंडन भी किसी अन्य सत्य की स्थापना के ही निमित्त किया जाता है, चाहे ऐसी स्थापना परोक्ष या सांकेतिक ही क्यों न हो।

कभी-कभी निषेध का प्रयोग चिन्तन को निश्चित रूप देने के लिए भी किया जाता है, जैसे : ईश्वर-सम्बन्धी चिन्तन में 'अनीश्वर' गुणों का निषेध ईश्वरीय गुणों को निश्चित रूप प्रदान करता है।

तर्कशास्त्र में निषेध के दो रूप माने जाते हैं—विरोध और वैपरीत्य। किसी निर्णित सत्य का विरोध उस पर सन्देह प्रकट करते हुए एक ज्ञानात्मक रिक्तता उत्पन्न करता है, जिसकी पूर्ति के लिए यह आवश्यक हो जाता है कि निषेधात्मक चिन्तन वैपरीत्य की सीमा तक पहुँच जाय। वैपरीत्य में निषेध का आशय स्पष्ट है—असत्य का खंडन करके सत्य की स्थापना करना; जैसे, यह कहने से कि " 'अ' 'ब' नहीं है", एक दूसरे कथन —" 'अ' 'ब' है"—का विरोध तो हो जाता है, लेकिन ज्ञानात्मक रिक्तता उत्पन्न हो जाती है और प्रश्न उठता है कि फिर 'अ' क्या है ? किन्तु विपरीत कथन " 'अ' 'ब' नहीं, 'स' है" में निषेध का आशय पूर्ण हो जाता है। इसीलिए तार्किक चिन्तन में विरोध को निषेध-पद्धति का प्रारम्भिक रूप माना जाता है।

Negation of Negation, [निगेशन

ऑफ़ निगेशन] : निषेध का निषेध ।

किसी अस्वीकृतिसूचक निर्णय का परित्याग । सामान्यत: इससे उस मूल निर्णय की स्थापना होती है, जिसका प्रथम निषेध से निराकरण होता है; जैसे : 'फूल लाल नहीं है', इस निषेध का निषेध करने से मूल निर्णय 'फूल लाल है' सत्य ठहरता है । लेकिन सभी प्रसंगों में ऐसा नहीं होता । निषेध का आशय आंशिक भी हो सकता है । 'खिड़की खुली नहीं है' का निषेध अनिवार्य रूप से यह नहीं सिद्ध करता कि खिड़की पूरी तरह खुली है, क्योंकि वह आधी खुली और आधी बन्द भी हो सकती है । तात्पर्य यह कि सभी उद्देश्य और सभी विधेय अविभाज्य नहीं होते । 'निषेध का निषेध' पूरी तरह तभी लागू हो सकता है जब उद्देश्य और विधेय अवयवहीन इकाइयां हों ।

देखिये—Dialectics.

Negative Definition [निगेटिव डे'फ़िनिशन] : निषेधक परिभाषा ।

वह दोषयुक्त परिभाषा, जिसमें किसी पद का विधानात्मक विवरण सम्भव होते हुए भी निषेधात्मक विवरण दिया गया हो । तार्किक परिभाषा के नियमों में एक यह भी है कि जहां तक हो सके विवरण विधानात्मक होना चाहिए, अर्थात् जो गुण उद्देश्य में विद्यमान हैं उनका उल्लेख किया जाना चाहिए । निषेधक परिभाषा के कुछ उदाहरण ये हैं— 'सदाचार अनुचित कार्यों से बचकर किया गया व्यवहार है', 'मनुष्य वह प्राणी है जो प्राकृतिक प्रवृत्तियों से पूरी तरह जकड़ा हुआ नहीं है' ।

Negative Proposition [निगेटिव प्रॉपोज़िशन] : निषेधात्मक तर्कवाक्य, निषेधक तर्कवाक्य ।

परम्परागत तर्क में दो प्रकार के निषेध-तर्कवाक्य माने गए—सामान्य और विशिष्ट । । 'कोई मनुष्य अमर नहीं है' सामान्य निषेधक वाक्य है । 'कुछ मनुष्य बुद्धिमान नहीं हैं' विशिष्ट निषेधक वाक्य है । सामान्य निषेधक वाक्य उद्देश्य के सम्पूर्ण विस्तार से विधेय की असंगति सूचित करता है । विशिष्ट विषेधक वाक्य उद्देश्य के आंशिक विस्तार से विधेय की असंगति सूचित करता है ।

सत्य की खोज में निषेध-वाक्यों का बड़ा महत्त्व है । असंगति का ज्ञान चिन्तन को संगति के अनुसन्धान की ओर प्रवृत्त कराता है । हेगेल की द्वन्द्वात्मक पद्धति इसी विचार का पोषण करती है । एक के बाद एक निषेधों के बीच गुज़रते हुए विचार ज्ञान के सोपान पर अग्रसर होता जाता है ।

Negative Term [निगेटिव टर्म] : निषेध-पद, अभाव-पद ।

वह पद जिससे किसी वस्तु या गुण के अभाव का बोध हो, जैसे 'बुद्धिहीन', 'असन्तोष', इत्यादि ।

Negative Theology [निगेटिव थिऑलोजी] : निषेधात्मक धर्ममीमांसा ।

वह धर्ममीमांसा जिसमें ईश्वर को संसार से परे मानने का अर्थ उसका सर्वगुण-रहित होना तथा भावात्मक निर्णयों से परे होना माना जाता है । ईसाई-धर्ममीमांसा में अलैक्ज़ेंड्रिया के फ़िलो ने इस विचारधारा को प्रचलित किया । उसने कहा कि सर्वोपरि ईश्वर के सम्बन्ध में मानवीय बुद्धि केवल यही निश्चय कर सकती है कि उसमें कोई बुद्धिग्राह्य गुण नहीं है । नवीं शताब्दी में स्कॉटस एरिजेना ने और तेरहवीं शताब्दी में माइस्टर एकहार्ट ने भी इस बात पर ज़ोर दिया कि विशेषणों के द्वारा ईश्वर को समझने का प्रयास व्यर्थ है ।

निषेधात्मक धर्ममीमांसा की परिणति अनिवार्य रूप से रहस्यवादी या अज्ञेयवादी दर्शन में होती है ।

पाश्चात्य लेखकों ने उपनिषदों के 'नेति, नेति' को भी निषेधात्मक धर्ममीमांसा का उदाहरण माना है ।

Neo-Confucianism [नियो-कन्फ्यूशियनिज़्म] : नव्य-कन्फ्यूशियसवाद ।

प्राचीन कन्फ्यूशियसवाद का विकास तीन अवस्थाओं के बीच गुज़र कर हुआ है। सुंग-काल में बुद्धिवाद, मिंग-काल में 'मनवाद' और चिंग-काल में नैतिक विधान द्वारा कन्फ्यूशियस के सिद्धान्त अलग-अलग तरह से व्यक्त हुए।

सुंग-काल (९६० से १२७९) में परम-महत् ('ताई-ची') और बुद्धि ('ली') को दो प्रधान तत्त्वों के रूप में स्वीकार किया गया। परम-महत् के गतिशील पक्ष से 'यांग'—सक्रिय तत्त्व—और उसकी शान्तावस्था से 'यिन'—निष्क्रिय तत्त्व—उत्पन्न होता है। यिन और यांग स्पन्दनों से उद्वेलित होकर पाँच सर्जक तत्त्व भौतिक जगत् का निर्माण करते हैं। जगत् सुव्यवस्थित है। उसकी व्यवस्था बुद्धि और जीवन-शक्ति के सहयोग पर निर्भर हैं। बुद्धि 'अनेक' को संगठित करती है और जीवन-शक्ति एक को अनेक में विभाजित करती है। लेकिन दोनों में विरोध नहीं है। बुद्धि अपना कार्य जीवन-शक्ति के माध्यम से ही करती है। बुद्धिवाद का प्रमुख प्रतिनिधि चूहसी था। उसके प्रभाव से बुद्धिवाद में विशुद्ध दार्शनिक दृष्टिकोण के साथ व्यावहारिक सामाजिक दृष्टिकोण का समन्वय हुआ।

मिंग-काल (१३८८ से १६४४) में वांग यांग मिंग ने बुद्धि के बदले मन पर ज़ोर दिया और अपरोक्ष ज्ञान के सिद्धान्त को फिर से अपनाया। इस युग में नव्य-कन्फ्यूशियसवाद का नैतिक और मनोवैज्ञानिक पहलू अधिक स्पष्ट रूप से प्रकाश में आया।

चिंग-काल (१६४४ से आधुनिक युग तक)। मिंग-काल में, नैतिक मूल्यों को महत्त्व देते हुए, दार्शनिकों ने मानवीय इच्छाओं को आध्यात्मिक विकास के मार्ग में बाधक घोषित किया था। चिंग-काल में ताई तुंग-युआन ने चीनी-दर्शन को इस एकांगीपन से मुक्त कराने का प्रयत्न किया। उसने एक ऐसी जीवन-दृष्टि का आदर्श सामने रखा जिसमें ज्ञान और कर्म, आन्तरिक और बाह्य का समन्वय हो। कन्फ्यूशियस के दर्शन का पूर्णतम विकास इसी युग में हुआ। इस विकास में बौद्धधर्म के प्रभाव का भी काफ़ी महत्त्व है।

Neo-Criticism [नियो-क्रिटिसिज़्म]: नव्य-आलोचनावाद।

काण्ट द्वारा स्थापित अनिवार्यता के सिद्धान्त का विरोध करते हुए कुछ फ्रांसीसी विचारकों ने प्रकृति में आकस्मिकता स्वीकार किए जाने की माँग की। उनके दर्शन से 'नव्य-आलोचना' का आरम्भ हुआ। रिनूव्ये और बूत्रू इस विचारधारा के प्रमुख प्रतिनिधि हैं।

'नव्य-आलोचनावाद' के अनुसार प्रकृति की आकस्मिकता नये-नये स्वतन्त्र घटनाचक्रों में स्पष्ट रूप से व्यक्त होती है। विश्व उतना सुव्यवस्थित नहीं है जितना कि प्रत्ययवादी दार्शनिक उसे समझते हैं।

Neo-Hegelianism [निओ-हेगेलिअनिज़्म]: नव्य-हेगेलवाद।

उन्नीसवीं शताब्दी के मध्य में इंगलैंड और स्कॉटलैंड के कुछ दार्शनिकों ने हेगेलीय दर्शन की कुछ प्रधान मान्यताओं पर बल देते हुए एक नयी विचारधारा को प्रस्थापित किया जिसे 'नव्य हेगेलवाद' कहते हैं। इस विचारधारा के प्रमुख प्रतिनिधि ये थे—स्टर्लिंग, केअर्ड, ग्रीन, ब्रॅडले, बोसान्के, मॅक्टेगर्ट। इनमें आपसी मतभेद होते हुए भी व्यापक रूप से वे इस बात पर सहमत थे कि हेगेलवाद के बाह्य, आकारात्मक ढाँचे की अपेक्षा उसकी आन्तरिक 'स्पिरिट' को समझने का यत्न करना श्रेयस्कर है।

Neo-Idealism [नियो-आइडियलिज़्म]: नव्य-प्रत्ययवाद।

आधुनिक युग में प्रत्ययवादी विचारधारा ने कई रूप लिए हैं। इटली में क्रोचे और जेन्टीले के नेतृत्व में एक मौलिक प्रत्ययवादी दार्शनिक मत का विकास हुआ जिसे 'नव्य-प्रत्ययवाद' के

नाम से ख्याति प्राप्त हुई। क्रोचे और जेन्टीले विचारों या प्रत्ययों को महत्त्व अवश्य प्रदान करते हैं, लेकिन उनकी दृष्टि में विचार कटी-छँटी वस्तु नहीं बल्कि एक प्रक्रिया है जो जीवन से अविच्छिन्न है। नव्य-प्रत्ययवाद में क्रियाशीलता पर बल दिया जाता है और दर्शन की ऐतिहासिक व्याख्या की जाती है। साथ-ही-साथ उपयोगितावाद और जीव-विज्ञानपरता (Biologism) को अस्वीकार किया जाता है। इस तरह परम्परागत प्रत्ययवाद को अधिक व्यापक, सुसंस्कृत बनाने का प्रयास नव्य-प्रत्ययवाद में है, लेकिन यह 'क्रान्ति' प्रत्ययवाद के दायरे में रहकर ही की गई है, भौतिकवाद या जीववाद की शरण लेकर नहीं।

नव्य-प्रत्ययवाद दर्शन को इतिहास-केन्द्रित बनाता है और हेगेल के सर्व-विचारवादी दृष्टिकोण से उसे बचाने की कोशिश करता है।

Neo-Kantianism [निओ-काण्टिअनिज़्म] : नव्य-काण्टवाद।

काण्ट के कुछ अनुयायिओं का वह सम्प्रदाय जिसमें काण्ट के प्रत्ययवाद की रक्षा करते हुए उसके कुछ अन्य सिद्धान्तों को अस्वीकार किया गया है। विशेषतः काण्ट की 'वस्तुसत्' (Thing-in-itself) की धारणा को नव्य-काण्टवादियों ने वर्जित किया है। दृश्य जगत् ही सत्ता है, और वह प्रत्ययात्मक है। तथाकथित परासत्ताजगत् मन की रचना मात्र है।

इस सम्प्रदाय के प्रतिनिधियों में हर्मन कोहेन का नाम सबसे अधिक महत्त्वपूर्ण है।

Neo-Platonism [नियो-प्लेटोनिज़्म] : नव्य-प्लेटोवाद।

प्लेटो के दर्शन का नया रूप। ईसा की दूसरी शताब्दी में अम्मोनियस सैक्कास ने एक नया धर्ममार्ग सुझाया जिसमें मुख्य रूप से प्लेटो और गौण रूप से अरस्तू तथा स्टोइक-सम्प्रदाय के मतों का समावेश किया गया। यह नवीन धर्मशास्त्र नव्य-प्लेटोवाद कहलाया। प्लॉटिनस ने इसको व्यवस्थित दार्शनिक रूप प्रदान किया। यह मत प्रोक्लस के समय तक – जो कि प्लेटो की अकादमी का अन्तिम प्रतिनिधि था—प्रभावशाली बना रहा।

इस मतवाद की रूपरेखा प्लेटो के प्रत्यय-सिद्धान्त से ली गई, लेकिन धार्मिक विश्वासों को भी इसमें यथेष्ट स्थान दिया गया। प्लेटो का 'उच्चतम प्रत्यय' इसमें 'ईश्वर' बन गया—लेकिन ईश्वर को विश्व का रचयिता नहीं, विश्व का परम सत्य माना गया।

धर्म की दृष्टि से नव्य-प्लेटोवाद का महत्त्व यह है कि बाह्य धर्माचरण की तुलना में आन्तरिक अनुभूति को सत्योपलब्धि का उच्चतर साधन माना गया। दर्शन की दृष्टि से नव्य-प्लेटोवाद ने परम सत्ता के 'अद्वैत' होने पर ज़ोर दिया, और अतीन्द्रिय ज्ञान (Intuition) को दर्शन में आदरणीय स्थान दिलाया। मध्ययुग के रहस्यवादियों पर नव्य-प्लेटोवाद का गहरा प्रभाव पड़ा।

दूसरे महायुद्ध के बाद यूरोप में नव्य-प्लेटोवाद का अध्ययन फिर से बड़े उत्साह के साथ किया जाने लगा है।

Nescience [नीशंस] : अविद्या, अज्ञान।

व्युत्पत्ति के अनुसार इस शब्द का अर्थ 'अज्ञान का व्यापक कारण या स्रोत' होना चाहिए, लेकिन दार्शनिक विचार-विमर्श में इसका प्रयोग उस मत के लिए किया गया है जो ईश्वर, आत्मा और पदार्थ के ज्ञान को मन की परिधि से बाह्य मानता है। अविद्या का अर्थ अज्ञेयतावाद से कुछ अधिक व्यापक है। हैमिल्टन, मैंसेल आदि विचारक सत्ता के परोक्ष ज्ञान को स्वीकार करते हुए भी किसी हद तक अविद्यावादी कहे जा सकते हैं क्योंकि वे निरपेक्ष सत्ता को बौद्धिक ज्ञान का विषय नहीं मानते।

Neutral Entity [न्यूट्रल ए'न्टिटी] : तटस्थ वस्तु।

संसार की रचना में जड़ और चेतन के संयोग की कल्पना दर्शन में बहुत प्राचीन है। इस कल्पना से जो विरोध उत्पन्न हुआ उसके निराकरण के लिए कुछ विचारकों ने एक ऐसी तटस्थ वस्तु का अस्तित्व सुझाया जो न जड़ है, न चेतन। स्पिनोज़ा के अनुसार, यह सत्ता विभिन्न सन्दर्भों में जड़ या चेतन प्रतीत होती है।

देखिये—Neutralism.

Neutral Monism [न्यूट्रल मॉनिज़्म] : तटस्थ एकवाद।

कुछ अमेरिकी नवयथार्थवादियों द्वारा प्रतिपादित यह सिद्धान्त कि सत्ताओं का 'मानसिक' या 'भौतिक' होना उनके पारस्परिक सम्बन्धों पर निर्भर है, और 'अपने आप में' सत्ताएँ 'तटस्थ' हैं—न मानसिक हैं, न भौतिक। विलियम जेम्स के निबन्ध 'क्या चेतना का अस्तित्व है?' ('Does Consciousness Exist?') में इस सिद्धान्त के बीज देखने में आते हैं।

Neutralism [न्यूट्रॅलिज़्म] : तटस्थवाद, उभयेतरवाद, निर्गुणवाद।

एकवाद का वह रूप जिसके अनुसार सत्य न तो जड़ है, न चेतन; बल्कि इन दोनों से भिन्न स्वरूप का है।

सत्रहवीं शताब्दी में 'चेतन' और 'जड़' को लेकर जो विवाद चल रहा था उसे शान्त करने के लिए स्पिनोज़ा ने दोनों को एक 'उभयेतर द्रव्य' के दो समानान्तर पक्षों के रूप में स्वीकार किया।

बर्ट्रेण्ड रसेल के ग्रन्थ 'Analysis of Mind' ('मन का विश्लेषण') में भी ऐसा ही प्रयास है। रसेल के अनुसार संवेदन को मन और पदार्थ का मिलन-बिन्दु कहा जा सकता है। 'संवेदन' अपने-आप में तटस्थ है। वे मानसिक और भौतिक जगत् के उभयनिष्ठ तथ्य हैं।

अमेरिका के नवीन-बाह्यार्थवादी भी मानसिक और भौतिक तथ्यों में प्रकारान्तर नहीं मानते। उनमें से कुछ विचारकों का कहना है कि तथ्य न मानसिक हैं, न भौतिक—वे केवल तथ्य हैं, जिन्हें प्रदत्तों के रूप में भौतिक और प्रत्यक्षों के रूप में मानसिक समझा जाता है। इस विचार का प्रथम संकेत विलियम जेम्स के निबन्ध 'Does Consciousness Exist?' ('क्या चेतना का अस्तित्व है?') में मिलता है।

नवीन-बाह्यार्थवादी तात्त्विक दृष्टि से एकवादी नहीं बल्कि बहुवादी (Pluralists) हैं क्योंकि वे प्रत्यक्ष ज्ञान की सभी वस्तुओं को स्वीकार करते हैं। लेकिन ज्ञानमीमांसा की दृष्टि से वे तटस्थपरक एकवादी हैं।

देखिये—Neutral Entity.

New Realism [न्यू रिअलिज़्म] : नव्य-बाह्यार्थवाद, नवीन यथार्थवाद।

ज्ञानमीमांसा के क्षेत्र में एक आधुनिक विचारधारा जिसके मुख्य उद्देश्य हैं : (१) बर्कले के आत्मनिष्ठ प्रत्ययवाद (Subjective Idealism) का खण्डन; और (२) बाह्य वस्तुओं की प्राथमिकता को स्वीकार करते हुए 'मन' को अन्य वस्तुओं की भाँति प्रकृति का अंग सिद्ध करना। नव्य-बाह्यार्थवादियों के सिद्धान्तों पर आधुनिक वैज्ञानिक अध्ययनों का गहरा प्रभाव पड़ा है।

सन् १९०३ में मूर ने 'Refutation of Idealism' ('प्रत्ययवाद का खण्डन') शीर्षक एक महत्त्वपूर्ण लेख प्रकाशित किया और नव्य-बाह्यार्थवाद की नींव डाली। सन् १९१२ में इस सिद्धान्त के समर्थन में अमेरिका के छह दार्शनिकों ने 'New Realism' ('नवीन यथार्थवाद') के नाम से एक संयुक्त लेख-संग्रह प्रकाशित किया। ये दार्शनिक थे : ई० बी० होल्ट, टी० मार्विन, डब्ल्यू० पी० मॉन्टेग्यू, आर० बी० पैरी, डब्ल्यू० बी० पिटकिन तथा ई० जी० स्पॉल्डिंग।

इंग्लैंड में मूर के अतिरिक्त रसेल, अलैक्ज़ेंडर तथा व्हाइटहेड जैसे प्रख्यात दार्शनिकों ने किसी-न-किसी रूप में इस प्रवृत्ति का समर्थन किया है। अनेक दार्शनिक समस्याओं पर मतभेद होते हुए भी, और विचार-पद्धतियों के पार्थक्य के बावजूद उन्हें नव्य-बाह्यार्थवादी कहा जा

सकता है क्योंकि उन्होंने एक ओर प्रत्यय-वाद को अस्वीकार किया है और दूसरी ओर उन्नीसवीं शताब्दी के यान्त्रिक बाह्यार्थवाद से भी बचने का प्रयत्न किया है।

Nihilism [निहिलिज़्म] : शून्यवाद, नास्तिवाद।

वह मत जो सत्ता, सत्य, ज्ञान अथवा मानवीय मूल्यों का निषेध करता हो। सोफ़िस्ट दार्शनिक गॉर्जिअस इस मत का महत्त्वपूर्ण प्रतिनिधि था। उसका विश्वास था कि (१) संसार में कोई 'अस्तित्व' नहीं है, (२) यदि होता भी, तो अस्तित्व का ज्ञान सम्भव न होता, और (३) यदि ज्ञान भी सम्भव होता तो वह अनिर्वचनीय होता।

आंशिक रूप में इस वाद का समर्थन अन्य बहुत से दार्शनिकों ने किया है। ब्रैडले को ज्ञानमीमांसा के क्षेत्र में नास्तिवादी कहा जा सकता है, क्योंकि उसके अनुसार 'विचार' की निरपेक्ष सत्य तक पहुँच नहीं है। आधुनिक युग में शोपेनहावर के दर्शन में नास्तिवाद का स्पष्ट प्रतिबिम्ब मिलता है। कीर्केगार्ड, जास्पर्स, हाइडेगर आदि अस्तित्ववादियों की विचारधारा भी नास्तिवाद से प्रभावित हुई है।

कभी-कभी नास्तिवाद का प्रयोग वर्तमान मूल्यों और मानकों का निराकरण करते हुए नवीन मूल्यों की स्थापना के लिए भी किया जाता है। नीतिशास्त्र और सामाजिक चिन्तन में 'नास्तिवाद' का इस अर्थ में प्रयोग मिलता है। सामाजिक और नैतिक दृष्टि से नास्तिवाद का सबसे तीव्र समर्थन अराजकतावाद (Anarchism) में देखा जा सकता है।

Nisus [नाइसस] : अभिव्यक्ति-प्रेरणा।

प्रकृति में व्याप्त अभिव्यक्ति की प्रेरणा, जो परिवर्तन में बाधा पहुँचानेवाली शक्तियों से संघर्ष करती है और विकासोन्मुख अवयवों को अपने उद्देश्यों की ओर अग्रसर कराती है। विकासवादियों ने इस आन्तरिक प्रेरक शक्ति को कई रूपों में देखा है। बर्गसाँ के अनुसार यह 'सृजन-शक्ति' है; नव्योत्क्रान्तिवादी इसे नवीन धर्मों के उद्घाटन की प्रेरणा समझते हैं।

भौतिक विज्ञान में भी एक ऐसी शक्ति की कल्पना की गई है जो 'निहित शक्ति' (Potential Energy) को 'गति शक्ति' (Kinaesthetic Energy) में परिणत करती रहती है। लाइबनित्स के अनुसार क्रियात्मक अभिव्यक्ति ही सत्ता का स्वाभाविक धर्म है। जब अभिव्यक्ति में किसी प्रकार का व्याघात हो जाता है तो सत्ता प्रेरणा (Nisus) के रूप में रहती है।

Nominalism [नॉमिनलिज़्म] : नामवाद।

मध्ययुगीन दर्शन की एक विचार-प्रवृत्ति जिसके अनुसार भाववाचक संज्ञाएँ, या तर्क में प्रयुक्त सामान्य पद, किसी वास्तविक अस्तित्व का बोध नहीं कराते; वे 'नाम' मात्र हैं।

इस विचारधारा का प्रारम्भ बोएथियस से होता है। बोएथियस ने तीन समस्याएँ उठाई थीं : (१) क्या जाति और व्यक्ति की पृथक् सत्ताएँ हैं, अथवा उनका अस्तित्व केवल मानव-मन में है ? (२) यदि उनके पृथक् अस्तित्व हैं, तो वे 'शरीरी' हैं या 'अशरीरी' ? (३) वे इन्द्रिय-ग्राह्य वस्तुओं से अलग हैं या उनमें समाहित हैं ? बोएथियस के इन संकेतों से प्रेरणा प्राप्त करके मध्ययुग में 'सामान्यों' की विस्तृत रूप से समीक्षा की गई; और जो विचारक इस निष्कर्ष पर पहुँचे कि 'सामान्यों' का अस्तित्व शाब्दिक मात्र है, उन्हें 'नामवादी' (Nominalists) कहा गया। विलियम ऑफ़ ओकाम ने नामवाद को एक सुव्यवस्थित वैचारिक प्रणाली के रूप में प्रस्तुत किया।

देखिये—Name.

Non-Being [नॉन-बीइन्ग] : असत्, अभाव।

साधारणतया यह पद 'सत्' के अभाव की स्थिति सूचित करता है, लेकिन दार्श-

निकों ने इसका प्रयोग 'सत्-विरोधी अस्तित्व' के अर्थ में भी किया है।

यूनानी इलिएटिक सम्प्रदाय में 'असत्' का अर्थ शून्य स्थान समझा गया और परिपूर्ण जगत् में कहीं इसकी आवश्यकता न देखकर इस सम्प्रदाय के विचारकों ने असत् के अस्तित्व को अस्वीकार किया। अणुवादी ल्यूकिप्पस और डिमॉक्रिटस जैसे दार्शनिकों को अणुओं की गतिशीलता को समझाने के लिए रिक्त स्थान की आवश्यकता दिखाई पड़ी और उन्होंने 'असत्' को स्वीकार किया।

प्लेटो ने 'सत्' को दैनिक अनुभव के वस्तु-जगत् से निकालकर 'सामान्यों' और 'प्रत्ययों' के जगत् में पहुँचा दिया और साथ-ही-साथ 'वस्तुओं' को 'असत्' बताया। इस प्रकार 'असत्' का अर्थ हुआ वह आपेक्षिक अस्तित्व जो अपनी सत्यता के लिए 'सत्' पर निर्भर हो। अरस्तू ने सत्-असत् के इस विभाजन से असन्तोष प्रकट किया। उसके अनुसार 'सत्' सत्य का व्यक्त रूप है और 'असत्' में इस व्यक्त रूप तक अग्रसर होने की सामर्थ्य है। इस तरह 'असत्' का अर्थ 'सत् का अभाव' न रहकर 'सत् का अन्तर्हित भाव' हो गया।

देखिये—Being.

Non Causa Pro Causa [नॉन कॉज़ा प्रो कॉज़ा] : अकारण-कारण-दोष।

किसी ऐसे वक्तव्य को निष्कर्ष का कारण मान लेना जो वास्तव में निष्कर्ष से सम्बन्धित नहीं है और केवल वैचारिक अस्पष्टता से सम्बन्धित प्रतीत होता है।

Non-Ego [नॉन-इगो] : निरहम्, अनात्मा।

फ़िख़्ते के प्रत्ययवाद में Non-Ego या 'निरहम्' पद का बाह्य-जगत् के अर्थ में प्रयोग हुआ है। फ़िख़्ते के अनुसार अहम्-तत्त्व ही एकमेव सत्ता है, वही संसार का प्रथम और अन्तिम सत्य है। अहम्-तत्त्व से बाहर कोई स्वतन्त्र 'अपने-आप में वास्तविक' सत्ता नहीं है। इस अहम्-तत्त्व को अपने उद्देश्यों और आदर्शों की पूर्ति के लिए एक ऐसे बाह्य-जगत् की आवश्यकता होती है जो इसकी क्रियाओं का विरोध करता रहे और इसे अपनी स्वतन्त्रता का अनुभव करने के अवसर देता रहे। इसलिए अहम्-तत्त्व विरुद्ध स्वभाववाले जगत् की, अर्थात् 'निरहम्' की स्वयं उत्पत्ति करता है।

लेकिन फ़िख़्ते का यह अभिप्राय नहीं है कि 'निरहम्' का अहम्-विरोधी जगत् भ्रम-मात्र है। उद्देश्यों की पूर्ति के साधन के रूप में उसका अपना मूल्य है।

Non-Inferential Fallacy [नॉन-इन्फ़ेरे'न्शियल फ़ैलेसी] : अनानुमानिक तर्कदोष।

कुछ ऐसी प्रक्रियाएँ हैं जो आगमनमूलक तो नहीं हैं लेकिन आगमन से सम्बन्धित हैं और उसकी सहायता करती हैं। परिभाषा, वर्गीकरण और नामकरण की क्रियाएँ इस श्रेणी में आती हैं। इन क्रियाओं के अपने नियम होते हैं, और इन नियमों का यथोचित पालन न करने से जो तर्क-दोष उत्पन्न होते हैं उन्हीं को 'अनानुमानिक दोष' कहा जाता है।

देखिये—Inferential Fallacy.

Nonsense [नॉन्से'न्स] : निरर्थकता।

इस शब्द को वर्तमान भाववादी विश्लेषकों ने पारिभाषिक अर्थ प्रदान किया है। उनकी शिकायत है कि सम्पूर्ण तत्त्व-मीमांसा अर्थशून्य शब्दजाल से भरी पड़ी है। ब्रैडले जैसे विख्यात प्रत्ययवादियों के ग्रन्थों में से उद्धरण प्रस्तुत करते हुए यह दिखाया गया है कि तत्त्वमीमांसा में प्रयुक्त बहुत से वाक्य वास्तव में 'निरर्थक' हैं। 'सत्य एक है' और 'सत्य बहु हैं' दोनों कथन निरर्थक हैं क्योंकि 'सत्य' का किसी को वस्तुगत ज्ञान नहीं है।

स्पष्ट है कि यहाँ 'अर्थ' शब्द का ही एक विशेष, संकुचित अर्थ लगाया गया है और उसी के आधार पर दार्शनिक कथनों को 'निरर्थक' बताया गया है।

Non-Sequitur [नॉन-से'क्विटर] : नानुमिति-दोष।

वह तर्कदोष जो आश्रयवाक्य के उत्तरांग को स्वीकार करके उसके आधार पर निष्कर्ष के पूर्वांग को स्वीकार करने से उत्पन्न होता है। उदाहरणार्थ :

यदि खून बहे तो कमज़ोरी आती है।
इसे कमज़ोरी है,
इसलिए इसका ख़ून बहा है।

यह तर्क ग़लत है क्योंकि कमज़ोरी के दूसरे भी बहुत से कारण हो सकते हैं।

देखिये—Fallacy of the Consequent.

Norm [नॉर्म] : प्रतिमान, मानक।

किसी तथ्य या कर्म के विषय में मूल्यात्मक निर्णय देने के लिए यह देखना पड़ता है कि वह कुछ निम्नतम आवश्यकताओं को कहाँ तक पूरा करता है, या एक विशेष स्तर तक पहुँचता है या नहीं। निर्णय के इस आधार को 'नॉर्म' कहते हैं।

Normative Science [नॉर्मेटिव साइन्स] : नियामक विज्ञान, मानकीय विज्ञान।

जब से मानवीय ज्ञान और विचार इतना सुसम्पन्न हुआ कि उसके वर्गीकरण की आवश्यकता सामने आयी, तभी से विचारकों ने 'नियामक' और 'तथ्यात्मक' अध्ययन के भेद को स्वीकार किया। व्यापक रूप से यह कहा गया कि जिस निर्णय में या अध्ययन में 'तथ्यों' पर नहीं बल्कि 'आदर्शों' और 'मूल्यों' पर बल दिया जाता है उसे 'नियामक निर्णय' या 'नियामक विज्ञान की संज्ञा दी जानी चाहिए। उदाहरणार्थ, 'हिंसा अनैतिक है' एक नियामक निर्णय है; जबकि 'नैनीताल समुद्र की सतह से ६००० फीट ऊँचा है' केवल तथ्यात्मक निर्णय है। भूगोल तथ्यात्मक विज्ञान है; नीतिशास्त्र या तर्कशास्त्र नियामक हैं। उनमें 'जो है' की अपेक्षा 'जो होना चाहिए' अधिक महत्त्व रखता है।

इस तरह का वर्गीकरण किसी समय विचारों को सुलझाने में सहायक हुआ था, लेकिन स्पष्ट है कि आज 'नियामक' शब्द का अर्थ सापेक्ष बन गया है। आधुनिक युग में मानवीय ज्ञान के विस्तार और उसकी जटिलता में इतनी वृद्धि हुई है कि किसी भी विज्ञान को विशुद्ध रूप से नियामक या तथ्यात्मक नहीं कहा जा सकता। भौतिकशास्त्र या चिकित्साशास्त्र 'तथ्यों' पर आधारित हैं, लेकिन 'जो होना चाहिए' उसका भी विचार उन्हें करना पड़ता है। इसी तरह नीतिशास्त्र या सौन्दर्यशास्त्र को, मूल्यों और आदर्शों से सम्बन्धित होते हुए भी, तथ्यों की खोज करनी पड़ती है।

Nothing [नथिंग] : अभाव, शून्य।

वस्तु अथवा सत्ता का अभाव।

काण्ट के अनुसार वस्तु अथवा अनुभव की रिक्तता को 'शून्य' कहना चाहिए। हेगेल ने इसका प्रयोग सत्ता की अव्यवहित और अनिश्चित धारणा के लिए किया है। पीयर्स ने विरोधी गुण रखनेवाली वस्तु को 'शून्य' कहा है। इस तरह हम देखते हैं कि 'अभाव' या 'शून्य' शब्द से सम्पूर्ण अभाव या शून्यता का ही नहीं बल्कि त्रुटि या अपूर्णता का भी आभास मिलता है।

अस्तित्ववादी विचारकों ने 'शून्य' की कल्पना को एक नया रूप दिया है। उनका कहना है कि अपनी मृत्यु की चिन्ता में मनुष्य न केवल अपने अभाव का पूर्वानुभव करता है वरन् एक अनादि सत्य के सामने आ जाता है। इस तरह मृत्यु के उदाहरण से अस्तित्ववादी स्पष्ट करते हैं कि तात्त्विक अभाव (Ontological Non-Being) सत्य हो सकता है। मार्टिन हाइडेगर ने 'अभाव' के इस पक्ष का विवेचन किया है।

देखिये—Non-Being.

Notion [नोशन] : धारणा।

आधुनिक पाश्चात्य दर्शन में इस पद के दो प्रयोग मिलते हैं जो एक-दूसरे से पूर्णतया भिन्न हैं।

बर्कले ने 'नोशन' शब्द का प्रयोग ज्ञान

के उस अस्पष्ट रूप के लिए किया जो विचार के स्तर तक नहीं पहुँच पाता। उसने कहा कि हमें आत्मा का कोई ऐसा ज्ञान नहीं हो सकता जिसे हम विचार कह सकें। इसी तरह मन के कार्यों का भी ज्ञान नहीं हो सकता। लेकिन इनके बारे में 'धारणाएं' प्राप्त करना असम्भव है।

हेगेल के दर्शन में, 'नोशन' शब्द का प्रयोग उच्चतम ज्ञान के लिए किया गया है। विचार-क्रिया 'रिक्त' प्रत्ययों से शुरू होकर वादों, प्रतिवादों तथा संवादों के बीच गुज़रती हुई उत्तरोत्तर सम्पन्न होती जाती है। जब विचार पर्याप्त सत्य बटोर लेता है और उसमें सारे विरोधों का सामंजस्य हो जाता है तब वह उस अन्तिम प्रत्यय को आत्मसात् कर लेता है जिसे 'नोशन' की संज्ञा दी जा सकती है।

Noumenal World [नूमे'नल वर्ल्ड] : स्वलक्षण-जगत्, परासत्ता जगत्, पारमार्थिक जगत्।

काण्ट ने एक ऐसे जगत् की सत्ता को स्वीकार किया है जो प्रतीयमान वस्तु-जगत् का आधार है लेकिन मन और इन्द्रियों के सीमित व्यापार से परे होने के कारण अज्ञात और अज्ञेय है। यह प्राथमिक सत्यों और स्वतन्त्र वस्तुओं का जगत् है।

देखिये—Noumenon.

Noumenon [नूमे'नन] : परासत्ता, परमार्थ, स्वलक्षण।

ग्रीक भाषा में, ज्ञान की वस्तु। प्लेटो ने भी इस शब्द का प्रयोग बुद्धिगम्य वस्तु के अर्थ में ही किया है। लेकिन काण्ट के बाद इस शब्द का एक नया अर्थ प्रचलित हुआ। काण्ट के दर्शन में 'नूमे'नन' विचार का विषय अवश्य है, परन्तु ज्ञेय नहीं। उसकी सत्ता इतनी प्राथमिक एवं आधारभूत है, कि न तो इन्द्रियाँ उसे स्पर्श कर सकती हैं, न मन उसे उपाधिग्रस्त कर सकता है। इसलिए चिन्त्य होते हुए भी वह औपाधिक चिन्तक की सीमाओं से परे है।

काण्ट का 'नूमे'नन' सत्य के रूप में प्लेटो के 'प्रत्यय' का समकक्ष है, लेकिन ज्ञान-वस्तु के रूप में वह 'प्रत्यय' से भिन्न है। प्लेटो का 'प्रत्यय' आत्मा की स्मृति है। परन्तु काण्ट का 'नूमे'नन' सैद्धान्तिक चिन्तन का आधार होते हुए भी मन की सीमित शक्ति की पकड़ से बाहर है। इस सत्ता की स्वीकृति के कारण ही कुछ आलोचकों ने काण्ट को 'अज्ञेयवादी' कहा है। लेकिन यह बात ध्यान में रखनी चाहिए कि काण्ट के अनुसार 'नूमे'नन' की सत्ता न तो विश्वास के परे है, न सूक्ष्मतम अनुभूति के।

Nous [नाउस] : चेतन तत्त्व, बुद्धितत्त्व।

इस प्रत्यय का इतिहास यूनानी दार्शनिक अनैक्ज़ेगोरस से आरम्भ होता है। उसके पहले विचारकों ने सरल भौतिक पदार्थों से विश्व की रचना की कल्पना की थी और उन पदार्थों से पृथक् किसी चेतन गति-तत्त्व को स्वीकार नहीं किया था। जीवन और गति-स्रोत की समस्या उलझी हुई थी, और उसे सरल बनाने के अभिप्राय से अनैक्ज़ेगोरस ने 'चेतन सत्ता' ('नाउस') के अस्तित्व की कल्पना की। 'नाउस' को उसने एक ऐसा सक्रिय तत्त्व माना जो अन्य सभी पदार्थों से भिन्न है। यह सभी वस्तुओं को गति दे सकता है और प्रयोजन के अनुसार उन्हें एक सूत्र में गूँथ सकता है।

डायोजिनीज़ ने 'नाउस' को एक भौतिक तत्त्व माना और 'वायु' से उसका तादात्म्य दिखाया।

प्लेटो ने 'नाउस' की कल्पना को भौतिकता से मुक्त करके उसे एक नया रूप दिया। उसके अनुसार 'नाउस' वह सूक्ष्म बुद्धि-तत्त्व है जो प्राकृतिक प्रक्रियाओं को 'परम शुभ' की ओर प्रेरित करता है।

Number [नम्बर] : संख्या।

दर्शन में, बहुत्व का सार। पाइथागोरस ने 'संख्या' के अध्ययन को दर्शन में महत्त्वपूर्ण स्थान दिया। उसके अनुसार वस्तुओं और सत्ताओं में चाहे अन्य कोई गुण हो

या न हो, एक गुण अनिवार्य है—'गण्यता'। वस्तुएँ गिनी जा सकती हैं। आगे चलकर उसने कहा कि संसार में जहाँ भी व्यवस्था है वहाँ 'संख्या' है, इसलिए संख्या को सत्य का आधार समझना चाहिए। पाइथागोरस के इन विचारों का प्लेटो पर गहरा प्रभाव पड़ा। प्लेटो के कुछ 'संवादों' में प्रत्यय को 'संख्या' बताया गया है।

मध्ययुग में संख्यावाद ने रहस्यवादी रूप धारण किया। कुछ मध्ययुगीन विचारकों के अनुसार प्रकृति की पुस्तक किसी गुप्त संख्या से लिखी गई है जिसका पता चलने पर प्रकृति का भेद खुल सकता है।

Numinous [न्यूमिनस] : दिव्यानुभूति।

रुडोल्फ ओटो ने धार्मिक अनुभूति के लिए इस शब्द का प्रयोग किया है। विशुद्ध धार्मिक अनुभूति में व्यक्ति की एक विशेष मनःस्थिति होती है जिससे वह एक रहस्यमय, पवित्र सत्ता की चेतना प्राप्त करता है। इस मनःस्थिति में 'भयबोध' भी किसी अंश तक होता है। इस तरह की चेतना को रुडोल्फ ओटो 'अतिबौद्धिक चेतना' (Sense of the Numinous) कहता है।

Object [ऑब्जे'क्ट] : वस्तु, विषय।

अस्तित्व के पक्ष से, वह ठोस या प्रत्यक्ष सत्ता जो मन से बाह्य हो। विचार के पक्ष से, वह सत्ता—प्रत्यक्ष या कल्पित—जो ज्ञान का विषय हो या जिसके बारे में कुछ कहा जाय।

यथार्थवादी वस्तु की मौलिक सत्ता को स्वीकार करते हैं; प्रत्ययवादी उसे मन की कल्पित वस्तु मानते हैं; अज्ञेयवादी कहते हैं कि वस्तु का स्वतन्त्र अस्तित्व माना जा सकता है लेकिन उसके स्वभाव के विषय में कोई वक्तव्य नहीं दिया जा सकता। सन्देहवादी कहते हैं कि वस्तु का अस्तित्व न स्वीकार किया जा सकता है और न अस्वीकार।

देखिये—Objectivism, Objective Idealism, Realism, Positivism.

Objectification [ऑब्जे'क्टिफ़िकेशन]: वास्तविकीकरण, विषयीकरण।

वह मानसिक प्रक्रिया जिसके द्वारा किसी संवेदन को एक आन्तरिक अनुभूति की अवस्था से किसी वस्तु के प्रत्यक्ष का रूप दे दिया जाता है।

Objective Idealism [ऑब्जे'क्टिव आइडियलिज़्म] : वस्तुसमर्थक प्रत्ययवाद, बाह्यार्थपरक प्रत्ययवाद।

उत्कट वस्तुवाद और उत्कट प्रत्ययवाद के बीच का मत जिसमें ज्ञाता और ज्ञेय वस्तु दोनों में से किसी को 'एकमात्र सत्ता' नहीं कहा जाता बल्कि दोनों को किसी-न-किसी रूप में स्वीकार किया जाता है।

प्राचीन काल में भी यह मत अविकसित रूप में व्यक्त हुआ। अरस्तू को न विशुद्ध प्रत्ययवादी कहा जा सकता है, न विशुद्ध वस्तुवादी। लेकिन वस्तुसमर्थक प्रत्ययवाद का विकास आधुनिक युग में ही हुआ, जब ज्ञानमीमांसा को तत्त्वदर्शन का आधार माना गया। ज्ञानात्मक प्रक्रियाओं के लिए मन और जगत् दोनों का—ज्ञाता और ज्ञेय के रूप में—अस्तित्व स्वीकार करना पड़ता है।

बाह्यार्थपरक प्रत्ययवाद का प्रमुख प्रतिनिधि हेगेल है। वह विचार के (या 'ज्ञान' के) तीन विकास-स्तर मानता है। पहले स्तर पर मन अपने-आपको वस्तु-जगत् पर निर्भर पाता है, दूसरे स्तर पर वस्तु-जगत् को अपना प्रतिद्वन्द्वी, तीसरे स्तर पर वह अपने को वस्तु-जगत् से घुला-मिला पाता है।

Objective Reference [ऑब्जे'क्टिव रे'फरे'न्स] : वस्तु-निर्देश।

चिन्तन में किसी ऐसे विचार का समावेश जिससे बाह्यवस्तु के अस्तित्व का परोक्ष रूप से समर्थन होता हो। बाह्यवस्तु को अस्वीकार करते हुए भी चिन्तन कभी-कभी अपने प्रतिपाद्य विषय की परिधि लाँघ जाता है और वस्तु के अस्तित्व की ओर अनजाने ही अँगुली उठा देता है। जैसे, यदि कोई कहे : 'आत्मा के अतिरिक्त जगत् में दूसरी कोई सत्ता नहीं

है' : तो इस कथन से अपने-आप 'जगत्' के अस्तित्व का संकेत मिलता है।

Objectivism [ऑब्जे'क्टिविज़्म]: वस्तुवाद, बाह्यार्थवाद।

वे सभी मत 'वस्तुवाद' के अन्तर्गत आते हैं जो मन से बाह्य स्वतन्त्र सत्ता को स्वीकार करते हैं। सभी प्राकृतिक विज्ञान, और मनोविज्ञान के अधिकतर सम्प्रदाय, 'वस्तुवादी' हैं क्योंकि उनमें भी इन्द्रियों से पृथक् इन्द्रियग्राह्य गुणों की आधारभूत सत्ताओं को माना गया है। प्रत्ययवादियों में भी कुछ ऐसे विचारक हैं जिन्हें एक सीमित अर्थ में वस्तुवादी कहा जा सकता है।

इतिहास-दर्शन में 'वस्तुवाद' उस दृष्टिकोण को कहते हैं जो ऐतिहासिक तथ्यों और घटनाओं के ही आधार पर अपने निष्कर्ष निकालता है, और व्यक्तिगत इच्छाओं या आदर्शों को अपेक्षाकृत गौण मानता है।

देखिये—Objective Idealism.

Object of Knowledge [ऑब्जे'क्ट ऑफ़ नॉलेज] : ज्ञेय, ज्ञान का विषय।

वह तथ्य—वास्तविक या कल्पित—जिस पर ज्ञान-प्रक्रियाएँ केन्द्रित हों, और जिससे मन का सम्बन्ध स्थापित हो।

देखिये—Epistemic Object.

Object of Moral Judgment [ऑब्जे'क्ट ऑफ़ मॉरल जजमे'ण्ट]: नैतिक निर्णय का विषय।

नीतिशास्त्र का चिन्त्य विषय चरित्र है, जो आचरण में व्यक्त होता है। आचरण भी नैतिक निर्णय का विषय है। लेकिन सभी कर्मों में चरित्र व्यक्त नहीं होता। उन्हीं कर्मों के बारे में नैतिक निर्णय दिया जा सकता है जिनके लिए कर्त्ता उत्तरदायी हो। सहज क्रियाएँ या प्रवृत्तिमूलक क्रियाएँ नैतिक निर्णय का विषय नहीं हो सकतीं। नैतिक शुभाशुभ या औचित्य-अनौचित्य का प्रश्न तभी उठता है जब कर्मों का मूल स्वतन्त्र संकल्प में हो, अर्थात् जब कर्म ऐच्छिक हों। इसलिए ऐच्छिक कर्म ही नैतिक निर्णय का विषय है।

देखिये—Moral Judgment, Moral Situation

Obligation [ऑब्लिगेशन] : आबन्ध, नैतिक बाध्यता।

कर्मों की वह बाध्यता जो किसी भौतिक या बाह्य अनिवार्यता का परिणाम न होकर नैतिक नियमों या आदेशों की अनिवार्यता के बोध से उत्पन्न हो। बाध्यता का प्रश्न दुरूह इसलिए हो जाता है कि एक ओर नैतिक कर्म के पीछे संकल्प-स्वातन्त्र्य को स्वीकार करना पड़ता है और दूसरी ओर नैतिक कर्म को एक निरपेक्ष आदेश से विच्छिन्न भी नहीं किया जा सकता। काण्ट ने इन दोनों पक्षों में सामंजस्य स्थापित करने का प्रयत्न किया है। उसके अनुसार नैतिक कर्मों को आबन्ध-जन्य मानते हुए भी मानव की संकल्प-स्वाधीनता की रक्षा की जा सकती है। नैतिक आबन्ध आन्तरिक है, न कि बाह्य।

Observation[ऑब्ज़र्वेशन]: निरीक्षण।

मानसिक प्रयास द्वारा—न कि सहजज्ञान से—वस्तुओं या स्थितियों का परिचय प्राप्त करने की क्रिया। 'निरीक्षण' बाह्य वस्तुओं के अतिरिक्त मन की आन्तरिक अवस्थाओं का भी किया जा सकता है। इस तरह 'निरीक्षण' एक व्यापक पद है जिसके अन्तर्गत बाह्यनिरीक्षण और अन्तर्निरीक्षण दोनों का समावेश होता है।

कुछ लेखक 'निरीक्षण' पद का प्रयोग केवल बाह्यनिरीक्षण के लिए करते हैं क्योंकि उनके विचार मे मन द्वारा अपना ही निरीक्षण एक 'मनोवैज्ञानिक असम्भवता' है।

Obverse [ऑब्वर्स] : प्रतिवर्तित वाक्य।

अव्यवहित अनुमान में किसी दिये हुए वाक्य का प्रतिवर्तन करके जो निष्कर्ष-वाक्य प्राप्त किया जाता है उसे 'प्रतिवर्तित वाक्य' कहते हैं।

सब मनुष्य मर्त्य हैं;
इसलिए, कोई मनुष्य अमर नहीं है।

यहाँ दूसरा वाक्य 'प्रतिवर्तित वाक्य' है।

देखिये—Obversion, Obvertend, Immediate Inference.

Obversion [ऑब्वर्सन] : प्रतिवर्तन ।

अव्यवहित अनुमान का वह रूप जिसमें अर्थ में कोई परिवर्तन किये बिना गुण में परिवर्तन किया जाता है । इस क्रिया का प्रयोग इन नियमों के अनुसार किया जाता है : मूल वाक्य और प्रतिवर्तित वाक्य में उद्देश्य समान रहता है; प्रतिवर्तित वाक्य का विधेय मूल वाक्य के विधेय का व्याघातक होता है; यदि मूल वाक्य स्वीकारात्मक हो, तो प्रतिवर्तित वाक्य निषेधात्मक होता है, और यदि मूल वाक्य निषेधात्मक हो तो प्रतिवर्तित वाक्य स्वीकारात्मक (विधायक) होता है; परिमाण की दृष्टि से दोनों वाक्य बराबर रहते हैं ।

'ए' (A) तर्कवाक्य का प्रतिवर्तित रूप 'ई' (E) होता है, जैसे : ' सब फ्रांसीसी यूरोपीय हैं" का प्रतिवर्तित वाक्य होगा : "कोई फ्रांसीसी अ-यूरोपीय नहीं है ।"

'ई' (E) तर्कवाक्य का प्रतिवर्तित रूप 'ए' (A) होता है, जैसे : "कोई राजा निर्धन नहीं है" का प्रतिवर्तित वाक्य होगा : "सब राजा धनी हैं ।"

'आई' (I) तर्कवाक्य का प्रतिवर्तित रूप 'ओ' (O) होता है; जैसे : "कुछ छात्र बुद्धिमान् हैं" का प्रतिवर्तित वाक्य होगा : "कुछ छात्र बुद्धिहीन नहीं हैं ।"

'ओ' (O) तर्कवाक्य का प्रतिवर्तित रूप 'आई' (I) होता है जैसे : "कुछ नदियाँ सूखी नहीं हैं" का प्रतिवर्तित वाक्य होगा : "कुछ नदियाँ भरी हैं ।"

देखिये—Obvertend,, Obverse, Immediate Inference.

Obvertend [ऑब्वर्टेण्ड] : प्रतिवर्त्य वाक्य ।

अव्यवहित अनुमान में वह तर्कवाक्य जिसका प्रतिवर्तन करके निष्कर्ष निकाला जाता है, जैसे : "सब राजा धनी हैं" का प्रतिवर्तन करके यदि यह निष्कर्ष निकाला जाय कि "कोई राजा निर्धन नहीं है" तो इनमें से पहला वाक्य 'प्रतिवर्त्य' है ।

देखिये—Obverse, Obversion, Immediate Inference.

'Occam's Razor' [ओकाम्स रेज़र] : 'ओकाम की क्षुरिका' ।

विलियम ऑफ़ ओकाम द्वारा प्रतिपादित यह नियम कि किसी भी वस्तु की व्याख्या करते हुए अल्पतम परिकल्पनाओं और सरलतम विचारों का प्रयोग करना चाहिए । चूँकि इसमें अनावश्यक वाक्यों को कतरने का सुझाव है, इसलिए इस नियम को 'ओकाम की क्षुरिका' की संज्ञा दी गई है । इस नियम को मितव्ययिता-नियम (Law of Parsimony) भी कहते हैं ।

देखिये—Law of Parsimony.

Occasional Cause [अँकेज़नल कॉज़] : अवसरसूचक कारण, प्रासंगिक कारण, असमवाय कारण ।

कुछ दार्शनिकों के अनुसार भौतिक कारण किसी कार्य के वास्तविक उत्पादक नहीं होते बल्कि किसी शक्ति को कार्य की उत्पत्ति के लिए 'अवसर' प्रदान करते हैं । जेलिंक्स तथा मेलब्रांच के अनुसार प्रत्येक कार्य का वास्तविक कारण ईश्वर है, अन्य सभी कारण केवल 'प्रासंगिक' हैं ।

देखिये—Occasionalism.

Occasionalism [अँकेज़नलिज़्म] : प्रसंगवाद, अवसरवाद, हस्तक्षेपवाद ।

वह सिद्धान्त जिसके अनुसार शरीर और मन का सम्पर्क उन्हीं 'अवसरों' या 'प्रसंगों' में होता है जब ईश्वर हस्तक्षेप करता है । देकार्त के मत से मन और शरीर के सम्बन्ध के विषय में जो समस्या उत्पन्न हुई थी उसका समाधान करने का प्रयास इस सिद्धान्त में है । जेलिंक्स और मेल-ब्रांच इसके प्रवर्तक थे ।

समस्या यह है कि यदि शरीर और मन बिलकुल स्वतन्त्र और एक-दूसरे के विपरीत गुणवाली सत्ताएँ हैं तो उनका पारस्परिक सम्बन्ध कैसे सम्भव है? (प्रत्यक्ष जीवन में हम देखते हैं कि शरीर और मन एक-दूसरे को प्रभावित अवश्य करते हैं) ।

इस प्रश्न का उत्तर देते हुए कहा गया कि वह प्रत्येक अवसर, जब शरीर और मन का संयोग होता है, ईश्वर की एक विशेष कार्यशीलता का द्योतक है।

Omnipotence [ऑम्निपोटेन्स] : सर्वशक्तिमत्ता।

धार्मिक परम्परा द्वारा स्वीकृत ईश्वर के प्रमुख गुणों में एक। इस प्रत्यय के पीछे अनेक विचार हैं : (१) यह कि ईश्वर की कल्पना ही निरर्थक होगी यदि उसे प्रत्येक दृष्टि से पूर्ण न माना जाय; और इसका मतलब यह है कि ईश्वर के लिए कुछ भी असम्भव नहीं है। (२) यदि ईश्वर को सर्वशक्तिमान् न समझा गया तो विश्व की रचना एक पहेली बन जाती है। यदि यह कहा जाय कि विश्व अनादि है, तो ईश्वर 'एकमात्र सत्ता' नहीं रहता। इसलिए यही कहना पड़ता है कि ईश्वर ने अपनी असीम शक्ति द्वारा विश्व का निर्माण किया। (३) बहुत-सी ऐसी असंगतियों पर दर्शन की दृष्टि जाती है जिनका समाधान करना कठिन हो जाता है, जैसे : 'यदि मनुष्य आदि-पाप से कलंकित है, तो उसे मोक्ष कैसे मिल सकता है? प्रकृति के निश्चेतन होते हुए भी उसमें इतनी सुन्दर नियम-व्यवस्था कहाँ से आयी? यदि प्रत्येक वस्तु देश और काल में स्थित है तो स्वयं देश और काल कैसे उत्पन्न हुए?'···इनमें से कई प्रश्नों का उत्तर प्रस्तुत करने में ईश्वर की 'सर्वशक्तिमत्ता' का विचार उपयुक्त सिद्ध हुआ। किन्तु आधुनिक युग के आरम्भ में इस कल्पना का विरोध किया गया। 'ईश्वर सब-कुछ कर सकता है' कहकर अपने विवेक को शान्त करना आधुनिक मानव के लिए सम्भव नहीं है।

Omnipresence[ऑम्निप्रे'ज़े'न्स] : सर्वव्यापकता।

एक ही समय सर्वत्र उपस्थित रहने की शक्ति या गुण। धर्मदर्शन की परम्परा में स्वीकृत ईश्वर के प्रमुख गुणों में 'सर्वव्यापकता' एक है। लेकिन ईश्वर के अतिरिक्त दूसरी भी भौतिक और अभौतिक सत्ताओं पर यह गुण आरोपित किया गया है। यूनानी दार्शनिकों ने वायु, 'ईथर', अग्नि-जैसे आदि-तत्त्वों को सर्वव्यापक माना था। प्लेटो के 'प्रत्यय' (Idea), अरस्तू के 'रूप' (Form), स्पिनोज़ा के 'द्रव्य' (Substance) और हेगेल के 'निरपेक्ष' (Absolute) पर भी सर्वव्यापकता का गुण आरोपित किया गया है।

Omniscience [ऑम्निसियन्स] : सर्वज्ञता।

ईश्वर की सर्वज्ञता के विषय में दर्शन और धर्मशास्त्र में अनेक वक्तव्य दिये गए हैं, जैसे : (१) ईश्वर को न केवल प्रत्येक वस्तु और घटना का ज्ञान है, वरन् उसे प्रत्येक वस्तु और घटना का सम्पूर्ण ज्ञान है। (२) ईश्वर का ज्ञान भूतकाल और वर्तमान काल तक सीमित नहीं है बल्कि भविष्य को भी समेटता है। (३) यह असम्भव है कि ईश्वर सर्वज्ञ न हो, क्योंकि प्रत्येक वस्तु उसी की रचनाशक्ति का परिणाम है और रचयिता को अपने द्वारा रचित वस्तु का ज्ञान न हो, इस बात की कल्पना नहीं की जा सकती। (४) ईश्वर स्वयं ज्ञान-तत्त्व है, इसलिए समस्त ज्ञान का आदि-स्रोत है। (५) ईश्वर 'ज्ञान का ज्ञान' है।

One (The) [वन (द)] : एक, अद्वितीय।

अद्वैत-दर्शन के अनुसार परम सत्ता एक है, यद्यपि विभिन्न अद्वैतवादी मतों में इस परम सत्ता के स्वभाव की विभिन्न व्याख्याएँ की गई हैं। सत्ता के एकत्व की कल्पना का चरम विकास प्लॉटिनस के दर्शन में हुआ। उसने 'एक' शब्द को विशेषण नहीं, बल्कि संज्ञा के रूप में प्रयुक्त किया। जब हम यह कहते हैं कि 'ईश्वर एक है' या 'परम सत्ता एक है' तो एकत्व परम सत्ता का गुण बन जाता है। प्लॉटिनस के लिए यह पर्याप्त नहीं था—उसने अद्वैतवाद का मूल विचार इस तरह से व्यक्त किया : 'एक' ही परम सत्ता है।

देखिये—Monism.

Ontological Argument [ऑन्टॉलॉजिकल आर्ग्युमेन्ट]: प्रत्ययाश्रित युक्ति, सत्तामूलक युक्ति।

सन्त ऐन्सेलम द्वारा प्रस्तुत किया गया ईश्वर के अस्तित्व का एक प्रमाण। यह प्रमाण इस तर्क पर आधारित है :

ईश्वर की धारणा एक ऐसी सत्ता की धारणा है जिससे अधिक और पूर्ण महान् सत्ता की कल्पना नहीं की जा सकती। यदि ईश्वर न होता तो यह धारणा 'सबसे महान् सत्ता की धारणा' न होती, उससे भी पूर्ण और महान् कोई सत्ता होती। 'अस्तित्वशील सत्ता की धारणा' 'अस्तित्वहीन सत्ता की धारणा' से अधिक पूर्णता और महत्ता प्रदर्शित करती है। इसलिए ईश्वर—पूर्णतम और महत्तम सत्ता की हैसियत से—अवश्य अस्तित्ववान् है।

इस युक्ति में तर्क के क्षेत्र से सत्ता के क्षेत्र में पदार्पण किया गया है, और इसलिए आगे चलकर काण्ट और अन्य दार्शनिकों ने इसे अस्वीकार किया। लेकिन काण्ट के पहले देकार्त ने इसे स्वीकार किया था। सत्तामूलक तर्क को अपनाने के लिए देकार्त की तीव्र आलोचना की गई।

Ontological Object [ऑन्टॉलॉजिकल ऑब्जेक्ट] : तात्त्विक वस्तु, सद्वस्तु।

वह वस्तु जिसका अस्तित्व केवल ज्ञान-प्रक्रिया के लिए ही न हो, वरन् जो सचमुच विद्यमान् हो। ज्ञान का विषय कल्पित भी हो सकता है, वास्तविक भी। लेकिन तात्त्विक दृष्टि से पहले वर्ग के ज्ञान-विषय को 'वस्तु' नहीं कहा जा सकता।

Ontologism [ऑन्टॉलॉजिज़्म] : तत्त्व-मीमांसावाद, सत्ता-मीमांसावाद।

दार्शनिक चिन्तन की वह प्रवृत्ति जो सत्तासूचक प्रत्ययों की समीक्षा को प्राथमिकता प्रदान करती है और सत्ता के अस्तित्व तथा स्वरूप को दर्शन का मुख्य विषय मानती है।

देखिये—Ontology.

Ontology[ऑन्टॉलॉजी] : तत्त्वमीमांसा, सत्ता-मीमांसा।

पार्मिनाइडीज और प्लेटो ने दर्शन को सत्ता के मूलभूत स्वभाव के अध्ययन की ओर अभिमुख किया था। लेकिन सत्ता-सम्बन्धी चिन्तन के लिए एक पृथक् शास्त्र की आवश्यकता का सबसे पहले अरस्तू ने अनुभव किया। उसने सत्ता-मीमांसा को 'प्रथम विज्ञान' और 'प्रथम दर्शन' कहा। तब से सत्ता-सम्बन्धी विचारों को अन्य दार्शनिक समस्याओं का निर्णायक समझा जाने लगा।

Metaphysics और Ontology शब्दों को कभी-कभी एक ही अर्थ में प्रयुक्त किया जाता है। लेकिन कुछ दार्शनिक Metaphysics को अधिक व्यापक मानते हैं। उनकी दृष्टि में Metaphysics के अन्तर्गत Ontology (सत्ता के अस्तित्व और स्वभाव का विवेचन) और Epistemology (ज्ञान-मीमांसा) दोनों आते हैं। आधुनिक युग में काण्ट के प्रभाव से ज्ञानमीमांसा का महत्त्व इतना बढ़ गया है कि एक पृथक् शास्त्र के रूप में सत्ता-मीमांसा के लिए कोई स्थान नहीं रह गया है। अधिकतर दार्शनिक इस बात को स्वीकार करते हैं कि सत्ता के अस्तित्व का प्रश्न ज्ञान के प्रश्न से अलग नहीं किया जा सकता।

Opinion [ओपिनियन] : मत।

सम्भावित सत्य को वहन करनेवाला प्रत्यय या विचार। यह बोलचाल का शब्द है और इसका पारिभाषिक प्रयोग केवल पार्मिनाइडीज तथा प्लेटो के दर्शन में हुआ है।

पार्मिनाइडीज ने इस बात पर ध्यान दिलाया कि बुद्धिसंगत मत या 'राय', नियमबद्ध परीक्षण या विचार पर निर्भर न होते हुए भी, कोरे विश्वास से अधिक उपयुक्त है। प्लेटो ने इस प्रश्नका और भी अधिक सूक्ष्म विचार किया और 'मत' को अज्ञान और ज्ञान के बीच का स्थान प्रदान किया। उसके अनुसार दर्शन का वास्तविक विषय सत्य है, 'मत' नहीं;

फिर भी सत्यान्वेषण के लिए मार्ग तैयार करने में 'मत' का महत्त्व है। प्रत्यक्षजन्य ज्ञान बिलकुल ही बाह्य होता है; मत अपेक्षाकृत आन्तरिक ज्ञान का वाहक है। सत्य-मीमांसा 'मत' के स्तरसे ऊपर उठकर सत्य के स्तर तक पहुँचने की क्रिया है। 'मत' पर आधारित ज्ञान सापेक्ष होता है, सत्य निरपेक्ष है।

देखिये—Way of Opinion.

Opposition [ऑपोज़िशन] : प्रतियोग, प्रतिमुखता।

विरोध, जो केवल अन्तर्निहित न रहकर व्यक्त रूप धारण करे। तर्कशास्त्र में, सभी प्रकार के विरोधों के लिए प्रयुक्त व्यापक पद।

देखिये—Contradiction, Opposition of Propositions.

Opposition of Propositions [ऑपोज़िशन ऑफ़ प्रॉपोज़िशन्स] : तर्कवाक्यों का प्रतियोग।

जब दो तर्कवाक्यों में उद्देश्य और विधेय समान होते हुए गुण, परिणाम, या गुण तथा परिणाम दोनों की दृष्टि से भिन्नता होती है तब उनके पारस्परिक सम्बन्ध को 'प्रतियोग' कहा जाता है। उदाहरणार्थ 'सब पत्ते हरे हैं', 'कुछ पत्ते हरे हैं'—इन दोनों तर्कवाक्यों में उद्देश्य और विधेय समान हैं, लेकिन निर्देश की दृष्टि से वे भिन्न हैं, इसलिए उनमें प्रतियोग है।

तर्कवाक्यों का प्रतियोग चार प्रकार का होता है : उपनिहित प्रतियोग, (Subalternation), विरोधी प्रतियोग (Contrary Opposition), उपविरोधी प्रतियोग (Sub-contrariety), व्याघातक प्रतियोग (Contradictory Opposition).

देखिये—Subalternation, Contrary Opposition, Sub-contrariety, Contradictory Opposition.

'O' Proposition ['ओ' प्रॉपोज़िशन]: 'ओ' तर्कवाक्य।

अंशव्यापी निषेधात्मक तर्कवाक्य (Particular Negative Proposition) का प्रतीकात्मक रूप। इसको इस तरह व्यक्त किया जाता है : "कुछ 'उद्देश्य' 'विधेय' नहीं हैं।" ठोस उदाहरण : "कुछ फल मीठे नहीं हैं।"

देखिये—Particular Negative Proposition.

Optimism [आप्टिमिज़्म]: आशावाद।

उन दार्शनिकों को 'आशावादी' कहा जा सकता है जो (१) जीवन में दुःख और अशुभ की अपेक्षा सुख और शुभ का पलड़ा भारी मानते हैं, या (२) अस्तित्व को विकासोन्मुख समझते हैं, या (३) मनुष्य के लिए एक सुखमय भविष्यकाल की कल्पना करते हैं, या (४) संसार को व्यवस्थाहीन नहीं बल्कि सुव्यवस्थित मानते हैं और संघर्षों की अपेक्षा सामंजस्य को अधिक वास्तविक समझते हैं।

इस तरह 'आशावाद' एक अत्यन्त व्यापक शब्द है। दर्शन में प्लेटो-जैसे प्रत्ययवादी और मार्क्स-जैसे भौतिकवादी दोनों ने अपने को आशावादी बताया। आशावाद का सबसे विकसित रूप लाइबनित्स के दर्शन में मिलता है। उसके अनुसार, यह विश्व इतना अच्छा है कि इससे अधिक अच्छे विश्व की सम्भावना ही नहीं है, और इस विश्व के पीछे एक पूर्व-स्थापित सामंजस्य तथा सुसंगति है, जो कभी विचलित नहीं हो सकती।

Order [ऑर्डर]: व्यवस्था।

वह 'पूर्ण' जिसके सभी अंश सुसम्बन्धित हों और नियमानुसार कार्य करते हों। दार्शनिक विवेचन में प्राकृतिक जगत और नैतिक मूल्यों का जगत् दोनों को ही व्यवस्थित सत्ताओं के रूप में स्वीकार किया गया है। इन दोनों के नियम अलग हैं, इसलिए प्राकृतिक व्यवस्था (Natural Order) और 'नैतिक व्यवस्था' (Moral Order) में भेद किया गया है। कुछ दार्शनिकों के अनुसार इन दोनों का निर्देशन एक ही व्यवस्थापक तत्त्व से होता है। अन्ततोगत्वा इस प्राथमिक

व्यवस्थापक तत्त्व और ईश्वर में कोई अन्तर नहीं रह जाता।

देखिये—Moral Order, Natural Order.

Orexis [ओरे'क्सिस] : प्रेरणा, प्रयत्न।

यह शब्द ग्रीक साहित्य में, विशेषत: नाटच-साहित्य में, तीव्र आन्तरिक इच्छा के अर्थ में प्रयुक्त हुआ है। अरस्तू के दर्शन में 'ओरे'क्सिस' शब्द का संकेत आत्मा के क्रियात्मक पक्ष की ओर है।

Organic Theory [ऑर्गेनिक थियॅरी]: अवयव-संस्थानवाद, अंगी सिद्धान्त।

समाजदर्शन और राजनीतिदर्शन में प्रचलित मत, जिसके अनुसार व्यक्ति और समाज के बीच, या नागरिक और राज्य के बीच अंग-अंगी का सम्बन्ध है। इस मत का प्रतिपादन सबसे पहले अरस्तू ने किया। आधुनिक युग में काण्ट, हेगेल और बोसान्के ने इस मत को स्वीकार किया है।

इस सिद्धान्त के विकास में सामाजिक अध्ययनों पर जीवशास्त्र का प्रभाव और राजनीतिक चिन्तन में जनतान्त्रिक प्रवृत्तियों का बढ़ता हुआ महत्त्व दिखाई पड़ता है। इसका उद्देश्य सामाजिक एकता को सुदृढ़ बनाते हुए व्यक्ति के महत्त्व को भी सुरक्षित रखना है।

Organism [ऑर्गनिज़्म] : अंगी, अवयवी।

अंगों का व्यवस्थित समुदाय, जो संख्यागत बहुत्व के बावजूद व्यवहारगत एकता प्रादर्शित करता है। इस शब्द का प्रयोग सामान्यत: जीवधारियों के लिए किया जाता है क्योंकि प्रकृति ने जीवधारियों के अंगों की व्यवस्था इस प्रकार की है कि उनके अपने-अपने कार्य विशिष्ट होते हुए वे सभी अंग सम्पूर्ण अंगी के जीवन-सम्बन्धी उद्देश्यों के पूरक हैं। इस व्यवहार के निरीक्षण से दार्शनिकों को व्यष्टि और समष्टि के सम्बन्धों को समझने में बड़ी सहायता मिली। प्लेटो ने सारे संसार को एक जीवमय इकाई के रूप में देखा। अरस्तू ने प्रकृति को छोटे-बड़े अवयव-संस्थानों की शृंखला माना और कहा कि ये संस्थान निरन्तर एक 'अन्तिम प्रयोजन' की ओर अग्रसर हो रहे हैं।

डार्विन के विकास-सिद्धान्त के प्रभाव से अंगी का प्रत्यय दर्शन में बड़ा महत्त्वपूर्ण बन गया। स्पेन्सर ने अपने नीतिशास्त्र में समाज की जो व्याख्या की है वह आंगिक व्यवस्था के प्रत्यय पर ही आधारित है। अब 'अंगी' शब्द जीव-विज्ञान में प्रयुक्त एक विशेष पद न रहकर सभी शास्त्रों में प्रयुक्त होता है। किसी भी ऐसी इकाई को 'अंगी' कहा जा सकता है जिसका आन्तरिक संगठन उसके सभी अंगों के कार्यों में प्रतिबिम्बित हो।

Organization [ऑर्गनाइजेशन] : संगठन।

किसी समष्टि के खण्डों की सुव्यवस्थित सम्बद्धता। खण्डों को व्यवस्था प्रदान करने की क्रिया। मनोविज्ञान में संवेदों को प्रत्यक्ष का रूप देने की मानसिक प्रक्रिया। आधुनिक अस्तित्ववादी दर्शन में, समाज द्वारा व्यक्तियों की सृजनशील मौलिकता का दमन और उन्हें एक ही जीवनतन्त्र के साँचे में ढालना।

Organon [ऑर्गेनन] : साधनशास्त्र, ज्ञान-साधन।

वह शास्त्र जो अन्य शास्त्रों को उचित विवेचन-पद्धतियाँ प्रदान करता है। अरस्तू के तर्कशास्त्र को मध्ययुगीन विचारकों ने यह नाम दिया, क्योंकि वह अन्य विज्ञानों या कलाओं की परिधि में न आते हुए भी उनके लिए साधन प्रस्तुत करता है। आधुनिक काल में फ्रांसिस बेकन ने अपनी तर्कशास्त्र सम्बन्धी पुस्तक का शीर्षक 'Novum Organum' ('नवीन साधनशास्त्र') रखा।

Original Sin [ऑरिजनल सिन] : आदि-पाप।

ईसाई-धर्मशास्त्र के अनुसार प्रथम मानव ('आदम') द्वारा ईश्वर का अनुशासन भंग किए जाने से जिस पाप की उत्पत्ति हुई

वह मानव-जाति का पैतृक बोझ है। यह विचार मोक्ष और नैतिक शुभ के विचारों से असंगत जान पड़ता है, इसलिए ईसाई नीतिशास्त्रकारों के सामने 'आदि-पाप' के परिणाम से बचने का मार्ग दिखाने की समस्या बराबर बनी रही। कुछ ईसाई सन्तों ने कहा कि त्याग द्वारा आदि-पाप से आत्मा मुक्त हो सकती है। सन्त ऑगस्ताईन ने केवल ईश्वर की कृपा से ही मुक्ति को सम्भव माना। 'आदि-पाप' का सिद्धान्त इसका ज्वलन्त उदाहरण है कि धर्मशास्त्र के आत्यन्तिक प्रभाव से मध्ययुगीन दर्शन किस तरह संकीर्ण हो गया था। कुछ विचारकों ने यह कहने का साहस किया कि ईश्वर का स्वभाव शुभ है, इसलिए ईश्वर द्वारा निर्मित मानव-स्वभाव को पाप-कलंकित नहीं माना जा सकता। लेकिन इस विचार का प्रचार अधिक नहीं हो सका क्योंकि धार्मिक विश्वास अत्यन्त सुदृढ़ थे और चर्च का संगठन इन विश्वासों को अस्वीकार करनेवालों के प्रति अत्यन्त निष्ठुर था।

आधुनिक नीतिशास्त्र में 'आदि-पाप' की कल्पना का कोई महत्त्व नहीं रह गया है।

Ormuzd [ओरमुज़्द] : शुभशक्ति।

जोरोस्तरवादी धर्मशास्त्र में अहरिमन की विरोधी शक्ति, जो शुभ और सत्य का प्रतिनिधित्व करती है और जिसका अहरिमन के विरुद्ध निरन्तर संघर्ष चलता रहता है। कुछ लोगों के अनुसार ओरमुज़्द का ही दूसरा नाम अहुर मज़दाह है।

देखिये—Ahriman, Ahura Mazdah.

'Outness' ['आउटने'स'] : बाह्यत्व।

बर्कले के दर्शन में यह समस्या उठती है कि यदि प्रत्यक्ष से स्वतन्त्र कोई रास्ता नहीं है तो वस्तुओं के बाह्यत्व का बोध क्यों होता है? बर्कले का उत्तर यह है कि सभी वस्तुएँ एक सीमित कालखण्ड में किसी व्यक्ति के प्रत्यक्ष का विषय नहीं बन सकतीं, इसलिए प्रतिक्षण कुछ वस्तुओं के ज्ञान से बाह्य होने का अनुभव होता रहता है।

Pain [पेन] : दुःख, कष्ट, दुःख-बोध।

मनोवैज्ञानिक दृष्टि से, तीव्र संवेदना-जन्य अनुभव, जिसका शारीरिक पक्ष है त्वचा में स्थित दुःख-बिन्दुओं का उत्तेजन।

सुखवादी नीतिशास्त्र की दृष्टि से, वह अनुभव जो कर्म की अनुपयुक्तता और अनौचित्य का द्योतक हो।

सौन्दर्यशास्त्र में दुःखबोध का मूल्यांकन कई तरह से किया गया है। लेसिंग इसे रसानुभूति को सीमित करने वाला अनुभव मानता है। फ़ेचनर के अनुसार दुःखबोध एक ऐसी रुकावट है जिसका अतिक्रमण करने की क्रिया में अनुभव का रसात्मक प्रभाव बढ़ जाता है। कुछ सौन्दर्यशास्त्री एक विशेष प्रकार के दुःखबोध को आनन्दानुभूति का पूर्वांग मानते हैं।

Palingenesis [पैलिन्जे'ने'सिस] : पुनर्जन्म।

आत्मा के बार-बार जन्म लेने का सिद्धान्त। धर्मशास्त्र में इसे सम्पूर्ण सृष्टि के पुनरावर्तन के अर्थ में भी लिया गया है।

शोपेनहावर के दर्शन में, इस शब्द का विशिष्ट पारिभाषिक प्रयोग हुआ है। उसके अनुसार संस्कारों का ही पुनर्जन्म स्वीकार किया जा सकता है, न कि संस्कारवाहक आत्मतत्त्व का। शोपेनहावर का यह सिद्धान्त बौद्ध विचारों से स्पष्ट रूप से प्रभावित है।

देखिये—Metempsychosis, Reincarnation.

Panentheism [पैने'न्थीइज़्म] : परसर्वेश्वरवाद, आन्तरातीत ईश्वरवाद।

वह सिद्धान्त जिसके अनुसार ईश्वर सर्वव्यापी होते हुए भी संसार से परे है। यह मत परमेश्वरवाद (Deism) और सर्वेश्वरवाद (Pantheism) में समझौता कराने का एक प्रयास है। परमेश्वरवाद

के अनुसार ईश्वर संसार का रचयिता मात्र है, लेकिन संसार से उसका अन्य कोई सरोकार नहीं। वह संसार से बिलकुल अलग है और संसार के कार्यों में हस्तक्षेप नहीं करता। सर्वेश्वरवाद बिलकुल इसकी विपरीत दिशा में जाता है और कहता है कि ईश्वर वस्तुजगत् में पूर्णरूप से व्याप्त है। 'परमेश्वरवाद' बीच का मत है। इसके अनुसार ईश्वर सूर्य की तरह संसार से अलग होते हुए भी संसार में प्रतिबिम्बित है।

देखिये—Pantheism, Deism.

Pan-objectivism [पैन-ऑब्जे'क्टिविज़म] : सर्ववास्तववाद, सर्वबाह्यार्थवाद, सर्ववस्तुवाद।

वह बाह्यार्थवादी सिद्धान्त, जिसके अनुसार ज्ञान की सभी वस्तुएँ सत्य हैं, ज्ञान चाहे सत्य हो, चाहे मिथ्या। अमेरिका के नव्य-बाह्यार्थवादी मॉन्टेग्यू, लवजॉय आदि 'सर्ववास्तववादी' कहे जा सकते हैं।

'सर्ववास्तववाद' बर्कले के प्रत्ययवाद का विपक्ष प्रस्तुत करता है। आधुनिक दर्शन में इस विचारधारा के विकास-सूत्र सी० एस० पियर्स और विलियम जेम्स के व्यवहारवाद में मिलते हैं। उन्नीसवीं शताब्दी के बुद्धिवादी ज्ञान-सिद्धान्तों में भी सर्ववास्तववाद को मान्य करने की प्रवृत्ति है, लेकिन पिछले कुछ वर्षों में, प्रयोगात्मक मनोविज्ञान तथा भौतकशास्त्र की खोजों के प्रभाव से, सर्ववास्तववाद को एक नया रूप मिला है।

देखिये—Neo-Realism.

Panlogism [पैनलॉजिज़्म] : बुद्धितत्त्ववाद, सर्वबौद्धिकवाद।

बुद्धितत्त्व को ही संसार का सम्पूर्ण सत्य मानना।

इस मत की झलक अनेक प्राचीन विचारधाराओं में दिखाई देती है। अनेक्ज़ेगोरस का 'नाउस' (Nous) परवर्ती मतों में केवल ज्ञान का अन्तिम लक्ष्य न रहकर जगत् का सार बना। प्लेटो का 'उच्चतम प्रत्यय' परम शुभ, परम सौन्दर्य और परम अस्तित्व है। लेकिन बुद्धितत्त्ववाद का सबसे अधिक विशुद्ध और विकसित रूप हेगेल के दर्शन में मिलता है। हेगेल के अनुसार, बुद्धि विकसित होते-होते अन्तिम निरपेक्ष स्तर तक पहुँचती है तो उसे समस्त विश्व का सत्य अपने-आप में समन्वित और समाहित दिखाई पड़ता है।

देखिये—Logos.

Panpsychism [पैनसाइकिज़्म] : सर्वचैतन्यवाद।

वह सिद्धान्त जिसके अनुसार संसार की रचना एक आदि-चेतन-तत्त्व से हुई है; या वह दृष्टिकोण जो प्रत्येक वस्तु पर चैतन्य आरोपित करता है। आदिम-मानव की प्रकृति-सम्बन्धी धारणाओं को भी 'सर्वचैतन्यवाद' कहा जा सकता है।

लाइबनित्स का दर्शन सर्वात्मवाद का अच्छा उदाहरण प्रस्तुत करता है। उसके अनुसार प्रत्येक वस्तु एक चिदणु है और जड़ समझी जानेवाली सत्ताओं में भी चेतना का पुट है।

उन्नीसवीं शताब्दी के अन्त में जब विज्ञान की नयी प्रवृत्तियों के प्रभाव से भौतिक द्रव्य के सम्बन्ध में धारणाएँ बदलने लगीं, सर्वचैतन्यवाद फिर से प्रतिपादित किया जाने लगा। जड़ और चेतन के बीच जो दीवार सदियों के द्वैतवादी विचारधारा के कारण खड़ी हो गई थी वह टूटने लगी। रहस्यवाद के पुनरुत्थान ने भी, दूसरी दिशा से, सर्वचैतन्यवाद को शक्ति दी।

Pantheism [पैन्थीइज़्म] : सर्वेश्वरवाद।

यह मत कि ईश्वर संसार की प्रत्येक वस्तु में व्याप्त है या यह सिद्धान्त कि ईश्वर और संसार अभिन्न हैं। सर्वेश्वरवाद विशुद्ध 'एकवाद' है क्योंकि वह ईश्वर से स्वतन्त्र किसी सत्ता को नहीं मानता।

यह धारणा बहुत दिनों तक प्रचलित थी कि सर्वेश्वरवाद एक विशेष रूप से पौर्वात्य विचारधारा है और पाश्चात्य

सांस्कृतिक वातावरण में नहीं पनपती। लेकिन पाश्चात्य दार्शनिक परम्परा में भी सर्वेश्वरवादी प्रवृत्ति कई बार उभरी है। पार्मिनाइडीज़ के 'सत्', प्लेटो के 'उच्चतम प्रत्यय' और प्लॉटिनस के 'एक' में सैद्धान्तिक दृष्टि से सर्वेश्वरवाद की मूल मान्यता विद्यमान है, चाहे उन्होंने सर्वव्यापी सत्ता को ईश्वर का नाम न दिया हो। मध्ययुगीन रहस्यवादी सन्तों का झुकाव स्पष्ट रूप से सर्वेश्वरवाद की ओर था।

आधुनिक दर्शन में स्पिनोज़ा सर्वेश्वरवाद का प्रतिनिधि है। उसका निर्गुण द्रव्य, जो आत्मिक एवं पार्थिव गुणों का अधिष्ठान है, सर्वेश्वरवाद की माँगें पूरी करता है।

दर्शन के अलावा आधुनिक यूरोपीय साहित्य में भी सर्वेश्वरवाद का प्रभाव स्पष्ट रूप से देखा जा सकता है।

हर्डर, लेसिंग, गेटे और वर्ड्सवर्थ की रचनाओं में सर्वेश्वरवादी दार्शनिक भूमिका, काव्यात्मक रूप से व्यक्त हुई है।

Pantheistic Personalism [पैन्थीइस्टिक पर्सनलिज़्म] : सर्वव्यापी व्यक्तिवाद।

वह सिद्धान्त जो परम सत्य को सर्वव्यापक शक्ति और सत्ता के रूप में देखते हुए उस पर व्यक्तित्व भी आरोपित करता है। परातत्त्ववाद में ईश्वर का व्यक्तित्व स्वीकृत होता है, लेकिन ईश्वर संसार से बिलकुल अलग हो जाता है। सर्वेश्वरवाद में ईश्वर संसार में व्याप्त होता है, लेकिन व्यक्तित्व खो बैठता है। सर्वव्यापी व्यक्तिवाद इन दोनों सिद्धान्तों का समन्वय कराना चाहता है।

इस सिद्धान्त को माननेवाले कुछ दार्शनिक ईश्वर को 'परम व्यक्ति' और सांसारिक सत्ताओं को उस व्यक्ति के 'अंगों' के रूप में देखते हैं।

Parable [पैरेबुल] : दृष्टान्त-कथा।

दार्शनिक और नैतिक सत्यों को कथाओं द्वारा प्रस्तुत करने की परम्परा प्राचीन काल में सभी देशों में प्रचलित थी। 'न्यू टेस्टामेण्ट' में ईसा की दृष्टान्त-कथाओं के द्वारा बहुत से मूल प्रश्नों का प्रभावशाली विवेचन किया गया है। इस शैली का प्रधान गुण यह है कि इसमें नियमों की अपेक्षा दृष्टान्तों का अधिक सहारा लिया जाता है, यद्यपि बहुत-सी कथाओं में परम्परागत नैतिक और धार्मिक नियमों का भी उल्लेख रहता है।

देखिये—Myth.

Paradigma [पैराडाइमा] : प्रतिमान, अनुकार्य सत्ता।

प्लेटो के दर्शन में वस्तुओं को प्रत्ययों की 'अनुकृतियाँ' माना गया है। इसलिए प्रत्यय स्वयं दृष्ट वस्तुओं के लिए अनुकार्य सत्ताएँ हैं। इस विचार को व्यक्त करने के लिए आगे चलकर लैटिन भाषा का 'पैराडाइमा' शब्द प्रयुक्त हुआ।

Parallelism [पैरेललिज़्म] : समान्तरवाद।

लाइबनित्स द्वारा प्रस्थापित सिद्धान्त, जिसमें शरीर और मन के सम्बन्ध की समस्या सुलझाने का प्रयास है। देकार्त ने मन और शरीर को विरोधी गुणोंवाली सत्ताएँ मानते हुए भी उनमें क्रिया-प्रतिक्रियात्मक सम्बन्ध स्वीकार किया था। यह हल तार्किक दृष्टि से सन्तोषजनक नहीं था। लाइबनित्स ने कहा कि मन और शरीर स्वतन्त्र सत्ताएँ हैं। उनका आपस में कोई सम्पर्क नहीं होता और न वे एक-दूसरे को प्रभावित करते हैं। वे समानान्तर रहकर काम करते हैं, लेकिन उनमें विरोध नहीं होता, क्योंकि ईश्वर ने पहले ही से सदा के लिए उनमें सामंजस्य प्रस्थापित कर रखा है।

स्पिनोज़ा के अनुसार, मन और शरीर एक ही निर्गुण द्रव्य के दो पक्ष हैं। उसके मत को भी कभी-कभी 'समान्तरवाद' कहा जाता है, लेकिन वास्तव में उसे द्विपक्ष-सिद्धान्त (Double Aspect Theory) या तादात्म्यवाद (Identity Hypothesis) कहना चाहिए।

Paralogism [पैरॉलॉजिज़्म] : त्रुटिपूर्ण

तर्क, अयुक्त तर्क, अध्यात्म-तर्काभास।

ऐसा त्रुटिपूर्ण तर्क जिसकी अयुक्तता का स्वयं तर्ककर्ता को पता न चले। कूट तर्क (Sophistry) में तर्ककर्ता जान-बूझकर किसी अयुक्त तर्क का प्रयोग करता है, लेकिन 'अयुक्त तर्क' (Paralogism) में तर्ककर्ता अपने तर्क में प्रयुक्त अवयवों के किसी सूक्ष्म संकेत को समझ नहीं पाता, और इसी से उसका तर्क दोषपूर्ण हो जाता है।

काण्ट के दर्शन में वे दोषपूर्ण तर्क जो आत्मा के द्रव्यत्व, निरवयवत्व और नित्यत्व को सिद्ध करने के लिए दिये जाते हैं।

Partial Inversion [पार्शिअल इन्वर्ज़न] : आंशिक विपर्यय।

विपर्यय का वह प्रकार जिसमें विपर्यस्त का केवल उद्देश्य ही विपर्यय के उद्देश्य के विरुद्ध होता है, लेकिन दोनों तर्कवाक्यों का विधेय समान रहता है, जैसे : "सब मनुष्य मर्त्य हैं" से आंशिक विपर्यय के बाद निष्कर्ष निकलेगा : "कुछ मनुष्य अमर नहीं हैं।"

देखिये—Inversion, Complete Inversion.

Particular (The) [(द) पर्टिकुलर] : विशेष।

तत्त्वमीमांसा में, आंशिक सत्य को वहन करने वाला अस्तित्व, या पूर्ण सत्य का अवयव। ज्ञानमीमांसा में, सामान्य (Universal) का एक दृष्टान्त। तर्कशास्त्र में, परिमित अर्थ का बोध करानेवाला वाक्य। मनोविज्ञान में, ऐन्द्रिक प्रत्यक्ष की वस्तु।

उपरोक्त व्याख्याओं से स्पष्ट है कि दर्शन में 'विशेष' शब्द का पारिभाषिक प्रयोग एक संज्ञा के रूप में हुआ है, न कि विशेषण के रूप में।

सामान्यों और विशेषों के प्रश्न पर दर्शन के इतिहास में प्रत्येक युग में विवाद होता आया है। प्लेटो के अनुसार विशेष अपने सत्य के लिए सामान्य पर पूर्णतया निर्भर है। अरस्तू ने कहा कि विशेषों में पृथक् सामान्यों की कल्पना निरर्थक है। आधुनिक काल में भी एक ओर प्रत्ययवादियों ने सामान्यों का समर्थन किया है, दूसरी ओर वास्तववादी विचारधारा ने विशेषों की सत्ता को स्वीकार किया है। सापेक्षतावाद के अनुसार भी देशकालातीत सामान्यों का कोई अस्तित्व नहीं है और इसलिए विशेष वस्तुओं, घटनाओं इत्यादि को सापेक्ष सत्य के रूप में मानना आवश्यक है।

देखिये—Universal.

Particular Affirmative Proposition [पर्टिकुलर अफ़र्मेटिव प्रॉपोज़िशन]: अंशव्यापी विधायक तर्कवाक्य।

वह तर्कवाक्य जिसमें विधेय का उद्देश्य के वस्त्वर्थ के एक अंश के बारे में विधान किया जाता है। इसे प्रतीकात्मक रूप में 'आई' तर्कवाक्य ('I' Proposition) कहते हैं। उदाहरण : "कुछ बादल काले हैं।"

देखिये—'I' Proposition.

Particular Negative Proposition [पर्टिकुलर निगेटिव प्रॉपोज़िशन] : अंशव्यापी निषेधात्मक तर्कवाक्य।

वह तर्कवाक्य जिसमें विधेय का उद्देश्य के वस्त्वर्थ के एक अंश के बारे में निषेध किया जाता है। इसे प्रतीकात्मक रूप में 'ओ' तर्कवाक्य ('O' Proposition) कहते हैं। उदाहरण : "कुछ बादल काले नहीं हैं।"

देखिये—'O' Proposition.

Particular Proposition [पर्टिकुलर प्रॉपोज़िशन] : विशेष तर्कवाक्य, अंशव्यापी तर्कवाक्य।

वह तर्कवाक्य जिसमें विधेय का उद्देश्य के वस्त्वर्थ के केवल एक अंश के बारे में विधान या निषेध किया जाता है। जैसे : "कुछ चोर निष्ठुर नहीं हैं", "कुछ भारतीय क्रिकेट के कुशल खिलाड़ी हैं।"

देखिये—Universal Proposition.

Pathos of Existence [पैथॉस ऑफ़

एक्ज़िस्टे'न्स] : अस्तित्व की करुणता।

इस पद का पारिभाषिक प्रयोग आधुनिक अस्तित्ववादी दर्शन में होता है। ईसा मसीह को जीवन के करुण-पक्ष का जो तीव्र अनुभव हुआ उसका प्रभाव अस्तित्ववादी लेखकों की रचनाओं में स्पष्ट है। हाइडेगर ने कहा है कि मनुष्य अपनी आन्तरिक चेतना में अपने को अहर्निश एक अथाह नश्वरता के तट पर पाता है और यह अनुभूति मानव-जीवन को करुणता प्रदान करती है।

Patristic Philosophy [पैट्रिस्टिक फ़िलॉसफ़ी] : पूर्वाचार्य-दर्शन।

ईसाई चर्च के प्राचीन आचार्यों (Fathers) द्वारा प्रतिपादित दर्शन जिसमें ईश्वर को दयालु, न्यायशील और सर्वशक्तिमान् मानते हुए मानव के लिए उचित नैतिक व्यवहार के नियम प्रस्तुत किये गए हैं। व्यापक रूप से ईसा की पहली शताब्दी से आठवीं तक जिस दर्शन और धर्मशास्त्र का विकास हुआ उसे 'पूर्वाचार्य-दर्शन' कहते हैं।

इस दर्शन के इतिहास में पहला उपकाल वह है जब प्राचीन यूनानी और यहूदी मतों को त्यागकर विचारकों ने ईसाई सिद्धान्तों को स्वीकार किया। इनमें से कुछ गूढ़ज्ञानवादी (Gnostics) थे जो ईश्वर को ज्ञान का विषय मानते थे; और इस प्रश्न पर धर्मग्रन्थों के कुछ वक्तव्यों के विरुद्ध मत अपनाने के कारण उन्हें 'नास्तिक' (Heretic) कहा गया। इस उपकाल का दूसरा प्रमुख सम्प्रदाय धर्मपोषकों (Apologists) का था, जिन्होंने नवीन धर्म को युक्तियुक्त सिद्ध करने का प्रयत्न किया।

पूर्वाचार्य-दर्शन के दूसरे उपकाल में सन्त ऑगस्ताईन ने धार्मिक दृष्टिकोण से सभी दार्शनिक समस्याओं का विवेचन किया और ईसाई दार्शनिक परम्परा की दृढ़ रूप से स्थापना की। तात्त्विक दृष्टिकोण से उसने परमार्थ-सत्य के स्थान पर ईश्वर को ही ज्ञान का लक्ष्य बताया। मनोवैज्ञानिक दृष्टिकोण से मनुष्य का प्रकृति में उच्चतम स्थान प्रदर्शित करते हुए ऑगस्ताईन ने मानवीय व्यक्तित्व में शरीर और आत्मा के संयोग को स्वीकार किया। शरीर को आत्मा का बन्दीगृह न मानकर उसने शारीरिक पक्ष के महत्त्व पर ज़ोर दिया।

तीसरे उपकाल में पूर्वाचार्य दर्शन में कोई मौलिक दार्शनिक प्रश्न नहीं उठाये गए। इस समय नव्य-प्लेटोवाद के कुछ धार्मिक सिद्धान्तों को ईसाई-परम्परा में सम्मिलित कर लिया गया।

Patrology [पैट्रॉलोजी] : पूर्वाचार्य-विद्या।

प्राचीन ईसाई पुरोहितों का दर्शन जिसमें ईश्वर को परम न्यायशील और दयालु 'पिता' माना गया है और ईसाई-धर्म के उपदेशों को दार्शनिक आधार देने का प्रयत्न किया गया है।

Perceptual Realism [पर्से'प्चुअल रीअलिज़्म] : प्रत्यक्षपरक बाह्यार्थवाद, प्रत्यक्षसूचक यथार्थवाद।

ज्ञानमीमांसीय बाह्यार्थवाद का वह रूप, जिसमें केवल प्रत्यक्ष के विषय का मनोबाह्य स्वतन्त्र अस्तित्व प्रतिपादित किया जाता है।

देखिये—Epistemological Realism.

Perfect Figure [पर्फ़े'क्ट फ़िगर] : पूर्ण आकृति, पूर्ण आकार।

हेत्वनुमान की प्रथम आकृति को अरस्तू ने 'पूर्ण आकृति' कहा है क्योंकि 'सर्वनैकअभ्युक्ति' का सिद्धान्त (Dictum de Omniet Nullo) केवल इसी आकृति पर सीधा लागू होता है।

देखिये—Imperfect Figure.

Perfectionism [पर्फ़े'क्शनिज़्म] : निष्पत्तिवाद, पूर्णतावाद।

नीतिशास्त्र में वह मत जो पूर्णता की उपलब्धि को, या मानवीय आचरण में अधिकतम 'सम्पन्नता' उत्पन्न करने को नैतिक प्रयास का आदर्श मानता है।

अरस्तू के प्रयोजनवाद में और स्टोइक-नीतिशास्त्र में इस विचार के सूत्र मिलते

हैं। अरस्तू का विश्वास था कि प्रकृति का अन्तिम लक्ष्य अपनी सारी विकास-सम्बन्धी सम्भावनाओं को वास्तविकता में परिणत करना है। इस विश्वास में नैतिक जीवन की उच्चतम सम्भावनाओं को प्रयत्नशील व्यवहार द्वारा उपलब्ध करने का संकेत था, स्टोइक दार्शनिकों ने आचरण के 'श्रेष्ठत्व' को परमशुभ कहकर इसी विचार का पोष्ण किया।

आधुनिक युग में सामाजिक दृष्टिकोण के प्रभाव से पूर्णतावाद का अधिक व्यापक अर्थ सामने आया है। अब यह स्वीकार किया जाता है कि कोई भी व्यक्ति समाज से बिलकुल अलग होकर उच्चतम नैतिक आदर्श की साधना नहीं कर सकता। व्यक्ति का पूर्णता की ओर अग्रसर होना समाज की प्रगति पर निर्भर है। मनोवैज्ञानिक दृष्टि से यह भी माना जाता है कि नैतिक पूर्णता केवल आचरण के औचित्य के मानक से नहीं नापी जा सकती। व्यक्ति के सम्पूर्ण विकास में शारीरिक, बौद्धिक और भावात्मक पक्षों का विकास भी अपेक्षित है।

Permanence [पर्मनेन्स] : स्थायित्व।

देश में अचल और काल में अपरिवर्तनीय होने का गुण या अवस्था। दर्शन में इस शब्द का अर्थ 'अपने स्वरूप के प्रति तादात्म्य' भी है। पार्मिनाइडीज ने सत् का लाक्षणिक गुण स्थायित्व ही माना; "जो परिवर्तनशील है वह असत् है।" इसके विपरीत हिरॅक्लाइटस ने स्थायित्व को जीवनशक्ति के प्रवाह-मार्ग में रुकावट समझा। इस प्रश्न पर प्लेटो ने पार्मिनाइडीज़ का ही अनुसरण किया और 'प्रत्ययों को—जिन्हें वह वास्तविक सत्ताएँ समझता था—स्थायी माना। अरस्तू ने इन दोनों प्रवृत्तियों का समन्वय कराना चाहा; उसने प्राथमिक कारण और अन्तिम लक्ष्य को अचल माना, उपादान को परिवर्तनशील।

आधुनिक दार्शनिक चिन्तन में निरपेक्ष सत्ता को स्थायी और उसके सापेक्ष अवयवों को परिवर्तनशील मानने की ओर ही झुकाव दिखाई पड़ता है। निरे स्थायित्व की एकांगी धारणा के विरुद्ध किसी समय विद्रोह हुआ था और विश्व को गतिशील माना गया था। आज निरी परिवर्तनशीलता के विरुद्ध भी प्रतिक्रिया दिखाई पड़ती है। पिछले कुछ वर्षों में रहस्यवाद के पुनरुज्जीवन से भी इस विचार को बल मिला है कि परम सत्ता के स्थायित्व को चाहे हम तर्क या वैज्ञानिक प्रयोग से सिद्ध न कर सकें, उसकी सहजानुभूति सम्भव है। धार्मिक सान्त्वना और सौन्दर्य-रसास्वाद के पक्ष से भी आज सत्ता के स्थायित्व को स्वीकार करने की प्रवृत्ति फिर सशक्त हो चली है।

Personal Equation [पर्सनल इक्वेशन] : व्यक्तिगत समीकरण, वैयक्तिक निरीक्षण-दोष।

वैज्ञानिक निरीक्षणों में व्यक्तिगत कारणों से उत्पन्न अन्तर। ज्योतिर्विद्या-सम्बन्धी निरीक्षणों से पहले-पहल पता चला कि प्रतिक्रिया-काल के अन्तर के कारण विभिन्न निरीक्षकों द्वारा किये गए एक ही घटना के अध्ययनों में अनिवार्य रूप से अन्तर आ जाता है। धीरे-धीरे इस नियम की व्यापकता की ओर ध्यान आकर्षित हुआ और अब यह माना जाता है कि सभी परिमाणात्मक निरीक्षणों को व्यक्तिगत विशेषताएँ प्रभावित अवश्य करती हैं, चाहे वह प्रभाव कितना ही लघु हो।

दर्शन के लिए इस नियम का महत्त्व यह है कि वैज्ञानिक पद्धति की तथाकथित निरपेक्षता को, जिसके आधार पर दर्शन और विज्ञान में भेद किया जाता था, अब उतने विश्वास के साथ नहीं माना जाता जितना उन्नीसवीं शताब्दी के अन्त में माना जाता।

Personal Idealism [पर्सनल आइडियलिज्म] : व्यक्तिवादी प्रत्ययवाद।

कुछ प्रत्ययवादी तार्किक प्रत्ययों को वस्तुगत सत्ता प्रदान करते हैं; लेकिन अन्य प्रत्ययवादियों की दृष्टि में व्यक्तिगत

चेतन तत्त्व ही निरपेक्ष सत्य है। यह दूसरी श्रेणी का प्रत्ययवाद, जिसे व्यक्तिवादी भी कहा जा सकता है, प्राचीन धार्मिक विश्वास के लिए दार्शनिक आधार प्रस्तुत करता है। वास्तव में 'व्यक्तिवादी प्रत्ययवाद' 'सगुण ईश्वर' की कल्पना का ही दार्शनिक रूप है।

देखिये—Personalism.

Personal Identity [पर्सनल आइडे'न्टिटी] : व्यक्तिगत तादात्म्य।

अपने-आप से अभिन्नता और दूसरों से भिन्नता का बोध। अपने निरन्तर अस्तित्व की चेतना, जो व्यक्ति को निजी विशेषताओं को सुरक्षित रखने के लिए प्रोत्साहित करती है।

Personalism [पर्सनलिज़्म] : व्यक्तिवाद।

वह विचार-प्रवृत्ति जिसमें मानवीय व्यक्तित्व को मूल्य प्रदान किया जाता है, या वह सिद्धान्त जो परमसत्ता को व्यक्तित्व-सम्पन्न मानता है।

पहले अर्थ में 'व्यक्तिवाद' मानववादी दर्शन का ही एक अंग है। दूसरे अर्थ में व्यक्तिवाद का विकास सबसे पहले मध्ययुगीन दर्शन में हुआ। सन्त ऑगस्ताईन से लेकर सन्त टॉमस एक्वाइनस तक सभी विचारकों ने ईश्वर के व्यक्तित्व की प्रतिष्ठा की। यह स्वाभाविक ही था क्योंकि उनके दार्शनिक विचार ईसाई-धर्म की मान्यताओं पर आधारित थे।

आधुनिक युग में 'व्यक्तिवाद' की धारणा कुछ उलझी हुई-सी प्रतीत होती है। एक ओर तथ्यात्मक विज्ञानों के विकास से व्यक्तित्व-सम्पन्न स्रष्टा का समर्थन कठिन हो गया है; और दूसरी ओर धार्मिक विचारधाराओं के स्थायी सांस्कृतिक मूल्यों की रक्षा करते हुए धर्म की प्रधान मान्यता—सगुण ईश्वर—की बहिष्कृति भी आसान नहीं है। इस परिस्थिति में व्यक्तित्व को 'ईश्वर' के अतिरिक्त किसी दूसरे प्रत्यय द्वारा स्वीकार करने के प्रयास किये गए हैं। ऐसा एक प्रयास हर्मन लॉट्ज़ के दर्शन में मिलता है। लॉट्ज़ ने 'परम' को व्यक्तित्व प्रदान किया लेकिन उसे ईश्वर न कहकर सार्वभौम सत्ता (Universal Being) कहा।

देखिये—Personal Idealism.

Perspectivism [पर्स्पेक्टिविज़्म] : परिदृश्यवाद।

सैम्युअल अलैक्ज़ेंडर के दर्शन में प्रत्यक्ष-सम्बन्धी सिद्धान्त। अलैक्ज़ेंडर के अनुसार प्रत्यक्ष की विषय-वस्तुओं का अर्थ उनके देश-काल-सन्दर्भ पर निर्भर होता है। यह देश-काल-सन्दर्भ विश्वव्यापी देश-काल का एक छोटा-सा खण्ड है, जो प्रत्यक्ष के क्षण शेष देश-काल से अलग-सा होकर प्रत्यक्ष-वस्तु के लिए दृश्यभूमि प्रस्तुत करता है।

रसेल ने भी यह माना है कि प्रत्यक्ष में जो कुछ दिखाई देता है वह सम्पूर्ण वस्तु नहीं है बल्कि वस्तु की द्रष्टा के देश-काल-विशेष से एक झलक मात्र है और वस्तु इस प्रकार की सभी झलकों का एक तार्किक योग है।

Pessimism [पे'सिमिज़्म] : निराशावाद।

'निराशावाद' कोई विशिष्ट दार्शनिक सिद्धान्त नहीं है बल्कि एक वैचारिक प्रवृत्ति है जो अनेक दार्शनिक सिद्धान्तों को प्रभावित करती है। यह एक ऐसी मनोवृत्ति है जिसने साहित्य—विशेषत: काव्य और नाटक—के माध्यम से भी दार्शनिक चिन्तन पर असर डाला है।

संसार में सुख को अस्थायी तथा आकस्मिक और दुःख को स्थायी तथा मूलगत मानना; मानव को बाह्य शक्तियों के या नियति के अधीन मानकर उसकी प्रयत्नशीलता को वृथा ठहराना; स्वाधीनता-सूचक विचारों को 'भ्रम' समझना; प्रगति की कल्पना को अवास्तविक मानना और सामाजिक-आर्थिक-राजनीतिक क्रान्तिकारिता को बेकार समझना; मानव-प्रकृति की नैतिक परिष्कृति को असम्भव

बताना और यह कहना कि पाप और अमंगल का उन्मूलन नहीं किया जा सकता; एक सुखी, शुभ, सुन्दर जीवन के वर्तमान अस्तित्व को ही नहीं वरन् भविष्य में ऐसे जीवन की सम्भाव्यता को भी अस्वीकार करना; अन्ततोगत्वा, शून्य में विलीन होने को ही जीवन की समस्याओं का एकमात्र समाधान समझना; संघर्ष और विनाश को सार्वभौम मानकर, सहयोग और सृजनात्मकता को गौण समझना; मृत्यु को वास्तविक और अमरत्व की कल्पना को मरीचिका ठहरना—ये सब निराशावाद के पहल हैं। न्यूनाधिक मात्रा में इन विचारों का प्रतिबिम्ब अनेक नैतिक, सामाजिक और तात्त्विक सिद्धान्तों में मिलता है।

आधुनिक काल में समाजशास्त्र से प्रभावित दार्शनिकों ने, विशेषत: मार्क्स-वादियों ने, यह दिखाने का प्रयत्न किया है कि निराशावादी विचारधारा का विकास तभी होता है जब आर्थिक और राजनीतिक जीवन में संकट की स्थिति हो। लेकिन बहुत से निराशावादी दार्शनिक ऐसे युगों में हुए, हैं जब आर्थिक दृष्टि से सभ्यता प्रगति-पथ पर अग्रसर हो रही थी।

निराशावाद का सबसे उत्कट रूप शोपेनहावर के दर्शन में मिलता है। शोपेनहावर ने कहा कि····'मनुष्य का सबसे बड़ा अपराध है जन्म लेना'। पिछले कुछ वर्षों में अस्तित्ववाद ने भी निराशावादी विचार-प्रवृत्तियों को अपनी विश्व-दृष्टि में स्थान दिया है। प्राचीन काल के दार्शनिकों में हेगेसियस को निराशावाद का प्रमुख प्रतिनिधि कहा जा सकता है। हेगेसियस ने दु:खों की प्रधानता को भौतिक जीवन की स्वाभाविक विशेषता मानकर यह कहा कि आत्महत्या के अलावा दु:ख-निवृत्ति का दूसरा कोई मार्ग नहीं है।

Petites Perceptiones [पेतीत पर्सेप्सिओन] : लघु प्रत्यक्ष।

ऐसे क्षीण प्रयत्क्ष जो चेतना की सतह के नीचे दबे रह जाते हैं। इस पद का पारिभाषिक प्रयोग लाइबनित्स के दर्शन में किया गया है। लाइबनित्स ने सम्पूर्ण विश्व को चेतन कणों से निर्मित बताया। लेकिन इस प्रकार सैद्धान्तिक रूप से सर्वचैतन्यवाद की स्थापना हो जाने पर भी चेतन और अचेतन में जो अनुभवगत भेद है उसकी व्याख्या करना आवश्यक था। इसलिए लाइबनित्स ने चेतनाओं में श्रेणी-भेद स्वीकार किया और कहा कि पूर्ण चैतन्य के स्तर तक पहुँचने से पहले भी अस्फुट रूप में चेतना विद्यमान रहती है। सागर-तट पर बैठा हुआ विचारमग्न मनुष्य छोटी-छोटी लहरों की आवाज़ पर ध्यान नहीं देता, लेकिन जब बहुत बड़ी लहर आती है तो सहसा उसका प्रत्यक्ष उसे हो जाता है। छोटी लहरों का प्रत्यक्ष बिलकुल ही न हुआ हो, यह बात नहीं; लेकिन उस प्रत्यक्ष की अनुभूति उसे अचेतन रूप में होती है। लघु-प्रत्यक्षों की इस कल्पना में आधुनिक मनोविश्लेषण के अचेतन सिद्धान्त की ओर स्पष्ट संकेत है।

Petitio Principii [पे'टीशिओ प्रिंसिपिआइ] : आत्माश्रय-दोष।

वह तर्कदोष जो निष्कर्ष को आधार-वाक्य में पहले ही से किसी-न-किसी रूप में स्वीकार कर लेने से उत्पन्न होता है। कभी-कभी यह दोष पर्यायवाची शब्दों के प्रयोग का रूप लेता है, जैसे यह कहना कि "अमुक व्यक्ति बड़ा वीर है, क्योंकि उसमें साहस बहुत है।" इस दोष का जटिल रूप वह है जिसमें किसी वक्तव्य को दूसरे वक्तव्य की सहायता से सिद्ध किया जाता है और इस दूसरे वक्तव्य को प्रस्थापित करने के लिए फिर से पहले वक्तव्य का आधार लिया जाता है।

देखिये—Argument in a Circle.

Phenomenon [फे'नॉमि'नन्] : दृश्यसत्ता, संवृति, व्यावहारिक तथ्य, आभास।

इस शब्द का प्रयोग दर्शन में कई अर्थों में हुआ है। प्रकृतिवादी या वास्तववादी विचारक उन तथ्यों को 'फे'नॉमि'नन्' कहते हैं, जो देश-काल में स्थित हों। इस दृष्टि से फे'नॉमे'नन् प्रत्यक्ष का प्रदत्त है।

काण्ट के अनुसार, किसी भी वस्तु को 'अपने-आप में' जाना नहीं जा सकता क्योंकि ज्ञानेन्द्रियाँ अपने स्वाभाव के अनुसार ही वस्तुओं को ग्रहण करती हैं। इसलिए फे'नॉमे'नन् वास्तविक सत्ता का वह रूप है जो हमें दिखाई पड़ता है। वास्तविक सत्ता को काण्ट वस्तुसत् कहता है।

Philosophy [फ़िलॉसफी] : दर्शन।

व्युत्पत्ति के अनुसार, 'ज्ञान के प्रति अनुराग'। यहाँ 'ज्ञान' का अर्थ 'तथ्यों की जानकारी' नहीं, वरन् विश्व और मानव-जीवन के गहनतम प्रश्नों के सम्बन्ध में अभिज्ञता है। 'अनुराग' शब्द से यह भी स्पष्ट है कि दर्शन केवल बौद्धिक छान-बीन तक ही सीमित नहीं है, उसका एक भावात्मक पक्ष भी है।

पाश्चात्य परम्परा में दर्शन का प्रारम्भिक युग वह है जब विचारकों ने बाह्य प्रकृति के नियमों को समझने का प्रयत्न किया और वैविध्य के पीछे एकता को देखा। सुकरात ने दर्शन को आन्तरिक अध्ययन की ओर मोड़ा और कहा कि आत्मज्ञान ही दर्शन का मुख्य उद्देश्य है। तब से दर्शन कई दिशाओं में विकसित हुआ है और युग-युग में उसके विभिन्न पहलुओं पर बल दिया गया है। कभी तत्वमीमांसा को, कभी ज्ञानमीमांसा और तर्कशास्त्र को, तो कभी नैतिक, सामाजिक और कलात्मक जीवन के विवेचन को दर्शन का केन्द्रबिन्दु माना गया है। ऐसी परिस्थिति में, दर्शन की कोई सर्वमान्य व्याख्या प्रस्तुत करना असम्भव है। केवल इतना ही कहा जा सकता है कि दर्शन अस्तित्व और जीवन के मूलगत तथा विश्वव्यापी प्रश्नों और मूल्यों का व्यवस्थित अध्ययन है। यह अध्ययन कभी विश्लेषणात्मक होता है, कभी संश्लेषणात्मक।

Philosopher-King [फ़िलॉसफ़र-किन्ग] : दार्शनिक-शासक।

प्लेटो ने अपनी 'रिपब्लिक' में यह सुझाव दिया कि आदर्श समाज में दार्शनिकों को शासक और शासकों को दार्शनिक होना चाहिए। शासनतन्त्र का अन्तिम लक्ष्य परमशुभ की उपलब्धि है, और यह तभी सम्भव है जब सत्य की दार्शनिक मीमांसा की जाय। इसलिए उन्हीं के हाथों समाज का भवितव्य सौंपा जाना चाहिए जो सामान्य ज्ञान या 'मत'-मार्ग से सन्तुष्ट नहीं हैं, बल्कि प्रत्यय-जगत् का ज्ञान प्राप्त करने के लिए प्रयत्नशील हैं। प्लेटो के सिद्धान्त का यह अर्थ नहीं है कि प्रत्येक दार्शनिक शासक बन सकता है, न यह कि शासक बनते ही प्रत्येक मनुष्य को दार्शनिक ज्ञान की उपलब्धि होती है। प्लेटो ने इस बात पर ज़ोर दिया है कि दार्शनिक-शासकों के निर्माण के लिए शिक्षा-प्रणाली की अत्यन्त सावधानी से व्यवस्था करनी होगी। दार्शनिक-शासक वे ही लोग हो सकते हैं जिनका शारीरिक, बौद्धिक और आध्मात्मिक विकास उचित दिशाओं में हुआ हो, जिन्हें अधिकारों के साथ-साथ कर्तव्यों का भी पूर्ण बोध हो। वे समाज के सर्वश्रेष्ठ प्रतिनिधि होंगे और व्यक्तिगत लाभ के विचार से अलिप्त होंगे।

Philosophy of 'As if' [फ़िलॉसफ़ी ऑफ़ 'ऐज़ इफ़'] : विकल्पों का दर्शन, 'मानो कि' का दर्शन।

हान्स फाइहिन्गर ने अपने ग्रन्थ 'Die Philosophie des Als Ob' ('Philosophy of As If' या 'मानो कि' का दर्शन) में समस्त मानवीय ज्ञान को कुछ ऐसी कल्पनाओं पर आधारित बताया है जिन्हें प्रमाणित नहीं किया जा सकता परन्तु जो व्यावहारिक दृष्टि से उपयुक्त हैं। इन कल्पनाओं को फाइहिन्गर 'मानो कि' कहता है।

देखिये—Als ob.

Philosophy of Language [फ़िलॉसफ़ी ऑफ़ लैन्ग्वेज] : भाषा-दर्शन।

दर्शन का वह अंग जिसमें भाषा से सम्बन्धित उन सभी प्रश्नों की विशेष रूप से समीक्षा की जाती है जिनका मानवीय विचारक्रिया के लिए महत्त्व है।

यूनानी सभ्यता के काल से ही दार्शनिक अपने प्रत्ययों के अर्थ निश्चित करने के लिए भाषा की विशेषताओं की छानबीन करते रहे हैं। पहले-पहल 'सोफ़िस्ट' विचारकों ने तत्कालीन मान्यताओं के विरुद्ध अपने संघर्ष में इस विधि को अपनाया था। प्लेटो के 'संवादों' (Dialogues—विशेषत: Cratylus) में भाषा की उत्पत्ति पर विचार प्रकट किये गए हैं और दार्शनिक चिन्तन में भाषा के महत्त्व की ओर संकेत किया गया है। अरस्तू ने अपनी रचना 'Metaphysica' में बहुत से दार्शनिक प्रत्ययों के प्रचलित अर्थों का संकलन करके भाषा की दृष्टि से उनका विवेचन किया है।

आधुनिक दर्शन में भाषा-सम्बन्धी समस्याओं पर फिर ज़ोर दिया गया है। कुछ अधिभाषाविद् तो भाषा-समीक्षा को दर्शन का सबसे मुख्य कार्य मानते हैं। उनका कहना है कि अर्थ समझने की विधियों पर विचार न करने से, और वाक्यों, सूत्रों तथा प्रतीकों की संदिग्धता से ही दार्शनिक चिन्तन में सदा उलझाव उत्पन्न होता रहा है।

Philosophy of Nature [फ़िलॉसफ़ी ऑफ़ नेचर] : प्रकृति-दर्शन।

देखिये—Nature Philosophy.

Philosophy of Religion [फ़िलॉसफ़ी ऑफ़ रिलिजन] : धर्मदर्शन।

धार्मिक समस्याओं का दार्शनिक विवेचन। 'धर्मदर्शन' धार्मिक विश्वासों और मान्यताओं की छानबीन दर्शन में स्वीकृत चिन्तन-पद्धतियों से करता है। उसका उद्देश्य खण्डन या समर्थन नहीं होता, वह तटस्थ-भाव से धार्मिक चिन्तन में निहित सत्य का विश्लेषण करता है। आधुनिक युग में धर्मदर्शन ने मनोविज्ञान, समाजशास्त्र और नृशास्त्र से भी सहायता ली है। धार्मिक विश्वासों के पीछे अचेतन मन की जो उत्प्रेरणाएँ, इच्छाएँ और ग्रन्थियाँ हैं उनका भी अध्ययन अब धर्मदर्शन में किया जाने लगा है, क्योंकि अकसर इन उत्प्रेरणाओं की समीक्षा से ऐसी धारणाओं के मूल स्रोत प्रकाश में आते हैं जिनका दर्शन के लिए महत्त्व है।

धर्मदर्शन का सम्बन्ध किसी विशेष धर्म से नहीं होता। वह सामान्य धार्मिक चेतना की उत्पत्ति तथा उसके विकास की व्याख्या प्रस्तुत करता है, और उसके विविध रूपों द्वारा जो मौलिक उद्देश्य और मूल्य व्यक्त होते हैं उनके स्पष्टीकरण का प्रयत्न करता है।

सुविधा के लिए धार्मिक समस्याओं के अध्ययन को तीन वर्गों में विभाजित किया गया है: धर्म का इतिहास, धर्म-मनोविज्ञान और धर्मदर्शन। इनमें तीसरा, अर्थात् धर्मदर्शन, पहले दो वर्गों की खोजों और निष्कर्षों से अपनी सामग्री एकत्रित करता है, और तात्त्विक, ज्ञानात्मक तथा तार्किक दृष्टि से उसकी समीक्षा करता है।

Philosophy of the Enlightenment [फ़िलॉसफ़ी ऑफ़ द एन्लाइटे'नमे'न्ट] : ज्ञानोदयकालीन-दर्शन।

अठारहवीं शताब्दी के अन्त में फ्रांस में परम्परागत विश्वासों और आदर्शों के विरुद्ध जो दार्शनिक धाराएँ प्रवाहित हुईं उन्हें व्यापक रूप से 'ज्ञानोदय का दर्शन' या 'ज्ञानोदयकालीन दर्शन' कहा जाता है। इस दर्शन में अनेक प्रवृत्तियों का समावेश हुआ, जैसे : बुद्धिवाद, वैज्ञानिक पद्धतियों का अवलम्बन, मानवतावाद, प्रजातन्त्रवाद इत्यादि। वास्तव में यह दर्शन उन्हीं क्रान्तिकारी विचारधाराओं का विकसित रूप है जिनका तीन सौ वर्ष पहले—सांस्कृतिक पुनरुत्थान के समय जन्म हुआ था।

वाल्टेयर, दिदेरो हेल्विशियस, रूसो और दालांबेर इस दर्शन के मुख्य प्रतिनिधि थे। उनमें तीव्र पारस्परिक मतभेद होते हुए भी परम्परागत मान्यताओं के प्रति विद्रोह की भावना ने उनके दार्शनिक विचारों को एकता प्रदान की। ज्ञानोदयकालीन दर्शन का प्रभाव फ्रांस की क्रान्ति के सांस्कृतिक पक्ष में स्पष्ट रूप से प्रतिबिम्बित है।

Physical Division [फ़िज़िकल डिवीज़न] : भौतिक विभाजन।

किसी भौतिक पदार्थ को उसके खण्डों में बाँटना; जैसे पेड़ का जड़ों, शाखाओं, पत्तों आदि में विभाजन। इस तरह के विभक्तीकरण को तार्किक विभाजन से पृथक् करना आवश्यक है अन्यथा विचारों के स्पष्टीकरण में बाधा पड़ती है।

देखिये—Logical Division.

Play-Theory [प्ले-थियॅरी] : क्रीड़ा-सिद्धान्त।

यह सिद्धान्त कि क्रीड़ात्मक प्रवृत्ति ही कला का मुख्य आधार है। इस सिद्धान्त को हर्बर्ट स्पेन्सर ने समाजदर्शन की दृष्टि और शिलर ने काव्यात्मक रूप से व्यक्त किया।

हर्बर्ट स्पेन्सर के अनुसार जैव आवश्यकताओं की पूर्ति के बाद जो शक्ति बच रहती है वह क्रीड़ात्मक या मनोरंजनात्मक कार्यों में फूट निकलती है और इसी में कलात्मक रचना का स्रोत है। कला जीवन का एकमात्र ऐसा क्षेत्र है जिसका निर्धारण जैव नियमों से नहीं होता। मनुष्य कलाकार इसलिए बनता है कि उसकी अतिरिक्त-शक्ति के निर्यात के लिए कोई अन्य मार्ग नहीं है। व्यक्तिगत शक्ति की तरह समाज की सामूहिक शक्ति भी कलात्मक रचना का रूप तभी लेती है जब जीवन-साधनों की व्यवस्था हो चुकी होती है। आदिम-मानव के कलात्मक जीवन की व्याख्या भी इस सिद्धान्त के आधार पर की गई है। एडमन ने इस बात की ओर ध्यान दिलाया है कि आदिम-युग की आवश्यकताओं के अत्यन्त अल्प होने से ही मनुष्य ने अपनी उमड़ती हुई शक्ति का प्रयोग सुन्दर आकृतियों के निर्माण में किया।

Pluralism [प्लूरलिज़्म] : बहुवाद, अनेकवाद।

वह दार्शनिक विचारधारा जो संसार को एक या दो मौलिक सत्ताओं में 'घटाने' के सभी प्रयत्नों का निषेध करती है और संसार के नानात्व को अक्षुण्ण रखना चाहती है। बहुवादी मत के अनुसार अस्तित्व का अन्तिम सत्य न तो मन है, न पदार्थ, न दोनों का संघात बल्कि विविध पदार्थों, सत्ताओं और सूक्ष्म तत्त्वों का बहुत्व है।

बहुवादी दर्शन के कुछ प्रमुख प्रतिनिधि हैं :

एम्पिडोक्लीज़, जिसने संसार को चार मूल तत्त्वों (जल, वायु, अग्नि, पृथ्वी) द्वारा रचित बताया; लाइबनित्स, जिसके अनुसार प्रत्येक चिदणु एक स्वतन्त्र सत्ता है; और विलियम जेम्स, जिसने ज्ञानमीमांसा में और व्यावहारिक अनुभव में बहुत्व को स्वीकार किया।

कुछ दार्शनिकों के बारे में यह निश्चित रूप से कहना कठिन है कि वे बहुत्व को मानते हैं या नहीं। उदाहरणार्थ, प्लेटो के दर्शन में एक पक्ष बहुवादी है, क्योंकि वह प्रत्येक प्रत्यय को स्वतन्त्र सत्ता मानता है, लेकिन दूसरा पक्ष एकबाद की ओर संकेत करता है क्योंकि 'परम-शुभ' का प्रत्यय एकमात्र सत्ता के रूप में सामने आता है।

उत्कट एकवाद और उत्कट बहुवाद में तीव्र विरोध है, लेकिन यदि इन दोनों को अचल प्रणालियों के रूप में न देखकर व्यापक दृष्टिकोणों के रूप में देखा जाय तो ये एक-दूसरे के पूरक लगते हैं। जब मानव-मन का ध्यान संसार की सुव्यवस्था और आदितत्त्व की तार्किक आवश्यकता की ओर खिंचता है, तब वह एकवाद को स्वीकार करता है; लेकिन

जब वह यह पूछता है कि यदि सत्ता एक है, तो बहुत्व का आभास क्यों और कैसे होता है, जब वह सोचता है कि बहुत्व का निषेध शुभत्व और सौन्दर्य को निरर्थक बना देगा, तब वह विविध सत्ताओं की वास्तविकता स्वीकार करने के लिए प्रवृत्त होता है।

Pneuma [न्यूमा] : प्राणवायु।

स्टोइक तथा एपिक्यूरियन विचारकों ने श्वास में जीवनी-शक्ति की कल्पना की थी। अर्थ-विस्तार होने पर आत्मा तथा 'जीवनीय ताप' को भी 'न्यूमा' कहा गया। ईसाई सन्तों ने आत्मा के लिए इस शब्द का प्रयोग किया।

अब यह शब्द केवल विज्ञान में प्रयुक्त होता है, दर्शन में नहीं।

Polysyllogism [पॉलीसिलॉजिज़्म] : युक्तिमाला, तर्कमाला, बहुहेत्वनुमान।

दो या अधिक हेत्वनुमानों की श्रृंखला जिनसे एक ही निष्कर्ष प्राप्त होता है। युक्तिमाला में पहले आनेवाले हेत्वनुमान का निष्कर्ष बाद में आनेवाले हेत्वनुमान का आधारवाक्य बन जाता है।

युक्तिमाला के दो प्रकार होते हैं: (१) वह जिसमें तर्क पूर्व-हेत्वनुमान से उत्तर-हेत्वनुमान की ओर अग्रसर होता है (Progressive Train of Reasoning) और (२) वह जिसमें तर्क उत्तर-हेत्वनुमान से पूर्व-हेत्वनुमान की ओर पीछे मुड़ता है (Regressive Train of Reasoning)।

Positive Term [पॉजिटिव टर्म] : सकारात्मक पद, भाव-पद।

वह तार्किक पद जिससे किसी वस्तु या गुण के अस्तित्व का बोध हो, जैसे 'पुस्तक', 'सच्चाई' इत्यादि।

Positivism [पॉज़िटिविज़्म] : प्रत्यक्षवाद।

व्यापक रूप से, चिन्तन को अनुभव की परिधि में सीमित रखने की प्रवृत्ति। विशेष रूप से, फ्रान्सीसी दार्शनिक ऑगुस्त कोंत का दर्शन जिसका प्रतिपादन 'Positive Philosophy' शीर्षक पुस्तक में किया गया है। कोंत के अनुसार मानवीय ज्ञान धार्मिक दृष्टिकोण से आरम्भ होकर पहले तो तत्त्वमीमांसात्मक दृष्टिकोण की ओर बढ़ता है और फिर वैज्ञानिक दृष्टिकोण में अपनी सम्पूर्ण सम्भाव्यताएँ व्यक्त करता है। धार्मिक ज्ञान काल्पनिक होता है, तत्त्वमीमांसात्मक ज्ञान अमूर्त (abstract), और केवल वैज्ञानिक ज्ञान ही सुनिश्चित (फ्रान्सीसी भाषा में 'positif') होता है। इसलिए दर्शन का वास्तविक उद्देश्य ज्ञान को अधिक-से-अधिक 'वैज्ञानिकता' की ओर ले जाना है।

Possibility [पॉसिबिलिटी] : सम्भाव्यता।

अनिवार्यता और असम्भाव्यता के बीच की स्थिति। किसी कथन का वह गुण जिसका निषेध तार्किक सुसंगति के लिए अनिवार्य न हो।

Post hoc ergo propter hoc [पोस्ट हॉक अर्गो प्रॉप्टर हॉक] : 'पूर्ववर्ती, इसलिये कारण' दोष।

वह तार्किक दोष जो किसी पूर्ववर्ती घटना या अवस्था को 'कारण' समझ लेने से उत्पन्न होता है। प्रत्येक पूर्ववर्ती घटना परवर्ती घटना या अवस्था का कारण नहीं हुआ करती—केवल विशेष प्रकार की पूर्ववर्ती घटनाओं को 'कारण' कहा जा सकता है। यदि पानी बरसने के कुछ समय बाद भूकम्प हो तो 'वर्षा' को 'भूकम्प' का कारण समझ लेना दोषपूर्ण तर्क का उदाहरण होगा।

Postulate [पॉस्चुलेट] : अभ्युपगम।

कोई ऐसी स्थापना या नियम जिसकी सत्यता को, वैज्ञानिक अध्ययन या विवेचन में, बिना प्रमाणित किये ही स्वीकार कर लिया जाता है। चूंकि अभ्युपगमों की सहायता से ही वैज्ञानिक तथ्यों को नियमित और व्यवस्थित रूप दिया जाता है, इसलिये वे स्वयं अन्य नियमों पर निर्भर नहीं होते।

Postulates of Morality [पॉस्चु-

लेट्स ऑफ़ मोरॅलिटी] : नैतिक अभ्युपगम।

काण्ट के अनुसार तीन ऐसे तथ्य हैं जिनको स्वीकार किये बिना नैतिक व्यवहार की कल्पना ही नहीं की जा सकती, न नैतिक मान्यताओं का कोई विवेचन सम्भव है। ये तीन तथ्य हैं : ईश्वर का अस्तित्व, संकल्प की स्वतन्त्रता और आत्मा की अमरता। इन्हें काण्ट ने नैतिक अभ्युपगम' कहा है।

Potentiality [पोटेन्शिॲलिटी] : शक्यता।

अरस्तू के दर्शन में, वस्तु की वह अन्तर्निहित सत्ता या शक्ति जिसकी उत्तरोत्तर अधिक सन्तोषजनक अभिव्यक्ति ही परिवर्तन का लक्ष्य है। अरस्तू के अनुसार, प्रत्येक वस्तु के दो पक्ष हैं—एक पक्ष Potentiality (शक्यता) का, दूसरा Actuality (वास्तविकता) का। केवल दो सत्ताएँ ऐसी हैं जिसमें शक्यता और वास्तविकता का योग नहीं है—एक, आदि जड़तत्त्व (Prime Matter) जिसमें केवल शक्यता है; दूसरे, ईश्वर जो विशुद्ध वास्तविकता है। शक्यता और वास्तविकता की धारणाएँ सापेक्ष हैं। उदाहरणार्थ, पेड़ की तुलना में कटी-कटाई बल्लियों में अधिक 'वास्तविकता' है। लेकिन उन्हीं बल्लियों की तुलना यदि मेज़-कुर्सियों से करें तो उनका 'शक्यता' पक्ष अधिक महत्त्वपूर्ण लगता है। विकास-सोपान के प्रत्येक निम्नतर-चरण में, उच्चतर चरण की अपेक्षा, 'शक्यता' अधिक और वास्तविकता कम है।

देखिये—Actuality.

Practical Reason [प्रैक्टिकल रीज़न] : व्यावहारिक विवेक।

विवेक का वह रूप जो जीवन की व्यावहारिक समस्याओं को हल करने में प्रवृत्त हो। काण्ट के दर्शन में इस पद का पारिभाषिक प्रयोग विवेक के उस पक्ष के लिए हुआ है जिसका सम्बन्ध नैतिक जीवन से है। व्यावहारिक विवेक का प्रत्यय मनुष्य के संकल्प-स्वातन्त्र्य की स्वीकृति पर निर्भर है। काण्ट ने व्यावहारिक विवेक को सैद्धान्तिक विवेक से अधिक प्राथमिकता प्रदान की है, क्योंकि नैतिक मूल्यों के प्रतिपादन में शुद्ध विवेक कुण्ठित हो जाता है और व्यावहारिक विवेक ही मार्गदर्शन कर पाता है।

Pragmatic Theory of Truth [प्राग्मैटिक थियॅरी ऑफ़ ट्रुथ] : सत्य का व्यावहारिकतावादी सिद्धान्त।

ज्ञानमीमांसा में वह सिद्धान्त जिसके अनुसार प्रत्येक वक्तव्य की सत्यता उन व्यावहारिक परिणामों पर निर्भर होती है जो उस वक्तव्य को स्वीकार करने से निकलते हैं।

देखिये—Pragmatism.

Pragmatism [प्राग्मैटिज़्म] : व्यावहारिकतावाद, सिद्धिवाद।

उन्नीसवीं शताब्दी के उत्तरार्ध में परम्परागत प्रत्ययवादी दर्शन के विरुद्ध जो प्रतिक्रिया हुई उसका एक अंग इस धारणा में व्यक्त हुआ कि दार्शनिक विवेचन जीवन की वास्तविक समस्याओं से अविच्छिन्न रूप से सम्बन्धित है। कुछ अमेरिकी विचारकों ने इस धारणा के आधार पर एक विशिष्ट दृष्टिकोण को विकसित किया जिसे Pragmatism कहा गया। पियर्स को इस दृष्टिकोण का प्रवर्तक माना जाता है। विलियम जेम्स और जॉन ड्यूई Pragmatism के प्रमुख प्रतिनिधि हैं। बाद में इंग्लैंड में भी इस विचारधारा का प्रसार हुआ, जिसका श्रेय मुख्यत: शिलर को है।

इन विचारकों में महत्त्वपूर्ण आपसी मतभेद होते हुए भी उन्हें व्यापक रूप से व्यावहारिकतावादी कहा जा सकता है। व्यावहारिकतावाद की प्रमुख मान्यताएँ ये हैं :

प्रत्ययों का मूल्यांकन उन व्यावहारिक परिणामों के सन्दर्भ में करना चाहिये जो उन प्रत्ययों को अपनाने से निकलते हैं; ज्ञान की सत्यता या असत्यता इस बात पर निर्भर है कि वह ज्ञान कार्यसिद्धि

में कहाँ तक योगदान करता है; निरपेक्ष अस्तित्व के विशुद्ध स्वरूप का विवेचन 'पलायनवाद' है; दर्शन तभी प्रयोजनशील हो सकता है जब वह 'मानव-केन्द्रित' हो; जीवन गत्यात्मक और परिवर्तनशील है, और नित नयी अनुभूतियाँ नये 'सत्यों' को उद्घाटित करती रहती हैं।

Pragmaticism [प्रॉग्मैटिसिज़्म] : तर्कप्रधान व्यवहारवाद।

सी० एस० पियर्स का दार्शनिक दृष्टिकोण जिसको उसने इस प्रकार व्यक्त किया है : "किसी प्रत्यय का अर्थ समझने के लिए यह विचार करना आवश्यक है कि उस प्रत्यय में अन्तर्हित सत्य से किन व्यावहारिक परिणामों की अनिवार्य निष्पत्ति अपेक्षित है। प्रत्यय का सम्पूर्ण अर्थ उन्हीं परिणामों के योग से बनता है।" पियर्स के अनुसार दर्शन का मुख्य कार्य तात्त्विक प्रत्ययों के अर्थ निश्चित करना है; और यह कार्य प्रत्ययों का प्रयोगात्मक तथ्यों से सम्बन्ध समझे बिना असम्भव है। इस मत में 'तार्किक विश्लेषण' के आधुनिकतम सिद्धान्तों के बीज निहित हैं।

विलियम जेम्स और अन्य व्यवहारवादियों के सिद्धान्तों से अपने सिद्धान्त को 'अलग रखने के लिए' पियर्स ने 'प्राग्मैटिसिज़्म' शब्द का प्रयोग किया।

Praxis [प्रैक्सिस] : स्वोद्दिष्ट क्रिया, लक्ष्यगर्भित व्यवहार।

वह क्रिया जिसका लक्ष्य स्वयं वही हो। अरस्तू के अनुसार केवल चिन्तनात्मक व्यवहार को 'प्रैक्सिस' कहा जा सकता है, क्योंकि उसका लक्ष्य स्वयं चिन्तन ही होता है। कलात्मक या उत्पादनात्मक क्रियाओं का उद्देश्य स्वयं उन क्रियाओं में नहीं होता बल्कि उनसे बाह्य होता है, इसलिए अरस्तू ने चिन्तन की तुलना में उन्हें निकृष्ट स्थान दिया है।

Predicables [प्रे'डिकेबल्स] : विधेय-धर्म।

उद्देश्य के सम्बन्ध में विधेय के विभिन्न वर्गों को 'विधेयधर्म' कहते हैं। 'विधेय-धर्म' वह पद है जिसे विधेय के बारे में स्वीकार या अस्वीकार किया जाता है। दूसरे शब्दों में, इस पद का संकेत उद्देश्य-विधेय के विभिन्न प्रकार के सम्बन्धों की ओर है।

अरस्तू ने चार प्रकार के विधेय-धर्मों को स्वीकार किया है : परिभाषा, जाति, सहजगुण और आकस्मिक गुण। पॉर्फ़ीरी ने एक पाँचवें विधेय-धर्म—अवच्छेदक—का उल्लेख किया है, और 'परिभाषा' के स्थान पर 'उपजाति' को स्वीकार किया है। यदि पॉर्फ़ीरी का वर्गीकरण माना जाय तो प्रत्येक तार्किक वाक्य में विधेय उद्देश्य की जाति होगी, उपजाति होगी, अवच्छेदक होगा, सहजगुण होगा, या आकस्मिक गुण होगा।

Pre-established Harmony [प्री-एस्टेब्लिश्ड हार्मनी] : पूर्वस्थापित सामंजस्य।

लाइबनित्स का मत, जिसके अनुसार विश्व की सभी वस्तुओं में, और विशेषत: शरीर तथा आत्मा के बीच पारस्परिक संगति के सम्बन्ध हैं, जिन्हें ईश्वर ने पूर्वनिश्चित कर रखा है।

अवसरवादी दार्शनिकों ने शरीर और मन के सम्बन्धों की व्याख्या करते हुए कहा था कि क्षण-क्षण पर होनेवाले अगणित मनःशारीरिक व्यापार ईश्वर के हस्तक्षेप से ही सम्भव हैं। इस मत का विरोध करते हुए लाइबनित्स ने कहा कि प्रत्येक सत्ता स्वतन्त्र है और सत्ताओं का एक-दूसरे पर कोई प्रभाव नहीं पड़ता। यह एक विश्वव्यापी नियम है, और इसके अन्तर्गत शरीर तथा मन को भी एक-दूसरे के प्रभाव से मुक्त मानना होगा। यदि प्रत्यक्ष व्यवहार में इनका सहकार्य दिखाई पड़ता है तो केवल इसलिए कि ईश्वर ने उनकी संगति सदा के लिए स्थिर कर रखी है। जिस तरह एक कुशल यन्त्रकार द्वारा बनाई गई दो घड़ियाँ एक-दूसरे से बिलकुल स्वतन्त्र होते

हुए भी एक ही समय दिखाती हैं, वैसे ही शरीर और मन स्वतन्त्र होते हुए भी एक ही व्यक्ति के व्यवहार में सम्मिलित होते हैं।

लाइबनित्स का यह सिद्धान्त अत्यन्त व्यापक है। शरीर-मन-सम्बन्ध की समस्या का समाधान ही उसका उद्देश्य नहीं है। समस्त विश्व को त्रुटिहीन, पूर्ण और सन्तोषजनक सिद्ध करने का इसमें प्रयास है। असत्, अनैतिकता और दुःख को भी लाइबनित्स ने एक विश्वव्यापी सामंजस्य के दायरे में समेट लिया है। उसके अनुसार दुःख और पाप पूर्वनिश्चित सामंजस्य के विरुद्ध नहीं जाते; बल्कि विश्व की सर्वांगीण पूर्णता के लिए उसी प्रकार आवश्यक हैं, जैसे प्रकाश के सम्पूर्ण व्यक्तीकरण के लिए छाया आवश्यक है।

इस दर्शन में एक असीम आशावाद का स्रोत है। लेकिन वास्तविकता की दृष्टि से ऐसे आशावाद को प्रगतिशील नहीं कहा जा सकता। यदि बाह्य और आन्तरिक जीवन में पहले से ही सन्तोषजनक व्यवस्था है, कहीं कोई संघर्ष या त्रुटि नहीं है, तो जीवन में परिवर्तन के लिए स्थान नहीं रह जाता और प्रगति की कल्पना ही निरर्थक हो जाती है। इसलिए पूर्वनिश्चित सामंजस्य का सिद्धान्त ऐतिहासिक दृष्टि से प्रतिक्रियावादी बन जाता है और तभी वाल्टेयर-जैसे क्रान्तिकारी विचारकों ने इसका तीव्र विरोध किया।

Preference [प्रे'फ़रे'न्स] : अभिरुचि।

नीतिशास्त्र के लेखक अभिरुचि और वरण को गुणात्मक रूप से भिन्न मानते हैं। दोनों का आधार संकल्प-स्वातन्त्र्य है, लेकिन वरण ऐच्छिक होता है—जान-बूझकर किया जाता है—जबकि अभिरुचि में विचार की आवश्यकता नहीं होती, वह अनायास ही व्यक्त हो जाती है।

Prehension [प्रिहे'न्शन] : भान, ग्रहण, पूर्वबोध।

ह्वाइटहेड की ज्ञानमीमांसा में प्रत्यक्ष का पूर्व-रूप। ज्ञानात्मक प्रक्रिया के विकास का एक स्तर, जहाँ तक पहुँचकर वस्तु के स्पष्ट बोध की भूमिका मात्र बनती है। पूर्वबोध की चेतन बोध में परिणति ही प्रत्यक्ष है। यह सिद्धान्त लाइबनित्स के लघु-प्रत्यक्ष-सिद्धान्त का समकक्ष है।

देखिये—Petites Perceptiones.

Premise [प्रे'मिस] : आधारवाक्य, ज्ञानाधार।

तर्कशास्त्र में, वह वाक्य जिससे अव्यवहित या व्यवहित रूप से कोई वाक्य निष्कर्ष के रूप में प्राप्त किया जा सके।

ज्ञानमीमांसा में, विचार की आधारभूत सामग्री।

Pre-supposition [प्रि-सपोज़िशन] : पूर्व-मान्यता।

यह विचार अथवा सत्य जिसकी स्वीकृति किसी वांछित परिणाम की तार्किक उपलब्धि के लिए आवश्यक हो : जैसे, मोक्ष की उपलब्धि स्वीकृत होने पर अन्तर्वर्ती सत्य के रूप में बन्धन की दशा को मानना पड़ता है।

देखिये—Postulate.

Primary Quality [प्राइमरी क्वॉलिटी] : प्राथमिक गुण।

लॉक के दर्शन में, ज्ञेयवस्तु का कोई ऐसा गुण जो वस्तु में ही स्थित हो (जैसे विस्तार, भार, इत्यादि), न कि ज्ञाता के मन में।

देखिये—Secondary Quality.

Primary Truth [प्राइमरी ट्रुथ] : प्राथमिक सत्य।

किसी वस्तु, घटना अथवा तथ्य के सम्बन्ध में वह विचार अथवा निर्णय जिसका सत्य होना किसी अन्य विचार या निर्णय पर आधारित न हो। इस प्रकार के सत्य को प्रमाणित नहीं किया जा सकता, क्योंकि प्रमाण तभी सम्भव होता है जब एक सत्य की दूसरे सत्य पर निर्भरता प्रदर्शित की जा सके। प्राथमिक सत्यों को स्वयंसिद्ध और अनुभव-निरपेक्ष माना जाता है।

Prime Matter [प्राइम मैटर] : प्राथमिक भौतिक तत्त्व, आदि पदार्थ, प्राथमिक पदार्थ, आदि भूतद्रव्य ।

प्राचीन दर्शन में भौतिकतत्त्व का आदिरूप स्थिर करने के अनेक प्रयत्न किये गए । थेल्स के अनुसार जल आदि तत्त्व है, अनेक्सिमिनीज़ के अनुसार वायु । आगे चलकर विचारकों ने देखा कि भौतिक तत्त्व परिवर्तनशील है और उसका कोई आदि-रूप स्थिर करना असम्भव है ।

अरस्तू ने प्रत्येक वस्तु में पदार्थ और आकार (रूप) का भेद किया । फलस्वरूप, प्राथमिक पदार्थ (Materia Prima) और द्वितीयक पदार्थ (Materia Seconda) का भेद भी दार्शनिकों को स्वीकार करना पड़ा । आकार से संयुक्त होने के पूर्व वस्तु जिस स्थिति में होती है उस स्थिति में उसे Materia Prima कहा जाता है । लेकिन यह अवस्था काल्पनिक है, क्योंकि पदार्थ और आकार अविच्छिन्न हैं ।

Prime Mover [प्राइम मूवर] : आदि-चालक, प्रथम चालक ।

अरस्तू के दर्शन में स्वीकृत गति का आदि-स्रोत, या परिवर्तन का मूल कारण । इस प्रश्न पर अरस्तू के विचार सुव्यवस्थित नहीं हैं । कभी तो ऐसा लगता है कि अरस्तू ईश्वर को ही प्रथम चालक मानता है; लेकिन उसके कुछ वक्तव्य ऐसे हैं जिनमें चार भौतिक तत्त्वों में गति संचार कराने वाले पाँचवें तत्त्व 'ईथर' को प्रथम चालक के रूप में देखा गया है ।

कुछ समीक्षकों के अनुसार अरस्तू ने 'ईथर' की 'चक्राकार गति' में परिवर्तनशीलता देखकर प्रथम कारण से भी ऊपर एक 'अचालित चालक' माना, जो ईश्वर का ही दूसरा नाम है । 'ईथर' स्वचालित होते हुए भी परिवर्तनशील, और इसलिए दोषयुक्त है; ईश्वर स्वचालित भी है और अपरिवर्तनीय भी ।

Primitive Religion [प्रिमिटिव रिलिजन] : प्रागैतिहासिक धर्म, आदिम-धर्म ।

युक्तियुक्त चिन्तन विकसित होने से पहले जो धार्मिक विचार प्रचलित थे उन्हें प्रकृतिवाद कहा जा सकता है; लेकिन इस प्रकृतिवाद में किसी स्पष्ट या व्यवस्थित मत की खोज नहीं की जा सकती । इस धर्म का आधार प्राकृतिक शक्तियों और वस्तुओं के प्रति भय और सम्मान की प्रवृत्ति था । इन शक्तियों को सजीव माना गया और इन्हें आराध्य विषयों के रूप में ग्रहण किया गया । आदिम धार्मिक विचारों में जड़ और चेतन के भेद का स्पष्ट बोध नहीं मिलता और न यह कल्पना मिलती है कि विश्व के पीछे कोई आदि-कारण है । जीवन-तत्त्व को प्राणियों के स्थूल शरीर के भीतर स्थित सूक्ष्म व्यक्तित्व माना गया और उस पर दैवी गुण आरोपित किये गए । पुनर्जन्म की धारणा का अत्यन्त असंस्कृत रूप आदिम-धर्म में मिलता है ।

Principle [प्रिंसिपुल्] : आधारभूत कारण, मूलतत्त्व, प्रमुख नियम, सिद्धान्त ।

इस शब्द के द्वारा सन्दर्भानुसार विभिन्न प्रत्ययों को व्यक्त किया जाता है । सत्तामीमांसा में सत्यात्मक मूल परिकल्पनाओं को Principles कहा गया है; तर्कशास्त्र में कहीं-कहीं इस शब्द का प्रयोग नियम के अर्थ में हुआ है, जैसे 'Principle of Sufficient Reason'; मनोविज्ञान में कुछ सन्दर्भों में इस शब्द का अर्थ 'निर्णायक गुण' है, जैसे 'Pleasure-principle' । इस तरह देखा जा सकता है कि यह दर्शन में प्रयुक्त उन शब्दों में से है जिन्हें न तो पूर्णतया पारिभाषिक कहा जा सकता है, न बिलकुल ही अपारिभाषिक ।

Principle of Contradictory Disjunction [प्रिंसिपुल् ऑफ़ कॉन्ट्रॉडिक्टरी डिस्जन्क्शन] : व्याघाती विकल्प का नियम ।

तर्कशास्त्र के दो आधारभूत नियमों का समन्वय करते हुए यूबरवेग ने एक व्यापक नियम सुझाया । इसको प्रतीकात्मक रूप से इस तरह व्यक्त किया जा

सकता है : " 'क' या तो 'ख' है या 'अ-ख' है" । इसका विश्लेषण करने पर दो वक्तव्य निकलते हैं : (१) यह कि एक ही वस्तु एक ही समय भाव और अभाव का रूप धारण नहीं कर सकती (व्याघात का नियम); (२) यह कि एक ही वस्तु के विषय में एक ही समय दो व्याघातक पद ग़लत नहीं हो सकते (विमध्य नियम) ।

देखिये—Law of Contradiction, Law of Excluded Middle.

Principle of Organic Unities [प्रिंसिपुल् ऑफ़ ऑर्गैनिक यूनिटीज़] : समष्टयात्मक एकता का सिद्धान्त, अंगि-गुण-नियम, साकल्य-गुण-नियम ।

जी० ई० मूर द्वारा प्रतिपादित यह नियम कि किसी समष्टि के वास्तविक मूल्य का उसके खण्डों के मूल्यों के योग के बराबर होना अनिवार्य नहीं है ।

Priority [प्रायोरिटी] : अग्रता, पूर्व-वर्तिता ।

घटनाक्रम में पूर्ववर्ती होने की अवस्था । तार्किक सन्दर्भ में, वह अवस्था जिसके ज्ञान के बिना किसी अन्य तथ्य या अवस्था का ज्ञान सम्भव न हो ।

Privative Term [प्राइवेटिव टर्म] : वैकल्य-पद ।

वह पद जिससे ऐसे गुणों के तत्कालीन अभाव का बोध होता हो जो सामान्यतः किसी व्यक्ति या वस्तु में विद्यमान होते हैं, जैसे 'अन्धा', 'गूँगा' इत्यादि ।

Probabilism [प्रॉबेबिलिज़्म] : सम्भाव्यतावाद ।

यूनानी दर्शन के अवनति-काल में सन्देह-वादी दर्शन का विकास हुआ । पाइरो ने सन्देहवाद को इस उत्कट सीमा तक पहुँचा दिया कि सभी निर्णयों को स्थगित करना मानसिक शान्ति का एकमेव मार्ग समझा जाने लगा । इस परिस्थिति में कुछ सुधार करने के लिए कार्नीडस ने सन्देहवाद का नम्र रूप प्रस्तुत किया । कार्नीडस ने कहा कि यद्यपि किसी भी वस्तु का निश्चयात्मक ज्ञान सम्भव नहीं है, फिर भी हम दैनिक-जीवन में भविष्य-सम्बन्धी योजनाएँ बनाते हैं क्योंकि हमें कुछ बातों की सम्भाव्यता में विश्वास होता है । बुद्धिमान् मनुष्य वह है जो सम्भाव्यताओं की श्रेणी के अनुसार अपने विश्वासों को भी श्रेणीबद्ध करता है; 'जितनी अधिक सम्भाव्यता, उतना कम सन्देह और उतना ही अधिक विश्वास ।' इस तरह कार्नीडस ने निश्चयात्मक ज्ञान के अभाव में भी अकर्मण्यता से बचने का मार्ग सुझाया ।

Problematic Knowledge [प्रॉब्ले'-मेटिक नॉले'ज] : सम्भाव्य ज्ञान ।

उन घटनाओं का ज्ञान जो भविष्य में होंगी या हो सकती हैं, या उन तथ्यों का ज्ञान जिनके अस्तित्व में आने की सम्भाव्यता है । ऐसा ज्ञान पूर्णतया निश्चित नहीं हो सकता ।

Problematic Proposition[प्रॉब्ले'-मेटिक प्रॉपोज़िशन] : संदिग्ध तर्कवाक्य ।

वह तर्कवाक्य जिसमें उद्देश्य और विधेय का सम्बन्ध कुछ दशाओं में सत्य और कुछ दशाओं में असत्य होता है, जैसे : 'फ़सल शायद अच्छी होगी ।'

देखिये—Necessary Proposition, Assertory Proposition.

Process [प्रॉसे'स] : प्रक्रिया, प्रसर, प्रक्रम ।

क्रियाओं या व्यवहारों की वह शृंखला जो किसी उद्देश्य की पूर्ति की ओर अग्रसर होती हो । आधुनिक युग में ह्वाइट-हेड के दर्शन में इस प्रत्यय का महत्त्वपूर्ण स्थान है । ह्वाइटहेड ने विश्व के विकास की सार्वभौम प्रक्रिया की कल्पना की है ।

प्रवाह और परिवर्तन को स्वीकार करने वाली प्रत्येक विचारधारा में 'प्रक्रम' की ओर संकेत होता है । लेकिन जब तक परिवर्तन के साथ उद्देश्य की कल्पना का संयोग न हो, 'प्रक्रम' (प्रॉसे'स) एक अर्थपूर्ण प्रत्यय नहीं बनता । ऐसा संयोग सबसे पहले अरस्तू के दर्शन में हुआ । अरस्तू ने कहा कि प्रकृति अपनी समस्त सम्भावनाओं

की उपलब्धि के लिए सतत प्रयत्नशील है। वह अमूर्त द्रव्य को किसी आकार या रूप से संयुक्त करती है; फिर उस उन्नत द्रव्य को किसी और भी विकसित आकार से मिलाती है; और इस तरह अन्तिम रूप की ओर बढ़ती जाती है। इससे स्पष्ट है कि 'प्रक्रम' की कल्पना मूलतः प्रयोजनवादी है।

Progress [प्रोग्रे'स] : उन्नति, प्रगति।

वह क्रमिक परिवर्तन जो किसी प्रयोजनसिद्धि की दिशा में हो, या जो किन्हीं मूल्यों को अधिकाधिक सफलता से व्यक्त करे। व्यापक अर्थ में, शारीरिक विकास—या संख्यावृद्धि भी—'उन्नति' है। लेकिन दर्शन में इस शब्द का प्रयोग मुख्यतः नैतिक या सामाजिक जीवन के विवेचन में किया जाता है। नैतिक दृष्टि से किसी समय व्यक्तिगत प्रगति और सामूहिक प्रगति में तीव्र अन्तर माना जाता था, लेकिन आधुनिक नीतिशास्त्र में यह मान्यता सर्वस्वीकृत-सी हो गई है कि व्यक्ति और समाज की प्रगति अविच्छिन्न है। हर्बर्ट स्पेन्सर ने सबसे पहले इस अविच्छिन्नता की ओर ध्यान दिलाया। उपयोगितावादी दार्शनिक यह भी कहते हैं कि 'प्रगति' में जीवन के प्रत्यक्ष साधनों की वृद्धि भी समाविष्ट है; केवल मूल्यों और आदर्शों के विकास की कल्पना अवास्तविक है।

Progressive Train of Reasoning [प्रोग्रे'सिव ट्रेन ऑफ़ रीज़निंग] : प्रगामी तर्कमाला।

वह तर्कमाला जिसमें तर्क पूर्व-हेत्वनुमान से उत्तर-हेत्वनुमान की ओर अग्रसर होता है, जैसे :

(१) सब प्राणी जीवधारी हैं;
सब पक्षी प्राणी हैं,
इसलिए, सब पक्षी जीवधारी हैं।

(२) सब जीवधारी देहमय हैं;
सब पक्षी जीवधारी हैं;
इसलिए, सब पक्षी देहमय हैं।

(३) सब देहमय सत्ताएँ सीमित हैं;
सब पक्षी देहमय हैं;
इसलिए, सब पक्षी सीमित हैं।

Projection [प्रॉजे'क्शन] : प्रक्षेपण।

कोंदिलाक और हेल्महोल्ट्ज़ के अनुसार संवेदनों की पहले तो व्यक्तिगत अनुभूति होती है लेकिन बाद में मन उन्हें स्वतन्त्र अस्तित्व प्रदान करता है। मन की इस प्रक्रिया को 'प्रक्षेपण' कहते हैं।

मनोविश्लेषण में प्रक्षेपण का अर्थ है : अचेतन मन की वह प्रवृत्ति जिसके द्वारा व्यक्ति अपनी ग्रन्थियों और विकृतियों को दूसरों पर आरोपित करता है।

Prolegomena [प्रोलिगॉमे'ना] : प्राक्कथन, उपोद्घात, पूर्वपीठिका।

किसी दार्शनिक सिद्धान्त-तन्त्र में, या दर्शन के किसी विस्तृत अंग में, प्रवेश कराने के लिए प्रस्तुत किया हुआ वक्तव्य। प्रायः इस प्रकार के वक्तव्य संक्षिप्त भूमिका के रूप में दिये जाते हैं, या विस्तृत विवेचनों के लघु-अंश होते हैं। लेकिन कुछ विचारकों ने अपने कुछ सम्पूर्ण ग्रन्थों को ही—जिनमें विषय का सांगोपांग विवेचन किया गया है—प्राक्कथन कहा है, क्योंकि उनकी दृष्टि में वह विवेचन एक वृहत्तर दार्शनिक सिद्धान्त का भूमिकात्मक पूर्वांग है। उदाहरणार्थ, टी०एच० ग्रीन का 'Prolegomena' उसके अध्यात्मविद्या सम्बन्धी मतवाद के लिए परिचय प्रस्तुत करता है। काण्ट का 'Prolegomena' तो इससे भी अधिक व्यापक है—उसमें सभी भावी दर्शनों और विज्ञानों के लिए भूमिका स्थापित करने का प्रयास है।

Proof [प्रूफ़] : प्रमाण, उपपत्ति।

वह युक्तियुक्त विचार जो किसी विषय का असंदिग्ध ज्ञान करा सके, या वह तथ्य या घटना जिसके आधार पर किसी वक्तव्य अथवा निष्कर्ष की सत्यता का दावा किया जा सके। तर्कशास्त्र में दो प्रकार के प्रमाण स्वीकृत हैं : निगमनात्मक और आगमनात्मक। निगमनात्मक प्रमाण गणितीय पद्धति पर आधारित है और निरपेक्षता का लक्ष्य अपने सामने रखता

है। आगमनात्मक प्रमाण अनुभव-प्राचुर्य पर निर्भर है। लेकिन उसके द्वारा निरपेक्ष सामान्य सत्य की स्थापना नहीं की जा सकती। यदि निरपेक्षता की आकांक्षा छोड़कर सम्भव ज्ञान को ही लक्ष्य माना जाय तो आगमनात्मक प्रमाण व्यावहारिक दृष्टि से अधिक उपयुक्त सिद्ध होता है।

चिन्तन-प्रक्रिया का विश्लेषण मनोविज्ञान करता है, चिन्तन की विषयवस्तु की व्याख्या करना तत्त्वमीमांसा का काम है। तर्कशास्त्र चिन्तन-पद्धतियों का आकारिक रूप स्थिर करता है। इसलिए प्रमाण की सम्पूर्ण व्याख्या के लिए इन तीनों का—अर्थात् तर्कशास्त्र, तत्त्वमीमांसा और मनोविज्ञान का—संयोग आवश्यक है।

देखिये—Deduction, Induction.

Property [प्रॉपर्टी] : अनुगुण, अनुधर्म, वस्तुधर्म।

'किसी उपजाति के समस्त व्यक्तियों में पाया जानेवाला विशिष्ट गुण' (अरस्तू)। 'अनुधर्म' के लिए सारभूत होना आवश्यक नहीं है, लेकिन वह सार से निगम्य होता है। विज्ञान में 'अनुधर्म' वस्तु का वह स्वभाव है जो उसकी भौतिक दशा और अन्य वस्तुओं के प्रति उसकी प्रतिक्रियाओं को निश्चित करता है।

Proposition [प्रॉपोज़िशन] : तर्कवाक्य, तार्किक वाक्य।

वह वाक्य जिसमें दो पदों का पारस्परिक सम्बन्ध व्यक्त किया गया हो। तर्कवाक्य उद्देश्य (Subject), विधेय (Predicate) और संयोजक (Copula) से मिलकर बनता है। 'घोड़ा एक तेज़ दौड़नेवाला प्राणी है' : इस तर्कवाक्य में 'घोड़ा' उद्देश्य है, 'तेज दौड़नेवाला प्राणी' विधेय है, और 'है' संयोजक है।

प्रत्येक तर्कवाक्य व्याकरण-वाक्य होता है, लेकिन प्रत्येक व्याकरण-वाक्य तर्कवाक्य नहीं होता। उदाहरणार्थ, प्रश्नबोधक या विस्मयबोधक वाक्य तर्कवाक्य नहीं होते।

तर्कवाक्यों का कई प्रकार से वर्गीकरण किया जाता है। कुछ तर्कवाक्य सरल होते हैं, कुछ मिश्रित। सम्बन्ध की दृष्टि से, कुछ तर्कवाक्य निरपेक्ष होते हैं, कुछ सापेक्ष। गुण की दृष्टि से, तर्कवाक्य या तो विधानात्मक होते हैं या निषेधात्मक। परिमाण की दृष्टि से, तर्कवाक्य या तो पूर्णव्यापी होते हैं या अंशव्यापी। आशय की दृष्टि से, तर्कवाक्य या तो विश्लेषात्मक होते हैं या संश्लेषात्मक। विश्वास की दृष्टि से, कुछ तर्कवाक्य नियतार्थ होते हैं, कुछ प्रकृत, और कुछ संदिग्ध।

देखिये—Simple, Compound, Categorical, Conditional, Affirmative, Negative, Universal, Particular, Analytic, Synthetic, Necessary, Assertory and Problematic (Propositions).

Proprium [प्रॉप्रिअम] : सहज-गुण, विशेष गुण।

वह गुण जो किसी तार्किक पद के गुणार्थ का अंश न होते हुए भी अनिवार्य रूप से उस गुणार्थ से फलित होता है। जब सहज-गुण किसी जाति के गुण का परिणाम होता है तो उसे जातिगत सहज-गुण (Generic Property या Generic Proprium) कहते हैं। जब वह किसी उपजाति के गुण से निकलता है तो उसे उपजातिगत सहजगुण (Specific Proprium) कहते हैं।

Prosyllogism [प्रोसिलॉजिज़्म] : पूर्व-हेत्वनुमान।

किसी तर्कमाला (Train of Reasoning) में वह हेत्वनुमान जिसका निष्कर्ष दूसरे हेत्वनुमान का आधारवाक्य बन जाता है।

देखिये—Sorites, Epicheirema, Polysyllogism.

Providence [प्रॉविडे'न्स] : भाग्य, विधाता, दैव।

वह शक्ति जो प्रत्येक वस्तु का, और विशेषतः मानवीय जीवन की गतिविधि

का पूर्वनियोजन करती है। भाग्य की कल्पना को स्वीकार करने पर संसार को किसी योजनानुसार निर्मित और उसके संचालक 'विधाता' के अस्तित्व को भी मानना पड़ता है। धार्मिक दृष्टिकोण भाग्य और ईश्वरीय शक्ति में कोई भेद नहीं करता। संसार के आदिकारण का विचार अनिश्चित रहने पर 'भाग्य' को एक अदृश्य, लेकिन मूर्त, शक्ति माना जाता है।

उन्नीसवीं शताब्दी के यूरोपीय काव्य-साहित्य में भाग्य की कल्पना का प्रभाव काफ़ी गहरा है। उधर विज्ञान, जो उसी समय प्रगति-पथ पर अग्रसर हो रहा था, कारण-कार्य-सम्बन्ध को सर्वव्यापी समझता था और भाग्य के लिए वैज्ञानिकों की विचार-प्रणाली में कोई स्थान नहीं था।

नीतिशास्त्र में भाग्य की कल्पना संकल्प-स्वातन्त्र्य-सिद्धान्त के विरुद्ध जाती है। इसलिए धार्मिक विचारकों के सामने यह कठिन समस्या सर्वदा रही है कि मानव का अपने कर्मों के लिए उत्तरदायित्व और मानवीय जीवन-विधि की भाग्य पर निर्भरता, इन दोनों विश्वासों का एक ही समय समर्थन कैसे किया जाय।

Proximate Ends [प्रॉक्जि़मेट एण्डस्]: तात्कालिक साध्य।

ऐच्छिक कर्मों के वे साध्य जिनकी पूर्ति किसी अन्य साध्य तक पहुँचने के लिए की जाती है। ऐच्छिक कर्मों के विषय में नैतिक निर्णय देने के लिए ऐसे तात्कालिक साध्यों की समीक्षा यथेष्ट नहीं होती, क्योंकि नैतिक मूल्यांकन केवल परम साध्यों के सन्दर्भ में किया जा सकता है।

देखिये—End, Ultimate Ends.

Psyche [साइकी] : सूक्ष्म तत्त्व, आत्मा।

प्राचीन विचार-प्रणालियों में 'साइकी' शब्द का संकेत उस रहस्यमयी सत्ता की ओर है जिसमें भौतिक और आध्यात्मिक शक्ति का संयोग है, और जो प्रकृति को सजीव रखती है। आगे चलकर इस शब्द का प्रयोग 'मन' या 'आत्मा' के अर्थ में किया जाने लगा।

प्लॉटिनस के दर्शन में 'साइकी' का वही अर्थ है जो प्लेटो के दर्शन में 'विश्वात्मा' का है।

Psychic Fusion [साइकिक फ्यूज़न] : मानसिक विलयन।

यह सिद्धान्त कि चेतना के लघु-कण, पृथक्-पृथक् रूप से उत्पन्न होकर, सरल मानसिक अवस्थाओं का निर्माण करते हैं; और इन अवस्थाओं के पारस्परिक विलयन से ऊँची मानसिक अवस्थाएँ बनती हैं।

इस कल्पना को सामाजिक जीवन में लागू करते हुए फ्रांसीसी मनोवैज्ञानिक एस्पिनस ने कहा कि पृथक्-पृथक् व्यक्तिगत चेतनाओं के विलयन से सामाजिक चेतना का निर्माण होता है।

पिछले कुछ वर्षों में इस प्रकार की 'रासायनिक' और अणुवादी मनोवैज्ञानिक व्याख्याओं के विरुद्ध तीव्र प्रतिक्रिया हुई है।

Psychic Summation [साइकिक समेशन] : मानसिक आकलन।

मानसिक अवस्थाओं अथवा चेतनाओं की अणुवादी व्याख्या को गणित की आकलन-पद्धति से समझने का प्रयास। यह मानसिक विलयन के सिद्धान्त का संख्यात्मक पक्ष है।

देखिये—Psychic Fusion.

Psychological Atomism [साइकॉलॉजिकल ऐ'टमिज़्म] : मनोवैज्ञानिक परमाणुवाद।

मन की रचना का वह सिद्धान्त जिसके अनुसार प्रत्येक मानसिक अवस्था को कुछ सरल, स्वतन्त्र, अविभाज्य खण्डों में विश्लेषित किया जा सकता है।

Psychological Hedonism [साइकॉलॉजिकल हे'डोनिज़्म] : मनोवैज्ञानिक सुखवाद।

मिल तथा बेन्थम द्वारा प्रवर्तित नैतिक सिद्धान्त जिसके अनुसार मनुष्य-स्वभाव की मनोवैज्ञानिक जरूरतें प्रत्येक व्यक्ति

को ऐसे कर्मों की ओर अभिमुख करती हैं जिनसे सुख प्राप्त हो और दुःख से बचाव हो। प्राचीन काल में अरिस्टिप्पस ने जो सुखवादी सिद्धान्त प्रस्तुत किया था उसमें मानवीय कर्मों का मनोविज्ञान की दृष्टि से विवेचन नहीं था।

मिल ने कहा कि सुख-प्राप्ति का मानक केवल उचित ही नहीं, अनिवार्य है क्योंकि वह मानव-स्वभाव की विशेषताओं से संलग्न है।

इस सिद्धान्त की आलोचना करते हुए कुछ परवर्ती दार्शनिकों ने कहा है कि यदि सुखवाद अनिवार्य है तो उसे नैतिक आदर्श मानना निरर्थक है, क्योंकि जिसे करने के लिए व्यक्ति बाध्य है उस कर्म में शुभाशुभ का प्रश्न नहीं उठता।

देखिये—Hedonism.

Psychologism [साइकॉलॉजिज़्म] : मनोविज्ञानपरता, मनोविज्ञानवाद।

दर्शन में, मनोवैज्ञानिक तथ्यों, समस्याओं और पद्धतियों को आत्यन्तिक महत्त्व देने की, और उन्हें एकांगी रूप में ग्रहण करने की प्रवृत्ति। आधुनिक दर्शन का उदय ज्ञानमीमांसा से हुआ। धीरे-धीरे ज्ञान के तात्त्विक पक्ष की अपेक्षा मनोवैज्ञानिक पक्ष, प्रयोगात्मक विधि की सफलताओं के कारण, अधिक विकसित हुआ और दर्शन के सभी अंगों पर मनोविज्ञान की छाप पड़ी।

कुछ जर्मन विचारकों ने, विशेषतः हुसर्ल ने, मनोविज्ञान के इस प्रभुत्व का विरोध किया और 'मनोविज्ञानपरता' की आलोचना की। हुसर्ल ने कहा कि दार्शनिक ज्ञानमीमांसा और तार्किक नियम मूलतः मनोविज्ञान से स्वतन्त्र हैं और इस स्वतन्त्रता को सुरक्षित रखना चाहिए।

इस चेतावनी के बावजद मनोवैज्ञानिक अतिरेक का खतरा आज भी दर्शन के सामने है। सौन्दर्यशास्त्र में मनोविज्ञान-परता रसानुभूति के मानसिक पक्ष को महत्त्व देते हुए कला के तात्त्विक आधार को गौण बना देती है। समाजदर्शन और नीतिशास्त्र में मानवीय व्यवहार के मूल्यगत आधारों की उपेक्षा की जाती है; और 'प्रवृत्तियों' तथा 'योग्यताओं' को आत्यन्तिक महत्त्व प्रदान किया जाता है। इस तरह समाजदर्शन सामाजिक मनोविज्ञान में, शिक्षादर्शन शिक्षा-मनोविज्ञान में, और धर्मदर्शन धर्म-मनोविज्ञान में विलीन हो जाता है। इन सब प्रवृत्तियों को व्यापक रूप से 'साइकॉलॉजिज़्म' कहा जा सकता है।

Psychophysical Parallelism [साइकोफ़िज़िकल पैरेललिज़्म] : मन-शारीरिक समान्तरवाद।

इस सिद्धान्त के अनुसार आन्तरिक प्रक्रियाओं की शारीरिक एवं मानसिक दोनों प्रकार की व्याख्याएँ सम्भव हैं। तन्त्रिका-सम्बन्धी प्रक्रियाओं और मानसिक अवस्थाओं के परिवर्तन सहचारी अवश्य होते हैं, लेकिन उनमें कार्य-कारण-सम्बन्ध स्वीकार करना आवश्यक नहीं है।

स्पिनोज़ा ने इस सिद्धान्त के लिए दार्शनिक भूमिका तैयार की और फेक्नर ने इसे मनोविज्ञान में समाविष्ट किया।

देखिये—Parallelism.

Pure Experience [प्योर एक्सपीरियन्स] : विशुद्ध अनुभव।

अनुभव से व्याख्यात्मक और प्रत्ययात्मक पक्ष को बिलकुल अलग करके जो शेष रहता है उसे 'विशुद्ध अनुभव' कहा गया है। प्रत्यक्ष में इन्द्रिय-प्रदत्तों की सन्दर्भ, पूर्वानुभव, विचारों और धारणाओं के अनुसार व्याख्या होती है। विशुद्ध अनुभव वह है जिसमें इन्द्रियजन्य चेतना के अतिरिक्त कुछ भी न हो। इस अर्थ में 'विशुद्ध अनुभव' का अर्थ विशुद्ध संवेदन ही है। लेकिन वास्तव में यह निर्धारित करना असम्भव है कि विशुद्ध संवेदन कहाँ समाप्त होता है और व्याख्या कहाँ शुरू होती है; इसलिए विशुद्ध अनुभवों की सत्ता प्रत्ययात्मक है, वास्तविक नहीं। अधिक-से-अधिक हम यही निश्चयपूर्वक कह सकते हैं कि कुछ अनुभव अन्य

अनुभवों की तुलना में अपरोक्ष होते हैं, उन पर व्याख्याओं का आरोप न्यूनतम मात्रा में होता है। यदि हम चाहें तो इसे विशुद्ध अनुभव कह सकते हैं।

Purism[प्योरिज़्म]: विशुद्धतावाद।

यह विश्वास कि कुछ सरल और सीधे-सादे नियमों को विशुद्ध रूप से कार्यान्वित करना किसी जटिल, उलझी हुई नियम-प्रणाली पर चलने से अधिक श्रेयस्कर है। 'प्योरिज़्म' को एक प्रवृत्ति कहा जा सकता है, सिद्धान्त नहीं।

नैतिक क्षेत्र में 'विशुद्धतावाद' काण्ट के नीतिशास्त्र को भी कहते हैं, क्योंकि उसमें समस्त नैतिक शिक्षा को एक ही सूक्ति में सम्पुटित किया गया है और फल के विचार से उसे मुक्त रखा गया है।

कलाशास्त्र में 'प्योरिज़्म' शब्द का संकेत कुछ प्राचीन कलात्मक मान्यताओं पर निर्भर रहने की प्रवृति की ओर है। कभी-कभी 'विशुद्धतावाद' (Purism) और 'अभिजात्यवाद' (Classicism) शब्दों का प्रयोग एक ही अर्थ में किया जाता है।

देखिये—Classicism, Moral Purism.

Pure Syllogism [प्योर सिलॉजिज़्म]: शुद्ध हेत्वनुमान।

हेत्वनुमान का वह प्रकार जिसमें सभी तर्कवाक्य सम्बन्ध की दृष्टि से समान होते हैं, अर्थात् वे सभी निरपेक्ष, सोपाधिक या वियोजक होते हैं।

Qualitative Change [क्वॉलिटेटिव चेन्ज] : गुणात्मक परिवर्तन।

वह परिवर्तन जिसमें वस्तु या व्यक्ति में केवल परिमाणात्मक दृष्टि से ही भिन्नता का पदार्पण न हो बल्कि उसकी विशेषताओं में भी भेद उत्पन्न हो। मार्क्सवादियों का दावा है कि यान्त्रिक भौतिकवाद ने गुणात्मक परिवर्तनों की उपेक्षा की है और यह भूल द्वन्द्वात्मक भौतिकवाद ने सुधारी है।

Qualitative Difference [क्वॉलिटेटिव डिफ़रेंन्स] : गुणात्मक भेद।

यह पद मिल के नीतिशास्त्र में सुखवाद की व्याख्या करने के लिए प्रयुक्त हुआ है। मिल ने कहा कि सुखों में केवल परिमाणात्मक नहीं, बल्कि गुणात्मक भेद भी होते हैं, और सुखप्राप्ति को तभी नैतिक मानक माना जा सकता है जब इन गुणात्मक भेदों को अधिक महत्त्वपूर्ण समझा जाय। उदाहरणार्थ, यह कथन कि 'आठ घंटे सोने से पाँच घंटे सोने की अपेक्षा अधिक सुख मिलता है इसलिए आठ घंटे सोना ही श्रेयस्कर है,' सुखों के केवल परिमाणात्मक भेद पर ध्यान देता है। लेकिन यह कथन कि 'ताश खेलने से जो सुख मिलता है उसकी अपेक्षा काव्यमीमांसा का सुख अधिक सन्तोषजनक है' सुखों के गुणात्मक भेद की स्वीकृति पर आधारित है। जो सुखवाद केवल परिमाणात्मक भेद मानता है उसे मिल ने निकृष्ट और संकीर्ण बताया।

Quality [क्वालिटी] : गुण।

वस्तुओं का वह धर्म जिससे उनको एक-दूसरे से पृथक् रूप प्राप्त होता है। 'मनुष्यत्व' का गुण मानव को अन्य जातियों के प्राणियों से पृथक् करता है; गौर, श्याम आदि विशेषणों से जिन गुणों का निर्देश होता है वे एक ही जाति (मनुष्य) के विभिन्न सदस्यों को एक-दूसरे से पृथक् करते हैं। इन उदाहरणों से ऊपरी तौर पर ऐसा लगता है कि गुण सामान्य भी हो सकते हैं और विशेष भी। लेकिन गहराई से देखने पर स्पष्ट हो जाता है कि गुण केवल सामान्य ही हो सकते हैं, विशिष्ट वस्तुओं में व्याप्त होने पर वे विशेष लगते हैं।

आधुनिक दर्शन में गुण की समस्या दुरूह बन गई है। लॉक ने गुणों को दो वर्गों में विभाजित किया और उनमें से एक को वस्तुओं में स्थित तथा दूसरे को मन में स्थित बताया। इस प्रकार निरपेक्ष और सापेक्ष गुणों का प्रश्न उपस्थित हुआ। दूसरे शब्दों में प्रश्न यह उठा कि

गुण प्लेटों के प्रत्ययों की तरह स्वतन्त्र सत्ताएँ हैं या मानसिक निर्णय? यह समस्या देकार्त के द्वैतवाद में पहले से ही निहित थी, क्योंकि उसने विचार को मानसिक गुण और विस्तार को द्रव्य-गुण कहा था। लॉक ने विस्तार के अलावा गति, विराम, घनत्व इत्यादि देश या मात्रा-सम्बन्धी विशेषताओं को वस्तुगत गुण कहकर गुण और परिमाण के भेद की ओर ध्यान खींचा। काण्ट ने गुण और परिमाण दोनों को बोध के भेद माना। उसने कहा कि गुण और परिमाण में जाति-भेद नहीं है, वे केवल दृष्टिकोण का पार्थक्य सूचित करते हैं। 'विस्तार' एक गुण है जो सभी 'विस्तृत' वस्तुओं में पाया जाता है; लेकिन 'दो गज' या 'आठ इंच' आदि विस्तार के विशिष्ट मापों को गुण नहीं बल्कि परिमाण कहना होगा। तात्पर्य यह कि वस्तुओं की विशेषताओं को सामान्य समझने पर उन्हें गुण कहा जाता है और आयाम के द्वारा सीमित करने पर उन्हें परिमाण कहा जाता है।

गुण का तार्किक संकेत भाव और अभाव की ओर है। किसी उद्देश्य के सम्बन्ध में यह निर्णय कि उसका किसी विधेय से संयोग है या वियोग—गुण-सम्बन्धी निर्णय है। गुण के विषय में यह तार्किक दृष्टिकोण वस्तु को निर्गुण सत्ता और नाम, रूप आदि उसकी उपाधियों को पृथक् सत्ताएँ मानने की पूर्व-स्वीकृति पर आधारित है।

देखिये—Primary Quality, Quantity, Substance.

Quantitative Pleasure [क्वान्टिटेटिव प्लेजर] : परिमाणात्मक सुख।

बेन्थम के उपयोगितावादी नीतिशास्त्र में यह सुझाव है कि सुखद वस्तुओं की वांछनीयता का निर्णय करने के लिए उनसे उपलब्ध सुखों का परिमाणात्मक रूप से पूर्व-निश्चय करना जरूरी है। बेन्थम ने सुखों को नापने के लिए सात आयाम निश्चित किए : तीव्रता (Intensity), स्थितिकाल (Duration) निश्चितता (Certainty), दूरस्थता (Remoteness), फलगर्भिता ((Fecundity), शुद्धता (Purity) तथा विस्तार (Extent)।

निरपेक्ष दृष्टि से सुख को—जो एक भाव है—इनमें से किसी आयाम के अन्तर्गत नहीं लाया जा सकता। लेकिन व्यावहारिक दृष्टि से इन आयामों के सन्दर्भ में सुखद अनुभवों के आनुपातिक मूल्यों का अनुमान किसी सीमा तक सम्भव है।

Quantity[क्वॉन्टिटी] : परिमाण।

जब किसी वस्तु के विस्तार, भार, संख्या, आदि गुणों को 'इतना', 'उतना' 'कम', 'अधिक', आदि सीमासूचक प्रत्ययों के अन्तर्गत लाया जाता है तब वस्तु का परिमाण-बोध होता है। परिमाण का विचार सापेक्ष है। वस्तु का 'भार' उसका कोई स्वतन्त्र गुण नहीं, वरन् गुरुत्वाकर्षण की दृष्टि से किसी दूसरी वस्तु से उसकी समानता या भिन्नता है। इसीलिए तथ्यात्मक विज्ञानों के आपेक्षिक निर्णय परिमाणात्मक और दर्शन के निरपेक्ष निर्णय गुणात्मक कहे जाते हैं।

परिमाण को गुण से अलग नहीं किया जा सकता। किसी एक ही गुण की दृष्टि से दो वस्तुओं की तुलना की जाय तो परिमाण का विचार उत्पन्न होता है। परिमाण की इसी विशेषता के कारण बेन्थम ने सुखों का परिमाण-बोध कराने के लिए 'तीव्रता', 'स्थिति-काल', 'निश्चितता आदि को आयाम बनाने का सुझाव दिया था।

Quiddity [क्विडिटी] : व्यावर्तक गुण, स्वरूप।

किसी वस्तु का वह गुण जो उसे उसी जाति की अन्य वस्तुओं से पृथक् करता है और जिसकी ओर संकेत करना उस वस्तु की परिभाषा के लिए आवश्यक है। जैसे, विवेकशीलता को मनुष्य का 'व्यावर्तक गुण' कहा जा सकता है, क्योंकि वह मनुष्य को अन्य प्राणियों से पृथक् करता

है, और मनुष्य की परिभाषा में विवेकशीलता का उल्लेख अनिवार्य है।

देखिये—Differentia.

Quietism [क्वाए'टिज़म] : निवृत्तिवाद, मौनवाद, नैष्कर्म्य।

रोमन कैथोलिक रहस्यवादी परम्परा द्वारा स्वीकृत एक साधना-पद्धति, जिसमें साधक अपने साध्य के प्रति सम्पूर्ण निर्भरता का भाव रखता है। जब साधक अपने वर्तमान और भविष्य का उत्तरदायित्व पूरी तरह साध्य पर छोड़कर निश्चिन्त हो जाता है तो उसे 'मौन' कहा जाता है। इस साधना-पद्धति का मुख्य आचार्य अंगिलस सिलेसियस था।

Quintessence [क्विन्टे'से'न्स] : तत्त्व, पंचम तत्त्व, उच्चतम सारतत्त्व।

साधारणतः Quintessence और Essence दोनों शब्दों का प्रयोग सार या सारतत्त्व'के अर्थ में होता है, लेकिन अरस्तू के दर्शन में इस शब्द का विशेष अर्थ है। अरस्तू ने भौतिक जगत् के निर्माण में चार तत्त्वों को स्वीकार किया था : जल वायु, पृथ्वी और अग्नि। इसलिए स्वर्ग के निर्माण को समझाने के लिए उसे एक पाँचवें तत्त्व की कल्पना करनी पड़ी जिसे उसने 'ईथर' का नाम दिया।

Redical Empiricism [रे'डिकल एम्परिसिज़म] : उत्कट अनुभववाद, आद्योपान्त अनुभववाद।

विलियम जेम्स द्वारा प्रतिपादित ज्ञान-सिद्धान्त, जिसके अनुसार (१) ज्ञान उन प्रत्ययों पर आधारित है जिनको संवेदनों में विश्लेषित किया जा सकता है; (२) दार्शनिकों को केवल उन्हीं तथ्यों के विषय में बहस करने का अधिकार है जो अनुभव से प्राप्त हैं; (३) वस्तुओं की तरह वस्तुओं के पारस्परिक सम्बन्ध भी मनोबाह्य हैं और वास्तविक जगत् में अस्तित्व रखते हैं।

इस सिद्धान्त के बीज ह्यूम के दर्शन में मिलते हैं। जेम्स की शिकायत थी कि बहुत से तथाकथित अनुभववादी वास्तव में अनुभववाद को विशुद्ध रूप में स्वीकार नहीं करते। वे समझते हैं, कि अनुभव का 'कच्चा माल' तो प्रकृति में है, लेकिन 'अनुभव जगत्' के निर्माण के लिए इस कच्चे माल को ऐसे 'सम्बन्धों' द्वारा सुव्यवस्थित करना पड़ता है जो स्वयं अनुभवातीत हैं। काण्ट के हाथ में यह धारणा अनुभववाद को प्रत्ययवाद में परिगणित कर देती है। जेम्स का दावा है कि 'अनुभव जगत्' उन वस्तुओं और सम्बन्धों की स्वतन्त्र व्यवस्था है जिन्हें मानसिक प्रक्रियाओं का सहारा लेने की कोई जरूरत नहीं है। अपने इस सिद्धान्त को 'मिलावटी' अनुभववाद से पृथक् करने के लिए जेम्स ने उसे 'मौलिक अनुभववाद' का नाम दिया।

देखिये—Empiricism.

Rationalism [रै'शनलिज़म] : विवेकवाद, बुद्धिवाद।

धर्मशास्त्र में, वह सिद्धान्त जो उन्हीं धार्मिक विश्वासों को स्वीकार करने की सलाह देता है जो बुद्धिसंगत हों, या कम-से-कम जो बुद्धि-विरोधी न हों। ज्ञानमीमांसा में, वह सिद्धान्त जो बुद्धि को या तो ज्ञान का एकमात्र साधन मानता है या अन्य साधनों से श्रेष्ठ मानता है और कुछ बौद्धिक नियमों द्वारा सभी दर्शन-सम्बन्धी निष्कर्षों को प्राप्त करने का प्रयत्न करता है।

बुद्धिवादी दृष्टिकोण का प्रारम्भ अनेक्ज़ेगोरस के बुदि-तत्त्व के सिद्धान्त से होता है, यद्यपि उससे पहले भी कुछ विचारकों ने—विशेषतः पाइथागोरसने—इन्द्रियगत ज्ञान की त्रुटियाँ दिखाकर बुद्धिवाद के लिए भूमि प्रस्तुत की थी। सिद्धान्त के रूप में बुद्धिवाद प्लेटो के दर्शन में व्यवस्थित हुआ। प्लेटो ने बुद्धि को मनुष्य का विशेष गुण माना जो उसे अन्य प्राणियों से पृथक् करता है और स्पष्ट रूप से कहा कि प्रत्यक्ष से केवल 'मत' प्राप्त हो सकता है—बुद्धि से ही ज्ञान-प्राप्ति सम्भव है। अरस्तू का दर्शन

सशक्त रूप से बुद्धि पर आधारित है।

आधुनिक युग में देकार्त और बेकन के दर्शन में बुद्धिवादी दृष्टिकोण का क्रमशः तात्त्विक और तार्किक पक्ष विकसित हुआ। देकार्त का 'विधिरूप सन्देह' बुद्धि की नींव को मज़बूत बनाने का प्रयास है। गणितीय पद्धति को अपनाकर उसने बौद्धिक ज्ञान के क्षेत्र को विस्तारित किया। स्पिनोज़ा ने भी परिभाषाओं और निर्णयों की शृंखला से अपने दर्शन को व्यवस्थित किया। लाइबनित्स ने समस्त विश्व को चेतन अणुओं की व्यवस्था बताकर बुद्धिवाद को पुष्ट किया।

सत्रहवीं शताब्दी में बुद्धिवाद के साथ-साथ अनुभववाद का भी विकास हुआ। ये दो मत एक-दूसरे के पूरक हैं, न कि विरोधी, जैसी कि प्रचलित धारणा है। लॉक, जो अनुभववाद के प्रवर्तकों में था, स्वयं ज्ञान के आधे भाग को वस्तुजगत् से स्वतन्त्र और बुद्धि पर निर्भर मानता था। मौलिक अनुभववाद की परिणति ह्यूम के सन्देहवाद में हुई और उसके बाद काण्ट ने बुद्धिवाद को, अनुभववाद और सन्देहवाद द्वारा उठाई गई समस्याओं की रोशनी में, फिर से परिष्कृत रूप में स्थापित किया। हेगेल के ब्रह्मवाद में बुद्धिवादी विचारधारा का चरम उत्कर्ष दिखाई पड़ता है।

Rationalization [रे'शनलाइज़ेशन] : यौक्तिकीकरण, आत्म-समर्थन।

अपने किसी व्यवहार, कथन या दृष्टिकोण को युक्तिसंगत या नीतिसंगत सिद्ध करने की प्रवृत्ति। मनोविज्ञान में अचेतन मन की प्रक्रियाओं में इसकी गणना की जाती है। यदि कोई व्यक्ति अपने ग़रीब रिश्तेदार की सहायता न करे और अपनी सफ़ाई में कहे (या सोचे) कि : 'यदि उसे धन दिया जाता तो वह बुरे कामों में उस धन को उड़ा देता, इसलिए मैंने जो कुछ किया उसी के हित में किया' तो यह आत्म-समर्थन है।

यह मनोवैज्ञानिक प्रवृत्ति नैतिक मूल्यों को कार्यान्वित करने के मार्ग में एक रुकावट है।

Ratio [रेशिओ] : बुद्धि, अनुपात।

मध्ययुगीन दर्शन में Ratio शब्द का बुद्धि के अर्थ में प्रयोग किया गया जो अब बिलकुल ही अप्रचलित है। लेकिन Rational, Rationalism आदि शब्दों की व्युत्पत्ति से Ratio के मौलिक अर्थ का संकेत मिलता है।

अनुपात के अर्थ में यह शब्द गणितीय दर्शन, विशेषतः गणितीय तर्कशास्त्र, में उसी तरह प्रयुक्त होता है जैसे गणितशास्त्र में।

Real Proposition [रियल प्रॉपोज़िशन] : वास्तविक तर्कवाक्य।

ऐसा तर्कवाक्य जो किसी नये गुण की सूचना देता है, जो उद्देश्य के गुणार्थ में निहित नहीं होता। इसे संश्लेषी (Synthetic) या विस्तारी (Ampliative) तर्कवाक्य भी कहते हैं।

देखिये—Ampliative Proposition, Synthetic Proposition.

Realism [रिअलिज़्म] : यथार्थवाद।

(१) ज्ञानमीमांसा का वह सिद्धान्त जिसके अनुसार ज्ञेय विषय का अस्तित्व वास्तविक है, केवल मानसिक नहीं।

(२) विशेष अर्थ में, वह सिद्धान्त जो सामान्यों (Universals) की स्वतन्त्र सत्ता को स्वीकार करता है।

Reason [रीज़न] : तर्कना, बुद्धि, विवेक।

वह आन्तरिक शक्ति जो प्रत्यक्षदत्त वस्तुओं के सम्बन्धों का बोध कराती है और अनुभवों को व्यवस्थित रूप प्रदान करती है; जो तुलनात्मक निर्णयों का आधार है; जो विश्लेषण और समन्वय द्वारा विचारों और मानसिक प्रतिमाओं को अलग-अलग रूप देती है; जो उचित-अनुचित और सुन्दर-असुन्दर के भेदों की छानबीन करके मूल्यों का निर्धारण करती है; जो विचार को तथ्यों के ज्ञान से ऊपर उठाकर नियमों के ज्ञान तक पहुँचाती है; जो अनुमान की विभिन्न

विधियों का प्रयोग करते हुए ज्ञात से अज्ञात की ओर बढ़ने में सहायक है। उपरोक्त सभी व्याख्याएँ दर्शन में प्रस्तुत की गई हैं, जिससे स्पष्ट है कि इस एक शब्द का अत्यन्त व्यापक अर्थ में प्रयोग हुआ है।

चूंकि यह शक्ति मानव के अतिरिक्त किसी दूसरे जीव में नहीं देखी जाती, इसलिए मनुष्य की व्याख्या करते हुए विवेकशीलता का उल्लेख प्राय: सबसे पहले किया जाता है। कुछ विवेकवादी दार्शनिक विवेक को विश्व की चरम सत्ता मानते हैं, और उनके लिए विवेक ब्रह्म का स्थान ले लेता है।

देखिये—Rationalism.

Reasoning [रीज़निंग] : तर्क।

वह मानसिक प्रक्रिया जो विचारों को सम्बन्धित तथा व्यवस्थित रूप देने में, दिये हुए तथ्यों और निर्णयों के आधार पर निष्कर्ष प्राप्त करने में, और निष्कर्षों को तन्त्रबद्ध करने में प्रयुक्त होती है। तार्किक प्रक्रियाएँ तभी सन्तोषजनक सिद्ध होती हैं जब वे कुछ नियमों का पालन करती हैं। इन्हें तार्किक नियम कहते हैं। तर्क-पद्धतियों को दो वर्गों में विभाजित किया गया है—आगमनात्मक तर्क और निगमनात्मक तर्क।

देखिये—Deduction, Induction.

Rebutting a Dilemma [रिबटिंग ए डाइले'मा] : द्विपाशक का विखण्डन।

वह तार्किक प्रक्रिया जिसमें किसी द्विपाशक के विरुद्ध उसी प्रकार का दूसरा द्विपासक प्रस्थापित करके मूल निष्कर्ष के विपरीत निष्कर्ष निकाला जाता है। उदाहरणार्थ, यह द्विपाशक लीजिए—

"यदि मैं शहर में रहता हूँ, तो गाँव की खेती से आमदनी कम हो जाती है; और यदि गाँव में रहता हूँ तो शहर के व्यवसाय में घाटा होता है;

मैं या तो शहर में रह सकता हूँ या गाँव में;

इसलिए, हर हालत में मेरा घाटा होगा।"

इस द्विपाशक का विखण्डन इस तरह किया जा सकता है—

"यदि मैं शहर में रहता हूँ, तो व्यवसाय में मुनाफ़ा होता है; यदि गाँव में रहता हूँ तो खेती की आमदनी में वृद्धि होती है; मैं या तो शहर में रह सकता हूँ या गाँव में; इसलिए हर हालत में मुझे लाभ होगा।"

देखिये—Dilemma.

Receptivity [रिसे'प्टिविटी] : ग्रहणशीलता।

बाह्य वस्तुओं के प्रभावों को आत्मसात् करने की मानसिक क्षमता। काण्ट के अनुसार 'ग्रहणशीलता' वह शक्ति है जिससे मन बाह्य वस्तुओं के प्रभावों का ज्ञान प्राप्त करता है। यह उस शक्ति से भिन्न है जो अपने ही प्रत्ययों द्वारा ज्ञान उत्पन्न करती है, और जिसे काण्ट सहजता (Spontaneity) कहता है।

आधुनिक मनोविज्ञान में जो विचारक मन की सत्ता को अस्वीकार करते हैं उनके लिए 'ग्रहणशीलता' मस्तिष्क और स्नायुमण्डल को संगठित करनेवाले तन्तुओं और कोशिकाओं का वह गुण है जिससे बाह्य-वस्तुओं का संवेदन सम्भव होता है।

सौन्दर्यशास्त्र में 'ग्रहणशीलता' के दो अर्थ हैं : (१) किसी अन्य व्यक्ति द्वारा प्रकाशित की गई सौन्दर्यानुभूति को आत्मसात् करने की शक्ति; (२) किसी परिस्थिति, वस्तु या सम्बन्ध के कलात्मक पक्ष को देखने की क्षमता।

Recollection [रिकले'क्शन] : अनुस्मरण।

पूर्व-संचित स्मृति-चित्रों को फिर से प्रेषित करने की मानसिक प्रक्रिया। आधुनिक मनोविज्ञान में 'रिक्ले'क्शन' के स्थान पर 'रिकाल' (Recall) शब्द का पारिभाषिक अर्थ में प्रयोग किया जाता है। प्लेटो के कुछ अनुवादकों ने 'Doctrine of Reminiscence' के स्थान पर

'Doctrine of Recollection' पद का प्रयोग किया है।

देखिये—Reminiscence.

Reductio ad absurdum [रिडक्शिओ ऐ'ड ऐ'ब्सर्डम] : असंगति-प्रदर्शन।

असंगति प्रदर्शित करने की दो विधियाँ तर्कशास्त्र में प्रचलित हैं। एक विधि वह है जिसमें दिये हुए निष्कर्ष को सत्य मानकर ऐसे अन्य निर्णय प्राप्त किए जाते हैं जो दिये हुए तथ्यों के विरुद्ध हों। दूसरी विधि वह है जिसमें निष्कर्ष के विरोधी निर्णय को सत्य मानकर ऐसे निष्कर्ष प्राप्त किये जाते हैं जो मूल निष्कर्ष के आश्रयवाक्यों से संगति सूचित करते हों। अपने विपक्ष का खण्डन करने में इस तार्किक पद्धति का प्रयोग किया जाता है।

Reductio ad impossibile [रिडक्शिओ ऐ'ड इम्पॉसिबिली] : असम्भावना-प्रदर्शन, अशक्यापत्ति, अशक्यता-प्रदर्शन।

वह तार्किक विधि जिसमें किसी निष्कर्ष को सत्य सिद्ध करने के लिए उसके व्याघाती वाक्य को अशक्य सिद्ध किया जाता है।

Reduction [रिडक्शन] : आकारान्तरण, आकृत्यन्तरण।

तर्कशास्त्र में, व्यापक अर्थ में, किसी भी तार्किक संघात (Mood) को किसी भी अन्य संघात में परिवर्तित करना। संकीर्ण अर्थ में, द्वितीय, तृतीय और चतुर्थ आकारों के संघातों को प्रथम आकार के संघातों में परिवर्तित करना।

देखिये—Mood, Figure.

Regressive Train of Reasoning [रिग्रे'सिव ट्रेन ऑफ़ रीज़निंग] : प्रतिगामी तर्कमाला।

वह तर्कमाला जिसमें तर्क उत्तर-हेत्वनुमान से पूर्व-हेत्वनुमान की ओर चलता है, जैसे—

(१) सब पक्षी जीवधारी हैं,
क्योंकि सब प्राणी जीवधारी हैं,
और सब पक्षी प्राणी हैं।

(२) सब पक्षी प्राणी हैं,
क्योंकि सब देहमय सत्ताएँ प्राणी हैं,
और सब पक्षी देहमय सत्ताएँ हैं···

Regulative Knowledge [रे'ग्युलेटिव नॉले'ज] : नियामक ज्ञान।

काण्ट के दर्शन में, विधायक ज्ञान का मूलगत आधार। ज्ञान के वे रूप और सिद्धान्त जिनके द्वारा प्रत्यक्ष जगत् का परिचय प्राप्त करने की मानसिक क्रियाओं का निर्देशन होता है।

देखिये—Constitutive Knowledge.

Relative Judgment [रिलेटिव जजमे'ण्ट] : सापेक्ष निर्णय।

वह निर्णय जिसका अर्थ किन्हीं अन्य निर्णयों पर निर्भर हो। दर्शन में सापेक्षतावाद की स्वीकृति ने लगभग सभी निर्णयों को सापेक्ष बना दिया है। आधुनिक मनोविज्ञान की व्याख्यानुसार प्रत्यक्ष की सापेक्षता ने भी निर्णयों की सापेक्षता की ओर ध्यान आकर्षित कराया है।

Relative Term [रे'लेटिव टर्म] : सापेक्ष पद।

वह पद जिसका अर्थ किसी अन्य पद के अर्थ से संलग्न हो, और जिसे अपने पूर्ण स्पष्टीकरण के लिए किसी अन्य पद का सहारा लेना पड़े, जैसे 'गुरु', 'ऊपर', 'दूर'। 'शिष्य', 'नीचे' और 'समीप' पदों का आश्रय लिए बिना ये पद अपना अर्थ स्पष्ट रूप से व्यक्त नहीं कर सकते।

Relativism [रि'लेटिविज़्म] : सापेक्ष-वाद, सापेक्षतावाद।

वह दार्शनिक प्रवृत्ति जो सत्य को, ज्ञान को तथा नैतिक मूल्यों को व्यक्ति की शारीरिक या मानसिक अवस्थाओं और सीमाओं के, प्राकृतिक पर्यावरण के, या सामाजिक दशाओं के अधीन मानती है। यह एक व्यापक दृष्टिकोण है जो दार्शनिक विवेचन के सभी पक्षों में लागू होता है। तत्त्वमीमांसा में ऐसी सत्ता की खोज वृथा है जो पूर्णतया निरपेक्ष हो;

ज्ञानमीमांसा में, हमें विशिष्ट परिस्थितियों में सत्य ठहरनेवाले ज्ञान से ही सन्तुष्ट होना चाहिए; तर्कशास्त्र में, अनुमान को एक सीमित अर्थ में ही प्रामाणिक माना जा सकता है; नीतिशास्त्र से, उचित-अनुचित का भेद पर्यावरण और युगधर्म के सन्दर्भ में ही निर्धारित किया जाना चाहिए; समाजशास्त्र में, किसी ऐसे 'आदर्श राज्य' या सर्वव्यापी नियम-व्यवस्था की कल्पना अवास्तविक है जो सभी जातियों और सांस्कृतिक या आर्थिक अवस्थाओं में अनिवार्य रूप से उच्चतम माना जा सके—ये सब विश्वास 'सापेक्षवाद' के विभिन्न पहलू प्रतिबिम्बित करते हैं। सापेक्षवाद की दर्शन को सबसे बड़ी देन यह है कि वह मतवादों को कट्टरता से बचाता है, जीवन और प्रकृति की परिवर्तनशीलता की ओर ध्यान आकृष्ट कराता है और ऐसे ज्ञान का भी मूल्य स्वीकार करता है जिसमें केवल आंशिक सत्य हो।

लेकिन सापेक्षवाद अपने एकांगी रूप में दर्शन के मूल्य उद्देश्य का ही खण्डन करता है और सत्यान्वेषण के लिए घातक सिद्ध होता है। इसलिए प्लेटो ने प्रोटेगोरस का, जो सापेक्षवाद का प्रमुख प्रतिनिधि था, तीव्र विरोध किया। प्लेटो ने कहा कि यदि सापेक्षवाद से समझौता किया गया तो 'सत्य' के बदले 'सुविधा' को ही दर्शन का लक्ष्य मानना पड़ेगा और दर्शन अपने उच्च स्थान से गिरकर व्यक्तिगत प्रतिक्रियाओं और विश्वासों का एक अव्यवस्थित समूह मात्र रह जाएगा।

Relevancy [रे'लेवेन्सी] : सार्थकता, प्रासंगिकता।

यदि दो प्रत्यय मिलकर किसी निर्णय को सुसंगत बनाने की सामर्थ्य रखते हों तो वे दोनों प्रत्यय एक-दूसरे के लिए प्रासंगिक (Relevant) होंगे और उनके पारस्परिक सम्बन्ध को प्रासंगिकता कहा जाएगा। यही सम्बन्ध उन निर्णयों के बीच भी माना जाएगा जो एक ही विचार-सन्दर्भ के अंग हों।

Reminiscence [रेमिनिसन्स] : संस्मरण।

देखिये—Doctrine of Reminiscence.

Representative Ideas [रिप्रे'ज़े'न्टेटिव आइडिआज] : प्रतिनिधि-प्रत्यय।

वे प्रत्यय जो ज्ञाता के मन में वस्तुओं का प्रतिनिधित्व करते हैं। यह कल्पना आधुनिक दर्शन में तभी महत्त्वपूर्ण बनी जब मन और शरीर के द्वैतवाद से ज्ञान-प्रक्रिया की व्याख्या दुरूह हो गई। प्रतिनिधि-प्रत्ययों का सिद्धान्त लॉक और बर्कले की ज्ञानमीमांसा में विशेष रूप से विकसित हुआ।

देखिये—Representative Theory of Ideas.

Representative Theory of Ideas [रिप्रे'ज़े'न्टेटिव थियॅरी ऑफ़ आइडिआज़] : प्रतिनिधि-प्रत्ययवाद।

वह सिद्धान्त जिसके अनुसार मन को वस्तुओं का सीधा ज्ञान नहीं होता वरन् कुछ विशेष प्रत्यय चेतना में वस्तुजगत् का प्रतिनिधित्व करते हैं। देकार्त द्वारा प्रतिपादित ज्ञाता-ज्ञेय के द्वैतवाद ने ज्ञेय वस्तु को मन से इतना दूर कर दिया कि विचारों या प्रत्ययों को प्रतिनिधि-रूप में स्वीकार करना आवश्यक हुआ।

लॉक के अनुसार वस्तुओं के प्राथमिक गुण ज्ञानेन्द्रियों को प्रभावित करके सरल प्रत्ययों का निर्माण करते हैं। एक ही वस्तु के आधात से उत्पन्न अनेक सरल प्रत्यय एक जटिल प्रत्यय को जन्म देते हैं जो बाह्यवस्तु का मानसिक प्रतिनिधि बन जाता है। बर्कले वस्तुओं को प्रत्ययों में घटा देता है, लेकिन वस्तुओं की सत्ता का निषेध नहीं करता। इसलिए बर्कले के दर्शन में स्वीकृत प्रत्ययों को भी प्रतिनिधि कहा जा सकता है।

प्रतिनिधि-सिद्धान्त ज्ञान में प्रत्ययों की मध्यस्थता को अनिवार्य बनाकर प्रत्यक्ष ज्ञान को विषयवस्तु की प्रतिमा के बोध

में परिणत कर देता है। इस विचारधारा के अवलम्बन से आगे चलकर दर्शन में ज्ञेयवस्तु सत्यवस्तु की छाया-मात्र रह जाती है।

Res Cogitans [रे'स कोजिटान्स] : चिन्तनशील द्रव्य, विचारशील द्रव्य, चिद्द्रव्य।

देकार्त के दर्शन में ज्ञान-प्रक्रिया को दो द्रव्यों के पारस्परिक प्रतिक्रियात्मक सम्बन्धों पर निर्भर माना गया है : एक द्रव्य चिन्तनशील है और इसी को मन कहते हैं; दूसरा द्रव्य विस्तारयुक्त है जिसे शरीर या भौतिक वस्तु कहते हैं। इस तरह 'रे'स कोजिटान्स' मन का ही दूसरा नाम है।

स्पिनोज़ा के अनुसार चिन्तनशील द्रव्य निर्गुण द्रव्य का एक पक्ष मात्र है, उसकी अपनी कोई सत्ता नहीं है। आधुनिक मनोवैज्ञानिकों के लिए 'रे'स कोजिटान्स' का अस्तित्व केवल विचार-संस्थान के रूप में स्वीकारणीय है, द्रव्य के रूप में नहीं।

देखिये—Mind.

Revelation [रे'वे'लेशन] : ईश्वरदत्त ज्ञान, श्रुति।

ईश्वरदत्त ज्ञान की धार्मिक परम्पराओं ने कुछ दार्शनिकों को भी प्रभावित किया है। सुकरात का विश्वास था कि उसका इष्टदेवता अपोलो उसे समय-समय पर कर्तव्य और सत्य का ज्ञान कराता रहता था। स्वप्न में दैवी ज्ञान प्राप्त होने की कल्पना सभी देशों में प्राचीन-काल से प्रचलित रही है। विशिष्ट प्राकृतिक घटनाओं से भी ईश्वरेच्छा का ज्ञान प्राप्त करना असम्भव माना गया है।

रहस्यवादी दार्शनिकों ने बुद्धि की सीमाओं और त्रुटियों पर बल दिया है और सहज-ज्ञान को सत्य-प्राप्ति का एक-मात्र साधन बताया है। यह सहज-ज्ञान, कुछ रहस्यवादियों के अनुसार, ईश्वर की ही देन है। नीतिशास्त्र में भी इस धार्मिक विश्वास का प्रचलन सदियों तक था कि नैतिक औचित्य का ज्ञान मनुष्य को ईश्वर से प्राप्त होता है।

अवसरवादी दार्शनिकों (Occasionalists) ने ईश्वरदत्त ज्ञान की कल्पना को अपनी ज्ञानमीमांसा का आधार बनाया। उनके अनुसार समस्त मानवीय ज्ञान ईश्वरदत्त है, क्योंकि प्रत्येक मानसिक या मनःशारीरिक प्रक्रिया ईश्वर के हस्तक्षेप की द्योतक है।

आधुनिक युग में ज्ञान की समस्याओं का केवल वैज्ञानिक और तार्किक विवेचन ही दर्शन के क्षेत्र में आता है। दिव्यज्ञान या श्रुति एक धार्मिक विश्वास-मात्र रह गया है। पारलौकिक मनोविज्ञान (Para-psychology) में दिव्यज्ञान की सम्भावना की ओर संकेत अवश्य है, लेकिन स्वयं पारलौकिक मनोविज्ञान को ही दर्शन या, विज्ञान में स्थान दिया जाना चाहिए या नहीं, यह एक विवादग्रस्त प्रश्न है।

Rhythm [रिद्म] : लय।

विभिन्न वस्तुओं का या एक ही अंगी के विभिन्न अंगों का, सुव्यवस्थित, क्रिया-शील अस्तित्व। साधारणतः 'लय' शब्द का प्रयोग सौन्दर्यबोधक अर्थ में होता है। स्वर-विन्यास की ओर इसका प्राथमिक संकेत है, लेकिन सभी सौन्दर्यबोधक अनुभवों की मूलभूत एकता को ध्यान में रखकर वर्णों या आकृतियों के विन्यास में भी 'लय' देखना अस्वाभाविक नहीं है।

रूपकात्मक भाषा का प्रयोग करते हुए प्रकृति की सुव्यवस्था और प्रयोजनशीलता को 'लय' शब्द से व्यक्त किया गया है। ऐसे प्रयोग में समस्त विश्व को एक कुशल निर्माता की कलाकृति मानने की ओर भी संकेत है।

Rigorism [रिॅगरिज़्म] : कठोर मत, कठोरतावाद, निग्रहवाद।

काण्ट के नैतिक मत को, जो निरपेक्ष आदेश के सिद्धान्त पर आधारित है, 'कठोर मत' कहा गया है क्योंकि इसमें

नियम-पालन को पूर्णतया विकल्पहीन बनाने की माँग की गई है। यह मत कर्तव्य-भावना से प्रेरित है और कर्म-फल को प्रधानता नहीं देता। कुछ आलोचकों की दृष्टि में यह नैतिक मत इच्छाओं और अन्य जैविक तथ्यों की उपेक्षा करता है। प्राचीन स्टोइक नीतिशास्त्र को भी कठोर मतवादी कहा जा सकता है।

देखिये—Categorical Imperative, Stoicism.

Scepticism [स्के'प्टिसिज़्म] : सन्देह-वाद, संशयवाद।

वह सिद्धान्त या प्रवृत्ति जो वस्तुओं के अस्तित्व या उनकी ज्ञेयता के विषय में कोई निश्चित निर्णय देने से इन्कार करे। इस प्रवृत्ति का सौम्य रूप वह है जिसमें आत्यन्तिक आत्मविश्वास, या ज्ञान के सम्बन्ध में अपने ही दृष्टिकोण को सत्य समझने के विरुद्ध चेतावनी दी जाती है। लेकिन सन्देहवाद का यह सौम्य रूप सापेक्षवाद से आगे नहीं बढ़ता।

सन्देहवाद का एक और सौम्य रूप वह है जिसमें विचारक अपने विवेचन का प्रारम्भ प्रत्येक वस्तु के प्रति सन्देह व्यक्त करते हुए करता है, और धीरे-धीरे पर्याप्त प्रमाण एकत्रित करके ज्ञान और अस्तित्व दोनों को स्वीकार कर लेता है। देकार्त का 'विधिमूलक सन्देह' इस तरह के सौम्य सन्देहवाद का अच्छा उदाहरण है।

तीव्र या उत्कट रूप में सन्देहवाद ज्ञान की सम्भाव्यता और सार्थकता तक को अस्वीकार करता है। प्राचीन दर्शन में पाइरो उत्कट सन्देहवाद का प्रतिनिधि था। पाइरो के अनुसार, संवेदन के अतिरिक्त ज्ञान के दूसरे किसी स्रोत को हम नहीं मान सकते, क्योंकि उसके अस्तित्व का कोई प्रमाण नहीं है; और संवेदन पर हम विश्वास कर नहीं सकते, क्योंकि अनुभव हमें बताता है कि इन्द्रिय-गत ज्ञान अकसर ग़लत होता है। हमारे विचारों और संवेदनों में विरोध होता है, और हम नहीं कह सकते कि उनमें से कौन सही है। यदि उनमें विरोध न हो, तब भी हम निश्चित रूप से यह नहीं कह सकते कि दोनों ही ग़लत नहीं हैं।

ह्यूम ने सन्देहवाद को तात्त्विक दृष्टि से चरमसीमा तक पहुँचा दिया क्योंकि उसने कारण-कार्य-सम्बन्ध को ही ठुकरा दिया, और कारण-कार्य-सिद्धान्त निश्चित ज्ञान की बुनियाद है।

Schema [स्कीमा] : समाकृति, आकृतिकल्प।

अरस्तू के दर्शन में, तर्कवाक्यात्मक आकृति। व्युत्पत्ति के अनुसार 'स्कीमा' का अर्थ कोई भी बाह्य आकार या आकृति है।

काण्ट के दर्शन में, 'स्कीमा' शब्द को कल्पना की उस कार्यपद्धति का बोध होता है जिसके द्वारा वह संवेदन और बुद्धि (Understanding) को सम्बन्धित करती है। यह सम्बन्धीकरण काल (Time) के शुद्ध आकार के माध्यम से होता है।

Science of Sciences [साइन्स ऑफ़ साइन्'सेज़] : विज्ञानों का विज्ञान।

वह विज्ञात जिसमें दूसरे विज्ञानों की मूल धाराणाओं का स्पष्टीकरण किया जाता है। चूंकि प्रत्येक विज्ञान की प्रगति अन्ततोगत्वा वैचारिक सुव्यवस्था पर निर्भर है, इसलिए तर्कशास्त्र को—जो विचारों के बुनियादी सिद्धान्तों की समीक्षा करता है—गौरव देने के भाव से 'विज्ञानों का विज्ञान' कहा गया।

Scientific Classification [साइन्टि-फ़िक क्लासिफ़िकेशन] : वैज्ञानिक वर्गीकरण।

जब तथ्यों को, उनका व्यवस्थित ज्ञान प्राप्त करने के उद्देश्य से, विभिन्न समूहों में एकत्रित किया जाता है, तो इस प्रक्रिया को वैज्ञानिक वर्गीकरण कहते हैं। उदाहरणार्थ, प्राणि-विज्ञान में विभिन्न प्राणियों का समानता और असमानता के आधार पर विभिन्न जातियों-उपजातियों में वर्गीकरण। इस

तरह के वर्गीकरण को 'प्राकृतिक वर्गीकरण' भी कहते हैं।

देखिये—Classification.

Scientific Empiricism [साइन्टिफ़िक ए'म्पिरिसिज़्म] : वैज्ञानिक अनुभववाद।

एक आधुनिक दार्शनिक विचारधारा, जो तीन प्रवृत्तियों के सम्मिलित प्रभाव से विकसित हुई है : (१) परम्परागत अनुभववाद, विशेषत: ह्य म, मिल और माख के सिद्धान्त; (२) आधुनिक विज्ञान की पद्धति-मीमांसा; और (३) प्रतीकात्मक तर्कशास्त्र तथा भाषा-विश्लेषण।

इन तीनों का समन्वय रसेल के ग्रन्थों में सबसे पहले देखा गया, लेकिन वैज्ञानिक अनभववाद को व्यवस्थित रूप देने का श्रेय श्लिक और कार्नाप को है।

देखिये—Unity of Science Movement.

Scientific Induction [साइन्टिफ़िक इण्डक्शन] : वैज्ञानिक आगमन।

वह आगमन जिसमें विशेष उदाहरणों का निरीक्षण करके और वैज्ञानिक विधियों के द्वारा कारण-कार्य-सम्बन्ध ढूंढकर सामान्य निष्कर्ष की स्थापना की जाती है।

देखिये—Laws of Nature, Synthetic Proposition.

Secondary Qualities [से'कॉण्डरी क्वॉलिटीज़] : द्वितीयक गुण, गौण गुण।

वे गुण जो वस्तुओं में स्थित नहीं हैं बल्कि वस्तुओं के प्राथमिक गुणों के कारण ज्ञाता के मन में पैदा होते हैं। लॉक ने प्राथमिक और द्वितीयक गुणों के अन्तर को ज्ञानमीमांसा के लिए महत्त्वपूर्ण समझा। उसके अनुसार, प्राथमिक गुण (विस्तार, भार इत्यादि) वस्तु में होते हैं और उनका अस्तित्व स्थायी होता है। द्वितीयक गुण (रंग, स्वाद इत्यादि) ज्ञाता के मन में होते हैं और उनका अस्तित्व परिवर्तनशील होता है।

देखिये—Quality, Representational Theory of Ideas.

Second Figure [सेकॉण्ड फ़िगर] : द्वितीय आकार, द्वितीय आकृति।

हेत्वनुमान का वह रूप जिसमें मध्यपद साध्यवाक्य और पक्षवाक्य दोनों का विधेय होता है, जैसे :

सब कश्मीरी भारतीय हैं;

इस समिति का कोई सदस्य भारतीय नहीं है;

इसलिए, इस समिति का कोई सदस्य कश्मीरी नहीं है।

द्वितीय आकार के नियम ये हैं : (१) साध्यवाक्य पूर्णव्यापी होना चाहिए; (२) आधारवाक्यों में से एक निषेधात्मक होना चाहिए।

Self [सेल्फ] : स्व, अहम्, आत्मा, ज्ञाता।

सन्दर्भानुसार, पाश्चात्य दर्शन में 'सेल्फ' शब्द का प्रयोग विभिन्न अर्थों में किया गया है। 'आत्मा' के अर्थ में जो धार्मिक पुट है उसे अलग करने के लिए आधुनिक दार्शनिकों ने Self को ज्ञानमीमांसात्मक विवेचन तक ही सीमित रखा है। इसलिए Self और Knower में कोई विशेष अन्तर नहीं रह पाता। इतना अवश्य कहा जा सकता है कि Self शब्द का संकेत सातत्य (Continuity) और अनन्यता या तादात्म्य (Identity) की ओर है। Knower शब्द में ये संकेत सन्तोषजनक रूप से व्यक्त नहीं हो पाते।

Self-Consciousness [से'ल्फ़-कॉन्शसने'स] : आत्मचेतना।

आत्मा द्वारा अपने अस्तित्व, स्वरूप और क्षमता का ज्ञान। इस शब्द का प्रयोग मनोविज्ञान और नीतिशास्त्र में अलग-अलग है। मनोविज्ञान में आत्मचेतना एक मानसिक तथ्य-मात्र है। नीतिशास्त्र में 'आत्मचेतना' शब्द मूल्यात्मक अनुभूति की ओर भी संकेत करता है। यहाँ आत्मचेतना का मतलब है व्यक्ति द्वारा अपनी समस्त आध्यात्मिक सम्भावनाओं और शक्तियों, अपने कर्तव्यों और अधिकारों का ज्ञान। ऐसे ज्ञान पर

ही परिपक्व नैतिक मूल्य-व्यवस्था आधारित हो सकती है।

Self-determination [से'ल्फ-डिटर्मिनेशन] : आत्म-निर्धारण, आत्मतन्त्रता।

इस कल्पना के माध्यम से नीतिशास्त्र में संकल्प-स्वातन्त्र्य के उलझे हुए प्रश्न का समाधान करने का यत्न किया गया है। नियतवाद संकल्प को स्वतन्त्र नहीं मानता; इससे कठिनाई यह उत्पन्न होती है कि 'नैतिक चुनाव' की धारणा आत्म-विरोधी बन जाती है, क्योंकि यदि संकल्प-शक्ति स्वाधीन नहीं है तो उचित-अनुचित का भेद करना प्रत्यक्ष व्यवहार में व्यर्थ है। इसके विपरीत अनियतवाद (Libertarianism) को स्वीकार करने से यह कठिनाई उत्पन्न होती है कि नियमबद्धता को, और जीवन के कई क्षेत्रों में व्यक्ति पर पड़नेवाले बाह्य दबाव को, कैसे समझा जाय।

इन दोनों कठिनाइयों से बचते हुए कुछ विचारकों ने यह सिद्धान्त प्रस्तुत किया है कि हमारे कर्म 'निर्धारित' अवश्य हैं; परन्तु यह 'निर्धारण' मानवीय आत्मा के ही आन्तरिक स्वभाव द्वारा होता है। रैशडल के शब्दों में आध्यात्मिक शक्ति की 'कारणता' (Causality) उग्र नियतवाद और उग्र अनियतवाद के बीच की चीज़ है। इस दृष्टिकोण से, 'आत्म-निर्धारण ही नैतिक स्वतन्त्रता है।'

देखिये—Determinism, Libertarianism.

Self-Evidence [से'ल्फ-ए'विडे'न्स] : स्वःप्रामाण्य।

किसी वक्तव्य का ऐसा गुण जिसके आधार पर उस वक्तव्य के बारे में यह कहा जा सके कि उसके सत्य को स्थापित करने के लिए किसी बाह्य प्रमाण की आवश्यकता नहीं है।

Selfhood [से'ल्फहुड] : आत्मत्व।

व्यक्तित्व की विशिष्ट मौलिकता, जो उसे दूसरे व्यक्तित्वों से पृथक् करती है। आत्मत्व की व्याख्या नहीं की जा सकती; व्यक्ति के व्यवहार में उसका जो प्रकाशन होता है उसका अध्ययन अवश्य किया जा सकता है। आत्मत्व एक व्यापक शब्द है, जिसका अर्थ व्यक्तित्व के आध्यात्मिक पक्ष तक सीमित नहीं है।

Self-Realization [से'ल्फ-रियलाइज़ेशन] : आत्म-साधना।

आधुनिक आदर्शवादी नीतिशास्त्र में—विशेषतः ग्रीन, ब्रैडले और म्यूरहेड के नीतिशास्त्र में—'आत्म-साधना' को नैतिकता का अन्तिम साध्य माना गया है। इन विचारकों के अनुसार व्यवहार का, या विशिष्ट कर्मों का, नैतिक औचित्य इस बात पर निर्भर होता है कि वह व्यवहार (या वे कर्म) आत्म-साधना में कहाँ तक सहायक हैं। आत्म-साधना व्यक्तित्व के सर्वांगीण विकास का ही नाम है—ऐसा विकास, जिसमें जैव और आध्यात्मिक, व्यक्तिगत और सामाजिक, वर्तमान और आदर्श मूल्यों का समन्वय सम्भव हो।

Semantics [सिमै'न्टिक्स] प्रतीकार्थ-विज्ञान।

वस्तुओं और चिह्नों के पारस्परिक सम्बन्धों का व्यवस्थित अध्ययन। यहाँ 'वस्तु' शब्द का प्रयोग 'ज्ञेयवस्तु' के अर्थ में किया गया है, भौतिक वस्तु के अर्थ में नहीं। आधुनिक दर्शन में भाषा-विश्लेषकों और तार्किक प्रत्यक्षवादियों ने चिह्नों के अध्ययन को बड़ा महत्त्व प्रदान किया है। उनके अनुसार दर्शन का मुख्य उद्देश्य धारणाओं और प्रत्ययों का स्पष्टीकरण है और इसलिए उन चिह्नों या प्रतीकों का सम्पूर्ण ज्ञान अनिवार्य है जिनके बिना प्रत्ययों को व्यक्त नहीं किया जा सकता।

Semi-logical Fallacy [सेमी-लॉजिकल फ़ै'लेसी] : अर्धतार्किक दोष।

वह तार्किक दोष जो भाषा की संदिग्धता से उत्पन्न होता है। कभी-कभी युक्ति आकारात्मक दृष्टि से उचित होने पर भी व्यावहारिक दृष्टि से त्रुटि-

पूर्ण सिद्ध होती है। ऐसे दोष का मूल कारण ढूंढने के लिए यह देखना आवश्यक हो जाता है कि किस स्थान पर भाषा का प्रयोग अस्पष्ट हो गया है।

Sempiternal [से'म्पिटर्नल] : अनन्त।

धर्मदर्शन में Eternal के ही अर्थ में यह शब्द प्रयुक्त हुआ है। ईश्वर के अनादि और अन्तहीन होने का भाव इस शब्द द्वारा व्यक्त किया जाता है। आधुनिक दार्शनिक साहित्य में यह शब्द प्रचलित नहीं है।

Sensation [से'न्सेशन] : संवेदन।

किसी बाह्य या आन्तरिक प्रभाव से इन्द्रियों और उससे सम्बन्धित स्नायु-प्रणाली की उत्तेजना से उत्पन्न होनेवाला अनुभव। संवेदन के दो पक्ष हैं, मनोवैज्ञानिक और ज्ञानात्मक। इनमें से दूसरा पक्ष दर्शन के लिए विशेष महत्त्व रखता है, यद्यपि इन दोनों को अलग करना सम्भव नहीं है।

यथार्थवादी आलोचकों का कहना है कि प्रत्ययवादी दर्शन की बहुत-सी कठिनाइयाँ संवेदन की अस्पष्ट व्याख्या से उत्पन्न हुई हैं। संवेदन की मानसिक प्रक्रिया और उस क्रिया का कारण, अर्थात् उतेजना, एक-दूसरे से भिन्न हैं (जैसे, नीला रंग और नीले रंग की चेतना)। इन दोनों का अन्तर ध्यान में न रखने से ही प्रत्ययवादियों ने ज्ञानमीमांसा को जटिल बना दिया है।

Sensationalism [से'न्सेशनलिज़्म] : संवेदनवाद।

अनुभववाद का उग्र तथा संकीर्ण रूप। इस विचार-प्रणाली के अनुयायी संवेदन को ही प्रत्यक्ष या अप्रत्यक्ष रूप से ज्ञान का एकमात्र स्रोत मानते हैं। अधिकतर संवेदनवादी साहचर्य-सिद्धान्त (Associationism) को भी स्वीकार करते हैं।

देखिए—Empiricism, Associationism.

Sense-datum [से'न्स-डेटम] : इन्द्रिय-प्रदत्त, संवित्त।

संवेदन की अन्तर्वस्तु, इन्द्रियों से प्राप्त ज्ञान-सामग्री। इन्द्रिय प्रदत्तों की प्रकृति और बाह्य वस्तुओं से उनके सम्बन्ध के विषय में आधुनिक दर्शन में काफ़ी विवेचन हुआ है। कुछ लेखकों के अनुसार वस्तु और इन्द्रिय-प्रदत्त 'किसी-न-किसी तरह एक ही हैं'। अन्य विचारक इन्द्रिय-प्रदत्तों को वस्तुओं के अभास (appearances) मानते हैं। एक तीसरा सम्प्रदाय उन लोगों का है जिनके मतानुसार इन्द्रियप्रदत्त 'कल्पित तथ्यों का समूह' (a set of hypothetical facts) है।

इनमें से कोई भी सुझाव सन्तोषजनक प्रतीत न होने के कारण कुछ लोगों ने साफ़-साफ़ कहा है कि इन्द्रियप्रदत्तों के अस्तित्व के विषय में कोई निश्चित निर्णय देना असम्भव है।

Sensory Correlation [से'न्सरी कोरिलेशन] : इन्द्रियगत पारस्परिकता, इन्द्रियगत सहसम्बन्ध।

विभिन्न इन्द्रियों द्वारा प्राप्त प्रदत्तों की ऐसी संगति जो वस्तुओं के प्रत्यक्ष को सम्भव बनाती है।

Sensum [सेन्सम] बहुवचन : **Sensa** (सेन्सा) संवित्त, प्रदत्त।

कुछ आधुनिक दार्शनिक Sense-datum के स्थान पर Sensum शब्द का प्रयोग करते हैं।

देखिये—Sense-datum, Sensum Theory.

Seasum Theory [से'न्सम थियॅरी] : इन्द्रियप्रदत्त सिद्धान्त।

ज्ञानमीमांसा का वह सिद्धान्त जो प्रत्यक्ष की व्याख्या इन्द्रियप्रदत्तों के आधार पर करता है। नव्य-बाह्यार्थवादी मूर और रसेल तथा आलोचनापरक बाह्यार्थवादी सान्तायन किसी-न-किसी रूप में इस सिद्धान्त को मानते हैं। वे ज्ञान-प्रक्रियाओं को इन्द्रियप्रदत्तों की नींव पर किये गए 'अनुमान' या 'तार्किक रचनाएँ' समझते हैं।

Sentience [से'न्शिअन्स] : अधोचेतना।

अत्यन्त निम्न स्तर की चेतना, या चेतना की वह अवस्था जिसमें विकसित क्रियाओं की अनुभूति न हो। जो जीव अधोचेतना के स्तर पर होते हैं वे केवल संवेदन द्वारा ही अपने वातावरण से सम्बन्धित होते हैं, जटिल आन्तरिक प्रक्रियाएँ उनके लिए सम्भव नहीं होतीं।

Separable Accidens [से'परेबल ऐक्सिडे'न्स] : वियोज्य आकस्मिक गुण।

वह आकस्मिक गुण जो किसी वर्ग के कुछ ही सदस्यों में विद्यमान हो; जैसे, घोड़ों का भूरापन।

देखिये—Accidens, Inseparable Accidens.

Simple Enumerative Induction [सिम्पल ए'न्यूमरेटिव इण्डक्शन] : साधारण गणनात्मक आगमन, सरल गणनात्मक आगमन।

वह गणनात्मक आगमन जिसमें सामान्य तर्कवाक्य की स्थापना केवल कुछ समान उदाहरणों की परीक्षा के ही आधार पर की जाती है।

Simple Epicheirema [सिम्पल एपिकाइरिमा] : सरल प्रति-संक्षिप्त तर्कमाला, शुद्ध संक्षिप्त प्रतिगामी तर्कमाला।

संक्षिप्त प्रतिगामी तर्कमाला का वह रूप जिसमें उत्तर-हेत्वनुमान के आधार-वाक्य संक्षिप्त-हेत्वनुमान द्वारा सिद्ध किये जाते हैं।

देखिये—Regressive Train of Reasoning, Episyllogism, Prosyllogism, Enthymeme.

Simple Proposition [सिम्पल प्रॉपोज़िशन] : सरल तर्कवाक्य।

वह तर्कवाक्य जिसमें दो पदों के पारस्परिक सम्बन्ध के विषय में कोई एक ही तथ्य व्यक्त किया गया हो; जैसे—'सब कौवे काले होते हैं।'

देखिये—Compound Proposition.

Simple Term [सिम्पल टर्म] : एक-शब्दात्मक पद, सरल पद।

वह पद जिसमें एक ही शब्द हो; जैसे—'वृक्ष', 'मकान' इत्यादि।

Singular Term [सिंगुलर टर्म] : व्यष्टि-पद, विशिष्ट पद, व्यक्तिसूचक पद।

वह पद जिससे केवल एक ही वस्तु का निर्देश होता हो; जैसे—'यह मेज़', 'कलकत्ता', इत्यादि।

Social Contract [सोशल कॉन्ट्रैक्ट] : सामाजिक अनुबन्ध।

राजनीति-दर्शन का वह सिद्धान्त जिसके अनुसार राज्य की स्थापना उस समझौते या क़रार का परिणाम है जो शासितों और शासक में किया जाता है। इस समझौते के रूप के विषय में विचारकों में मतभेद रहे हैं और इसलिए सामाजिक अनुबन्ध के अनेक सिद्धान्तों का प्रतिपादन किया गया है।

हॉब्ज़ के अनुसार सामाजिक अनुबन्ध में जनता अपने समस्त अधिकार शासक के हाथ सौंप देती है, और उसके बदले जान-माल की सुरक्षा प्राप्त करती है। लॉक तथा रूसो के अनुसार सामाजिक अनुबन्ध से प्राकृतिक अधिकारों का अन्त नहीं होता, बल्कि उन्हें संयमित और व्यवस्थित रूप मिलता है। हॉब्ज़ के अनुसार अनुबन्ध-पालन केवल जनता के लिए अनिवार्य है; शासक सभी विधानों से परे है। लॉक तथा रूसो के अनुसार यदि शासक अनुबन्ध तोड़े तो जनता को क्रान्ति द्वारा शासन-व्यवस्था बदलने का अधिकार है।

Solipsism [सॉलिप्सिज़म] : उत्कट आत्मवाद, 'स्व'-वाद, अहम्मात्रवाद।

यह विश्वास है कि केवल 'मैं' (ज्ञाता) विद्यमान हूँ; दूसरे व्यक्ति और दूसरी वस्तुएँ मेरे प्रत्यय मात्र हैं, उनका स्वतन्त्र अस्तित्व नहीं है। यह आत्मपरक प्रत्ययवाद का उत्कट रूप है। ज्ञानमीमांसा में, 'अहम्मात्रवाद' का अर्थ है—यह विश्वास कि ज्ञान ज्ञाता के मन की अवस्थाओं के

अतिरिक्त और किसी सत्ता का परिचय नहीं कराता।

'अहम्मात्रवाद' का स्पष्ट और प्रकट रूप से प्रतिपादन स्वयं अहम्मात्रवादी दार्शनिकों ने भी नहीं किया है। लेकिन उनके कुछ वक्तव्यों के मूल में यही मत है, अन्यथा वे वक्तव्य अथहीन हैं। बर्कले के कुछ वक्तव्यों के आधार पर उसके दर्शन को भी 'अहम्मात्रवाद' (Solipsism) कहा गया है।

Sophia [सोफ़िआ] : तत्त्वज्ञान, प्रज्ञा, उच्च-ज्ञान।

इस ग्रीक शब्द का अर्थ अंग्रेज़ी के 'wisdom' से व्यक्त होता है, जिसमें प्रज्ञा, बुद्धिमानी, दूरदर्शिता, मानसिक सन्तुलन आदि अनेक प्रत्ययों का संगम है। अरस्तू ने 'प्रथम सिद्धान्तों' के ज्ञान को 'सोफ़िआ' कहा। उसने यह भी कहा कि इस उच्चतम ज्ञान का प्रत्यक्ष व्यवहार से कोई सीधा सम्बन्ध नहीं है—यह ज्ञान सैद्धान्तिक (Theoretical) है। इस तरह 'सोफिआ' शब्द सैद्धान्तिक ज्ञान के अर्थ में भी प्रयुक्त होने लगा।

Sophocracy [सोफ़ॉक्रे'सी] : प्राज्ञ तन्त्रवाद, प्राज्ञशासनवाद।

वह शासन-व्यवस्था जिसमें समाज के सबसे चतुर और ज्ञानी मनुष्यों के हाथ में राज्य की बाग़डोर हो। प्लेटो ने 'रिपब्लिकन' में जिस आदर्श राज्य का चित्रण किया है उसे भी 'सोफ़ॉक्रे'सी' कहा जा सकता है। यह कल्पना इस विचार पर आधारित है कि राजनीतिक और दार्शनिक ज्ञान को अलग वर्गों में विभाजित नहीं किया जा सकता। ज्ञान एक है; और जिसे भी उच्चकोटि का ज्ञान—अर्थात् प्राथमिक सिद्धान्तों और परमसत्ता का ज्ञान—उपलब्ध है वह किसी भी क्षेत्र में मार्गदर्शन कर सकता है।

देखिये—Philosopher King.

Sorites [सोराइटीस] : संक्षिप्त प्रगामी तर्कमाला, संक्षिप्त मालानुमान।

प्रगामी तर्कमाला का वह रूप जिसमें अन्तिम को छोड़कर सब निष्कर्ष, और प्रथम हेत्वनुमान को छोड़कर शेष का एक-एक आधारवाक्य लुप्त होता है।

उदाहरणार्थ :

सब 'क' 'ख' हैं;
सब 'ख' 'ग' हैं;
सब 'ग' 'घ' हैं;
सब 'घ' 'ङ' हैं;
इसलिए सब 'क' 'ङ' हैं।

यदि इसे पूर्णतः व्यक्त किया जाये, तो तीन हेत्वनुमान प्राप्त होंगे :

(१) सब 'ख' 'ग' हैं;
सब 'क' 'ख' हैं;
इसलिए सब 'क' 'ग' हैं।

(२) सब 'ग' 'घ' हैं;
सब 'क' 'ग' हैं;
इसलिए सब 'क' 'घ' है।

(३) सब 'घ' 'ङ' हैं;
सब 'क' 'घ' हैं;
इसलिए सब 'क' 'ङ' हैं।

संक्षिप्त प्रगामी तर्कमाला दो प्रकार की हो सकती है। इन दो प्रकारों को Aristotelian Sorites और Goclenian Sorites कहते हैं।

देखिये—Aristotelian Sorites, Goclenian Sorites.

Soul [सोल] : आत्मा।

Self और Soul शब्दों को कुछ लेखकों ने पर्यायवाची माना है। लेकिन दार्शनिक भाषा-प्रयोग में जहाँ Soul का संकेत 'ज्ञाता' की ओर है Soul शब्द में प्राणशीलता, धार्मिक अनुभूति और आध्यात्मिक चेतना की भी छटाएँ हैं। वास्तव में Self, Soul और Spirit इन तीनों ही शब्दों के अर्थों का निश्चित रूप कभी निर्धारित नहीं किया गया और सन्दर्भानुसार ही उनको ग्रहण करना पड़ता है।

प्राचीन दर्शन में Soul शब्द का प्रयोग प्राणतत्त्व के अर्थ में किया गया है। यूनानी दार्शनिकों ने समस्त विश्व को प्राणवान् मानते हुए एक विश्वव्यापी प्राणतत्त्व या 'विश्वात्मा' World-Soul की भी धारणा

प्रस्तुत की है ।

देखिये—World Soul.

Soul Substance [सोल-सब्स्टे'न्स] : आत्मद्रव्य ।

बहुत-से प्राचीन दार्शनिकों ने आत्मा को एक अमर, अविभाज्य तथा अभौतिक द्रव्य माना था। देकार्त ने आत्मा को एक ऐसा द्रव्य माना जिसका सार 'विचार' है। यह द्रव्य भौतिक द्रव्य से पूर्णतया भिन्न है क्योंकि भौतिक द्रव्य का सार 'विस्तार' है। बर्कले ने भौतिक-द्रव्य का निषेध किया और कहा कि केवल आत्मद्रव्य के ही अस्तित्व को स्वीकार किया जा सकता है। ह्यूम ने कहा कि जिन कारणों से बर्कले ने भौतिक-द्रव्य को अस्वीकार किया वे सब कारण आत्मद्रव्य पर भी लागू होते हैं, इसलिए उसके अस्तित्व के सम्बन्ध में भी हम निश्चयपूर्वक कुछ नहीं कह सकते ।

आधुनिक काल में विलियम जेम्स ने आत्मद्रव्य के सिद्धान्त की तीव्र आलोचना की है। उसने यह दिखाने का प्रयत्न किया है कि जिसे हम 'आत्मा या 'मन' कहते हैं वह द्रव्य नहीं बल्कि चेतना-प्रवाह है ।

Space [स्पेस] : देश ।

देश के विषय में दार्शनिकों के विचार बदलते रहे हैं और अब तक देश की दार्शनिक व्याख्याओं में तीव्र मतभेद दिखाई पड़ते हैं ।

प्रारम्भिक यूनानी दर्शन में देश और भौतिक पदार्थ में भेद नहीं किया गया। प्लेटो ने भी देश को 'दूसरी सत्ता' (The other) कहा। इस वक्तव्य का अर्थ स्पष्ट नहीं है, लेकिन चूंकि प्लेटो प्रत्यय (Idea) को प्रथम सत्ता मानता था इसलिए 'दूसरी सत्ता' (The other) का संकेत भौतिक पदार्थ की ओर समझा जा सकता है, और इस तरह प्लेटो के दर्शन में भी देश तथा पदार्थ समान धारणाएँ हैं।

अरस्तू के देश-विषयक विचारों के बारे में भी विद्वानों में मतभेद है। कुछ विद्वानों के अनुसार अरस्तू के दर्शन में देश वह है जिसमें वस्तुएँ स्थित हैं। अन्य विद्वानों के अनुसार अरस्तू ने देश की सत्ता को वस्तुओं पर निर्भर माना है।

प्लॉटिनस ने देश की उत्पत्ति को वस्तुओं की उत्पत्ति के बाद की घटना माना है। वस्तुएँ पहले द्रव्यात्मक हैं, फिर देशात्मक।

मध्ययुगीन दार्शनिकों ने, विशेषत: सन्त आगस्ताईन ने, देश का वस्तुओं से स्वतन्त्र कोई अस्तित्व नहीं माना।

देकार्त ने देश को 'व्याप्ति' (Extension) कहकर उसे जड़ वस्तुओं का मौलिक गुण माना। लाइबनित्स ने देश को 'वस्तुओं की व्यवस्था' कहा—ऐसी व्यवस्था जो विद्यमान वस्तुओं को ही नहीं, बल्कि सम्भावित वस्तुओं को भी सूत्रबद्ध करती है।

आधुनिक विचारधारा में देश की कल्पना आइन्स्टाइन के सापेक्षता-सिद्धान्त से प्रभावित हुई है।

Space Perception [स्पेस पर्से'प्शन] : देश-प्रत्यक्ष।

देश-सम्बन्धी गुणों का—जैसे दूरी, दिशा, लम्बाई इत्यादि का बोध। यह बोध सीमित देश का है, न कि असीम देश (Infinite Space) का, जिसकी धारणा को वैज्ञानिकों और दार्शनिकों ने स्वीकार किया है।

सीमित देश के प्रत्यक्ष की समीक्षा मनोविज्ञान की विशेष समस्याओं में से एक है। लेकिन उसके पीछे दो भिन्न दार्शनिक दृष्टिकोण हैं, जो मनोवैज्ञानिकों में इस प्रश्न पर मौलिक मतभेद उत्पन्न करते हैं।

पहला दृष्टिकोण अनुभववादी है। इसके अनुसार देश का प्रत्यक्ष पूर्णतया अनुभव पर निर्भर है। लॉक ने कहा कि दृष्टि और स्पर्श के संवेदनों के समन्वय से देश-बोध सम्भव होता है। ह्यूम, ब्राउन, बेन और मिल ने भी इस अनुभववादी दृष्टिकोण का समर्थन किया।

दूसरा दृष्टिकोण उन विचारकों का है जिनके अनुसार देश-प्रत्यक्ष की क्षमता मन के सहज गुणों में से एक है। किसी छोटे बालक को भी देश का ज्ञान हो सकता है, यद्यपि वह ज्ञान अत्यन्त अव्यवस्थित और अल्प होगा। अनुभव के साथ देश का ज्ञान विकसित और परिष्कृत होता जाता है, लेकिन इस ज्ञान की क्षमता अनुभव पर निर्भर नहीं है। इस दसरे दृष्टिकोण का सबसे प्रमुख प्रतिनिधि काण्ट था।

देखिये—Nativistic Theory, Genetic Theory.

Space-Time Continuum [स्पेस-टाइम कॅन्टिन्युअम] : देश-काल-सन्तान।

चार आयामों का नैरन्तर्य, जिनमें तीन देश-सम्बन्धी हैं और चौथा आयाम काल है। प्रत्येक वस्तु इस 'देश-काल-सन्तान' में ही विद्यमान हो सकती है, क्योंकि लम्बी, चौड़ी और ऊँची होने के साथ-साथ प्रत्येक भौतिक वस्तु कुछ समय तक 'रहती' है, चाहे वह समय कितना ही अल्प क्यों न हो। इसलिए प्रत्येक भौतिक सत्ता के पूर्ण वर्णन के लिए चारों आयामों द्वारा निर्मित उस वस्तु के अस्तित्व-सन्दर्भ का उल्लेख आवश्यक है।

सैम्युअल अलैक्ज़ेंडर तथा लॉयड मॉर्गन के विकासवादी सिद्धान्तों के अनुसार 'देश-काल-सन्तान' से केवल वस्तुओं ही की नहीं वरन् जीवन और आत्मा की भी उत्पत्ति हुई है।

Special Classification [स्पे'शल क्लासिफ़िकेशन] : विशिष्ट वर्गीकरण।

तथ्यों का ऐसा वर्गीकरण जो किसी विशेष उद्देश्य की पूर्ति के लिए किया जाय, न कि उन तथ्यों के विषय में व्यवस्थित ज्ञानप्राप्ति के लिए। ऐसे वर्गीकरण को कृत्रिम वर्गीकरण भी कहते हैं।

देखिये—Artificial Classification.

Species [स्पसीज़] : उपजाति।

जब दो वर्गों के द्योतक पद इस तरह सम्बन्धित हों कि एक के निर्देश में दूसरे का निर्देश समाविष्ट हो, तब कम निर्देश वाला पद दूसरे पद की तुलना में 'उपजाति' कहलाता है। उदाहरणार्थ, 'आम' 'वृक्ष' के सम्बन्ध में उपजाति है। लेकिन 'दशहरी आम' के सम्बन्ध में 'आम' स्वयं 'जाति' है।

Spirit [स्पिरिट] : अध्यात्म, आन्तरिक भाव।

व्यक्तित्व का अभौतिक, अशारीरिक पक्ष। Spirit शब्द का प्रयोग अधिकतर लेखकों ने Self या Soul के अर्थ में ही किया है। कभी-कभी, किसी विचार-प्रणाली या सांस्कृतिक परम्परा के आन्तरिक भावात्मक सार को व्यक्त करने के लिए इस शब्द का प्रयोग किया जाता है: उदाहरणार्थ, The Spirit of Greek Thought—यूनानी चिन्तन का आन्तरिक भाव।

देखिये—Soul, Self.

Spirit of the Age [स्पिरिट ऑफ़ द एज] : युग-चेतना।

किसी युग की विशेष चेतना जो उसके मूल्यों को व्यक्त करती है।

देखिये—Zeitgeist.

Spiritualism [स्पिरिच्युअलिज़्म] : अध्यात्मवाद।

कोई भी ऐसी वैचारिक प्रवृत्ति या ऐसा सिद्धान्त जिसमें सत्ता के आध्यात्मिक पक्ष को प्रधान माना जाय। समाजदर्शन और नीतिशास्त्र में, मानव-जीवन के आध्यात्मिक पहलू को आर्थिक या राजनैतिक पहलू से अधिक महत्त्वपूर्ण मानने की प्रवृत्ति।

कभी-कभी Spiritualism शब्द का प्रयोग बर्कले के दर्शन की ओर विशेष रूप से संकेत करता है क्योंकि बर्कले ने जड़तत्त्व का निषेध किया और केवल अध्यात्म-तत्त्व (Spiritual Substance) को स्वीकार किया।

Standard of Moral Judgment [स्टै'ण्डर्ड ऑफ़ मॉरल जजमे'ण्ट] : नैतिक

निर्णय का मानक।

वह कसौटी जिसके आधार पर कर्म का नैतिक दृष्टि से मूल्यांकन किया जा सके। इस तरह का मानक निर्धारित करना नीतिशास्त्र की प्रमुख समस्याओं में से एक है।

सापेक्षवादी दार्शनिक यह आवश्यक नहीं समझते कि कोई एक ही मानक ऐसा है जो सर्वत्र और सभी अवस्थाओं में लागू होता है। उनके अनुसार सुख, उपयोगिता, सामाजिक प्रगति, आन्तरिक और बाह्य सम्बन्धों का समंजन इत्यादि सभी मानक स्वीकार्य हैं और सन्दर्भानुसार उनके आधार पर कर्म को आँका जा सकता है।

निरपेक्षवादी दार्शनिकों का कहना है कि मानक एक ही होना चाहिए, अन्यथा शुभाशुभ का निर्णय एक व्यक्तिगत प्रक्रिया बनेगा। आत्मसाधना, या मानव की सर्वांगीण पूर्णता, या मानवीय स्वभाव की उच्चतर सम्भावनाओं का विकास—इस तरह का कोई एक मानक हमें स्वीकार करना होगा जो व्यापक रूप से सर्वत्र लागू हो सके, यद्यपि उसके प्रत्यक्ष प्रयोग में सन्दर्भानुसार कुछ हेर-फेर अवश्य होगा।

आधुनिक नैतिक चिन्तन की प्रवृत्ति इस प्रश्न पर उत्कट सापेक्षवाद और उत्कट निरपेक्षवाद दोनों के बीच का रास्ता ढूँढने की है। यह मानते हुए भी कि मानक निर्धारित न किया गया तो नैतिक अराजकता के लिए मार्ग प्रस्तुत होगा, आजकल अधिकतर विचारक यह भी स्वीकार करते हैं कि मानक अत्यन्त व्यापक हो; परम्परागत धार्मिक, दार्शनिक या राजनीतिक मतवादों के प्रभाव से उसमें संकीर्णता या असहिष्णुता न आने दी जाय, और जीवन की परिवर्तनशीलता के लिए उसमें यथोचित स्थान हो।

State of Nature [स्टेट ऑफ़ नेचर] : प्राकृतिक अवस्था, प्रकृति का राज्य।

मानव-समाज की वह परिस्थिति जो राज्य-व्यवस्था की स्थापना से पहले थी। राजनीति-दर्शन में इस परिस्थिति का मूल्यांकन विभिन्न प्रकारों से किया गया है, जिससे विचारकों में राज्य के उद्गम के सम्बन्ध में मतभेद उत्पन्न हुए हैं।

हॉब्ज़ के अनुसार 'प्राकृतिक अवस्था' में बल-प्रयोग के अतिरिक्त जीवन की कोई दूसरी निर्देशक-शक्ति नहीं थी। प्रत्येक मनुष्य प्रत्येक अन्य मनुष्य पर आक्रमण करने का 'प्राकृतिक अधिकार' रखता था। इससे कोई भी व्यक्ति अपने जीवन के बारे में निश्चिन्त नहीं हो सकता था। इसलिए मानव ने 'प्राकृतिक अवस्था' का त्याग किया और 'सामाजिक अवस्था' में पदार्पण किया। ऐसा करने से उसके 'प्राकृतिक अधिकार' लुप्त हो गए, लेकिन उसे सुरक्षितता की भावना मिली।

लॉक के अनुसार प्राकृतिक अवस्था में सभी व्यक्तियों को समान अधिकार प्राप्त थे, जिनका प्रयोग सहयोगात्मक तरीकों से किया जाता था। लेकिन सभ्यता और संस्कृति का स्तर अत्यन्त निम्न था। अपने जीवन को समृद्ध और सम्पन्न बनाने के लिए मानव ने प्राकृतिक अवस्था से ऊपर उठकर एक सुव्यवस्थित समाज का निर्माण किया।

रूसो ने इस बात पर ज़ोर दिया कि प्राकृतिक अवस्था में प्रत्येक व्यक्ति स्वाधीन था, और 'सभ्यता' ने वह स्वाधीनता छीन ली। सामाजिक क्रान्ति की आवश्यकता इसलिए है कि मनुष्य को फिर से सम्पूर्ण स्वाधीनता प्राप्त करने की, अर्थात् प्राकृतिक अवस्था की ओर वापस जाने की, आकांक्षा है।

Stoicism [स्टोइसिज़्म] : स्टोइक दर्शन।

इस विचार-प्रणाली का विकास एथेन्स में ज़ीनो तथा क्लीनथेस के नेतृत्व में हुआ। क्लीनथेस के बाद क्राइसिपस ने स्टोइक सम्प्रदाय का भार सँभाला। यूनानी सभ्यता के पतन के बाद भी स्टोइक विचारधारा जीवित रही। सिसेरो, सेनेका और सम्राट् मार्कस

ओरिलियस रोमन सभ्यता के प्रमुख स्टोइकवादी विचारक थे।

स्टोइक-दर्शन ने सुकरात तथा प्लेटो के नैतिक आदर्शवाद को आगे बढ़ाया। स्टोइकों ने 'सदाचार के लिए सदाचार' (Virtue for its own sake) का सूत्र अपनाया। सदाचार ही सुखदायी हो सकता है, क्योंकि सदाचार केवल बाह्य रूप से कुछ कार्यों का करना नहीं बल्कि एक आन्तरिक स्थिति है।

सदाचार एक है, चाहे हम सद्गुणों को अलग-अलग नाम दें। साहस, न्याय-शीलता, संयम इत्यादि सभी गुणों का मूलस्रोत एक ही है, और यही 'सदाचार' है। किसी मनुष्य के बारे में यह नहीं कहा जा सकता कि वह 'अमुक पक्ष से अच्छा है, लेकिन अमुक पक्ष से बुरा'। सदाचार और दुराचार के बीच का कोई मध्यम मार्ग नहीं हो सकता; प्रत्येक व्यक्ति या तो सदाचारी है या दुराचारी।

श्रेष्ठ मनुष्य वह है जो अपना और प्रकृति का अधिकतम ज्ञान प्राप्त करने में प्रयत्नशील है; जो कर्तव्य को कर्तव्य के लिए करता है, न कि फल-लाभ के लिए; और जिसकी शारीरिक सुखों के प्रति वैराग्य-वृत्ति है। स्टोइक-दर्शन इस विश्वास पर आधारित है कि विवेक की प्रेरणा प्रकृति के विरुद्ध नहीं हो सकती।

स्टोइक-दर्शन नीतिशास्त्र-प्रधान है और उसमें कोई व्यवस्थित तात्त्विक सिद्धान्त नहीं है। लेकिन व्यापक रूप से इस दर्शन को सर्वेश्वरवादी कहा जा सकता है क्योंकि स्टोइक जगत् को ईश्वर से व्याप्त मानते हैं।

Stream of Consciousness [स्ट्रीम ऑफ़ कॉन्शसनेस] : चेतना-प्रवाह।

विलियम जेम्स ने मन की व्याख्या करते हुए इस पद का प्रयोग किया। अपने विख्यात ग्रन्थ 'प्रिंसिपल्स ऑफ़ साइकॉलोजी' में जेम्स ने यह दिखाने का प्रयत्न किया है कि 'मन' न तो आध्यात्मिक द्रव्य है (जैसा कि देकार्त समझता था), न संवेदनों का समूह है (जैसा कि ह्यूम का विचार था)। जिसे हम 'मन' कहते हैं वह चेतन प्रक्रियाओं की एकता है। चेतना निरन्तर परिवर्तनशील है और इसलिए 'मन' को झरने की उपमा दी जा सकती है।

जेम्स का यह सिद्धान्त आधुनिक मनोवैज्ञानिक विवेचन के लिए क्रान्तिकारी महत्त्व रखता है। साहित्य पर भी इसका यथेष्ट प्रभाव पड़ा है।

Structuralism [स्ट्रक्चरलिज़म] : संरचनावाद।

वह दार्शनिक या मनोवैज्ञानिक प्रवृत्ति जिसके प्रभाव से मन की व्याख्या 'बनावट' या 'गठन' की धारणा के अनुसार की जाती है। इस प्रवृत्ति का ही उग्र रूप 'मनोवैज्ञानिक परमाणुवाद' (Psychological Atomism) है।

देखिये—Psychological Atomism.

Sub-alternation [सब्-ऑल्टर्नेशन] : उपनिहित प्रतियोग।

दो तर्कवाक्यों में ऐसा प्रतियोग-सम्बन्ध जिसमें केवल परिमाण का भेद होता है। उपनिहित प्रतियोग में दोनों वाक्यों का गुण समान होता है। उदाहरणार्थ, 'सब भारतीय कलाप्रेमी हैं', 'कुछ भारतीय कलाप्रेमी हैं'। यहाँ केवल परिमाण भिन्न है, गुण समान है।

Sub-conscious Mind [सब्-कॉन्शस माइण्ड] : अवचेतन मन।

मन का वह भाग जो चेतना के नीचे होता है। इसमें रहनेवाली प्रवृत्तियाँ, इच्छाएँ इत्यादि व्यक्ति को ज्ञात नहीं होतीं, लेकिन विशेष मनोविश्लेषण-विधियों से उन्हें चेतना के स्तर में लाया जा सकता है।

लाइबनित्स के लघु-प्रत्यक्ष-सिद्धान्त में अवचेतन मन की ओर संकेत है।

कलादर्शन में कलाकार की सृजनात्मक प्रेरणा को अवचेतन मन के प्रत्यय द्वारा समझने का प्रयत्न आधुनिक युग में किया गया है।

Sub-Contrariety [सब्-कॉन्ट्रेराइटी] : उपविरोधी प्रतियोग।

देखिये—Sub-Contrary Opposition.

Sub-Contrary Opposition [सब्-कॉन्ट्रेरी ऑपोज़ीशन] : उपविरोधी प्रतियोग।

दो अंशव्यापी तर्कवाक्यों में ऐसा प्रतियोग-सम्बन्ध जिसमें उद्देश्य और विधेय समान होते हुए गुण में भेद होता है। उदाहरणार्थ, 'कुछ फल मीठे हैं' और 'कुछ फल मीठे नहीं हैं'। यहाँ परिमाण का भेद नहीं है, क्योंकि दोनों तर्कवाक्य अंशव्यापी हैं; लेकिन गुण में भेद है, क्योंकि पहला तर्कवाक्य विधायक (Affirmative) है और दूसरा निषेधक (Negative)।

Subject [सब्जे'क्ट] : उद्देश्य, ज्ञाता, कर्त्ता, प्रयोज्य।

परम्परागत तर्कशास्त्र में, 'कर्त्ता' (Subject) वह पद है जिसके बारे में विधेय का विधान या निषेध किया जाता है। आधुनिक तर्कशास्त्र के कुछ विचारकों के अनुसार सभी तर्कवाक्य उद्देश्य-विधेय आकार के नहीं होते। बिना उद्देश्यवाले तर्कवाक्य भी हो सकते हैं; व्याकरणात्मक और तार्किक उद्देश्य का एक होना आवश्यक नहीं।

ज्ञानमीमांसा में, 'कर्त्ता' (Subject) शब्द का अर्थ है वह सत्ता जो ज्ञेयवस्तु को ग्रहण करे, अर्थात् ज्ञाता। इस सत्ता के स्वरूप के विषय में मतभेद है। कुछ दार्शनिकों ने इसे मन कहा है, अन्य दार्शनिकों ने आत्मा।

नीतिशास्त्र में, 'कर्त्ता' (Subject) वह है जो नैतिक मूल्यों के सन्दर्भ में कोई निर्णय दे।

मनोविज्ञान में, 'कर्त्ता' (Subject) वह व्यक्ति है जिसका वैज्ञानिक उद्देश्य से निरीक्षण किया जाय, या जिस पर प्रयोग किया जाय।

Substance [सब्स्टैन्स] : द्रव्य पदार्थ।

वह जो किसी वस्तु के गुणों का आधार है और उसे अन्य वस्तुओं से पृथक् करता है। कुछ दार्शनिकों (जैसे देकार्त, लॉक) ने भौतिक द्रव्य और आत्मिक द्रव्य दोनों को स्वीकार किया। बर्कले ने भौतिक द्रव्य का निषेध किया और केवल आत्मिक द्रव्य (Spiritual Substance) को माना। ह्यूम के अनुसार अनभव प्रवाह की सत्ता को ही हम निश्चित रूप से स्वीकार कर सकते हैं, द्रव्य एक कल्पना मात्र है।

स्पिनोज़ा के दर्शन में 'Subtance' शब्द का एक विशेष अर्थ में प्रयोग किया गया है। स्पिनोज़ा के अनुसार ईश्वर ही एकमेव द्रव्य है।

Substratum : [सबस्ट्रेटम] : अधिष्ठान, मौलिक तत्त्व, अन्तर्निहित तत्त्व।

वह, जो गुणों का आधार हो। वह, जो किसी वस्तु के सभी गुणों का व्यवकलन करने के बाद शेष रहता हो। उदाहरणार्थ, यदि पुष्प में से गन्ध, वर्ण, मृदुलता इत्यादि सभी गुणों को निकाल दिया जाय तो जो तत्त्व बच रहेगा वह पुष्प के इन गुणों का 'मौलिक तत्त्व'(Substratum) होगा। इस कल्पना को एक विशाल रूप देकर कुछ प्राचीन दार्शनिकों ने समस्त विश्व के 'मौलिक तत्त्व' को ढूंढने का यत्न किया।

आधुनिक दर्शन में भाषा का तार्किक विश्लेषण करते हुए कुछ विचारकों ने यह दिखाना चाहा है कि इस प्रकार के मौलिक तत्त्व में विश्वास करने की न तो आवश्यकता है, न उसके लिए कोई आधार है। परम्परागत तर्कशास्त्र में उद्देश्य और विधेय एक-दूसरे के लिए आवश्यक माने जाते हैं। इसी के प्रभाव से यह विचार भी सर्व-स्वीकृत हो गया है कि गुणों का भी कोई मौलिक आधार होना अनिवार्य है।

Sui Generis [सुइ जे'ने'रिस] : स्वजातिक, अनन्यजातिक।

वह, जो अपने वर्ग का एकमात्र प्रतिनिधि हो। वह, जो पूर्णतया मौलिक और

अतुलनीय हो। अन्ततः, परम-सत्ता या ईश्वर को ही अद्वितीय कहा जा सकता है।

Summists [समिस्ट्स] : सारांशकार।

मध्ययुग में कुछ लेखकों को यह उपाधि दी गई थी जिन्होंने अपने ग्रन्थों में महत्वपूर्ण धार्मिक और दार्शनिक समस्याओं की संक्षिप्त समीक्षा प्रस्तुत की थी। ऐसे ग्रन्थ, जिन्हें विश्वविद्यालयों में पाठ्य-पुस्तकों का स्थान प्राप्त था, Summaries of Sentences या Books of Sentences कहलाते थे, और उनके रचयिताओं को Summists कहा जाता था।

Summum Bonum [समम् बोनम्] : सर्वोच्च शुभ।

मानवीय व्यवहार का अन्तिम साध्य या उद्देश्य, जिसका मूल्य अपने-आप में शुभ हो और किसी अन्य उद्देश्य या साध्य की पूर्ति पर निर्भर न हो। विभिन्न नैतिक विचारधाराओं में विभिन्न साध्यों को 'सर्वोच्च शुभ' माना गया है, जैसे सुख, शान्ति, ईश्वरानुभूति, सन्तोष, इत्यादि।

Summum Genus [समम् जीनस] : उच्चतम जाति।

वह जाति या वर्ग जिससे अधिक व्यापक कोई अन्य जाति या वर्ग नहीं हो सकता। उच्चतम जाति स्वयं किसी अन्य जाति की उपजाति नहीं हो सकती।

Syllogism [सिलॉजिज़्म] : हेत्वनुमान, हेतुमत्।

वह निगमनात्मक व्यवहित अनुमान जिसमें दो आधारवाक्यों की सहायता से निष्कर्ष प्राप्त किया जाता है, 'हेत्वनुमान' में निष्कर्ष आधारवाक्यों से अधिक व्यापक नहीं हो सकता, क्योंकि यह निगमनात्मक अनुमान है। इसमें आधारवाक्यों को सिद्ध नहीं किया जाता, बल्कि उनकी सत्यता को स्वीकार कर लिया जाता है। उदाहरणार्थ :

सब फल मीठे हैं;
आम एक फल है;
इसलिए, आम मीठा है।

यहाँ निष्कर्ष 'आम मीठा है' आधारवाक्य' 'सब फल मीठे हैं' से कम व्यापक है। निष्कर्ष दोनों आधारवाक्यों को साथ रखकर निकाला गया है; और आधारवाक्यों को सत्य मान लिया गया है। हो सकता है कि पहला आधारवाक्य 'सब फल मीठे हैं' वास्तव में असत्य हो, लेकिन तार्किक क्रिया के लिए उसको सत्य स्वीकार कर लिया गया है।

हेत्वनुमान में तीन तर्कवाक्य होते हैं, जिनमें से पहले दो वाक्यों को आधारवाक्य (Premises) और तीसरे को निष्कर्ष (Conclusion) कहते हैं। प्रत्येक तर्कवाक्य में दो पद होते हैं और समस्त हेत्वनुमान में तीन पद होते हैं, क्योंकि प्रत्येक पद दो बार प्रयुक्त होता है।

हेत्वनुमन दो प्रकार के हो सकते हैं : शुद्ध (Pure) और मिश्र (Mixed)। शुद्ध हेत्वनुमान में तर्कवाक्य सम्बन्ध की दृष्टि से समान होते हैं, अर्थात् वे या तो सभी निरपेक्ष होते हैं, या सभी सोपाधिक, या सभी वियोजक। मिश्र हेत्वनुमान में तर्कवाक्य सम्बन्ध की दृष्टि से अलग-अलग होते हैं।

निरपेक्ष हेत्वनुमान के कुछ निश्चित नियम होते हैं।

देखिये—Premises, Pure Syllogism, Mixed Syllogism.

Symbol [सिम्बॅल] : प्रतीक।

वह कृत्रिम चिह्न या संकेत जो किसी वस्तु, विचार या कल्पना को व्यक्त करे। साधारणतः मानवीय जीवन के बौद्धिक और रचनात्मक पक्षों में ही 'प्रतीकों' का प्रयोग स्वीकार किया जाता है। उदाहरणार्थ, आकाश में बादल देखकर हम उसे प्रकृति में प्रयुक्त वर्षा का प्रतीक नहीं कहते, लेकिन एक चित्रकार बादल की एक छोटी-सी आकृति को वर्षाऋतु के सम्पूर्ण वातावरण के प्रतीक का रूप दे सकता है। तात्पर्य यह कि प्रतीक मानव-मन का ही आविष्कार है।

लेकिन इसका मतलब यह नहीं कि प्रत्येक प्रतीक पूर्णतया चेतन अवस्था में,

जान-बूझकर, प्रयुक्त किया जाता है। फ्रॉयड ने दिखाया है कि बहुत से प्रतीक अचेतन मन द्वारा प्रयुक्त होते हैं। स्वप्नों में जिन प्रतीकों का अनुभव होता है वे इसी श्रेणी के हैं।

प्रतीक नितान्त व्यक्तिगत नहीं होते। वे ऐसे चिह्न हैं जिनका अर्थ सामाजिक तथा सांस्कृतिक परम्पराओं पर किसी-न-किसी सीमा तक निर्भर है, यद्यपि यह सम्भव है कि कोई व्यक्ति किसी प्रतीक के अर्थ में क्रान्तिकारी परिवर्तन कर सके।

प्रतीकों के दो कार्य हैं: (१) किसी जटिल वस्तु या परिस्थिति को संक्षेप में व्यक्त करना, और (२) किसी ऐसे विचार या ऐसी मनोवृत्ति को, जो नैतिक दृष्टि से वांछनीय न हो, इस तरह व्यक्त करना कि वह निरीह प्रतीत हो।

Symbolic Logic [सिम्बॉलिक लॉजिक] : प्रतीकात्मक तर्कशास्त्र।

अरस्तू ने तर्कवाक्यों के चार आकार निश्चित किये थे जिन्हें पाश्चात्य तर्कशास्त्र में A, E, I तथा O Proposition कहते हैं। अरस्तू के अनुसार वे सभी वाक्य तार्किक दृष्टि से स्वीकार्य हैं जो इनमें से किसी-न-किसी आकार में ढाले जा सकते हैं। उन्नीसवीं शताब्दी के अन्त में पियर्स ने इन आकारों से अधिक सूक्ष्म तार्किक आकारों की कल्पना की और बीजगणित की शैली में उन्हें व्यक्त करने के लिए कुछ प्रतीक बनाए। यहीं से आधुनिक प्रतीकात्मक तर्कशास्त्र का प्रारम्भ होता है।

पियर्स की कल्पना को विकसित करते हुए फ्रेगे, रसेल आदि ने प्रतीकों की संख्या में वृद्धि की और गणित के सूत्रों में तार्किक वाक्यों को व्यक्त करने के लिए एक विस्तृत तन्त्र की रचना की। भाषा के स्थान पर प्रतीकों का प्रयोग करते हुए इस विधि ने दर्शन के इतिहास में एक नया कदम उठाया है। एक प्रतीक सर्वत्र एक ही अर्थ में प्रयुक्त होता है, और इसलिए अर्थ के समझने में संदिग्धता की आशंका नहीं रहती। प्रतीकात्मक तर्कशास्त्र के प्रतिनिधियों में डब्ल्यू० ई० जॉनसन, एल० एस० स्टेबिंग और आर० एम० ईटन के नाम उल्लेखनीय हैं।

Symbolism [सिम्बॉलिज़्म] : प्रतीकीकरण, प्रतीकवाद।

पहले अर्थ में, प्रतीकों के निर्माण की क्रिया। तार्किक प्रतीकीकरण के लिए तीन बातें आवश्यक मानी जाती हैं: संक्षिप्तता, स्पष्टता और व्यवस्थिता।

फ्रॉयड के अनुसार स्वप्नों में अचेतन मन पहले कुछ प्रतीकों का चुनाव करता है और फिर उन्हें संयुक्त करके दमन की गई इच्छाओं को उनके द्वारा व्यक्त करता है, और इस तरह अप्रत्यक्ष रूप से सन्तोष प्राप्त करता है।

दूसरे अर्थ में, यह कलादर्शन के एक सम्प्रदाय या आन्दोलन का नाम है जो सौन्दर्यानुभूति के बाह्यीकरण में प्रतीकों को अत्यन्त महत्त्वपूर्ण समझता है और (अपने उत्कट रूप में) प्रतीकों को कलात्मक अभिव्यक्ति का एकमात्र माध्यम समझता है। इस आन्दोलन का चरम विकास उन्नीसवीं शताब्दी में फ्रांस में हुआ, और इसने काव्य और चित्रकला की दार्शनिक व्याख्याओं को विशेष रूप से प्रभावित किया।

Sympathy [सिम्पे'थी] : सहानुभूति।

रसशास्त्र में कलाकार द्वारा किसी व्यक्ति के आन्तरिक अनुभव के साथ ऐसा तादात्म्य जिसकी कलात्मक अभिव्यक्ति सम्भव हो; या कलाकृति का रसोपभोग करनेवाले का कलाकार की आन्तरिक अनुभूति के साथ तादात्म्य। यह तादात्म्य संवेदनात्मक होता है, न कि बौद्धिक।

नीतिशास्त्र में, एक व्यक्ति द्वारा दूसरे व्यक्ति की कठिनाइयों, दुःखों या जरूरतों को समझने और उनमें सहभागी होने की क्षमता। यह क्षमता नैतिक पदार्थवाद (Ethical Altruism) का आधार है।

Syncategorematic Word [सिन्केटे'-

गोरमेटिक वर्ड] : पदयोज्य शब्द ।

वह शब्द जो स्वयं तार्किक पद के रूप में प्रयुक्त नहीं हो सकता, लेकिन किसी पदयोग्य शब्द के साथ मिलकर तार्किक पद बन सकता है। उदाहरणार्थ, 'मैं और वह', 'भारत का राजदूत'—यहाँ 'और' तथा 'का' पदयोज्य शब्द हैं, क्योंकि ये अपने-आप में न उद्देश्य बन सकते हैं, न विधेय।

Syncretism [सिंक्रेटिज़्म] : एकवाक्यता-साधन, सिद्धान्त-समन्वय, समन्वयीकरण।

विरुद्ध तत्त्वों में अनुरूपता-निर्माण। इस पद का प्रयोग सबसे पहले प्लूटार्क ने राजनीतिक अर्थ में किया। उसके अनुसार यह आत्मरक्षा की मूल प्रवृत्ति है जो बाहरी खतरे के समय आपस के भेद मिटाकर एकता स्थापित करती है। बाद में व्यावहारिक प्रवृत्तियों के साथ-साथ विचारों के एकीकरण के अर्थ में भी इस पद का प्रयोग किया जाने लगा। पन्द्रहवीं शताब्दी में कैथोलिक विचारक बेसैरिआँ ने प्लेटो और अरस्तू के दार्शनिक सिद्धान्तों में सामंजस्य स्थापित करने का जो प्रयत्न किया उसे भी 'सिंक्रे'टिज़्म' कहा गया।

Synechism [साइने'किज़्म] : सातत्य-वाद।

सी० एस० पियर्स द्वारा प्रतिपादित सिद्धान्त, जिसके अनुसार कोई भी दार्शनिक व्याख्या तब तक सन्तोषजनक नहीं हो सकती जब तक वह सातत्य को दर्शन का सबसे महत्त्वपूर्ण आधार न समझे। पियर्स ने 'सातत्य' को बहुत व्यापक अर्थ में लिया है। उसके अनुसार 'सातत्य' का मतलब है तथ्यों की सर्वांगीण और सम्पूर्ण परस्पर-निर्भरता। पियर्स ने अपने सिद्धान्त का यह नाम इसलिए रखा कि व्युत्पत्ति की दृष्टि से 'साइने'किज़्म का अर्थ है 'संयुक्त बनाए रखना' ('hold together')।

Synonymous Definition [सिनॉनिमस डे'फ़िनिशन] : समानार्थक परिभाषा।

वह दोषपूर्ण परिभाषा जिसमें परिभाष्य पद का, या उसके समानार्थी किसी अन्य पद का प्रयोग किया गया हो, जैसे 'नेता उस मनुष्य को कहते हैं जो नेतृत्व करे'। यह 'चक्रक परिभाषा' का एक रूप है।

देखिये—Circular Definition.

Synthesis [सिन्थे'सिस] : संश्लेषण, संवाद, पक्ष-विपक्ष-समन्वय।

वह तार्किक क्रिया जिससे पृथक् विचारों को सुसम्बन्धित किया जाय। व्यापक अर्थ में प्रत्येक ऐसा वाक्य, जिसमें उद्देश्य के लिए विधेय अनिवार्य न हो, एक संश्लेषण की ओर संकेत करता है।

देखिये—Synthetic Judgment.

हेगेल और मार्क्स के दर्शन में द्वन्द्वात्मक प्रक्रिया के तीसरे चरण को 'समन्वय' कहते हैं। वाद (Thesis) और प्रतिवाद (Anti-thesis) के विरोध का अतिक्रमण करते हुए संवाद (समन्वय) सामने आता है। लेकिन विकास-क्रिया में 'संवाद' स्वयं फिर वाद बन जाता है और फिर उसका विरोध प्रतिवाद से होता है।

देखिये—Dialectics.

Synthetic Judgment [सिन्थे'टिक जजमे'ण्ट] : संश्लेषणात्मक निर्णय।

वह निर्णय जिसमें विधेय पहले ही से उद्देश्य के गुणार्थ में समाविष्ट न हो। ऐसे निर्णय ज्ञान की वृद्धि करते हैं, जबकि विश्लेषणात्मक निर्णय केवल विचारों का स्पष्टीकरण करते हैं।

काण्ट ने अपनी ज्ञानमीमांसा का प्रारम्भ इस प्रश्न से किया : 'क्या संश्लेषणात्मक निर्णय अनुभव-निरपेक्ष या प्रागनुभविक हो सकते हैं?' उसने इस प्रश्न का स्वीकारात्मक उत्तर देते हुए प्राकृतिक विज्ञान और दर्शन की सम्भाव्यता सिद्ध की।

Synthetic Philosophy [सिन्थे'टिक फ़िलॉसफ़ी] : संश्लेषणात्मक दर्शन, समन्वयात्मक दर्शन।

हर्बर्ट स्पेन्सर ने अपने दर्शन को यह नाम दिया। उसके विचार से विकास-

वादी दर्शन एक विश्वव्यापी विज्ञान है जिसका लक्ष्य विशिष्ट विज्ञानों के मूल सत्यों का संश्लेषण है।

Synthetic Proposition [सिन्थे'टिक प्रॉपोज़िशन] : संश्लेषणात्मक तर्कवाक्य।

ऐसा तर्कवाक्य जिसमें विधेय किसी नये तथ्य को व्यक्त करता है, जो उद्देश्य के गुणार्थ के विश्लेषण से स्पष्ट नहीं हो सकता। इसे 'वास्तविक तर्कवाक्य' भी कहते हैं।

देखिये—Real Proposition.

Tabula Rasa [टेबुला रासा] : 'कोरी पटिया'।

लॉक के दर्शन में मन को 'कोरी पटिया' कहा गया है जिस पर अनुभव से ही संस्कार अंकित होते हैं। लॉक के अनुसार अनुभव ही ज्ञान का एकमात्र स्रोत है। वह जन्मजात प्रत्ययों को अस्वीकार करता है।

Tautology [टॉटोलो'जी] : पुनरुक्ति।

वह दोषपूर्ण तर्क जिसमें निष्कर्ष किसी नये तथ्य की सूचना नहीं देता बल्कि आधारवाक्यों में कही गई बात को ही शाब्दिक हेर-फेर के साथ दोहराता है।

कुछ विचारकों (जैसे, मिल) के अनुसार सम्पूर्ण निगमनात्मक तर्कशास्त्र 'पुनरुक्ति' से दूषित है। निगमन में तर्क सामान्य से विशेष की ओर अग्रसर होता है। सामान्य व्यक्तीकरण में विशेष का व्यक्तीकरण पहले ही हो चुका होता है, और कोई नयी बात सामने नहीं आती।

देखिये—Petitio Principii.

Techne [टेक्नी] : कलोपकारक ज्ञान, रचनात्मक ज्ञान-सिद्धान्त।

ज्ञान के ऐसे सिद्धान्त जिनसे केवल 'निष्क्रिय बोध' प्राप्त न हो बल्कि वस्तुओं के 'उत्पादन' या रचना में सहायता मिले, या किसी उद्देश्य की पूर्ति की ओर अग्रसर हुआ जा सके। 'टेक्नी' एक विशुद्ध ग्रीक शब्द है और व्यवस्थित ज्ञान के क्रियात्मक या व्यवहारोपयोगी पक्ष को व्यक्त करता है।

Teleological Argument [टीलिओलॉजिकल आर्ग्युमे'ण्ट] : प्रयोजनमूलक युक्ति।

वह युक्ति जिसमें विश्व की प्रयोजनशीलता के आधार पर ईश्वर के अस्तित्व को सिद्ध किया जाता है। बहुत से मध्ययुगीन दार्शनिकों ने, और आधुनिक युग में देकार्त ने, इस तर्क को स्वीकार किया है। पैले के ग्रन्थ 'Natural Theology' में इस युक्ति का विस्तृत विवेचन है।

इस युक्ति का रूप कुछ इस तरह का है : विश्व को हम चाहे समग्र रूप में देखें, या उसके विविध पक्षों को देखें, लक्ष्यपूर्ति के प्रमाण हमें पग-पग पर दिखाई पड़ते हैं। लक्ष्यपूर्ति, या साधन को साध्य के अनुकूल बनाना, एक चेतन शक्ति की ओर संकेत करता है। इसलिए विश्व के पीछे एक आदि-चेतन शक्ति है, जो विश्व को साधन के रूप में प्रयुक्त करती है; यही शक्ति ईश्वर है।

कभी-कभी यह तर्क 'लक्ष्य' के बदले 'व्यवस्था' पर बल देता है।

देखिये—Argument from Design.

Teleology [टीलिऑलो'जी] : प्रयोजनवाद।

तथ्यों या घटनाओं की व्याख्या करते हुए जब लक्ष्य, उद्देश्य या 'अन्तिम कारण' पर बल दिया जाता है तो ऐसे दृष्टिकोण को प्रयोजनवादी कहा जाता है। यह यन्त्रवादी दृष्टिकोण को पूर्णतया अस्वीकार करता है। मानव-जीवन में ही नहीं, वरन् प्रकृति में भी एक प्रयोजन की प्रेरणा से प्रत्येक कार्य या परिवर्तन हो रहा है, यह विश्वास बहुत प्राचीन है। दर्शन में अरस्तू ने सबसे पहले इसे व्यवस्थित रूप दिया और 'अन्तिम कारण' के सिद्धान्त द्वारा इस विश्वास को व्यक्त किया।

नीतिशास्त्र में प्रयोजनवादी दृष्टिकोण कर्म के बाह्य या आकारगत औचित्य पर ज़ोर नहीं देता वरन् कर्म के अन्तिम

लक्ष्य को ही नैतिक मानक मानता है। मनोविज्ञान में प्रयोजनवाद उत्कट व्यवहारवाद के विरुद्ध एक प्रतिक्रिया है। मैक्डूगल ने (जो कि प्रयोजनवाद के प्रमुख प्रतिनिधियों में था) वैज्ञानिक तथा धार्मिक प्रयोजन के अन्तर की ओर ध्यान दिलाया। धार्मिक प्रयोजनवाद समस्त विश्व को ईश्वर या परमात्मा की प्रयोजन-सिद्धि का माध्यम समझता है लेकिन वैज्ञानिक प्रयोजनवाद यह प्रश्न नहीं उठाता कि विश्व के अस्तित्व का क्या प्रयोजन है। वह विश्व के अन्तर्गत जो घटनाएँ होती हैं उनका, और विशेषतः जीवधारियों के व्यवहार का अध्ययन करते हुए आदर्शों और लक्ष्यों पर दृष्टि रखता है।

देखिये—Final Cause, End.

Temperance [टे'म्परे'न्स] : संयम।

प्लेटो के नीतिशास्त्र में स्वीकृत चार मुख्य सद्गुणों में से एक। आदर्श राज्य में यह सद्गुण विशेष रूप से श्रमिकवर्ग के लिए वांछनीय बताया गया है, क्योंकि प्लेटो के मतानुसार श्रमिकवर्ग का एकमात्र कर्तव्य शासकों की आज्ञा पर चलते हुए अपनी स्वच्छन्दता का दमन करना है।

देखिये—Cardinal Virtues.

Term [टर्म] : पद।

वह शब्द या शब्द-समूह जिसका किसी तर्कवाक्य में उद्देश्य या विधेय के रूप में प्रयोग किया जा सके। प्रत्येक पद शब्द या शब्द-समूह होता है, लेकिन प्रत्येक शब्द का पद होना अनिवार्य नहीं है। बहुत से ऐसे शब्द हैं (उदाहरणार्थ, सम्बोधनसूचक शब्द) जो पदों का स्थान नहीं ले सकते।

Tertiary Quality [टर्टिअरी क्वॉलिटी] : तृतीयक गुण।

ऐसा गुण जो ज्ञाता की प्रतिक्रिया के परिणामस्वरूप वस्तु पर आरोपित किया जाय। लॉक ने वस्तुओं के प्राथमिक और द्वितीयक गुणों का भेद स्पष्ट किया। उसके अनुसार प्राथमिक गुण वस्तु में होता है और द्वितीयक गुण ज्ञाता या अनुभवकर्ता पर निर्भर होता है। उदाहरणार्थ, वृक्ष का हरापन द्वितीयक गुण है, उसका विस्तार प्राथमिक गुण है। कुछ विचारकों (जैसे, अलैक्ज़ेंडर) ने इस बात की ओर ध्यान दिलाया कि एक तीसरी श्रेणी के भी गुण हो सकते हैं जो व्यक्ति के अनुभव पर ही नहीं बल्कि उसके मूल्यात्मक निर्णय पर भी निर्भर होते हैं। यदि कोई कहे कि 'वह वृक्ष अच्छा है', तो वृक्ष के 'अच्छेपन' को न प्राथमिक गुणों के वर्ग में रखा जा सकता है, न द्वितीयक गुणों के। उसे तृतीयक गुण ही कहना पड़ेगा।

कभी-कभी 'तृतीयक गुण' पद एक विशेष अर्थ में प्रयुक्त होता है—अर्थात् "वे गुण जो वस्तु के कलात्मक या सौन्दर्यात्मक पक्ष से सम्बन्धित हैं।"

Theism [थीइज़्म] : ईश्वरवाद।

वह धार्मिक या दार्शनिक मत जिसके अनुसार ईश्वर सर्वोच्च सत्ता है, परन्तु एकमात्र सत्ता नहीं है। जगत् और मानव-आत्मा भी वास्तविक सत्ताएँ हैं, यद्यपि उनका अस्तित्व ईश्वर पर निर्भर है।

ईश्वर को विश्व में पूर्णतया व्याप्त माननेवाला सिद्धान्त दार्शनिक दृष्टि से चाहे सन्तोषजनक सिद्ध हो, धार्मिक दृष्टि से नहीं होता। यदि मानवीय आत्मा और प्रत्यक्ष जगत् को 'माया' कहकर उनके अस्तित्व को अस्वीकार किया गया तो नैतिक और धार्मिक मान्यताएँ निरर्थक-सी हो जाती हैं। इसलिए (ईश्वरवाद के अनुसार) ईश्वर को परमात्मा के रूप में, सर्वज्ञ-सर्वशक्तिमान्-न्यायशील प्रभु के रूप में देखना होगा।

देखिये—Pantheism.

Theistic Personalism [थीइस्टिक पर्सनलिज़्म] : ईश्वरवादी व्यक्तिवाद।

वह धार्मिक सिद्धान्त जिसमें 'विश्वातीत ईश्वर' (Transcendent God) और विश्व-व्याप्त ईश्वर (Immanent God)

की कल्पनाओं का समन्वय किया गया है। ऐसा समन्वय 'व्यक्तित्व' की धारणा के ही आधार पर सम्भव है। ईश्वरवादी व्यक्तिवाद का यह भी दावा है कि वह धार्मिक और दार्शनिक आवश्यकताओं को एक साथ ध्यान में रखते हुए मानवीय चेतना को सर्वांगीण सन्तोष प्रदान करता है।

देखिये—Theism.

Theocracy [थिऑक्रे'सी] : धर्मतन्त्र (वाद), ईश्वरीय राज्य, धर्ममूलक राज्य।

(१) वह राजनीतिक मत जिसके अनुसार ईश्वर एकमात्र शासक है और राजनीतिक विधान दैवी इच्छा के अधीन है।

(२) वह सिद्धान्त जो राज्य-व्यवस्था को संगठित धर्म के प्रतिनिधियों के हाथ में सौंपने का समर्थन करता है।

(३) राज्यदर्शन में वह दष्टिकोण जिसके अनुसार धार्मिक मूल्यों की साधना ही समाज का चरम लक्ष्य है; परम्परागत धर्मोपदेश को परिवर्तनशील नैतिक धारणाओं से अधिक विश्वसनीय समझना चाहिए; और राजकीय आदेश को धार्मिक आदेश से निम्न श्रेणी का मानना चाहिए।

आधुनिक राजनीति-दर्शन में 'थिऑक्रे सी' का परित्याग करने की, और धर्मनिरपेक्ष राज्य को ही मल्यों के वास्तविक विकास के लिए उपयुक्त मानने की प्रवृति है।

Theodicy [थिऑडिसी] : ईश्वरीय न्याय-मण्डन, शुभेश्वरशास्त्र।

दर्शन या धर्मतत्त्व का वह अंग जिसमें विश्व के अशुभ-पक्ष की समस्या का निराकरण किया जाता है। समस्या यह है—ईश्वर को परमशुभ, सर्वज्ञ, सर्वशक्तिमान् माना जाता है। विश्व का निर्माण ईश्वर ने किया है, तो फिर विश्व में पाप, दुःख और अन्याय क्यों हैं ?

इस प्रश्न का उत्तर कई प्रकार से दिया गया है और इन सब उत्तरों को सामूहिक रूप से 'थिऑडिसी' कहा जाता है। ऐसे प्रयासों में सबसे प्रसिद्ध लाइबनित्स की थिऑडिसी है। लाइबनित्स ने कहा—"तात्त्विक अशुभ (Metaphysical Evil)—अर्थात् जगत् की त्रुटिपूर्णता—इसलिए है कि प्रत्येक निर्मित वस्तु ससीम और अपूर्ण होती है। शारीरिक अशुभ (Physical Evil)—अर्थात् दुःख-कष्ट—इसलिए होता है कि प्रत्येक भूल का दण्ड मिलना स्वाभाविक है। नैतिक अशुभ (Moral Evil)—अर्थात् पाप—का अस्तित्व इसलिए है कि यदि वह न हो तो पुण्य की कल्पना ही निरर्थक हो जाय।" इस तरह अशुभ की सत्ता केवल नकारात्मक है, जहाँ शुभ की सत्ता सकारात्मक है।

Theology [थिऑलो'जी] : धर्मशास्त्र।

किसी धार्मिक परम्परा के अनुगत, ईश्वर के स्वरूप और ईश्वर तथा जगत् के सम्बन्ध के विषय में अध्ययन। इस शब्द का प्रारम्भिक अर्थ 'ईश्वर-ज्ञान' था और उस समय यह अध्ययन दर्शन का एक अंग माना गया। लेकिन बाद में एक विशेष धर्म का सहारा लेकर किये गए दार्शनिक प्रश्नों के विवेचन को 'थिऑलो'जी' कहा गया, और तब से यह दर्शन का अंग नहीं रहा; क्योंकि दर्शन किसी विशिष्ट धर्म पर अपने निष्कर्ष आधारित नहीं करता। इसीलिए मध्ययुगीन यूरोप में, जब चिन्तन सभी दिशाओं में ईसाई धर्मशास्त्र से प्रभावित हुआ, दर्शन स्वयं धर्मशास्त्र का अंग बन गया।

फिर भी पाश्चात्य संस्कृति और दर्शन के विकास में धर्मशास्त्र का महत्त्वपूर्ण योगदान रहा है। धर्मशास्त्र के पंडितों को विवेक के लिए स्थान सुरक्षित रखना पड़ा और अनेक दार्शनिक समस्याओं का विवेचन धर्मशास्त्र के दायरे के अन्दर चलता रहा। जहाँ यह सही है कि आधुनिक दर्शन का इतिहास धर्मशास्त्र से मुक्तिलाभ का इतिहास है, वहाँ यह भी सही है कि सन्त आगस्ताईन और सन्त टॉमस एक्वाइनस जैसे प्रतिभाशाली विचारकों ने धर्मशास्त्र में जिन प्रश्नों के

अध्ययन का समावेश कराया था, और उन्हें हल करने के जो प्रयत्न किए थे, वे दर्शन के लिए मार्गदर्शक भी सिद्ध हुए।

देखिये—Rational Theology, Dogmatic Theology.

Theomachy [थिओमैकी] : ईश्वर-विरोध।

ऐसा मानवीय व्यवहार जो स्पष्ट रूप से ईश्वरीय संकल्प के विरुद्ध जाता हो।

Theopathy [थिओपैथी] : ईश्वरबोध।

वह धार्मिक भावना जिसमें ईश्वर के अस्तित्व का तीव्र अनुभव होता है। इस शब्द का प्रयोग हार्टले ने किया है।

Theophany [थिओफ़ैनी] : ईश्वराविर्भाव, ईश्वरदर्शन।

मानव के लिए ईश्वर द्वारा अपना स्वरूप-प्रदर्शन। ईश्वर का मानव के सम्मुख व्यक्ति के रूप में प्रकट होना। यह शब्द कुछ प्राचीन यूनानी सम्प्रदायों के धार्मिक विश्वास को व्यक्त करता है। गिल्बर्ट मरे ने यह दिखाने का प्रयत्न किया है कि इन सम्प्रदायों पर पौर्वात्य धार्मिक परम्पराओं का गहरा प्रभाव पड़ा था।

Theoretical Reason [थिओरे'टिकल रीज़न] : सैद्धान्तिक तर्कना, वैचारिक विवेक।

विवेकशक्ति का सैद्धान्तिक या बौद्धिक पक्ष, जो ज्ञान, वैज्ञानिक समीक्षा, विश्लेषण इत्यादि वैचारिक क्रियाओं से सम्बन्धित है। व्यावहारिक विवेक का विपरीत पक्ष।

यह शब्द काण्ट के दर्शन में प्रयुक्त हुआ है।

देखिये—Practical Reason.

Theoria [थिओरिआ] : चिन्तनशील ध्यान।

वह कल्याण-स्थिति जो सुख और सदाचार से सम्बन्धित होते हुए भी उन पर निर्भर नहीं होती, जिसमें आत्मोत्कर्ष की परम अभिव्यक्ति होती है, और जो नैतिक जीवन का अन्तिम लक्ष्य है। अरस्तू के अनुसार ऐसी स्थिति ध्यान की स्थिति है, लेकिन इस ध्यान में बौद्धिक प्रयास या चिन्तन स्थगित नहीं होता (जैसा कि रहस्यवादियों के ध्यान में होता है), वरन् यह ध्यान ही चिन्तन की सर्वोच्च अवस्था है। ऐसे 'चिन्तनशील ध्यान' की स्थिति को अरस्तू 'थिओरिया' कहता है।

देखिये—Eudaemonism.

Theosis [थिओसिस] : ईश्वर-प्राप्ति।

मानवीय आत्मा का अन्ततः ईश्वरीय सत्ता में विलीन हो जाना।

Thesis [थीसिस] : वाद, पक्ष, स्थापना।

द्वन्द्वात्मक प्रक्रिया का पहला स्तर या पद जो अपनी ही अपूर्णता के कारण अपने विरुद्ध प्रतिवाद या प्रतिपक्ष को जन्म देता है और उससे समन्वय-लाभ करता है।

देखिये—Dialectics, Anti-thesis.

Thing-in-itself [थिन्ग-इन-इटसे'ल्फ़] : वस्तु-सत्, स्वलक्षण।

वस्तु का विशुद्ध अस्तित्वात्मक स्वरूप, जिसमें वह मानवीय ज्ञान से बिलकुल स्वतन्त्र है। यह पद काण्ट के दर्शन में प्रयुक्त हुआ है।

Third Figure [थर्ड फ़ीगर] : तृतीय आकृति, तृतीय आकार।

हेत्वनुमान का वह रूप जिसमें मध्यपद (हेतुपद) दोनों आधारवाक्यों में उद्देश्य होता है, जैसे :

सब फल मीठे हैं;
कुछ फल स्वास्थ्यकर हैं;
इसलिए, कुछ स्वास्थ्यकर चीजें मीठी हैं।

तृतीय आकार के नियम ये हैं :

(१) पक्षवाक्य विधायक (सकारात्मक) होना चाहिए।

(२) निष्कर्ष अंशव्यापी होना चाहिए।

Time-Perception [टाइम-पर्सेप्शन] : काल-प्रत्यक्ष।

अनुभव-प्रदत्तों के विषय में यह बोध कि उनका अस्तित्व काल के आयाम में है,

और उनकी सत्ता एक विशेष अवधि के लिए है ।

Timeless (The) [द टाइमले'स] : कालातीत ।

वह सत्ता जो समय से परे हो या उससे पूर्णतया स्वतन्त्र हो, अर्थात् जिसके विषय में आदि और अन्त की कल्पनाएँ लागू न होती हों । प्लेटो के दर्शन में 'प्रत्यय' कालातीत है । वह अपरिवर्तनीय है, क्योंकि परिवर्तन उसी वस्तु में सम्भव है जो काल के माध्यम में विद्यमान हो ।

ब्रह्मवादी दार्शनिकों ने परम-सत्ता या ब्रह्म (Absolute) को कालातीत माना है । ब्रँडले के शब्दों में : "ब्रह्म का अपना कोई इतिहास नहीं है, यद्यपि उसमें असंख्य इतिहास हैं ।"

देखिये—Time, Absolute.

Timology [टाइमॉलो'जी] : मूल्यविद्या, स्वतःमूल्यवाद, श्रेष्ठत्व-मीमांसा ।

वह अध्ययन जिसमें मूल्य के वास्तविक स्वरूप की समीक्षा की जाय । इस शब्द के प्रयोग में यह विश्वास निहित है कि मूल्य व्यक्तिसापेक्ष नहीं है बल्कि उसका एक आन्तरिक अस्तित्व है जिसे उसकी बाह्य अभिव्यक्ति में आंशिक रूप से ही देखा जा सकता है ।

'Too Narrow' Definition ['टू नै'रो' डे'फ़िनिशन] : संकीर्ण परिभाषा, अव्याप्त परिभाषा ।

वह दोषयुक्त परिभाषा जो परिभाष्य पद द्वारा निर्दिष्ट सभी वस्तुओं पर नहीं बल्कि उनमें से कुछ पर ही लागू हो; जैसे—'मेज़ लकड़ी की बनी हुई, चार पैरोंवाली गोल वस्तु है जिसका प्रयोग भोजन करने के लिए किया जाता है ।' यह परिभाषा अव्याप्त है क्योंकि यह केवल गोल आकार की मेज़ों पर, और भोजन में प्रयुक्त मेज़ों पर ही लागू होती है ।

'Too Wide' Definition ['टू वाइड' डे'फ़िनिशन] : अतिव्याप्त परिभाषा ।

वह दोषयुक्त परिभाषा जिसमें परिभाष्य पद का ऐसा विवरण हो जो उस पद द्वारा निर्दिष्ट वस्तुओं के अलावा अन्य वस्तुओं पर भी लागू हो; जैसे—'राजभवन एक इमारत है ।'

Traditionalism [ट्रै'डिशनलिज़्म] : परम्परावाद ।

किसी भी ऐसी विचार-प्रवृत्ति या दृष्टि-कोण को परम्परावाद कहा जा सकता है जिसके द्वारा परम्परागत मूल्यों, मान्यताओं, पद्धतियों या आदर्शों का समर्थन होता हो । लेकिन दर्शन के इतिहास में यह पद विशेष रूप से उस प्रतिक्रियावादी विचारधारा के लिए प्रयुक्त होता है जो फ्रांस की क्रान्ति के लगभग तीस वर्ष बाद विकसित हुई । 'ज्ञानोदय-दर्शन' (Philosophy of the Enlightenment) का तीव्र विरोध करते हुए परम्परावादियों ने कहा कि सत्य केवल परम्परा में ही प्राप्त हो सकता है, क्योंकि विवेकशक्ति की क्षमता अत्यन्त सीमित है । उनके अनुसार पूर्वागत मान्यताओं में अटल विश्वास ही अच्छे समाज का उचित आधार है । जीवन के बौद्धिक तथा व्यावहारिक दोनों पक्षों में क्रान्तिकारी प्रवृत्तियाँ हानिकारक हैं, और अन्त में नैतिक तथा भौतिक उन्नति के लिए हमें परम्परा की शरण लेनी पड़ती है ।

Train of Reasoning [ट्रेन ऑफ़ रीज़निंग] : तर्कमाला ।

दो या अधिक हेत्वनुमानों की ऐसी श्रृंखला जिनसे एक ही निष्कर्ष प्राप्त होता है ।

Transcendent [ट्रै'न्से'न्डे'ण्ट]: अतीत, विश्वातीत, दृश्यातीत ।

वह जो दृश्य जगत् (Phenomenal World) से परे है । व्याप्त (Immanent) के विपरीत । ज्ञानमीमांसा में, वह जो चेतना से परे है । नीतिशास्त्र में संकल्प को दृश्यातीत कहा गया है क्योंकि वह प्रकृतिजगत् से परे है ।

कुछ धार्मिक परम्पराओं में ईश्वर को पूर्णतया दृश्यातीत माना गया है ।

देखिये—Transcendental.

Transcendental [ट्रै'न्से'न्डे'ण्टल]:अनुभवातीत, इन्द्रियातीत, अनुभवालम्बगत ।

अनुभव के मूल आधारों को काण्ट ने अनुभवातीत कहा है। 'ट्रै'न्से'न्डे'ण्ट' और 'ट्रै'न्से'न्डे'ण्टल' शब्दों को सामान्यत: एक ही अर्थ में लिया जाता है, लेकिन काण्ट के दर्शन में ये शब्द समान अर्थ नहीं रखते। 'ट्रै'न्से'न्डे'ण्ट' को काण्ट अज्ञेय (Unknowable) भी कहता है, लेकिन 'ट्रै'न्से'न्डे'ण्टल' शब्द अज्ञेयता व्यक्त नहीं करता।

Transcendental Aesthetic [ट्रै'न्से'न्डे'ण्टल ईस्थे'टिक] : इन्द्रियातीत संवेदनशास्त्र, संवेदनालम्ब-शास्त्र ।

काण्ट के प्रसिद्ध ग्रन्थ 'क्रिटिक ऑफ़ प्योर रीज़न' का प्रथम भाग, जिसमें संवेदन के दो अनिवार्य साँचों (Forms) की समीक्षा की गई है। ये साँचे हैं देश और काल। हमारे प्रकृति-ज्ञान में वैविध्य और वैचित्र्य है, लेकिन यह वैचित्र्य देश और काल में विद्यमान सत्ताओं तक ही सीमित है। देश और काल अनुभव के आधारभूत स्तम्भ (आलम्ब) हैं। वे पारमार्थिक सत्ताओं के 'गुण' नहीं हैं, बल्कि संवित्ति (Sensibility) द्वारा प्रकृति पर आरोपित साँचे या रूप हैं। इसलिए देश-काल को अनुभव की दृष्टि से वास्तविक (Empirically Real), लेकिन अनुभवातीत दष्टिकोण से प्रत्ययात्मक (Transcendentally Ideal) कहा जा सकता है।

Transcendental Dialectic [ट्रै'न्से'न्डेण्टल डायले'क्टिक] : इन्द्रियातीत द्वन्द्ववाद, तत्त्वमीमांसीय मोह-निवत्ति ।

काण्ट के प्रसिद्ध ग्रन्थ 'क्रिटिक ऑफ़ प्योर रीज़न' (विशुद्ध विवेक की आलोचना) का तृतीय और अन्तिम भाग, जिसमें संवेदन तथा विवेक की सीमाओं का विवेचन है। काण्ट यह प्रदर्शित करता है कि संवेदन के रूप और बुद्धि की धारणाएँ अनुभव के दायरे में ही काम कर सकती हैं। परमतत्त्वों के सार या स्वरूप का ज्ञान उनके द्वारा नहीं मिल सकता। ईश्वर, आत्मा या सम्पूर्ण विश्व तक विवेक की पहुँच नहीं है। लेकिन फिर भी विवेक के निर्णय बेकार नहीं समझे जा सकते; उनका अपना नियामक मूल्य है क्योंकि वे विवेक को दिशाएँ प्रदान करते हैं। वस्तुएँ 'अपने आप में' अज्ञेय हैं, क्योंकि ज्ञान के साधन अनुभव-जगत् की सीमाओं में ही उपयुक्त हैं। हम पारमार्थिक सत्ताओं (Thing-in-themselves) को नहीं, केवल 'दृश्यों' (Phenomena) को ही जान सकते हैं।

देखिये—Critique of Pure Reason.

Transcendental Logic [ट्रै'न्से'न्डे'ण्टल लॉजिक] : निर्णयालम्ब-शास्त्र, इन्द्रियातीत तर्कशास्त्र ।

काण्ट के प्रसिद्ध ग्रन्थ 'क्रिटिक ऑफ़ प्यारे रीज़न' का द्वितीय भाग, जिसमें बुद्धि (Understanding) के वैचारिक रूपों (Categories) का विवेचन है। इन रूपों द्वारा बुद्धि इन्द्रियप्रदत्त प्रत्यक्षों का समन्वय करती है और इस तरह प्रकृति के विषय में अर्थपूर्ण निर्णय (Meaningful Judgment) सम्भव होते हैं। काण्ट ने बारह वैचारिक रूपों का उल्लेख किया जिन्हें चार वर्गों में विभाजित किया गया है। ये चार वर्ग हैं : परिमाण, गुण, सम्बन्ध और निश्चयमात्रा ।

देखिये—Critique of Pure Reason, Categories.

Transcendental Method [ट्रै'न्से'न्डे'ण्टल मे'थड] : अनुभवातीत पद्धति, अनुभवालम्ब-विश्लेषण-विधि ।

काण्ट के दर्शन में वह पद्धति जिसके द्वारा अनुभव के मूल आधारों का विश्लेषण किया जाता है। ये आधार, अर्थात् अनुभव के वैचारिक रूप (Categories), स्वयं अनुभवातीत (Transcendental) हैं; इसलिए इस दार्शनिक पद्धति को काण्ट ने 'अनुभवातीत पद्धति' (Transcendental Method) का नाम दिया।

Transcendent God [ट्रॅ'न्से'न्डे'ण्ट गॉड] : 'अतीत ईश्वर'।

ईश्वर को कई अर्थों में 'अतीत' कहा गया है। पूर्णता (त्रुटियों या अभावों से परे होना), अज्ञेयता (ज्ञान-प्रक्रिया की सीमाओं से परे होना), अलौकिकता—इन सभी गुणों की ओर 'ट्रॅ'न्से'न्डे'ण्ट' शब्द का संकेत है।

कुछ विचारकों के अनुसार ऐसे ईश्वर की कल्पना से मानव की धार्मिक चेतना सन्तुष्ट नहीं होती। इसलिए ईश्वर की दूसरी कल्पना—व्याप्त ईश्वर (Immanent God) की कल्पना अनिवार्य हा जाती है।

Transient Action [ट्रॅ'न्ज़िअण्ट ऐ'क्शन] : अव्याप्त कर्म।

वह कर्म जिनके द्वारा कर्म-विषय कर्त्ता से दूर किसी अन्य वस्तु या व्यक्ति की ओर आकर्षित हो; जैसे, गेंद फेंकने की क्रिया।

यह प्रयोग स्कॉलैस्टिक दर्शन में हुआ है।

Transitive States [ट्रॅ'न्ज़िटिव स्टेट्स] : सकर्मक अवस्थाएँ, संक्रमणात्मक अवस्थाएँ।

चेतना-प्रवाह की वे अवस्थाएँ जो एक स्थायी अवस्था से दूसरी स्थायी अवस्था तक पहुँचने में सहायता देती हैं। इस पद का प्रयोग विलियम जेम्स ने किया। जेम्स के अनुसार 'संक्रमणात्मक अवस्थाएँ सम्बन्धसूचक होती हैं, न कि सत्तासूचक। चेतना-प्रवाह की इन दो अवस्थाओं का भेद भाषा में भी प्रतिबिम्बित होता है। 'किताब मेज़ के ऊपर है'—इस वाक्य में 'किताब' और 'मेज़' शब्दों से स्थायी अवस्थाओं का बोध होता है, लेकिन 'ऊपर' शब्द चेतना की 'संक्रमणात्मक अवस्था' व्यक्त करता है।

Transvaluation of Values [ट्रॅ'न्सवैल्युएशन ऑफ़ वैल्यूज़] : मूल्यों का मूल्यान्तरण।

नीत्शे के दर्शन में 'मूल्यों के मूल्यान्तरण' की माँग इसलिए की गई है कि इसके बिना 'अतिमानव' का पदार्पण नहीं हो सकता। नीत्शे के अनुसार उन्नति का अर्थ है महापुरुषों की उत्पत्ति। लेकिन साधारण मानव तभी अतिमानव बन सकता है जब वह उन परम्परागत मूल्यों और आदर्शों का त्याग करे जिनके पाश में वह जकड़ा हुआ है। ईसाई धर्म का दृष्टिकोण मनुष्य को शक्तिशाली नहीं बनाता, न उसकी संकल्पशक्ति को दृढ़ बनाता है। प्रेम, अहिंसा और सहानुभूति को महत्त्व देने वाली नैतिकता दासों के लिए उपयुक्त है, स्वामियों के लिए नहीं—और भावी अतिमानवों को स्वामित्व करना है। आधुनिक पूँजीवादी सभ्यता का आदर्श भी अत्यन्त संकीर्ण है, उसकी दृष्टि केवल उपयोगिता पर है; महिमा, शौर्य और श्रेष्ठता पर नहीं। इसलिए सभी मूल्यों में क्रान्तिकारी परिवर्तन जब तक नहीं होता तब तक एक ऐसे समाज का निर्माण असम्भव है जिसमें मानवीय संकल्पशक्ति (Will) उच्चतम सफलताएँ प्राप्त कर सके।

Tree of Porphyry [ट्री ऑफ़ पॉर्फ़िरी] : पॉर्फ़िरी का वृक्ष।

पॉर्फ़िरी द्वारा प्रस्तुत द्विवर्गाश्रित विभाजन, जो इस प्रकार है :

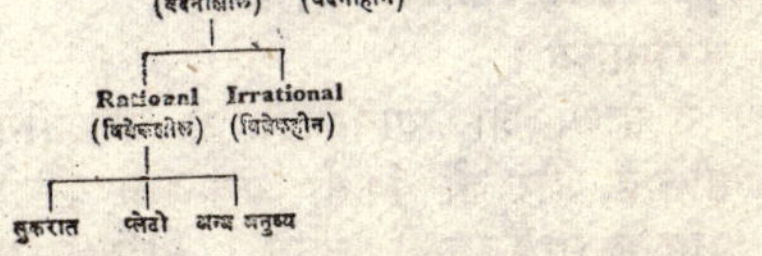

Truth [ट्रूथ] : सत्यता।

ज्ञान का वास्तविकता के अनुसार होना। विचार और सत्ता की पारस्परिक अनरूपता। ज्ञानमीमांसा में, 'सत्यता' के स्वरूप की व्याख्याएँ तीन विभिन्न

सिद्धान्तों के अनुसार की गई हैं । इन व्याख्याओं का प्रतिपादन करनेवाले सिद्धान्त हैं : संवाद-सिद्धान्त (Correspondence Theory), संगति-सिद्धान्त (Coherence Theory) और अर्थक्रिया-सिद्धान्त (Pragmatic Theory)।

देखिये—Correspondence Theory of Truth, Coherence Theory of Truth, Pragmatic Theory of Truth.

Tychism [टाइकिज़्म] : संयोगवाद ।

पियर्स के अनुसार यह सिद्धान्त कि संयोग एक कार्यशील वस्तुगत सत्ता है जिसका प्रभाव विचारों के विकास पर भी पड़ता है। इस सिद्धान्त का उद्देश्य वैचारिक क्षेत्र में आकस्मिकता के महत्त्व की ओर ध्यान दिलाना है ।

ग्रीक भाषा में Tyche का अर्थ संयोग है।

Ultimate (The) [द अल्टिमेट] : चरम, परम, अन्तिम ।

यहाँ 'अल्टिमेट' ('चरम') शब्द को संज्ञा के रूप में लिया गया है, न कि विशेषण के। इस अर्थ में 'चरम' का मतलब है : उच्चतम सत्ता; अन्तिम कारण; या वह धारणा जिसके आगे विचार-प्रक्रिया न बढ़ सके ।

कभी-कभी 'ऐ'ब्सोल्यूट' और 'अल्टिमेट' दोनों शब्द समान अर्थ में प्रयुक्त होते हैं। लेकिन कुछ विचारक 'ऐ'ब्सोल्यूट' से परमसत्ता का तात्त्विक रूप और 'अल्टिमेट' से उसका वैचारिक रूप व्यक्त करते हैं ।

Ultimate Ends [अल्टिमेट ए'ण्ड्स] : चरमसाध्य ।

वे साध्य जो अपने-आप में वांछनीय होते हैं, और जो किसी अन्य साध्य की पूर्ति के साधन नहीं बनते । नीतिशास्त्र चरमसाध्यों पर आधारित है, न कि तात्कालिक साध्यों पर ।

Uncertainty Principle [अन्सर्टे'न्टी प्रिंसिपुल] : अनिश्चितता का सिद्धान्त ।

कुछ आधुनिक भौतिकशास्त्रज्ञों ने यह दिखाने का प्रयत्न किया है कि यदि प्राकृतिक परिवर्तनों का सूक्ष्म निरीक्षण किया जाय तो कार्य-कारण-सम्बन्ध की अनिवार्यता के विषय में सन्देह हो सकता है। विद्युदणुओं (Electrons) के व्यवहार में वह निश्चितता नहीं दिखाई पड़ती जिसकी हमें आशा करनी चाहिए ।

भौतिकशास्त्र के इस नये सिद्धान्त को 'अनिश्चितता का सिद्धान्त' कहा गया है। कुछ दार्शनिकों ने इस सिद्धान्त की सहायता से नियतत्त्ववाद का विरोध किया है। उनका दावा है कि जब भौतिकशास्त्र, जो अब तक पूर्णरूप से 'नियतत्त्ववाद' पर आधारित था, स्वयं 'स्वच्छन्दता' को प्रकृति में स्थान देने लगा है, तब व्यापक रूप से दर्शन को भी कार्य-कारण-सिद्धान्त का सार्वभौमत्व, या उसकी निरपेक्षता, नहीं माननी चाहिए।

देखिये—Determinism.

Understanding [अन्डरस्टैण्डिंग]: मति, बुद्धि ।

काण्ट की ज्ञानमीमांसा में, संवेदनशक्ति (Sensibility), और विवेक (Reason) के बीच की शक्ति । यह उन धारणाओं और वैचारिक रूपों (Categories) का उद्गम है जिनके द्वारा निर्णयों में इन्द्रियप्रदत्तों का एकीकरण और व्यवस्थीकरण होता है।

Unity of Science Movement [यूनिटी ऑफ़ साइन्स मूवमे'ण्ट] : 'वैज्ञानिक एकता' आन्दोलन ।

वैज्ञानिक अनुभववाद के प्रवर्तकों ने इस बात पर ज़ोर दिया कि प्रत्येक वैज्ञानिक प्रयास कुछ मूल धारणाओं पर आधारित है और ये धारणाएँ भाषा-विश्लेषण द्वारा ही स्पष्ट हो सकती हैं। इन मूल धारणाओं ने विज्ञान को एकता और अखण्डता प्रदान की है। चूंकि इन विचारकों ने विज्ञान की एकता को दार्शनिक दृष्टि से अत्यन्त महत्त्वपूर्ण बताया, इसलिए वैज्ञानिक अनुभववाद को कभी-कभी वैज्ञानिक

एकता का आन्दोलन भी कहा जाता है।
देखिये—Scientific Empiricism.

Universal Affirmative Proposition [यूनिवर्सल ऐ'फ़र्मेटिव प्रॉपोजिशन]: पूर्णव्यापी विधायक तर्कवाक्य।
वह तर्कवाक्य जिसमें विधेय का उद्देश्य के पूरे वस्त्वर्थ के बारे में विधान किया जाता है; जैसे, 'सब मनुष्य मरणशील हैं।'

Universalism [यूनिवर्सलिज़्म] : सामान्यवाद, सर्ववाद, शाश्वतवाद।
तत्त्वमीमांसा में, यह सिद्धान्त कि 'सामान्यों' (Universals) में ही सत्ता है, भौतिक वस्तुएँ 'सामान्यों' की अनुकृतियाँ मात्र हैं। इस अर्थ में 'यूनिवर्सलिज़्म' शब्द अब प्रचलित नहीं है; उसके स्थान पर 'आइडिअलिज़्म' (प्रत्ययवाद) का प्रयोग किया जाता है।
नीतिशास्त्र में, यह विश्वास कि नैतिकता का लक्ष्य सारी मानव-जाति का कल्याण है। इस अर्थ में 'सर्ववाद' परार्थवाद (Altruism) का विकसित रूप है।
सौन्दर्यशास्त्र में, यह सिद्धान्त कि कलात्मक मूल्य व्यक्ति के नहीं बल्कि समाज के अनुभव पर निर्भर है, या यह कि कला का मूल्य स्थायी होता है, न कि क्षणिक।

Universal Negative Proposition [यूनिवर्सल निगेटिव प्रॉपोजिशन] : पूर्णव्यापी निषेधात्मक तर्कवाक्य।
वह तर्कवाक्य जिसमें विधेय का उद्देश्य के पूरे वस्त्वर्थ के बारे में निषेध किया जाता है; जैसे, 'कोई मनुष्य अमर नहीं है।'

Universal Proposition [यूनिवर्सल प्रॉपोजिशन] : सामान्य तर्कवाक्य, पूर्णव्यापी तर्कवाक्य।
वह तर्कवाक्य जिसमें विधेय सम्पूर्ण उद्देश्य के लिए स्वीकार अथवा अस्वीकार किया जाय। परिमाण की दृष्टि से सामान्य तर्कवाक्य और विशेष तर्कवाक्य में अन्तर है। गुण की दृष्टि से सामान्य तर्कवाक्यों को दो वर्गों में विभाजित किया जा सकता है—स्वीकारात्मक और निषेधात्मक। उदाहरणार्थ—'सभी मनुष्य मर्त्य हैं' (स्वीकारात्मक)।
'कोई मनुष्य सर्वज्ञ नहीं है' (निषेधात्मक)।

Universals [यूनिवर्सल्स] : सामान्य।
प्लेटो के प्रत्ययों (Ideas) को 'सामान्य' (Universals) भी कहा गया है। (यहाँ 'सामान्य' शब्द का प्रयोग संज्ञा के रूप में हुआ है, विशेषण के रूप में नहीं)। प्लेटो के अनुसार विशिष्ट वस्तुओं की सत्ता सामान्यों पर निर्भर है, और इन सामान्यों का अस्तित्व प्रत्ययात्मक है। 'वृक्ष का प्रत्यय' एक सामान्य सत्ता है, और प्रत्येक वृक्ष इसकी छाया या प्रतिमा-मात्र है। 'वृक्ष का प्रत्यय' वास्तविक द्रव्य (Substance) है, केवल विचार या कल्पना नहीं।
अरस्तू ने इस धारणा को अस्वीकार किया और कहा कि केवल गुण ही सामान्य हो सकते हैं, द्रव्य को तो 'विशेष' ही होना पड़ेगा। उदाहरणार्थ, 'यह वृक्ष हरा है' में 'वृक्ष' शब्द एक द्रव्य की ओर संकेत करता है जो कि विशेष है; 'हरा' शब्द एक गुण (हरापन) की ओर संकेत करता है, जो कि सामान्य है।
देखिये—Ideas, Concepts.

Universe [यूनिवर्स] : विश्व, ब्रह्माण्ड।
साधारणतः दार्शनिक साहित्य में ईश्वर के अतिरिक्त वस्तुओं की समष्टि को 'विश्व' कहते हैं। प्रकृति और मानव दोनों का समावेश इसमें होता है। भौतिक वस्तुओं के साथ-साथ मानसिक या कल्पित वस्तुएँ भी विश्व के निर्देश में आती है।
सर्वेश्वरवादी दर्शन के अनुसार विश्व और ब्रह्म (ईश्वर) में कोई सत्तात्मक अन्तर नहीं है। ईश्वरवादी दृष्टिकोण से विश्व ईश्वर की संकल्प-शक्ति और सृष्टि-शक्ति का परिणाम है। भौतिकवादी दृष्टिकोण से विश्व अनादि और अनन्त है, उसके पीछे कोई और तत्त्व नहीं है।

Unscientific Induction [अन्साइण्टिफ़िक इण्डक्शन] : अवैज्ञानिक आगमन।
केवल समान तथ्यों की गणना करके जो

तर्क ज्ञात से अज्ञात की ओर अग्रसर होता है उसे 'अवैज्ञानिक आगमन' कहते हैं; क्योंकि वह कार्य-कारण-सम्बन्ध की स्थापना पर आधारित नहीं होता।

Utilitarianism [यूटिलिटेरिअनिज़्म] : उपयोगितावाद।

जॉन स्टुअर्ट मिल और जेरिमी बेन्थम द्वारा प्रतिपादित सुखवादी नैतिक सिद्धान्त। इन दोनों विचारकों के अनुसार अधिकतम लोगों का अधिकतम सुख ही नैतिकता का आदर्श और नैतिक व्यवहार की कसौटी है। बेन्थम 'सुखों' में केवल परिमाणात्मक अन्तर स्वीकार करता है। एक सुख दूसरे सुख से अधिक तीव्र, अधिक स्थायी या अधिक निश्चित हो सकता है; लेकिन गुणात्मक दृष्टि से सभी सुख बराबर हैं। इसके विपरीत मिल सुखों में गुणात्मक भेद स्वीकार करता है। बौद्धिक प्रयासों से, या कलात्मक रचना से जो सुख मिलते हैं वे निरी शारीरिक इच्छापूर्ति द्वारा प्राप्त सुखों से उच्चतर हैं। केवल सन्तुष्ट होना ही वास्तविक 'सुख' का लक्षण नहीं है। "सन्तुष्ट सूअर होने से असन्तुष्ट मानव होना श्रेयस्कर है; सन्तुष्ट मूर्ख होने से असन्तुष्ट सुकरात होना श्रेयस्कर है।"

'अधिकतम लोगों का अधिकतम सुख' : इस ध्येय की व्याख्या भी बेन्थम और मिल अलग-अलग तरह से करते हैं। बेन्थम का कहना है कि 'केवल स्वार्थ ही हमें इस ध्येय की ओर अग्रसर कराता है।' मिल के अनुसार 'मानव की सामाजिक प्रवृत्तियाँ, अपने बान्धवों के साथ ऐक्य स्थापित करने की इच्छा, उसे इस ध्येय की ओर बढ़ाती हैं।' मिल के उपयोगितावाद में स्वार्थपरता को स्पष्ट रूप से अस्वीकार किया गया है। मिल ने यहाँ तक कहा है कि ईसा मसीह के उपदेशों में उपयोगितावादी नीतिशास्त्र का भाव विद्यमान है।

टी० एच० ग्रीन ने मिल के उपयोगितावाद का ऐतिहासिक महत्त्व समझाते हुए कहा है कि नैतिक मूल्यों को कार्यान्वित करने में, अर्थात् नीतिशास्त्र के व्यावहारिक पक्ष में, मिल का सिद्धान्त प्रगतिवादी सिद्ध होता है। ब्रिटेन की उदारवादी (Liberal) विचारधारा को उपयोगितावाद से काफ़ी सहायता मिली। जिन मूल्यों को लोग केवल रूढ़िगत अभ्यास से स्वीकार करते थे उनका सामाजिक और मनोवैज्ञानिक आधार मिल के सिद्धान्तों द्वारा स्पष्ट हुआ।

उपयोगितावाद का विशुद्ध सुखवादी पक्ष धीरे-धीरे पार्श्वभूमि में चला गया और उसका सर्ववादी (Universal) दृष्टिकोण ही आधुनिक सांस्कृतिक जीवन में स्वीकृत हुआ।

देखिये—Hedonism, Greatest Happiness of Greatest Number.

Utopia [यूटोपिया] : यूटोपिया।

वह कल्पित समाज-व्यवस्था जो भविष्य में स्थापित होगी, जिसमें वर्तमान समाज की त्रुटियाँ नहीं होंगी, और मानव के सर्वोच्च आदर्श कार्यान्वित होंगे। टॉमस मोर के ग्रन्थ 'यूटोपिया' में ऐसे ही आदर्श समाज का चित्रण है। इस ग्रन्थ के प्रकाशन के बाद ऐसी सभी कल्पनाओं को 'यूटोपिया' कहा जाने लगा।

यूटोपिया की कल्पना जीवन के विभिन्न पक्षों से की गई है। धार्मिक यूटोपिया वह है जिसमें प्रत्येक मनुष्य पूर्णतया धर्म के आदेशों पर चलेगा और पाप तथा दुःख का नाश होगा। राजनीतिक यूटोपिया वह है जिसमें समाज का प्रशासन संघर्षहीन और अत्यन्त सुव्यवस्थित रूप से होगा। इसी तरह आर्थिक और वैज्ञानिक यूटोपिया का भी चित्रण किया गया है।

कभी-कभी 'यूटोपिया' शब्द आलोचनात्मक भाव से भी प्रयुक्त होता है। यदि किसी सिद्धान्त या योजना को अव्यावहारिक या प्रत्यक्ष जीवन के लिए अनुपयुक्त बताना हो तो उसे 'यूटोपिया' की संज्ञा दी जाती है।

Utopian Socialism [यूटोपिअन सोशलिज़्म] : यूटोपियात्मक समाजवाद।

रॉबर्ट ओएन, सन्त साइमन और फूर्ये के समाजदर्शन को मार्क्स ने 'यूटोपियात्मक समाजवाद' कहा। मार्क्स के अनुसार, इन विचारकों ने भविष्य-समाज के जो चित्र प्रस्तुत किये हैं वे आदर्शवाद और सच्ची मानवता पर आधारित हैं; लेकिन सामाजिक विकास को वैज्ञानिक दृष्टिकोण से न समझ सकने के कारण इन लेखकों ने अपने आदर्शों को कार्यान्वित करने के लिए जो सुझाव दिये हैं वे अव्यावहारिक हैं।

Valid Inference [वैलिड इन्फ़े'रेन्स] : वैध (प्रामाणिक) अनुमान।

वह अनुमान जिसमें निष्कर्ष आधारवाक्यों से, निगमन के सिद्धान्तों के अनुसार, निकाला गया हो। निष्कर्ष वास्तविक दृष्टि से असत्य हो तो भी अनुमान को वैध कहा जाएगा, यदि तार्किक आवश्यकताओं की पूर्ति हो चुकी हो।

Validity [वैलिडिटी] : प्रामाण्य।

जब किसी युक्ति में आधारवाक्यों से निष्कर्ष तार्किक नियम के अनुसार निकाला गया हो तो कहा जा सकता है कि उस युक्ति में 'प्रामाण्य' है और वह निष्कर्ष प्रमाणित या सिद्ध है।

'प्रामाण्य' और 'सत्यता' में भेद है, जिसे ध्यान में रखना सफल तार्किक विवेचन के लिए आवश्यक है। उदाहरणार्थ, नीचे दिये हुए तर्क में प्रामाण्य होते हुए भी सत्यता नहीं है :

सभी मनुष्य स्वार्थ चाहते हैं;
सभी स्वार्थी बुद्धिमान् होते हैं;
इसलिए सभी मनुष्य बुद्धिमान् हैं।

Valid Mood [वैलिड मूड] : वैध (प्रामाणिक) संघात, प्रामाणिक विन्यास।

वह संघात जिसमें वैध निष्कर्ष निकलता हो। संकीर्ण दृष्टि से (केवल आधारवाक्यों के आधार पर निर्णीत) वैध संघातों की संख्या १६ है। व्यापक दृष्टि से (आधारवाक्यों और निष्कर्ष दोनों के आधार पर निर्णीत) वैध संघातों की संख्या २४ है।

इन वैध संघातों के पारिभाषिक नाम हैं, जो तर्कशास्त्र में सर्वस्वीकृत हो गए हैं।

देखिये—Logical Mood.

Value [वैल्यू] : मूल्य।

सत्ता का अस्तित्व-पक्ष और ज्ञान-पक्ष के अलावा एक महत्त्व-पक्ष भी है। 'मूल्य' शब्द इसी महत्त्व या गुरुत्व की ओर संकेत करता है।

मूल्य के विषय में दो अलग-अलग दृष्टिकोण हैं : (१) यह, कि मूल्य एक सामान्य (General) और अमूर्त (Abstract) गुण है जो वस्तुओं में निहित है। वस्तुएँ 'अपने-आप में' मूल्यवान् या मूल्यहीन होती हैं : मूल्य किसी विशिष्ट प्रकार का हो यह आवश्यक नहीं है। (२) यह कि प्रत्येक मूल्य जीवन के किसी विशेष क्षेत्र या पहलू से सम्बन्धित है। किसी कार्य, तथ्य या सत्ता के विषय में हम यह कह सकते हैं कि उसका नैतिक मूल्य, कलात्मक मूल्य, आर्थिक मूल्य या सामाजिक मूल्य क्या है। लेकिन केवल यह कहना कि 'वस्तु में मूल्य है' कोई अर्थ व्यक्त नहीं करता।

Value-Philosophy [वैल्यू फ़िलॉसफ़ी] : मूल्यकेन्द्रित-दर्शन।

कोई भी ऐसा दार्शनिक सिद्धान्त जो सत्ता के मूल्य-पक्ष को विशुद्ध अस्तित्व-पक्ष से अधिक महत्त्वपूर्ण समझता है, और जो मूल्यमीमांसा को दार्शनिक विवेचन का प्रमुख कार्य मानता है।

Verbal Proposition [वर्बल प्रॉपोज़िशन] : शाब्दिक तर्कवाक्य।

वह तर्कवाक्य जिसमें विधेय उद्देश्य के गुणार्थ का या गुणार्थ के एक अंश का ही कथन करता है, और किसी नवीन तथ्य को सूचना नहीं देता। ऐसे तर्कवाक्य को विश्लेषी तर्कवाक्य (Analytic Proposition) भी कहते हैं।

देखिये—Analytic Proposition.

Vienna Circle [वियेना सर्कल] : वियेना मंडली।

तार्किक प्रत्यक्षवादी विचारधारा को

व्यवस्थित रूप प्रदान करने के लिए ऑस्ट्रिया के वियेना नगर में कुछ दार्शनिकों ने एक अनौपचारिक संस्थान की स्थापना की जिसे 'वियेना मंडली' के नाम से प्रसिद्धि प्राप्ति हुई। इस मंडली के प्रमुख प्रतिनिधि श्लिक, कार्नाप तथा न्यूराथ थे। जर्मन आक्रमण के बाद इस मंडली के अनेक सदस्यों ने ऑस्ट्रिया त्याग-कर इंग्लैण्ड में अपने कार्य को जारी रखा।

देखिये—Logical Positivism.

Virtue [वर्चू] : सद्गुण।

किसी कर्म का वह गुण जो उस कर्म को नैतिक मूल्यों या मान्यता के अनुरूप बनाता है। प्लेटो के अनुसार चार मुख्य सद्गुण (विवेक, साहस, संयम और न्याय) हैं जिन पर अन्य सब सद्गुण आधारित हैं।

सापेक्षतावादी विचारकों ने यह दिखाने का प्रयत्न किया है कि सद्गुणों का मूल्यांकन परिवेश, विशेष अवस्थाएँ, व्यक्ति की क्षमताएँ, सामाजिक दायित्व इत्यादि सभी बातों के सन्दर्भ में किया जाना चाहिए।

कुछ दार्शनिकों ने सद्गुणों की व्याख्या ज्ञान के दृष्टिकोण से की है। उनका कहना है कि सद्गुण का अभाव अज्ञान का ही परिणाम है। इस विचारधारा का सबसे प्रमुख प्रतिनिधि सुकरात था जिसने सदाचार (जिसमें सद्गुण व्यक्त होते हैं) तथा ज्ञान को एक ही माना ('Virtue is Knowledge')।

Vitalism [वाइटलिज़्म] : प्राणवाद।

वह सिद्धान्त जो जीवन या प्राण की मौलिकता पर बल देता है। 'प्राणवाद' की मूल मान्यता यह है कि जीवन के विशेष गुणों को भौतिक या रासायनिक प्रक्रियाओं के द्वारा नहीं समझा जा सकता; क्योंकि जीवनशक्ति एक बिलकुल नयी शक्ति है। 'प्राणवादी' दर्शन यान्त्रिकता को भौतिक-तत्त्व का मुख्य गुण और स्वतः संचालन को जीवतत्त्व का मुख्य गुण मानता है। आधुनिक युग में बर्गसाँ और मेक्डूगल प्राणवाद के प्रमुख प्रतिनिधि रहे हैं।

कुछ लेखकों ने प्राचीन-काल के इस सिद्धान्त को भी 'वाइटलिज़्म' कहा है कि प्रत्येक वस्तु में जीव है। लेकिन वैज्ञानिक दृष्टि से इस प्राचीन धारणा को 'वाइटलिज़्म' के अन्तर्गत नहीं रखा जा सकता। हाइलोजोइज़्म, ऐनिमिज़्म और पैन्-साइकिज़्म के सिद्धान्त प्राचीन विचारधारा को व्यक्त करते हैं। आधुनिक प्राणवाद के अधिकतर प्रतिनिधि यह नहीं मानना चाहते कि तथाकथित भूत-तत्त्व भी वास्तव में 'प्राणवान' है; उनका प्रयास केवल यह प्रदर्शित करना है कि 'जीवन' की व्याख्या यान्त्रिक नियमों द्वारा नहीं की जा सकती।

Volition [वॉलिशन] : संकल्प-शक्ति।

संकल्प (Will) और 'संकल्प-शक्ति' (Volition) में कुछ विचारकों ने सूक्ष्म भेद दिखाया है। उनके अनुसार 'संकल्प' को कार्यान्वित करने की प्रवृत्ति को 'संकल्प-शक्ति' कहना चाहिए। लेकिन इन दोनों शब्दों में भेद करना आवश्यक नहीं मालूम होता, क्योंकि 'संकल्प' शब्द में भी क्रियाशीलता की ध्वनि है।

Voluntarism [वॉलन्टरिज़्म] : संकल्पवाद।

(१) तत्त्वदर्शन में, वह मत जो संकल्प को सत्ता का महत्त्वपूर्ण अंग मानता है, या निरपेक्ष संकल्प को ही परम सत्ता मानता है। इस मत का सबसे स्पष्ट उदाहरण शोपेनहावर के दर्शन में मिलता है।

(२) मनोविज्ञान में, वह प्रवृत्ति जो इच्छा, प्रेरणा, क्रियाशीलता इत्यादि संकल्पात्मक शक्तियों को मानवीय व्यवहार की व्याख्या में सबसे अधिक महत्त्व प्रदान करती है। वुंट और मुंस्टर-बर्ग इस प्रवृत्ति के प्रतिनिधि हैं।

(३) नीतिशास्त्र में, वह सिद्धान्त जो संकल्प की स्वतन्त्रता पर बल देता है,

नियतिवाद का विरोध करता है और शुभ-संकल्प को नैतिकता का अनिवार्य आधार मानता है।

Voluntary Action [वॉलन्टरी ऐ'क्शन] : ऐच्छिक कर्म।

वह कर्म जिसे व्यक्ति अपनी संकल्प-शक्ति की प्रेरणा से करता है और जिस पर उसका पूर्ण या आंशिक नियन्त्रण होता है। ऐसी ही क्रिया के सम्बन्ध में कोई नैतिक निर्णय दिया जा सकता है।

Way of Opinion [वे ऑफ़ ओपिनियन] : मतमार्ग।

वह ज्ञानमार्ग, जिस पर मनुष्य 'मत' के निर्देशन में चलता है, न कि सत्य के निर्देशन में। पार्मिनाइडीज़ ने तत्कालीन धारणाओं की आलोचना करते हुए इन धारणाओं से निर्धारित मार्ग को 'मतमार्ग' कहा। उसके अनुसार मतमार्ग मूलतः द्वैतवाद पर आधारित है। सत् और असत्, प्रकाश और अन्धकार, दोनों को वह स्वीकार करता है। इसके विपरीत 'सत्यमार्ग' (Way of Truth) सत्ता के एकत्व को मानता है। मतमार्ग को अज्ञानमार्ग नहीं कहा जा सकता, क्योंकि सत्य को आंशिक रूप में समझने की क्षमता रखने वाले भी इसका अवलम्बन करते हैं। लेकिन गहन ज्ञान-साधना के लिए मतमार्ग का परित्याग आवश्यक है।

Weltanschauung [वे'ल्टान्शाउन्ग] : विश्वदृष्टि।

संसार और मानव-जीवन की मुख्य समस्याओं के प्रति दृष्टिकोण, शुभाशुभ का साधारण मूल्यांकन, भविष्य के सम्बन्ध में आशावादी या निराशावादी भावना—इन सबको व्यक्त करने के लिए जर्मन शब्द 'वेल्टान्शाउन्ग' और अंग्रेजी पद 'वर्ल्ड-व्यू' (World-View) प्रयुक्त होते हैं। दोनों शब्दों का अर्थ करीब-करीब एक ही है लेकिन कुछ लेखकों ने जर्मन शब्द का और भी अधिक व्यापक रूप में प्रयोग किया है।

Whole [होल] : पूर्ण, समष्टि।

भौतिक, मानसिक, जैव या सामाजिक तथ्यों का ऐसा संयोग जो उन तथ्यों के निरे 'जोड़' से कुछ अधिक व्यक्त करता है। दूसरे शब्दों में, 'पूर्ण' वह है जो अंशों से बनता है, लेकिन जिसका स्वरूप उसे अंशों में विश्लेषित करके जाना नहीं जा सकता। उसमें ऐसे गुण होते हैं जो अलग-अलग अंशों या खण्डों में विद्यमान नहीं होते। 'पूर्ण' का ज्ञान प्राप्त करने के लिए केवल खण्डों को जानना यथेष्ट नहीं होता, खण्डों के पारस्परिक सम्बन्धों को भी अच्छी तरह जानना अनिवार्य होता है।

'पूर्ण' की कल्पना का 'गेस्टाल्ट' सिद्धान्त में महत्त्वपूर्ण स्थान है।

Will [विल] : संकल्प।

व्यक्तित्व का वह पक्ष जो उद्देश्यपूर्ति के लिये किए गए प्रयासों से सम्बन्धित है, और जिसके द्वारा अनेक सम्भावित कार्यों में से एक कार्य का चुनाव किया जा सकता है। इस तरह 'संकल्प' जीवन के क्रियात्मक और वरणात्मक अंग का निर्देशन करने वाली शक्ति है। कुछ दार्शनिकों ने बौद्धिक या भावात्मक पक्ष की तुलना में संकल्प को अधिक महत्त्वपूर्ण बताया है, क्योंकि (१) सभी जीवधारियों के लिए (केवल मानव के लिए नहीं) बुद्धि और संवेग की अपेक्षा संकल्प की 'जैव आवश्यकता' (Biological Necessity) अधिक है; और (२) संकल्प ही वह शक्ति है जो किसी जीवधारी को पर्यावरण को क्रियात्मक रूप से प्रभावित करने की प्रेरणा देती है।

उपरोक्त विचारों में 'संकल्प' शब्द को बहुत व्यापक अर्थ में लिया गया है। कुछ दार्शनिकों ने संकल्प को मानव की एक विशेष शक्ति के रूप में देखा है, और मानव-समाज की नैतिक, कलात्मक तथा भौतिक समृद्धि को संकल्पशीलता के विकास पर निर्भर माना है।

देखिये—Voluntarism.

Will to Believe [विल टु बिलीव] :

'विश्वास करने का संकल्प'।

इस पद का पारिभाषिक प्रयोग विलियम जेम्स ने अपने इसी शीर्षक वाले ग्रन्थ में किया। जेम्स के अनुसार मनुष्य को व्यावहारिक जीवन में ऐसी अनेक स्थितियों का सामना करना पड़ता है जब उसे तर्क या अनुभव से सहायता नहीं मिलती और 'विश्वास' का सहारा लेना पड़ता है। इसलिए प्रकृति ने कुछ ऐसी व्यवस्था कर रखी है कि आवश्यकता पड़ने पर हम किसी विचार, परम्परा, आदर्श या उपदेश पर बिना प्रमाण ही विश्वास कर लेते हैं। इस तरह का विश्वास अन्ध-विश्वास नहीं है बल्कि एक जन्मजात संकल्प-शक्ति का परिणाम है। इस संकल्प को जेम्स 'विश्वास करने का संकल्प' कहता है।

Will to Live [विल टु लिव] : जीवन-संकल्प, जीवनेच्छा।

शोपेनहावर के अनुसार, वह शक्ति जो प्रत्येक प्राणी को आत्मरक्षा के लिए प्रेरित करती है और उसकी सभी क्रियाओं का प्रत्यक्ष या अप्रत्यक्ष रूप से निर्देशन करती है। शोपेनहावर ने बुद्धि, विवेक, नैतिक बोध इत्यादि सभी उच्चतर शक्तियों या भावनाओं को 'जीवनेच्छा' की अभिव्यक्ति माना है।

World [वर्ल्ड] : जगत्।

'जगत्' और 'विश्व' दोनों ही शब्दों का प्रयोग कभी-कभी ईश्वर के अतिरिक्त अन्य सर्व सत्ताओं की समग्रता के अर्थ में किया जाता है। लेकिन वैचारिक स्पष्टीकरण के लिए यह आवश्यक है कि दोनों के अन्तर को ध्यान में रखा जाय। आधुनिक लेखक 'जगत्' शब्द का तभी प्रयोग करते हैं जब उनका निर्देश सम्पूर्ण की ओर नहीं बल्कि 'हमारे विश्व' की ओर—अर्थात् इस पृथ्वी की ओर—होता है।

दार्शनिक दृष्टि से 'जगत्' के सम्बन्ध में दो मुख्य समस्याएँ हैं: (१) क्या जगत् की सत्ता वास्तविक है, या वह मानसिक प्रत्ययों का समूह-मात्र है? (२) यदि जगत् की भौतिक सत्ता वास्तविक है तो क्या उसे जाना जा सकता है? प्रत्ययवाद, वास्तववाद, सापेक्षवाद और सन्देहवाद इन प्रश्नों के उत्तर अलग-अलग तरह से देते हैं।

World-Event [वर्ल्ड-इवे'न्ट] : विश्व-घटना।

चारों आयामों में (स्थान या देश के तीन आयामों और काल में) निश्चित की हुई घटना। ऐसी घटना का केवल प्रत्ययात्मक अस्तित्व हो सकता है।

World-Ground [वर्ल्ड-ग्राउन्ड] जगदाधार।

वह सत्ता जिसके अस्तित्व को स्वीकार किये बिना जगत् की वास्तविकता को स्वीकार करना असम्भव है। प्राचीन दार्शनिकों ने आदितत्त्व के सम्बन्ध में जो प्रश्न उठाये, उनमें जगत् के मूल आधार का प्रश्न प्रमुख है। आधार के प्रत्यय में आदि-सत्ता और आदि-कारण की कल्पनाओं का संयोग है। इसलिए अन्ततः 'जगदाधार' की खोज करते-करते दार्शनिक या तो ईश्वर की कल्पना को स्वीकार करते हैं, या किसी ऐसे मूल तत्त्व—या ऐसी मूल शक्ति—को मानते हैं जो अत्यन्त सूक्ष्म है और अनुभव से परे है।

World-Soul [वर्ल्ड-सोल] : विश्वात्मा।

अनेक प्राचीन दार्शनिकों ने एक ऐसी चेतन सत्ता को स्वीकार किया जो विश्व का संचालन करती है। प्लेटो के अनुसार ईश्वर सबसे पहले विश्वात्मा निर्माण करता है और फिर उसी के माध्यम से अन्य वस्तुओं की सृष्टि होती है। यह विश्वात्मा 'प्रत्यय-जगत्' और 'ऐन्द्रिय जगत्' के बीच मध्यस्थता करती है; प्रत्ययों की तरह वह अमर और अशरीरी है, लेकिन इन्द्रियगम्य वस्तुओं की तरह वह देश में व्याप्त है। विश्व में हम गतिशीलता और प्रयोजनशीलता देखते हैं: ये दोनों गुण विश्वात्मा के ही कारण सम्भव होते हैं।

स्टोइक और नव्य-प्लेटोवादी दार्शनिकों ने भी विश्वात्मा की कल्पना को स्वीकार किया।

World-View [वर्ल्ड-व्यू] : विश्वदृष्टि।
किसी विचारक का विश्व के प्रति व्यापक दृष्टिकोण, जो उसके विशिष्ट सिद्धान्तों या विश्वासों को पार्श्वभूमि प्रदान करता है। जर्मन भाषा का 'Weltanschauung' शब्द इसी अर्थ में प्रयुक्त होता है।

Yin-Yang [यिन-यांग] : यिन-यांग।
चीनी दार्शनिक परम्परा में यह एक महत्त्वपूर्ण कल्पना है कि समस्त विश्व दो परस्पर-विरोधी तत्त्वों से बना है। एक तत्त्व क्रियाशील है, और उसे 'यांग' कहा गया है। दूसरा तत्त्व—'यिन'—निश्चेष्ट है। ये दोनों तत्त्व एक-दूसरे के पूरक हैं। स्वर्ग-पृथ्वी, पिता-पुत्र, पुरुष-स्त्री, आलोक-अन्धकार, शुभ-अशुभ, सुख-दुःख, जीवन-मृत्यु, प्रेम-घृणा, ऊँचा-नीचा—इन सब युग्मों में पहला शब्द 'यांग' को व्यक्त करता है, दूसरा 'यिन' को।

Yung [युंग] : विश्वव्यापी सामंजस्य।
कन्फ्यूशियस की वैचारिक परम्परा में एक ऐसे अनादि नियम की कल्पना है जो विश्व का सर्वांगीण सन्तुलन बनाए रखता है। इस सन्तुलन या सामंजस्य को 'युंग' कहते हैं, लेकिन कभी-कभी इस शब्द का संकेत उस नियम की ओर भी होता है जिस पर विश्व का सन्तुलन आधारित है।

Zeitgeist [ज़ाइटगाइस्ट] : युगचेतना।
किसी युग के सांस्कृतिक मूल्यों, नैतिक मान्यताओं और वैचारिक दृष्टिकोण को अभिव्यक्त करनेवाला भाव जो सूक्ष्म रूप से उस युग को वैशिष्टय प्रदान करता है।

Zoroastrianism [ज़ोरोस्ट्रिअनिज़्म] : ज़रदुश्त धर्म।
फ़ारस में ईसा-पूर्व छठी शताब्दी में ज़रदुश्त द्वारा प्रवर्तित धर्म। दर्शन के इतिहास में इस धर्म से सम्बन्धित विचार-धारा दो कारणों से महत्त्वपूर्ण है: (१) ज़रदुश्त धर्म का दृष्टिकोण नैतिक है, वह सारे विश्व को शुभ और अशुभ शक्तियों के संघर्ष का क्षेत्र समझता है। (२) ज़रदुश्त धर्म स्पष्ट रूप से द्वैतवादी है। इसके अनुसार 'ओरमुज़्द' या शुभ-तत्त्व और 'अहरिमन' या अशुभ तत्त्व दोनों अनादि और अनन्त हैं। इस द्वैत-वाद ने इस्लामी दर्शन पर गहरा प्रभाव डाला और जब अरब विचारधारा यूरोप में पहुँची तब ज़रदुश्त धारणाओं ने अप्रत्यक्ष रूप से पाश्चात्य दर्शन को भी किसी हद तक प्रभावित किया।

देखिये—Ormuzd, Ahriman.

★